教育部人文社会科学研究项目基金资助 09YJCZH069

恐怖主义·国家安全与反恐战略

王伟光　著

时 事 出 版 社

目　录

第一章

导 论

一、研究问题

如果在人类历史的长河中，寻找一些事件作为某种标志，来把连续流淌的时间划分为不同的时期并标示，那么，大概世界上绝大多数人都会同意，2001 年 9 月 11 日针对美国世贸大楼等的一系列袭击，就属于这样的事件。“9·11”事件开辟了一个新的时代，且不论这个时代是好是坏，意味着什么，有什么特征等。而“9·11”又正是被称为是一场恐怖主义袭击或事件。

恐怖主义是本书的核心话题。

恐怖主义并不是什么新东西，至少早在 19 世纪后半期就已经引起世界的关注，并且产生了广泛的激荡；而在 20 世纪 60 年代后所谓新一波的国际恐怖主义浪潮之后，在大众媒体等的作用下，恐怖主义更是引起了广泛的关注。但“9·11”事件凸显了在冷战后似乎平静的世界局势表面下潜伏的汹涌激流，并且，给世界带来的冲击更是前所未有的。但从来没有一个恐怖主义袭击能像“9·11”袭击那样，改变世界，塑造历史。

而到了今天，恐怖主义已成为了学者、政治家、企业家乃至一般大众关注的焦点问题。毫不奇怪，“9·11”恐怖袭击后，有关恐怖主义的报道和研究呈现了爆炸性的增长，有关恐怖主义的专著、文章、报告等大量涌现；大量的研究人员从各个角度投入到对恐怖主义的研究中。迄今，恐怖主义研究所涉及的领域，甚至可以说已涵盖现有自然和社会科学体系下的所有门类。而把恐怖主义作为一种国家安全威胁，是其中的一种核心角度。恐怖主义被普遍视为对国家安全的威胁，并且，这种威胁被视为是不同于传统国家安全威胁，与跨国犯罪、大规模杀伤性武器的扩散、生态恶化等一起被纳入非传统国家安全威胁的范畴内。

这些研究往往把恐怖主义当然地视为对国家安全的威胁，却忽视了恐怖主义成为国家安全威胁的动因。个人等非国家行为体使用各种各样的暴力来对抗国家（本国或外国），这在历史上一直存在，其中就包括恐怖主义形式的暴力。那么，这种暴力为什么很长时间内都没有被视为对国家安全构成威胁呢？而且，很多研究往往把恐怖主义威胁与有组织犯罪、生态恶化等问题，统统纳入非传统国家安全威胁的范畴内，却忽视了恐怖主义威胁与有组织犯罪、生态问题等具有截然不同的特征。把恐怖主义与其他问题不加区别地纳入非传统国家安全威胁，而泛泛地加以讨论，往往难以对恐怖主义威胁有深刻的认识。因此，虽然很多研究人员强调恐怖主义等非传统国家安全威胁不同于传统国家安全威胁，但对恐怖主义威胁究竟与传统国家安全威胁有何种不同，这种不同又具有怎样的政策含义，却缺乏深刻的分析。

因此，本书试图分析为什么恐怖主义在冷战后被越来越多的国家视为对国家安全的威胁（或者说，恐怖主义为什么会被安全化），这种威胁又具有怎样的特征，在何处不同于传统国家安全威胁，以及应该如何应对这种威胁。

这样的研究问题，无论对于理论研究还是对于实践政策需要，都具有重要价值。对于理论研究来说，恐怖主义如何成为国家安全威胁，以及这种威胁如何不同于传统国家安全威胁，对这种问题的解答将有助于分析国家所面临的环境变化，以及这些变化对国家以及国际关系的影响。对于国家安全理论研究来说，对这些问题的解答，将有助于检验冷战后兴起的所谓新安全研究的各种分析框架，以及这些分析框架所依赖的国际关系理论。而就实践来看，怎样有效应对恐怖主义威胁，成为当今各国政策制订者与执行者面对的紧迫问题。要有效地应对恐怖主义威胁，需要对这种威胁产生的原因、特征等有清楚的认识。因此，本书的解答将有助于满足当前的反恐实践需要。

二、相关概念的界定与说明

本书研究将涉及到一些概念。就目前来看，对于这些概念往往有不同的界定，而且，对于这些概念怎样界定本身，就是当今相关研究的热点与难点，如对恐怖主义的界定。

不过，除了恐怖主义以外，对于这些概念的界定，本书将不会着墨太多，不会过多纠缠于相关的争论，因为这些界定不是本项研究的目的本身。就研究来说，对概念的界定首先是由研究目的来决定的。本书对相关概念的界定，并不求完美、真实，而采用名义界说的观点，求其"有用"，即界定首先要能够满足研究进行的需要。[①] 下面对这些概念的界定，就是要指出本项研究是在何种含义上使用这些概念，以避免读者产生歧义。读者对这些概念的界定可以有自己不同的看法。当然，从概念的界定要求来说，本书所使用的这些概念的含义，应该与大多数人在使用这些概念时，其所指大体相同，[②] 否则，就没必要使用这些概念，而应使用新的概念。

1. 恐怖主义

对于恐怖主义的界定无疑是恐怖主义研究中的一个热点，也是一个难点，充满了很多争论。本书对于恐怖主义界定的处理稍微复杂一些。

一个方面，本书将在第二章详细讨论国际社会应如何确立一个能够被国际社会广泛接受的恐怖主义全面界定，其中，本书提出了实现这样界定的原则、方法，并尝试给出这样一个界定。事实上，虽然要求确立一个国际社会广泛接受的恐怖主义全面界定，并基于此达成一个全面反恐公约的呼声持续很长时间，但国际社会（联合国）在这方面的努力仍然没有最终结果。因

---

① 吕亚力：《政治学方法论》（第七版），台北：三民书局，1994年版，第15—28页。

② 汉斯·波塞尔：《科学：什么是科学》，李文潮译，上海：上海三联书店，2002年版，第18—28页。

此，国际社会在反恐时仍然紧缺一个全面的恐怖主义界定，而第二章的努力可以被视为是为试图解决此问题而提出的一种方案。在此给出的恐怖主义界定，包含有国家行为体行为，也包含有非国家行为体行为。

但另一个方面，本书从国家安全角度探讨恐怖主义时，其所指的是非国家行为体的某种行为，即其行动主体为，除国家或国家集团以外的行动者。这也就是说，把国家的恐怖主义行为排除在讨论范围之外；本书在涉及恐怖主义特征、恐怖主义安全化、反恐战略等的讨论中，都不涉及国家的恐怖主义行为。之所以这样做，是因为从作为一种国家安全威胁以及如何应对这种威胁的角度来看，非国家行为体的恐怖主义行为和国家为主体的恐怖主义行为，具有非常大的不同，其应对战略也是完全不同的，而且，即使说传统上处理国际关系和国家安全事务的方式、方法对于国家恐怖主义仍然有效，但是，对于非国家行为体的恐怖主义却是难以有效的。

因此，除了第二章，本书在谈论恐怖主义时，只包括第二章界定的恐怖主义行为的非国家行为体行为部分，简单地讲，即是指非国家行为体出于政治、社会或宗教的目的针对非军事目标而实施的暴力或暴力威胁。这里的非国家行为体，可以是单个个人，也可以是某种非国家性组织（团体），而国家性组织（团体）包括政府间的国际组织则被排除在外；政治、社会或宗教目的，则把出于经济动机或个人情感纠葛而实施的一般刑事犯罪暴力与恐怖主义区别开来。[①]

需要注意的是，在本书中，恐怖主义不是指某种意识形态、观念等，也不是指由某些特定行为体采取的特定行动。恐怖主义是指具有上述特征的所有行动；各种各样的行为体出于各种各样的动机（政治、社会或宗教的）都可能采取这种行为。

这个界定中的暴力，以及本书其他地方所使用的暴力，是指会造成人或物体伤亡或损毁的强制行为。在此实际上无需也难以详细地指出暴力是什么，而只需要指出暴力不是什么，就足以使读者理解，不会产生歧义。本项

① 较早对恐怖主义各种界定的汇集与分析，可参见 Alex P. Schmid and Albert J. Jongman, *Political Terrorism: A New Guide to Actors, Authors, Concepts, Data Bases, Theories and Literature*, 2nd edition, New York: Transaction Publishers, 1988；胡联合：《当代世界恐怖主义与对策》，北京：东方出版社，2001 年版。

研究中的暴力，是指直接暴力、物质暴力，像加尔通等一些和平学或社会研究人员所说的结构暴力、文化暴力、思想暴力等，不包括在本项研究的暴力范畴之内。[①]

2. 非国家行为体暴力

按照字面意义上来说，非国家行为体暴力是指所有非国家行为体实施的暴力，是从行为体方面对暴力的界定。不过，本书使用这个概念，主要用来涵盖像革命、恐怖主义、暴动、叛乱等概念通常所包括的那些现象，而不包括像一般刑事犯罪中的抢劫、谋杀等暴力行为。因此，可以认为，本书所使用的非国家行为体暴力主要是指那些具有政治性（包括反社会性及宗教性）的暴力行动。本书之所以没有对这个概念加上如"政治性"等限制，纯粹是为了行文的简洁。

3. 国家安全

早在20世纪60年代初，阿诺德·沃尔弗斯（Arnold Wolfers）就辨析称，国家安全是一个涵义模糊的概念（ambiguous symbol）。[②] 直至今日，这种状况仍然没有发生变化。事实上，自理查德·乌尔曼试图重新界定安全以来，[③] 今天的国家安全涵义不仅没有变得更加清晰，相反，变得更加模糊了。学者们可能更难就国家安全的涵义达成一致。

不过，本书将不过多涉及这种理论性争论。本书所指从国家安全角度分析恐怖主义，其中的国家安全主要指国家免遭暴力的威胁。这种威胁既可能指对国家生存的损害，即一些学者所说的存在性威胁；也可能指暴力对国家的强制，即暴力的行为体试图运用暴力迫使国家改变行为或意图。这种暴力威胁，其袭击目标可能是国家的机构或公务人员，如政府机构、军事目标或警察部队、政治领导人等；也可能是非国家机构或非公务人员，如一般商业

---

① 刘学成：《和平学》，南京：南京出版社，2006年版，第2—28页。

② Arnold Wolfers，*Discord and Collaboration：Essays on International Politics*，Baltimore：Johns Hopkins Press，1962，pp. 147—166.

③ Richard Ullman，"Redefining Security"，*International Security*，Vol. 8，No. 1 Summer 1983，pp. 129—153.

机构、平民等。但是，所有这些暴力在一定程度上，其目的都是为了影响国家，而不是针对个人的，而且，国家需要对这种暴力及其所造成的事态负有主要应对责任，而非个人、企业等。

此外，在本书中，安全是指作为一个统一体的国家的状态，而不是指其他主体，如个人、人类、生态等的状态。但是，威胁国家的暴力行为体，其身份不仅仅可能是国家，还可能是个人、各种组织等。

当然，不可否认，国家安全的现实以及观念都在发生变迁，其中包括恐怖主义带来的变化。本书在这里仍然采用一个相对狭义的国家安全概念，乃是因为：一个方面，想避免国家安全概念过分泛化而使其相关分析失去内在的逻辑联系，并使分析失去焦点；另一个方面，这种狭义的国家安全界定，也有利于本书集中考察恐怖主义威胁与传统国家安全威胁的异同。至于恐怖主义威胁的演变对于国家安全理论发展的启示，虽然是一个很有趣的问题，但是，在本书中将不会讨论。

4. 安全化

就本书论述的问题来说，安全化是指恐怖主义成为对国家安全的威胁。这个界定中，包括恐怖主义被视为国家安全威胁的含义。

安全化这个概念在安全研究中传播与运用，毫无疑问，应归功于安全研究中的哥本哈根学派，特别是奥利·维夫（Ole Waver）的研究。在维夫那里，安全是超越一切政治规则与政治结构的一种途径；一个问题成为安全问题，或者说安全化了，首先是一种社会建构，是一种言语行动（speech act）。[①] 但本书讨论恐怖主义安全化的时候，并不含有预设，即安全化是社会建构的结果，或安全化是客观的物质原因导致的。事实上，通过分析恐怖主义成为国家威胁的原因，正可以检验建构主义的论断，并分析安全化的原因。

上述四个概念的界定与说明，只是介绍本书在论述过程中所使用的含义。当然，这些概念在其他研究中可能会有不同的含义，因此，相关的研究

---

① 巴瑞·布赞、奥利·维夫、迪·怀尔德：《新安全论》，杭州：浙江人民出版社，2003年版，第29—63页。

可能也不仅仅局限于本书中使用概念所指的内容。比如，在本书的概念中，国家安全主要涉及针对国家的暴力威胁，而很多安全研究学者，还强调经济安全、环境安全等等，或者强调人的安全，即个人或人类所面临的威胁。关于争论等，在下面对相关研究情况的介绍中会有所涉及。

三、相关研究的现状

本书的研究，主要涉及国家安全、恐怖主义以及战争与战略这三个领域，下面将分别对这些领域与本研究问题相关的研究进展进行简要介绍与讨论。

（一）国家安全研究

冷战中的对峙和对抗与核武器的出现刺激了二战后国家安全研究的繁荣。因此，当冷战戏剧性地结束时，人们大松了一口气。很多人认为，和平将长此以往，历史将在自由民主的胜利中无聊地延续下去，历史终结了。① 塞缪尔·P. 亨廷顿（Samuel P. Huntington）曾提到一个有意思的事情，即在他任职的大学里从事安全研究的教职减少了；大学管理者认为，和平已经来了，安全研究也就不再需要了。② 不过，无论世界各地有关安全研究的职位或人员是否真的减少了，安全研究却在冷战后出现了斯蒂芬·沃尔特（Stephen Walt）所言的“复兴”；③ 至少在表面上，冷战后各种国家安全理论与观念纷纷涌现，呈现出空前的繁荣。

这种繁荣并不是表现为传统安全研究的重新兴起。冷战与两极格局戏剧

---

① 弗兰西斯·福山：《历史的终结》，《历史的终结》翻译组译，呼和浩特：远方出版社，1998年版。

② 塞缪尔·P. 亨廷顿：《文明的冲突与世界秩序的重建》，周琪等译，北京：新华出版社，1998年版。

③ Stephen Walt, “The Renaissance of Security Studies”, *International Studies Quarterly*, 35 (1991), pp. 211—239.

性地和平结束，对于国际关系研究中的现实主义与传统安全研究来说，无疑不是什么特别好的消息。冷战以及僵硬的两极格局似乎很好地印证了现实主义所描绘的世界图景。他们把目光紧紧地盯在权力上，通过权力的棱镜来透视一切的国家交往；紧张、对抗、战争、核武器、冲突、制衡，是他们的话题。而现实主义视为像铁一样冰冷、坚硬、稳定的现实——两极格局以及苏联帝国，却在一夜之间瓦解了；而且，这种变化不是通过现实主义所偏爱的战争方式实现的。现实主义对于冷战结束所带来的变化本身，仍然持怀疑态度；他们试图告诫人们，这种变化可能是虚假的表面现象，国际关系将重新回归权力斗争的本质，冲突与制衡会很快回来。[①] 不过，冷战结束至今，现实主义者的这些预言似乎仍然没有实现。

毫无疑问，这些对于现实主义而言是一种挫折。这种状态使那些早已不满于现实主义在国际关系与国家安全研究中所占据的主导地位、不满于现实主义的阴郁与悲观、不满于现实主义对于世界本质的僵硬看法的研究人员，纷纷展开对现实主义的批判，寻求新的研究途径和结论。在本书中，姑且把这些不同于传统国家安全研究的分析研究，称为新安全研究。把战争、国家利益、权力、国家、核武器作为话题，把相互竞争、冲突、对抗作为基调的传统安全研究似乎不再受到欢迎；他们的话题似乎既不再使人感兴趣，也不合时宜。

新安全研究兴起于冷战后，不过，在冷战中现实主义风格的传统安全研究占据主导地位时期，新安全研究的一些苗头就已经存在。[②] 在理论上，这种苗头产生于对主导分析范式现实主义的不满；在现实中，则产生于 20 世纪 70 年代起国际关系开始出现的一些新变化。

---

① John J. Mearsheimer, "Back to the Future: Instability in Europe After the Cold War", *International Security*, Summer 1990, Vol. 15, No. 1, pp. 5－56; John J. Mearsheimer, "Why We Will Soon Miss The Cold War", *The Atlantic Monthly*, August 1990, pp. 35－42; Kenneth N. Waltz, "Globalization and Governance", *Political Science & Politics*, December 1999, Vol. 32, Iss. 4, pp. 693－700; Kenneth N. Waltz, "Structural Realism after the Cold War", *International Security*, Summer 2000, Vol. 25, Iss. 1, pp. 5－41.

② Keith Krause and Michael C. Williams, "Broadening the Agenda of Security Studies: Politics and Methods", *Mershon International Studies Review*, October. 1996, Vol. 40, No. 2, pp. 229－254.

在理论上，越来越多的研究人员要求把国家以外的行为体——跨国公司、个人、国际组织等纳入分析的范围之内，要求重视军事、政治以外的经济、文化、社会交往、生态等因素，要求不再把国际关系视为冰冷的物质现象，而要重视其中的规范、观念、人权等作用。这种呼声与现实中的某些变化相适应。这些变化包括：（1）二战后世界经济的发展以及相互联系的加深，其中如跨国公司的兴盛，国际贸易与直接投资的迅猛发展；（2）20世纪70年代美苏两大集团的缓和，双方社会交往的增加以及人权外交的兴起；（3）1973年的中东战争以及由此引发的石油危机。[①]

毫无疑问，在冷战后新的国际关系现实背景下，以及在自由主义、建构主义等各派理论、观点纷纷批判和抛弃现实主义的理论背景下，传统安全研究开始"衰落"，新安全研究"兴盛"起来。可以用百花齐放这样的描述来概括冷战后的新安全研究，姑且不论这繁华过后能落下多少沉甸甸的果实；各种观点、各种角度、各种结论都出现了。

新安全研究的繁荣，单单从大量涌现出的安全概念中就可反映出来。除了冷战结束之前就有并流行的概念，如集体安全、共同安全、综合安全、相互安全（mutual security）等，冷战后还兴起了如安全化、安全复合体、安全共同体、可持续安全（sustainable security）、合作安全、全球安全、人的安全、经济（科技、环境、文化、能源、生态……）安全、安全机制、绝对安全、非传统安全、国土安全、安全观，等等诸多概念与理念。这些概念与理念往往基于对世界的不同看法，强调或关注国家安全的不同方面。比如，合作安全、共同安全主要强调国家之间的共同利益与实现安全的方式，而像科技安全、文化安全等，则主要强调安全所涉及的领域或议程；而人类安全，则更强调新的安全主体。冷战后各种安全研究所取得的进展也不同。在笔者看来，很多研究仅仅是提出一个不同的研究视角或研究问题，其研究的体系和结论则还很不成熟，其对于现实的解释力和政策意义也往往非常有限。

本书无意对这些安全概念逐一进行介绍说明，而只是打算从安全的主体、安全涉及的领域或议程、威胁的来源、实现安全的方式等方面，对各种

---

① 任晓："安全——一项概念史的研究"，《外交评论》，2006年第5期，第36—45页。

安全研究或理念进行简要的介绍与梳理，为本书的研究提供必要的知识背景。很多学者认为安全研究中存在着许多的安全范式，如果说传统安全研究主要属于现实主义范式，那么，冷战后兴起的安全研究大多属于自由主义和建构主义范式。不过，考虑到这种分类就是用国际关系研究中的理论流派来划分，线条过粗，因此，下面主要通过安全主体、安全领域（议程）、威胁来源、实现安全的方式等四个方面对各种国际安全理念进行梳理。

1. 安全的主体

传统安全中，安全的主体即国家。实际上，即使是自由主义或者说理想主义早期关于安全的观点，如集体安全观，所谈论的也是国家而不是其他行为体的安全，在这一点上与现实主义并无区别。当然，在集体安全观里，会认为只有世界和平了，即所有国家都安全了，各个国家才能安全，不过，安全终究是国家的安全。这里，国家被假设为一个统一的行为体。

在冷战后，许多安全研究人员开始批判这一假设。有些学者开始强调国家以外的安全主体。

（1）人的安全。[①] 有些研究人员认为，国家是一个空泛的概念，所谓国家安全的最终落脚点应该是个人。还有些研究人员指出，国家安全往往只是一种口号、意识形态或借口，被许多国家以此作为侵害人权、实行独裁、专制统治的借口。他们指出，实际上，国家之间的冲突和战争越来越少了，而国家内部的武装冲突或者国家残暴统治所导致的人员伤亡或财产损失要远远超过国家之间战争所带来的结果；国家是仍然存在，个人的安全却没有了。[②] 这些学者通常会指出，个人的人权、安全应该是安全研究的最终归宿；只有个人的人权和安全得到了保证，国家也才可能保持稳定。人的安全（human security）这种思想就持这种立场，这种思想也因联合国等一些机

---

① 在英文中，这个概念的表达多用“human security”，因此，在中文也多用“人类安全”这样的概念，参见刘志军：“人类安全的理念渊源”，《国际问题论坛》，2005年夏季号（总第39期），第76—92页。不过，人的安全（human security）基本出发点，是对个人权利的尊重与保护，因此，与把人类整体作为安全主体还是不同的。

② 联合国秘书长的报告：《大自由：实现人人共享的发展、安全与人权》，A/59/2005，2006年10月25日，〈http：//www.un.org/chinese/largerfreedom/report.html〉。

构的倡导和支持而广泛传播。①

(2) 环境安全。一些研究人员不否认国家仍然是安全主体，但是，他们认为也应该把其他主体纳入安全主体的范围之内，而环境就是他们所要考虑的主体，这就是环境安全的问题。目前，对于环境（生态）安全的关注大体上分两派，一派是继续从传统国际安全的角度进行研究，即关注环境（生态）变迁可能导致的暴力冲突以及对国家安全的影响；另一派，则强调环境与生态本身的可持续和保护，就是安全研究的最终目的。② 此处所谈论的环境（生态）安全，是指后面这个意义。在环境安全研究中，还有关注武装冲突给环境造成的影响的。比如联合国规划署就曾在 2001 年建立了专门对冲突后环境问题进行战略评估的冲突后环境评估小组（PCAU)。③

(3) 人类安全（全球安全)。随着技术以及所谓全球化的发展，一些学者认为，人类或者说所有的国家都越来越紧密地联系成为一个命运共同体，为此，安全研究也必须把关注的中心从狭隘的国家安全转移到整个人类或者说作为一个整体的地球村的安全。这些学者倡导进行人类安全研究。

这种安全主体从国家到个人、人类、环境生态的转变，也就是一些学者所说的冷战后安全研究的延伸，而冷战后安全研究的拓宽，则表现为安全涉及的领域或议程的增加。④

2. 安全涉及的领域（议程）

传统安全研究，所涉及的领域主要是政治与军事。他们主要讨论与战争相关的军事力量、军事部署、军事政策、组织，以及与之密切相关的国家政治体制与决策机制，等等。传统安全主要指国家的政治、军事方面的安全。

---

① 李东燕："联合国的安全观与非传统安全"，《世界经济与政治》，2004 年第 8 期，第 49—54 页。

② Nina Grager, "Environmental Security?", *Journal of Peace Research*, 1996, Vol. 33, No. 1, pp. 109－116.

③ The Executive Director, "Environment and Security: A Global Agenda for UNEP", June 5, 2007, 〈UNEP/GC. 23/INF/21, http: //www. unep. org/GC/GC23/documents/GC23－INF21. pdf〉.

④ 郑先武："全球化背景下的'安全'：一种概念重构"，《国际论坛》，2006 年 1 月，第 8 卷第 1 期，第 47—53 页。

但是，随着社会的发展，影响国家的因素也越来越多，国家之间的竞争也在越来越多的领域展开；国家也越来越从对各个方面的整体考虑来制定自己的安全政策（大战略意识的兴起）。在这种情势下，越来越多的学者认为把安全研究局限于政治、军事领域是狭隘的，他们把影响国家的经济状况、金融状况、科技、信息、能源、环境，甚至是文化，等等，统统纳入安全研究需要关注的领域之内。此外，前面所讨论的安全主体的增加，也推动了安全研究领域的扩展。

3. 威胁的来源

随着近现代国家的建立与完善，国家越来越稳定地建立了对内部的控制体系；在这种情况下，对国家的安全威胁主要是来自于外部的，而这种外部的威胁来源，主要是另一个国家。因此，在传统国家安全研究中，威胁的主体主要是另一个国家，而威胁的方式主要是战争或战争威胁。

而冷战后安全研究所关注的威胁越来越多了。威胁的来源不仅仅可能是另一个国家，而且，可能是一些个人、组织，甚至是自然灾害等，如恐怖主义分子、犯罪组织、地震等；威胁的形式不仅仅可能是采用暴力的战争方式，还可能包括犯罪、文化的渗透、破坏活动、环境的恶化与资源短缺、经济的动荡不安等各种形式。这些威胁，有些是人的有意行为，有些则可能是自然所造成的。有的学者甚至认为："对威胁性质和来源的修正，是非传统安全问题对传统安全理论提出的最大挑战……安全威胁构成了区分传统安全与非传统安全、国家安全与公共安全的核心和关键。"①

因此，可以说冷战后安全研究所涉及的威胁的范围更为广泛了，不同的理念往往强调不同的威胁。但是，这种扩展也带来了许多问题。如容易把国家安全威胁泛化，什么都构成了国家安全威胁，在有关不同威胁之间的区别与联系，如为什么一些事态构成了国家安全威胁，另一些事态不构成国家安全威胁，即为什么有些被安全化、有些却又没有被安全化等重要问题上缺乏解释与说明。

---

① 潘忠岐："非传统安全问题的理论冲击与困惑"，《世界经济与政治》，2004年第3期，第38—43页。

4. 实现安全的方式

从实现安全的方式来看，既然威胁来源于另一个国家或国家集团的权力与武力，因此传统上维护国家安全，强调自身要具有相应的对抗力量，权力制衡权力，战争对抗战争；国家保障自身安全的主要途径是保持自身的政治稳定与强大的军事力量。自助、均势、结盟、军备竞赛与战争，是国家传统安全研究中所关注的方式。可以看出，传统的安全研究大多把国家间关系看作本质上是竞争的、相互冲突的。

而非现实主义的安全观和冷战后新安全研究则通常强调与现实主义不同的实现安全的途径与方法。如自由主义往往强调，对人权的尊重与保护，建立自由民主制度，完善国际制度与尊重联合国的作用，促进国家之间的贸易和社会交流，国家间拥有相同理念与规范、相互信任，形成安全共同体，等等，才是实现安全的根本与长远之计。概括言之，以现实主义为代表的传统安全理念中，实现安全的方式，以自助、权力对抗为特征；而其他的安全理念中，实现安全的方式，则以共存、互助、合作为特征，以对军事手段的弱化为特征。

这些不同于现实主义的安全理念包括集体安全理念、共同安全观、合作安全观、综合安全观与安全共同体理论等。当然，这些安全观之间也存在着不同。如集体安全观强调世界安全与和平的不可分性；希望通过“我为人人、人人为我”的原则，来遏制与击败威胁、破坏和平的国家。[①] 集体安全关注的是军事威胁，所强调的手段也是军事手段，但是，集体安全强调国家之间通过互助来保证安全。共同安全，是帕尔梅委员会在 1982 年首先提出的。虽然共同安全依然关注于安全的军事方面，但强调“核武器导致两个敌对的超级大国美国和苏联之间形成了一种战略相互依存关系……单方面的安全毕竟不再可能……安全应当以相互保证共同生存，承认他人的合法安全关切……共同安全的主要核心就是非挑衅性防御原则”。[②] 合作安全观则是在

---

① 门洪华：《和平的纬度：联合国集体安全机制研究》，上海：上海人民出版社，2002 年版，第 162 页。

② 克雷格·斯奈德编：《当代安全与战略》，徐纬地等译，长春：吉林人民出版社，2001 年版，第 138—139 页。

20世纪90年代初，由加拿大和澳大利亚首先提出的。合作安全强调“超越传统的军事担心，把环境、经济和社会担心也包括进来”，① 主要是指“国家协力应对非国家行为体的威胁与挑战”。② 而所谓的综合安全观，则把实现国家安全的手段，从传统的军事手段扩大到经济、政治、社会文化等各个领域。日本和东南亚国家联盟都曾提出过他们的综合安全理念。③ 总而言之，由于国家安全威胁的变化，促使国家试图通过多种方式、多种手段来应对其面临的各种各样威胁。

如果试图发现这些冷战后安全研究的某种大致趋势，那么，大概可以发现，在冷战后的国家安全研究中，国家的“地位”在衰落，个人与人类安全等挑战国家安全；来自非国家行为体的威胁取代来自国家的威胁，获得更多关注。但是，有趣的是，在这些考察的各种安全理念中，大概除了集体安全理念以外，无论在安全主体、领域、威胁、实现途径等存在怎样的争议，但是，在谁负责安全或国家安全这个问题上，却存在不约而同的一致，即国家是负责安全（无论是个人、人类还是环境生态等的安全）问题的首要责任者。

根据安全主体、安全领域、威胁来源、实现安全途径这四个方面，图表1—1对各种安全理念进行了简要的概括与对比。当然需要注意的是，图表中所列的安全理念，并不是截然对立的，而可能有重合之处。比如，合作安全与环境安全，在强调实现安全的方式等方面都强调相互信任、合作。

除此之外，新安全研究的发展，还表现在其对世界本体论看法上的变化。对传统安全研究者来说，世界首先是物质的、客观的，威胁与安全问题因此也首先是物质的、客观的。而在后现代主义、批判理论、女性主义等激进主义兴起并渗入到国际关系与安全研究领域后，这种看法开始受到质疑与

---

① 克雷格·斯奈德编：《当代安全与战略》，徐纬地等译，长春：吉林人民出版社，2001年版，第141—142页。

② Michael Mihalka, “Cooperative Security in the 21st Century”, July 17, 2007, 〈http://www.cfc.forces.gc.ca/Profreading/mihalka.pdf〉.

③ 克雷格·斯奈德编：《当代安全与战略》，徐纬地等译，长春：吉林人民出版社，2001年版，第140—141页。

图表 1—1 各种安全理念及其内容

内容 安全理念	安全主体	安全领域	威胁来源	安全的途径
传统安全	国家	军事、政治	另一国家	自助、对抗、战争、权力斗争
集体安全	国家	军事、政治	威胁和平的国家	互助、集体维持和平
综合安全	国家	政治、经济、军事、外交等各个方面	国家及各种事态	政治、经济、军事、外交等各种手段综合应用
经济、文化、科技、能源、环境等安全	国家	经济、文化、科技、信息等，传统各个领域之间的优先等级模糊	另一个国家、文化、某种势态等与个人、组织等	针对各个领域采取相应的手段
合作安全	国家	政治、军事，也包括影响国家利益的其他领域	国家，某种势态，个人、组织	相互促进交流、信任，相互合作
共同安全	国家	核战争、进攻性军事力量	另一个国家	相互保证共同生存
人的安全	个人	影响个人权利的各个方面	贫困、武装冲突、疾病、自然灾害等	促进世界和平与发展，促进人权的保护
人类安全（全球安全）	人类、地球	自然环境变迁、大规模战争等	自然环境恶化、贫困、战争等	合作、保护环境、命运共同体

续表

内容 安全理念	安全主体	安全领域	威胁来源	安全的途径
安全共同体或安全制度	国家	政治、均势	国家、国家间的不信任	共同规范、相互信任、稳定预期

批判。虽然在激进主义这一名称下各种思想也是截然区别的，但是，他们有一个共同的基本看法，即研究对象——国际关系或安全——不是一个中立、客观的物质事实，而是各种看法、意识形态、话语等构建起来的观念。他们就是要解构这种所谓的“客观事实”，揭露其中所隐藏着的意识形态或权力关系，揭示其非客观性；或者探索如何通过观念的改造，来改变国际关系状况。安全，不是一个客观的事实，而是“安全化”的结果。这就涉及到把什么样的现象或东西建构为安全的主体，什么样的现象或东西建构为安全的威胁，哪些行为被建构为维护安全所必需的，哪些势力在推动安全化，等等。①

上述所讨论的安全研究的这种繁荣能带来什么样的后果尚不清楚。这些新的安全研究提供了一些新的概念与角度，但是，他们的研究往往过分地偏执于对概念与角度的阐释，而忽视了对现实的解释。他们提供的理论框架往往难以对现实分析提供比较有价值的指导。而且，他们的观点往往也显得偏狭，因此，其对于现实政策的指导意义，也值得怀疑。这种繁荣，这种学科领域的无限制扩展，还可能如一些安全研究学者所担心的那样，会造成安全学科自身的瓦解；因为任何学科，其关注的问题必须是有限的。② 而且，由于新安全研究所关注的问题的极速扩展，使他们往往对各个问题缺乏仔细、深刻的分析，缺乏对新旧安全问题的比较分析。

如果考察恐怖主义在国家安全议程中位置的上升，则会发现与冷战后安全研究和理念所呈现出来的发展趋势存在着某种契合之处。恐怖主义，很少

---

① 李格琴：“西方国际安全研究的社会学视角”，《国外社会科学》，2007年第4期，第34—41页；布赞、维夫与怀尔德：《新安全论》，第29—63页。

② Stephen M. Walt, “The Renaissance of Security Studies”, *International Studies Quarterly*, June. 1991, Vol. 35, No. 2, pp. 211—239.

能够像战争那样，完全消灭一个国家或民族，即无法对国家生存构成实质性威胁，但是，确实会给一个国家造成重大的人员与财产的伤害。那么，恐怖主义在安全领域中的上升，在一定程度上表明和推动了国家安全的主体在向个人等的扩展。事实上，联合国在有关恐怖主义的相关决议、政策中，既强调其是对国际和平、安全与稳定的威胁，也强调其是对人权的严重侵害。恐怖主义，在很多时候，其行动主体是个人、一些组织等非国家行为体，而非国家；这也印证了威胁的来源与主体向国家以外行为体等延伸的趋势。而在应对恐怖主义威胁中，往往涉及经济、政治、军事、法律等等多种方式与手段，这与国家安全研究中对于战争与武力以外实现国家安全方式的强调与重视也一致。

除此之外，如果把相关的国家安全理念应用于恐怖主义，就可以发现其中的不足。除了把恐怖主义纳入非传统安全威胁，强调其与传统安全不同以外，这些安全理念没有试图解释恐怖主义为什么在冷战后的安全议程中上升了，虽然其中一些理念可能提供了初步的分析框架；也没有能够回答，恐怖主义威胁有什么特征，应该使用怎样手段与方式应对，等等。因此，至少可以说，这些国家安全研究与理念虽然对于恐怖主义的研究可能提供了一些有益的启示，但是，却没有能够深入、全面地分析恐怖主义，没有能够很好地回答有关恐怖主义的现实与理论上的紧迫问题。

（二）恐怖主义研究

在西方，对恐怖主义的研究在很长一段时间内都不能纳入学术界的主流中，而是处于边缘地位。[①] 很多研究人员往往只是在研究非正规战争与各种政治冲突时，偶尔提及恐怖主义；而最初投身于20世纪60年代新一波恐怖主义浪潮研究的人，很多也往往是因为其原有研究领域的衰落才转行的，如恐怖主义研究的重要人物伯瑞安·詹金斯（Brian Jenkins）。[②] 不过冷战结束

---

① 朱素梅：“反思恐怖主义”，《国际关系学院学报》，2004年第4期，第1—5页。

② Austin Long, *On “Other War”: Lessons from Five Decades of RAND Counterinsurgency Research*, March 3, 2007, 〈http://www.rand.org/pubs/monographs/2006/RAND_MG482.pdf〉.

后，特别是“9·11”事件之后，对恐怖主义的研究呈现出一夜之间“千树万树梨花开”的局面，出现了很多研究恐怖主义的机构，资助恐怖主义研究的项目也迅速增多，有关恐怖主义的研究会议频繁召开，同时，相关的研究著作等也大量地出版发行。

迄今而言，对于恐怖主义的这些研究，大体上可以分为以下几类：

第一类是试图探索恐怖主义的一般规律，试图建立可以分析各种恐怖主义现象的一般理论。在1968年以后新一波国际恐怖主义兴起之初的一些研究人员往往做这样的尝试，他们试图创立能够解释所有恐怖主义现象的普遍理论。不过，就目前来看，这些研究虽取得了一些成就，提出了一些深刻的观点，但离建立普遍性理论仍有很长的距离。因此，后来这种努力就要少得多。实际上，很多传统上有关革命、暴乱、反殖民运动等研究的著作，通常会提到恐怖主义，不过恐怖主义往往只是被视为其中的枝节性问题；恐怖主义往往被与其他政治暴力冲突放在一起，作为一类而进行研究的。在一定程度上，恐怖主义这个概念所涵盖的现象的复杂多样性，增加了建立专门解释恐怖主义的理论的难度。

第二类是试图分析恐怖主义发生的原因。在最初，这种努力往往包括在建立恐怖主义一般理论的努力中，这种努力的结果也与第一类相似。迄今而言，仍缺乏能适用于所有恐怖主义现象的统一理论解释。很多研究人员对恐怖主义的解释，仍然利用解释革命、社会冲突、战争等的理论。在第三章，将对这些解释进行概括。

第三类是研究分析与恐怖主义相关的案例，如某个恐怖主义袭击事件，恐怖主义组织，恐怖主义分子，等等。就目前来看，很多恐怖主义研究属于这种类型。往往，在某个恐怖主义事件发生后，就会有很多学者考察事件发生的经过与影响等；或者，某个恐怖主义组织因某些行动而引起大众的关注后，就会有很多学者对这个组织进行详细的考察。在一定程度上，正是因为恐怖主义研究往往局限于对现有具体案例及相关资料的整理、汇集，而缺乏具有一定深度的系统分析，所以，很长一段时间内，恐怖主义研究在学术研究中的地位都不是很高。

第四类主要分析某些新型的恐怖主义，如所谓的生物恐怖主义、网络恐怖主义、毒品恐怖主义等等。很多学者认识到，恐怖主义将不仅仅采用常规的方式，而是可能采用各种以前没有出现过的手段与方式。就目前来看，可能造成大规模伤亡或损失的恐怖主义，尤其被研究人员所关注与强调。虽然有一些研究人员认为，这种担心可能是杞人忧天，不过大部分研究人员以及政府官员，对这种前景越来越担心，也越来越关注。

第五类主要是研究有关如何应对恐怖主义威胁。在这一类中，有的总结历史上的应对恐怖主义的经验教训，有的分析当前面临的恐怖主义威胁，有的评估某些国家的反恐政策，有的分析应对恐怖主义威胁的组织机构与力量建设问题，等等。这一类的研究者，不仅仅来自于学术界，而且还有来自于反恐第一线的实践者。

第六类是研究有关恐怖主义所引起的法律问题等。其中包括对恐怖主义的界定，恐怖主义作为一种罪行的归类，有关恐怖主义的立法工作，恐怖主义对现有法律体系如国际人道主义法等的冲击，等等。这类研究也是有关恐怖主义研究的重要部分。

最后是有关恐怖主义的技术性研究。大体上，本书把下列研究纳入这个范畴内，如反恐技术、设备的研发，大规模杀伤性恐怖主义防范，有关反恐保险，有关恐怖主义与反恐的心理机制，有关反恐的情报、指挥、应急反应，等等。相对而言，这类研究更多集中在医学、自然科学、金融等领域，与本项研究关系并不是很大。

概括来说，原来恐怖主义研究主要集中在社会、政治研究领域，而今天，从生物、化学、物理等自然学科到心理、政治、社会、文化、法律、军事等社会人文学科都有对恐怖主义的研究。就社会研究领域来看，目前的研究虽然很多，但并不是特别令人满意。目前，有关恐怖主义研究，很多还局限于对案例的整理与初步的分析，而缺乏普遍性的分析框架或理论。很多结论也往往是基于常识的感性推断，或仅仅只适用于某种非常有限的现实情况。不过，正如前文提到的那样，这种局限性在一定程度上可能是由研究问题的特点所造成的。

就恐怖主义对国家安全威胁来说，今天大部分学者都认为恐怖主义构成了对国家安全的威胁。当然，有少部分学者认为，恐怖主义并不构成对国家安全的威胁。还有一些学者争论认为，所谓国家恐怖主义（即国家对内滥用暴力等）的威胁更为严重，因此，应该得到更多的关注。此外，还有一些学者认为恐怖主义只不过是一种标签（label），是一种话语，被用来抹黑对手，为自己辩护罢了。本书认为，如果说恐怖主义是一种标签或话语，那么，恐怖主义至少不仅仅是标签或话语，恐怖主义在今天以及未来，构成了对国家安全的现实威胁。

从国家安全的角度来看，当前对恐怖主义威胁的研究，往往关注于某一个特定恐怖主义行为体的威胁，如拉登与“基地”组织的威胁，或者关注于某种类型恐怖主义的威胁，如核恐怖主义、生物恐怖主义、极端宗教恐怖主义等。这些对于恐怖主义威胁的研究，往往单单从恐怖主义行动或组织本身来进行分析。因此，这些研究多缺乏对恐怖主义如何成为国家安全威胁的分析，缺乏对这种威胁更深入、更具有普遍性的分析，缺乏恐怖主义威胁与其他国家安全威胁之间的对比分析。

（三）战争与暴力冲突研究

冷战结束后，国际形势大大缓和，国家和人类所面临的美苏两大集团爆发核大战的威胁大大降低。这在一定程度上使冷战中战略研究的核心部分——即对核战略的研究——开始降温。但是，关于战争的研究并没有降温。计算机等电子技术的发展与应用，以及 1991 年海湾战争给各国政府和研究人员所带来的震撼，正在促使新一波的军事革命兴起与深化。目前，这一波的军事变革尚在进行之中。因此，很多有关战争的新思想与新理论涌现出来，比如信息战、网络战、精确打击、超视距打击、零伤亡作战、海陆空一体联合作战、超限战等等。

对这种新的军事革命进行关注、研究的，主要是来自于国家军事机构以及军事研究方面的学者，他们的研究主要局限于军事斗争领域。但也有一些学者，试图从更深更广阔的层面，从人类暴力冲突本身的历史演变，来讨论当代战争的表现、变迁。他们的很多结论往往具有惊世骇俗的特点，因此，也常常引起激烈的争论。比如，在二战后世界保持所谓“长和平”（long peace）的情况下，[①] 很多学者认为国家间战争将很少发生，甚至将消亡。又比如，马丁·克莱沃德（Martin van Creveld）认为，国家之间的战争特别是大国之间的大型战争将逐渐消亡；克劳塞维茨式的战争即作为国家实现某

---

① John Lewis Gaddis,“The Long Peace: Elements of Stability in the Postwar International System”, *International Security*, Spring 1986, Vol. 10, No. 4, pp. 99－142.

种政治目的的工具的战争将逐渐消亡，而可能越来越向暴力冲突的原始状态回归，即战争或暴力冲突成为一种生活方式，一种目的本身；军队与平民、战争与犯罪之间的区分将模糊；战争的主体、目标、方式、规范等都将发生变化，而国家及主权可能会消解。① 克莱沃德认为国家之间战争将逐步消亡的原因包括，核武器的出现，保持现代军队和相互间进行大规模战争的代价越来越高昂，现代国家在平定叛乱等暴力冲突时的效率低下等。② 这种国家间战争消亡的见解，在一些国际关系学者那里也有同样的回应。约翰·米勒（John Mueller）就认为，国家之间的大型战争，特别是发达国家之间的大型战争，已经消亡。米勒的论证所使用的理由与克莱沃德的类似，强调这种战争的代价越来越高昂。③ 在民主和平论学者那里，他们从二战后的“长和平”中得出的结论可能稍微显得谨慎一些，他们只断言，（自由）民主国家之间不打仗。

而对于大部分战略与战争研究人员看来，战争仍将存在，但是，冲突将出现新的形式。例如，托夫勒认为，各种形式战争仍将存在，但是人类生产和生活方式的变化，将推动战争在毁灭要素、分工、组织等方面发生变化。不过，托夫勒的论说，更多是未来学家对于未来进行的具有启发意义的展望与预测，而不是建立在严格的论证基础之上。④ 大部分军事部门的研究人员在分析中，则把重点放在战争在战场上呈现出来的特征、军队的组织构架、作战理论、武器装备等方面。各国政府和军方对于新一波军事变革的关注点也正是在这些方面。不过这些与本研究内容并不直接相关，本书将不多涉及。

在这些研究中，无论那些认为国家间战争将消亡的论断是否荒唐、可

---

① Martin van Creveld, *The Transformation of War*, New York: The Free Press, 1991.

② Martin van Creveld, “Some Reflection on the Future War”, May 29, 2007, 〈http: //www. d-n-i. net/creveld/through _ %20a _ glass _ darkly. htm〉; Martin van Creveld, “The Effectiveness of Military Power”, May 29, 2007, 〈http: //www. ifri. org/files/politique _ etrangere/PE _ 1 _ 2003 _ CREVELD _ ENG. pdf〉.

③ John E. Mueller, *Retreat from Doomsday: The Obsolescence of Major War*, New York: Basic Books, 1989.

④ 阿尔文·托夫勒：《未来的战争》，阿迪、马秀芳译，北京：新华出版社，1996年版。

靠，但是，至少就二战后迄今这段时期而言，多方的统计都显示，国家之间暴力冲突即国家间战争的严重性要远远低于至少有一方为非国家行为体的暴力冲突。而这些非国家间暴力冲突中，恐怖主义往往是其中一个常见的形式。

COW项目（the Correlates of War Project）把战争分为三类，即国家间战争、国家之内战争和国家之外战争。国家间战争（Inter-state War），是指交战双方都是国家的战争；国家之内战争（Intra-state War），是指发生在一个国家内部的非国家行为体之间或国家与反叛集团之间的战争；而国家之外的战争（Extra-state War），则是指一个国家在其境外进行的交战，另一方为非国家行为体的战争，如民族解放组织与殖民国家之间的战争。根据其统计可以看出（见图表1—2），① 无论是战争造成的伤亡、战争数量还是平均每年发生的战争数量上，非国家间战争都要远高于国家间战争，甚至可以很可靠地说，即使国家之内的战争都要远高于国家间战争。

图表1—2　二战后战争

项目 \ 战争类型	国家间战争	国家之外战争	国家之内战争
统计时期	1945—1990	1945—1975	1945—1997
战争数量	23	17	103
每年战争数	0.5	0.55	1.94
死亡人数	3333669	927000	11317695

联合国在一份文件中，也援引乌普萨拉大学和奥斯陆国际和平研究所的

① 图表1—2是根据如下来源数据制作而成的；战争数量单位为次；死亡人数单位为人。Meredith Reid Sarkees, "The Correlates of War Data on War: An Update to 1997", *Conflict Management and Peace Science*, 18/1 (2000), pp. 123—144. 其他有关数据库建立程序等信息，可见如下著作：J. David Singer and Melvin Small, *The Wages of War, 1816—1965: A Statistical Handbook*, New York: John Wiley, 1972; Melvin Small and J. David Singer, *Resort to Arms: International and Civil Wars, 1816—1980*, Beverly Hills, Calif.: Sage Publications, 1982。

研究成果（见图表 1—3），认为“过去 60 年来，世界很少发生国家间的战争”，但“内战不断升级，而内战已经成为二十世纪后半叶战争的主要形式”。①

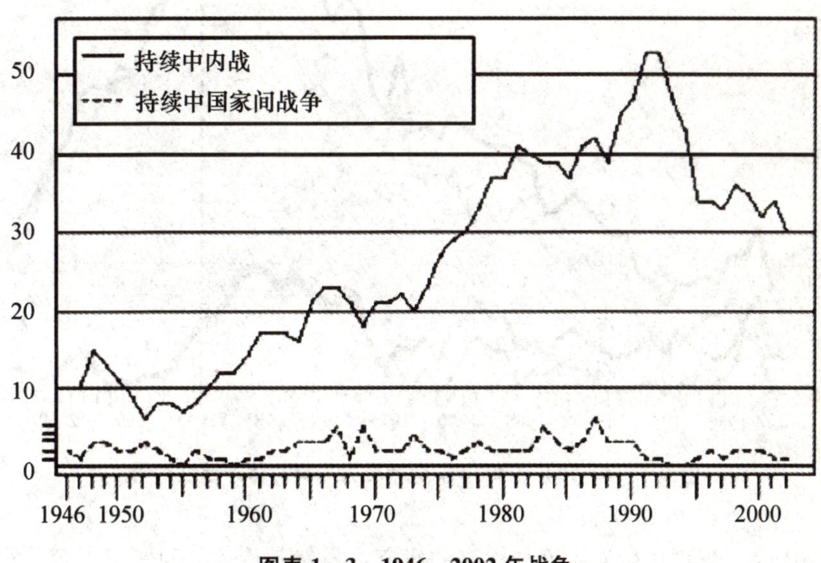

图表 1—3 1946—2002 年战争

而根据曼特·马歇尔（Monty G. Marshall）和泰德·罗伯特·顾尔等人的研究，全球暴力冲突中，国家间战争的严重程度也要远低于非国家间战争的严重程度（见图表 1—4）。② 其中所谓社会性战争（societal warfare）主要是指革命、种族冲突、内战等；而殖民战争（colonial wars），主要是指关于民族自决等的暴力冲突。

---

① 联合国威胁、挑战和改革问题高级别小组的报告：《一个更安全的世界：我们的共同责任》（2004），A/59/565，第 32、19 页，2006 年 10 月 15 日，〈http：//daccess-dds. un. org/doc/UNDOC/GEN/N04/602/30/PDF/N0460230. pdf〉，Open Element。

此图表直接截取自《一个更安全的世界：我们的共同责任》报告（报告中为 图一），以图片形式贴于此，而非本书作者自己制作。

② Monty G. Marshall and Ted Robert Gurr，*Peace and Conflict 2005*，〈http：//www. cidcm. umd. edu/publications/papers/peace _ and _ conflict _ 2005. pdf〉.

同样此图表也是直接截取自该报告（报告中为 Figure 3. 1），以图片形式贴于此，添加了翻译后的说明。

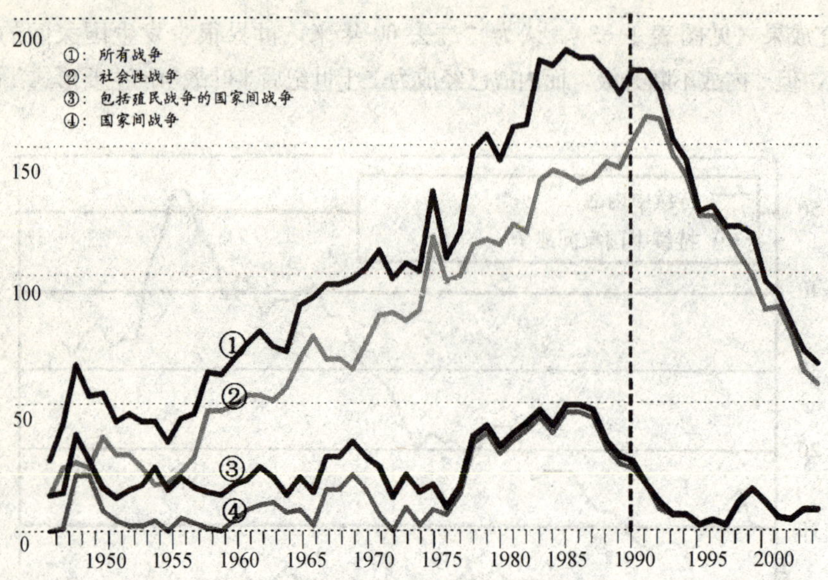

图表 1—4　1946—2004 年全球暴力冲突总体严重性趋势

因此，大部分有关战争与战略的研究，虽然其论述的问题、内容、观点等各异，但是却表示出一个共同的特点，即对非国家行为体的暴力更加关注了，非国家行为体暴力甚至是其中一些理论或学说关注的核心问题，如托夫勒的"第三波战争理论"，威廉·林德（William S. Lind）的"第四代战争（fourth generation）理论"，[①] 罗伯特·邦克（Robert J. Bunker）的"第四世代战争（Fourth-Epoch War）与五维作战（Five-Dimensional Warfighting）理论"，[②]"非对称作战理论"，[③]"超限战理论"，[④] 等等。由于这些研究

① William S. Lind, John F. Schmitt, Joseph W. Sutton and Gary I. Wilson, "The Changing Face of War: Into the Fourth Generation", *Marine Corps Gazette*, October 1989, pp. 22—26.

② Robert J. Bunker, "Generations, Waves, and Epochs: Modes of Warfare and RPMA", *Airpower Journal*, Spring 1996, pp. 18—28; Robert J. Bunker, "Higher-dimensional Warfighting", *Military Review*, September/October 1999, Vol. 79, Iss. 5, pp. 53—52.

③ Steven Metz, "Asymmetric Warfare: Strategic Asymmetry", *Military Review*, July/August 2001, Vol. 81, Iss. 4, pp. 22—31.

④ 乔良、王湘穗：《超限战：对全球化时代战争与战法的想定》，北京：解放军文艺出版社，1999 年版。

者往往具有军事学科的背景，因此，这些非国家行为体暴力往往被纳入战争或者武装冲突的范畴下进行分析，更具体地说，这些非国家行为体暴力往往被作为非常规战争（irregular war）来进行研究。在这类武装冲突中，往往至少有一方不是国家的正规武装部队。这种类型的武装冲突通常包括下列一些概念所指的暴力冲突，如游击战、叛乱（insurgency）与反叛乱（counter-insurgency）作战、内战、革命战争、低烈度冲突（LIC）、暴乱、恐怖主义等，甚至包括有组织犯罪的暴力行为。这类研究的兴起，一个方面是因为冷战结束后，全球范围内兴起的新一波暴力冲突通常是非正规的武装冲突；另一个方面是因为国家之间冲突的可能性降低而使来自于非国家行为体的威胁在国家安全考虑中的优先性大大提高。2003 年后美军等在阿富汗、伊拉克面临的困境则是对非国家行为体暴力或非常规战争研究的最新刺激因素。

就目前来看，这类研究所取得的成就有限，很多研究成果并未能超越过去的研究结论。除了西方传统主流的战争、战略理论如克劳塞维茨理论等，列宁关于革命组织、革命时机的论述、毛泽东的游击战理论、武元甲的人民战争理论（实际上就是毛泽东理论在越南的应用），仍然是这些研究引用的重要来源。他们仍然还会借用切·格瓦拉与杜布雷的游击中心理论以及马里赫拉（Carlos Marighella）的城市游击战理论中的论调；他们针对非常规作战或非国家行为体暴力所开出的药方，与以前对抗所谓革命战争开出的药方也并无大的差异。

由于这些学者通常把此类非国家行为体暴力纳入战争的范畴，因此，他们在考虑应对此类非国家行为体暴力时，也主要是从军事角度来分析的。这些非国家行为体暴力被首先视为一种军事威胁。他们主要考虑怎样在战场上打击这类非国家行为体暴力，而且，在他们的考虑中，国家武装力量往往是首要的应对手段，国家的应对主要局限于军事斗争领域。本书认为，这种看法局限于军事学科的视角，作为军事人员在考虑应对恐怖主义威胁时，当然问题不大，但从国家安全角度来看，这种视角却限制了对恐怖主义威胁的认识，并限制了国家应对恐怖主义威胁的手段选择。

本书在一定程度上，就是尝试把上述有关国家安全、恐怖主义以及暴力冲突三个领域的相关研究思想结合起来，对恐怖主义进行考察，以弥补上述研究存在的一些不足。因此，本书并不是单单就恐怖主义本身进行分析，而是从国家安全的角度进行分析。而且，希望这种分析角度又能通过对恐怖主义威胁的深入分析，具体考察国家安全面临的新挑战，避免非传统安全研究常见的流于泛泛而论的缺点。同时，这种分析，还能通过对恐怖主义威胁与传统国家安全威胁（国家间战争）的比较，分析恐怖主义威胁的特征以及国家应采取的应对手段。

四、本书的结构安排

本书的结构如下：

第一章为导论，主要对研究问题进行说明，并介绍相关研究的现状等。

第二章则尝试对恐怖主义进行界定。不过在这里的界定主要考虑国际反恐需要；这种需要首先体现在目前仍在制订过程中的联合国全面反恐公约急需一个恐怖主义定义。不过，本书此后章节讨论的恐怖主义，与第二章界定的恐怖主义有所不同，具体说，就是不包括此章界定中的国家行为体的恐怖主义行为。

第三章是对恐怖主义发生的原因进行分析。这一章的内容将为有关恐怖主义特征以及恐怖主义的应对提供分析、论证的基础。

第四章对恐怖主义的安全化进行分析。本章将证明，恐怖主义确实构成了对国家安全的威胁，且这种威胁并不是像哥本哈根学派所言的那样主要是观念层次的，而主要是一种客观现实的威胁。本章还分析了恐怖主义安全化的原因，认为全球化、大规模杀伤性武器与技术的扩散与现代社会中广泛存在的脆弱性是恐怖主义安全化的根本性动因。恐怖主义安全化的这些动因在一定程度上，决定了恐怖主义发展的趋势，并影响国家应对恐怖主义的政策选择。

第五章则是基于多个来源的统计数据，对恐怖主义的基本现实与特征进行概括、分析。

第六章通过将恐怖主义威胁与传统国家安全威胁进行对比，深入分析恐怖主义威胁的特征。其中，特别是重点比较了恐怖主义与传统国家间战争的区别。此外，本章最后还探讨了武力在反恐中可能发挥的作用。本章认为恐怖主义不应被等同于战争，以往处理传统国家安全的逻辑与手段难以有效应对恐怖主义威胁。但是，武力在反恐中仍然可以发挥重要作用，只不过作用形式大多不同于其在传统国家安全领域中的作用形式。

恐怖主义是一种手段，一种战略选择，因此，第七章从战略的角度对恐怖主义威胁的特征进行进一步的分析。本章分析了不同行为体选择恐怖主义这种手段时，预期其将发挥的作用、其中需要付出的成本，并分析了这种战略被选择的原因，其发挥作用的机制。基于这些分析，本章认为恐怖主义是一种间接路线战略，而间接路线战略思想对于反恐也有很好的启示价值。本章的最后还从美国全球反恐战争的经验教训，讨论了一个明智的战略在反恐中的重要性。

第八章讨论、分析了各国现有反恐政策与模式。各国的反恐实践传统上可以划分为司法模式与战争模式，这两种模式有不同的内容、优缺点。基于这种分析以及世界反恐的一些共同趋势，本章最后提出了本书作者自己构建的反恐治理模式，并提出了一些原则性的反恐建议。

本书最后一章即第九章则简要分析了中国面临的恐怖主义威胁和所进行的反恐工作，并相应给出了一些初步的反恐建议。

第二章

恐怖主义的界定

有关恐怖主义的界定一直是恐怖主义研究中一个非常热点的问题，也是非常难以回避的问题。而对于国际社会在反对恐怖主义的斗争中，这也同样是一个充满争议、斗争，并且也是非常重要的问题。

就如在导论中所言，就学术研究来说，对于一个概念存在多种界定，在社会研究中是很常见、也是一个很正常的现象。对于恐怖主义，不同的学者往往从不同角度提出不同的界定。但是，对于国际社会的反恐来说，却迫切需要一个能够得到普遍承认的恐怖主义界定。遗憾的是，迄今而言，联合国等有关机构就达成这样一个对恐怖主义的全面界定仍然没有取得最终的成果，而这也成为国际社会达成一个全面反恐公约的重要障碍。本章就是尝试探索达成这样一个能够被国际社会广泛接受的恐怖主义界定的路径，并尝试基于对暴力的分析、分类给出这样一个界定，以供参考。

只是需要再次强调的是，本书此后章节中有关恐怖主义与国家安全的分析，其中的恐怖主义并不涵盖本章中被界定为恐怖主义的所有行为，而仅仅包括其中的非国家行为体的行为。

一、恐怖主义的界定方法与原则

恐怖主义的肆虐，使对恐怖主义的研究成为一种必要与时兴。而对于恐怖主义界定，就成为其中不可回避的问题，这无论是对于学术研究来说，还是对于反恐实践来说，都是如此。迄今，研究人员已经从各个角度、各个立场对恐怖主义进行了深入的分析，并提出了各种各样的定义。但是，国际社会仍然缺乏一个公认的恐怖主义界定。而正如一些研究人员所言，"建立国际反恐机制的一个基本问题就是，缺乏一个得到一致认可的恐怖主义界定"。①

对于学术研究来说，试图找到各个学者一致接受的恐怖主义界定，可能不仅不可能，而且也无必要、甚至是无益的；不同的研究需要和研究角度决定了其对恐怖主义界定可能也是不同的。而对于国际社会的反恐实践来说，一个能够被各国接受的恐怖主义界定，则是急迫需要的、有益的。当然有学者争论说，世界的反恐事业即使没有一个公认的恐怖主义概念，也可以进行下去。② 但毫无疑问，"确立一个普遍同意的定义，能提高对付恐怖主义的斗争的效力"。③ 一个得到普遍接受的恐怖主义概念至少能统一世界各国的认识，促进国际合作，减少分歧与冲突；一个明确、合理的恐怖主义概念，还有利于在授予反恐机构特别的权限和采取特别的措施以打击恐怖主义的同

① Keith Suter, "Terrorism and International Law", *Contemporary Review*, Vol. 287, 2005, pp. 216—221.

② Walter Laqueur, "We Can't Define 'Terrorism', but We Can Fight It", *Wall Street Journal*, July 12, 2002, A12.

③ 早在1987年联大就呼吁研究恐怖主义的界定；A/RES/42/159 (1987)，"防止危害或杀害无辜生命或损害基本自由的国际恐怖主义的措施和由于困苦、挫折、怨忿和失望，以至有人不惜牺牲人命在内，以求实现彻底改革的恐怖主义和暴力行为的根本原因的研究"，〈http://www.un.org/zh/documents/view_doc.asp?symbol=A/RES/42/159〉。2004年，联合国威胁、挑战和改革问题高级别小组的报告《一个更安全的世界：我们的共同责任》中，再次强调了给恐怖主义下一个全面界定的必要性与紧迫性，该报告见〈http://www.un.org/chinese/secureworld/〉。

时，保障人们合法的权利不会受这些权限与措施的侵害。因此，并不能因迄今还未能找到一个得到公认的恐怖主义全面界定，而否定这样一种界定的价值与必要性。事实上，国际社会寻找恐怖主义全面界定的努力一直在持续中。[①]

那么，怎样能够确立一个最可能被各个国家接受的恐怖主义界定？学术界、国际社会在寻找对恐怖主义的一致界定努力中，界定方法往往成为其实现目标的重要障碍。为此，下面将首先讨论恐怖主义的分步界定与抽象界定的问题；然后，探讨两种截然不同的恐怖主义界定方法；最后，将简要讨论国际社会的反恐需要，并以此为基础提出界定恐怖主义的原则。需要说明的是，这一章所言的恐怖主义界定，是对恐怖主义的抽象界定，或者说是对恐怖主义的全面界定（comprehensive definition）。

（一）分步界定与抽象界定的问题

对恐怖主义是什么，或哪些现象或行为属于恐怖主义，即恐怖主义的界定，有两种选择：

第一种选择是只规定某些具体的行为或现象如危害航空器、爆炸等为恐怖主义，而不对恐怖主义作一个抽象的界定。打一个比方，这种界定方法中的恐怖主义概念就像一个容器，国际社会把危害航空器、劫持人质等行为或现象装进去，但并不探究把这些行为或现象装进这个容器的原因或标准；也不知道这容器的形状或特征，其中还装着其他哪些行为或现象。这也就是一些学者所说的分步界定法。[②] 国际社会目前所采取的就是这种选择。国际社会在无法得到一个公认的恐怖主义界定的情况下，采用先就劫持人质、危害

---

① Ben Saul, "Attempts to Define 'Terrorism' in International Law", *Netherlands International Law Review*, Vol. 52, 2005, pp. 57—83; Ben Saul, "Definition of 'Terrorism' in the Un Security Council: 1985—2004", *Chinese Journal of International Law*, Vol. 4, 2005, pp. 141—166; Alex Schmid, "Terrorism—The Definitional Problem", *Case Western Reserve Journal of International Law*, Vol. 36, 2004, pp. 103—147.

② 简基松："关于反对国际恐怖主义的若干国际法问题研究"，《法律科学》，2002年第4期。他在文中提出抽象程度和法律地位的两种分步；本书讨论的是其文中所言的抽象程度分步，不涉及法律地位的分步。

航空器、爆炸等某一类具体行为达成协议的办法。目前，已经确立的十三个全球反恐公约中，除了《关于在可塑炸药中添加识别剂以便侦测的公约》（其主要针对国家行为）以外，都属于采取此种办法。[①]

这种选择有其优势，在国际社会一时无法达成一致的情况下，先解决那些明显而又相对容易的问题，无疑是一种比较现实的妥协做法。但这种方法也有很多缺陷。首先，这种界定是消极、被动、缺乏预见性的，被规定为恐怖主义的往往是那些过去经常出现的行为或现象；界定的态度是等事情发生或严重后，再采取行动。而对于打击恐怖主义来说，更重要的是防范，特别是对于可能出现的造成大规模伤亡或损失的超级恐怖主义。而且，由于恐怖主义的形式复杂多变，单纯针对几种具体的行为或现象，对于防范、打击恐怖主义往往是力不从心的；一旦发生这几种行为以外的情况，反恐机构就将无所适从。其次，这种方法并不能促进国际社会统一对恐怖主义的认识。国际社会对哪些行为或现象属于恐怖主义，哪些现象或行为不属于恐怖主义，仍存在严重分歧。在缺乏对恐怖主义的统一认识情况下，随着反恐合作越来越多、越来越深入，国际社会的反恐努力可能会更加混乱；通过的国际协议出现相互矛盾、冲突的情况也可能会越来越多。第三，在现实中，这种选择也存在很多不便。如《制止向恐怖主义提供资助的国际公约》，为了规定哪些行为属于资助国际恐怖主义罪行，除了要罗列一大串的附属条约外，仍需要抽象的规定资助什么样的行为才是犯有资助国际恐怖主义罪。最后，这种选择实质上并不是对恐怖主义的界定，而是在缺乏恐怖主义界定情况下的一种临时性替代办法，其并不是最优的选择，而是无奈的选择。因此，并不能因存在这种替代办法和界定恐怖主义中存在的困难而否定对恐怖主义界定的必要性。

第二种选择就是给恐怖主义下一个抽象的界定，也就是规定恐怖主义的一般性特征（注意：这里认为这些特征不是恐怖主义本质的反映，而是根据反恐需要指定的），符合这些特征的行为或现象即为恐怖主义。这样的界定

---

① 十三个国际反恐公约，参见联合国网站，〈http：//untreaty. un. org/English/Terrorism. asp〉。此外，有学者指出，《制止向恐怖主义提供资助的国际公约》中，在具体规定哪些行为属于资助恐怖主义犯罪时，又间接、谨慎地对恐怖主义进行了抽象界定，参见 Adrian Hunt，"The Council of Europe Convention on the Prevention of Terrorism"，*European Public Law*，Vol. 12，2006，pp. 603－628。

其实就是要树立一种区分、辨识的普遍标准或特征；国际社会可以根据这些特征或标准，采取相应的对策，而不论这种现象或行为是否已发生过。这种界定将可以避免第一种选择可能存在的问题。下面也正是要探讨怎样确立一个容易被国际社会接受的恐怖主义全面界定。

（二）两种不同的界定方法

或许跟人们的思维习惯有关，人们面对一个事物或现象时总是首先问：它是什么？对于恐怖主义也不例外，人们首先就会问：恐怖主义是什么？许多学者们对于恐怖主义的界定也正是采取了这种思维方式，总是试图寻找恐怖主义的本质。本书将这种途径称为本质主义界定。在这种界定途径的背后，实际上暗含了这样的假定，即研究的对象存在着一个客观而绝对的本质，研究的重要使命就是要揭开种种表象或迷惑，发现其下隐藏着的这种客观而真实的存在。很自然，如果学者们能发现并向人们揭示了恐怖主义的本质，也就能给恐怖主义下一个客观、正确而又能得到公认的恐怖主义定义了。①

关于恐怖主义，人们经常能见到、听到的有：暴力、政治性、无辜、无区别、非军事目标、不确定性、难预测性、恐怖、恐吓、影响受众、国家、个人、无组织、灾难性影响、弱者的武器、绝望的反抗、城市游击战、暗杀、爆炸等等描述。这些词汇，与人们印象中的恐怖主义紧密联系在一起的，似乎或多或少地反映了恐怖主义的本质。这些描述也显示了关于恐怖主义研究所取得的成果。这些研究对于人们认识恐怖主义、界定恐怖主义无疑有很大帮助。

但这种通过揭示恐怖主义的本质来界定恐怖主义的途径，面临着下面几个困难：

---

① 在这里，作者的界定思路受到了波普对本质主义认识论的批判和其关于民主的看法的很大启发。参见卡尔·波普尔：《猜想与反驳》，傅季重等译，上海：上海译文出版社，1986年版，第92—151页；对波普民主观的概括，参见骆沙舟：《现代西方政治思潮评析》，厦门：厦门大学出版社，1996年版，第388—397页。

首先，恐怖主义本质似乎是变化的。[①] 比如，从“恐怖主义”一词的起源来看，恐怖主义来源于法国大革命时期雅各宾派的恐怖专政，指通过大规模的处决、镇压等暴力系统地制造恐怖来进行统治和维持政权。[②] 那么，恐怖主义的本质似乎应该是国家的行为，是国家通过大规模镇压、制造恐怖进行统治的一种手段。但今天，恐怖主义更多的被用来描述非国家行为体如个人或团体的行为，是一种所谓弱者对抗强者的反抗手段。还比如，根据所谓的“表演理论”，很多学者认为恐怖主义本质是：恐怖主义分子实施暴力的意图是“想许多人看而不是许多人死”；其意图不在于暴力实际所造成的人员伤亡与物质损失，而在于对人们心理的影响。[③] 但“9·11”袭击无疑证明，在一些学者所称的战争范式的恐怖主义中，恐怖主义分子血腥的杀戮与大规模的破坏不仅仅是要影响人们的心理，而且杀戮与破坏本身就是目的之一。[④] 再比如，有的学者认为，政治性是恐怖主义的本质特征，但今天很多恐怖主义并没有清晰的政治意图，而仅仅是因为某些疯狂的念头。如果恐怖主义的本质是变化的，而且，其中一些本质似乎还是相互冲突的，那么，我们就很难根据其本质对恐怖主义作出界定。

其次，即使恐怖主义的某些本质是相对稳定的，但哪些才是恐怖主义本质呢，暴力、恐怖、政治性或对无辜平民的杀戮？学者们对此争论不休，他们可能都会认为自己所揭示的才是恐怖主义本质。那么，究竟谁说得对呢，究竟谁把握的才是恐怖主义本质呢？对此，除非真的能找出恐怖主义的本质，我们才能知道，否则，我们就不知道谁说的才是正确的，争论谁对谁错也就毫无意义。

最后，这种本质界定途径核心的困难就是在于寻找恐怖主义本质。要找

---

① Jeffrey D. Simon, “The Endless Nature of Terrorism”, in Pamala L. Griset and Sue Mhan ed., *Terrorism in Perspective*, Thousand Oaks, California: Sage Publications, Inc., 2002, pp. 38—44.

② “terrorism”, in *Merriam-Webster's Collegiate Dictionary*, Deluxe Audio Ed., Version 2.5, CD-ROM, Merriam-Webster, Inc.; “terror, reign of”, *Britannica 2002*, Deluxe Audio Ed., CD-ROM, Encyclopedia Britannica, Inc..

③ Brian Jenkins 之言，转引自 Ehud Sprinzak, “The Great Superterrorism Scare”, *Foreign Policy*, Fall 1998, pp. 110—123。

④ 伊恩·莱塞等：《新恐怖主义》，程克雄译，北京：新华出版社，2002 年版，第 97—101 页。

恐怖主义的本质，首先要求恐怖主义存在客观的本质。恐怖主义存在本质吗?

毫无疑问，学者们并没有很好地解决这些困难，他们仍在争论不休。有些对于这条道路感到灰心的学者，便完全放弃了寻找一个能得到公认的恐怖主义界定的可能性，而以传统的说法为借口，即一些人眼中的恐怖主义分子，在另一些人看来则是自由的战士。他们认为，恐怖主义只不过是人们随意使用的政治标签，究竟什么是恐怖主义，完全取决于界定者的立场与利益。以色列不是把那些巴勒斯坦人的行为称为恐怖主义，而巴勒斯坦则又认为以色列所做的才属于真正的恐怖主义行为吗?

这种对恐怖主义界定的否定性态度可能是过于消极，但却在一定程度上预示了下面所要提出的界定思路：恐怖主义并不是一个真正存在的实体，而是人们对一些现象结合的指称；应根据实践的需要来决定把哪些现象纳入恐怖主义范畴之内。正如艾利克斯·斯密德（Alex Schmid）所言："首先，我们必需认识到，恐怖主义这个概念并无内在的本质，它是人为构建起来的。其界定通常反映了那些界定者的利益。"①

本质主义的思维，大概自亚里士多德之后就很受欢迎，成为人们的惯常思维方法，并确实在人们认识世界的过程中起到了很大的帮助（当然也可能产生了巨大的消极作用）。但恐怖主义是什么或恐怖主义的本质是什么，这是一个形而上学的问题。对研究恐怖主义来说，这种思维方式大而不当；而对于构建一个能够满足国际社会紧迫需要的恐怖主义界定来说，更是如此。

而根据实践需要来界定恐怖主义的思维方式，则是实用、现实的。这种界定并不关心恐怖主义的本质（假如恐怖主义存在本质的话），而是关注于现实需要。这种界定途径关注于什么样的恐怖主义界定对国际反恐事业才是最有用的。因此，这种界定途径毫不掩饰恐怖主义界定中的价值观、利益或立场问题。界定恐怖主义，特别是寻求一个能得到国际社会公认的界定，首要目的就是要为打击恐怖主义事业服务。界定的价值取向就是反对、谴责、打击、消灭恐怖主义；界定所服务的对象就

① Alex Schmid，"Terrorism—The Definitional Problem". *Case Western Reserve Journal of International Law*，Vol. 36，2004.

是世界反恐势力。[①] 因此，恐怖主义界定中所包含的价值规范、利益问题，虽然可能如一些学者所言是恐怖主义难以界定的重要原因。[②] 但事实上，正是这种价值立场与利益为可能被一致接受的恐怖主义界定提供了规定与要求；而国际社会在反对恐怖主义的这个基本立场与利益上的某种程度的一致性，为寻找这种界定提供了基础与可能。

这种根据实践需要来界定恐怖主义的思维方式是：反恐需要什么样的恐怖主义概念，或者说怎样界定恐怖主义对反对、消灭今天被大部分人称为恐怖主义的那些现象或危害才最有利；界定在很大程度上并不是对一个客观对象的描述，而是确立某些普遍的标准，以便在各种现象或行为中选出某些将之作为恐怖主义，其实质上是一种指定。

下面作者将基于此界定思路，对国际社会的反恐需要进行简要分析，并提出恐怖主义界定的原则。

（三）反恐需要与界定原则

在详细分析反恐需要之前，我们需要讨论一个更基本、也似乎有些愚蠢的问题，即国际社会为什么要反恐？

首先，这是因为恐怖主义的危害性。恐怖主义的危害性至少有：（1）引

---

① 无论是恐怖主义涵义还是人们对其态度，都有一个逐渐变化的过程。从最初“恐怖”被革命者视为一种合理的手段，到反抗民族压迫者使用恐怖主义，恐怖主义经常被视为一种弱者反抗强者的武器，对其往往是毁誉参半；恐怖主义分子有时会被视为自由的战士，一些恐怖主义分子甚至也以恐怖主义的旗号为荣。在20世纪70年代恐怖主义兴起之初联合国大会通过的决议，如A/RES/3034（1972）以及之后几年通过的决议，甚至没有“谴责”恐怖主义，而更多的是呈现出反殖、反种族主义色彩以及对恐怖主义根源的强调。这种状况随着国际恐怖主义越来越频繁发生、威胁越来越大才发生改变，国际社会才确认“谴责恐怖主义的一切行为方法和做法”，“不论在何处发生，也不论是何人所为，均为犯罪而不可辩护”。可以说直至“9·11”事件发生后，国际社会才在反恐怖主义的立场上空前统一。今天，恐怖主义已成为过街老鼠。同样本书是建立在恐怖主义是一种应该予以打击、消除的行为或现象这样一种规范判断基础上的。但本书认为，对待恐怖主义的态度应避免变成一种单纯的道德审判，避免使反恐与恐怖主义一样的绝对、暴虐。

② Benjamin R. Barber，“Terror is Inescapably Contestable”，*World Policy Journal*，Vol. 24，2007，pp. 55—56.

起大众心理恐慌，破坏社会的正常秩序；（2）作为一种危机性事件，扰乱正常政治日程，破坏政府权威；（3）造成人员伤亡与物质损失。在这三个方面，传统恐怖主义的危害，更多体现在前两个方面，但随着恐怖主义分子获得大规模杀伤性手段的可能性越来越大，第三方面的威胁也越来越成为现实，甚至成为恐怖主义最可怕之处。

其次，在很多情况下，恐怖主义具有国际性。为此，单个国家难以有效地反恐，需要国际社会进行合作。而在很多情况下，由于恐怖主义有政治性而使其容易成为各国相互斗争的工具；并且，传统的政治犯不受引渡惯例，也往往成为恐怖主义分子逃脱惩罚与实施恐怖主义行为的保护伞。

因此，一般而言，对于国家或大众来说，恐怖主义可以被视为是一种“恶”；各国为了有效应对这种“恶”需要进行合作。这既是国际社会需要一个被各国普遍接受的恐怖主义界定的原因，也是国际社会能够达成这样一个界定的现实基础。对于国际反恐努力来说，一个好的恐怖主义界定，应该能够满足以下的要求：（1）有助于防范、打击恐怖主义，特别是其中可能造成巨大威胁的恐怖主义；（2）有利于促进国际合作；（3）有利于在打击恐怖主义的同时，保护人们的正当权利；（4）界定应该尽可能的明确、清晰、简洁，具有可操作性。

本书认为，这些要求对于恐怖主义界定而言，意味着在寻找、确立一个能够被国际社会一致认可的恐怖主义界定过程中，需要遵循以下诸多原则。下文就将分别阐述这些原则，并在其中结合有关恐怖主义界定的热点问题进行说明。

第一，恐怖主义界定应与对恐怖主义的惯常认识大致相符。

说恐怖主义不存在本质，或者说不根据其本质而是根据反恐需要来界定恐怖主义，并不意味可以随意将一些行为或现象指定为恐怖主义。关于恐怖主义，即使缺乏一个普遍接受的界定，人们印象中仍然存在关于恐怖主义的感性认识。尽管这些认识可能模糊不清或相互冲突，但仍有很多相同之处，或者说某种认识通常为大多数人所持有。

恐怖主义界定应该与人们对于恐怖主义的印象大致相符，因此，恐怖主义虽然是一种标签，一种人为的主观指定，但是却不应是随意贴标签、随意指定。如果一个恐怖主义界定与大部分人的认识完全冲突，全无一致之处，那么，这样的界定就不大可能获得大多数人的认同与普遍使用；这样的界定，只会使人们对恐怖主义的认识更为混乱。相反，一个界定越与大多数人的印象相一致，那么，其越可能被接受，人们对其认识也就越可能趋于一致，这样的界定也就越可能有用。

一些学者关于人们对恐怖主义认知中有关因素的统计，就是寻找与确立大多数人对恐怖主义认知的共同之处的一种有效方法。比如，暴力因素在各种认识中出现的频率最高，就意味着人们通常把恐怖主义与暴力联系在一起，[①] 对恐怖主义的界定则必需考虑到这一点。因此，把恐怖主义完全定义为和平性的非暴力行为的界定就不大可能被人们接受；对于这些和平性行为，完全可以用另一个概念来指称，而不是用恐怖主义。

第二，恐怖主义界定应具有尽可能多的道德合法性。

这个要求意味着恐怖主义界定中所包含的那些现象或行为，应尽可能与人们普遍持有的道德、伦理或法律原则相冲突，为这些规范所贬斥、不相容。相反，如果恐怖主义界定中所包括的行为或现象是人们普遍赞赏、认同的合法行为与现象，那么我们就不可能期望这样的界定会被大部分人所接受。并且，这样的界定也只会增强恐怖主义的道德优势而削弱反恐的道德基础。

当然，有人会说鉴于世界价值观与利益的多元性，寻找能得到全世界公认的这样一些原则非常困难。这是事实，但人类社会确实有这样一些共同的规范、原则，如国际法、联合国宪章等确立的基本原则、惯例、精神等。因此，在恐怖主义界定中，吸纳、利用现有的能得到国际社会认同的精神与规则，将是一个有效的且合理的办法。恐怖主义的界定所依据的价值体系应该与这些惯例或原则中所体现出来的精神相符或至少不相冲突，也就是说被界定为恐怖主义的应该是违背这些精神的行为或现象。

第三，恐怖主义界定应尽量与现有的国际法和各国比较普遍的法律原则相契合，避免导致现有法律体系的混乱与冲突。

这项要求，不仅是出于前一项即有关恐怖主义界定道德合法性的考虑，

---

① 根据 Alex P. Schmid 和胡联合分别对 1981 年前 109 个恐怖主义界定和 1982 年后 50 个恐怖主义界定的统计分析，暴力（或武力）出现的频率都为最高，分别是 83.5%和 92%。Alex P. Schmid and Albert J. Jongman, *Political Terrorism*, New York: Transaction Publishers, 1988, pp. 5—6；胡联合：《当代世界恐怖主义与对策》，北京：东方出版社，2001 年版，第 16—17 页。

还出于恐怖主义界定与既有国际法体系契合的问题。

虽然恐怖主义的出现，不可避免要推动国际法与各国立法的变化，并带来一些争端。但如果恐怖主义的界定完全与现有的国际法体系和普遍的法律原则相冲突，或需要全面推翻现有的国际法体系，那么这种界定所带来的混乱与对国际法的破坏作用将超出其价值，这种界定也不大可能被各国所接受。因此，界定恐怖主义时，应以现有的国际法为依托，争取既有利于反恐又能很好嵌入现有的国际法体系中。事实上一些国家或组织，比如欧盟，有段时间对于探寻恐怖主义统一界定并不热心，其主要原因就是担心这样的界定会与其既有的法律体系发生冲突。①

出于这个原则的考虑，对于一些建议把国家武力机构如警察、武装部队的行为或针对这些武力机构的行为，其中包括武力冲突中的违法行为，纳入恐怖主义范畴的建议，就需要谨慎了。因为现有国际反恐公约体系，都小心地把这些行为排除在适用范围之外。如果把这些行为纳入恐怖主义界定中，就可能造成与既有国际反恐公约相冲突，还会造成与战争方面的国际规则相冲突。

第四，恐怖主义界定应能获得尽可能多国家的认同。

在反恐中，我们所说的国际社会，首先是由各个主权国家组成的。界定要想获得国际社会的接受，就必需首先为大部分主权国家所接受。各国的利益、认识会存在着分歧，但有一点是相同的，即都想积极维护本国主权权威。因此，想要争取尽可能多国家的认同，就应尽量避免恐怖主义界定造成对国家的合法权威或主权的侵害（如果不可避免地要影响到国家主权，也应把这种影响降到最低），应尽可能的有利于维护国家主权。

一些研究人员建议把国家对内的暴虐镇压、迫害等纳入恐怖主义范畴内，其理由是，这些暴虐统治往往给人类造成更大的伤害，而且，这也恰好是“恐怖主义”一词的词源含义。② 他们认为这些是国家恐怖主义。这些理由可能成立，但这种做法却不足取。因为，国家是对内垄断暴力合法使用的唯一机构，暴力是其统治的基础，无论是善治还是恶治都是如此。因此，如

① Adrian Hunt, “The Council of Europe Convention on the Prevention of Terrorism”, *European Public Law*, Vol. 12, 2006.

② 王逸舟：“如何界定恐怖主义”，《现代国际关系》，2001 年第 10 期。

果把国家某些对内暴力纳入恐怖主义范畴内，那么这些暴力将很快成为反恐的焦点，恐怖主义就很容易成为国家之间相互指责、干涉内政的借口。出于维护国家主权的考虑，大部分国家也将难以接受这样的界定；而且，这样的界定可能对国际反恐合作带来巨大的困扰，使国际反恐失焦。因此，国家对内的暴政虽然应受到谴责，但却应被排除在恐怖主义范畴之外。

国家对内的暴虐给人类带来的灾难可能远超过非国家行为体，但并不能试图把所有的恶都纳入恐怖主义范畴内，也不能期望消除恐怖主义就可以消除人类所有的痛苦来源。这就涉及到下面的一个原则。

第五，恐怖主义的界定应该是有节制的。

虽然恐怖主义的界定在很大程度上是一种主观指定，但我们不能把我们憎恶的任何现象或行为都贴上恐怖主义的标签。恐怖主义不是万恶之源，我们也不能期望反恐能消灭一切邪恶。因此，恐怖主义界定不应试图包括一切非法或有害的行为，而应是一些有某些共同特征如后果类似、需要采取类似的应对政策等的行为或现象。在一定程度上，界定也不应试图把恐怖主义产生的原因或应受的惩罚等因素包括进来，这些问题等应由另外的研究解决。

第六，恐怖主义界定应该有助于高效率地打击恐怖主义。

斯密德（Schmid）曾建议把恐怖主义视为“和平时期的战争罪”(peacetime equivalent of war crimes)。[①] 还有学者建议把国际人道主义法应用到恐怖主义的界定中。[②] 实际上，这些界定就是把恐怖主义视为违反战争法特别是国际人道主义法的行为或现象。对于这些做法，一些学者已经讨论其优缺点。比如，这样的界定可能有利于用战争手段打击恐怖主义，却也可能会赋予恐怖主义分子战斗人员地位，使其在法律上处于有利的地位。[③]

---

① Alex P. Schmid，“The Response Problem as a Definition Problem”，*Terrorism and Political Violence*，Vol. 4，1992，pp. 7—13.

② Lisa Ferris，“Terrorism：Application of a Law of Armed Conflict Framework”，*New Zealand Armed Forces Law Review*，2003，pp. 27—35；Sébastien Jodoin，“Terrorism as a War Crime”，*International Criminal Law Review*，Vol. 7，2007，pp. 77—115.

③ 钱文荣：“国际反恐斗争中的若干国际法问题”，《和平与发展》，2002 年第 2 期；Jodoin，“Terrorism as a War Crime”；Michael P. Scharf，“Defining Terrorism as the Peacetime Equivalent of War Crimes：Problems and Prospects”，*Case Western Reserve Journal of International Law*，Vol. 36，2004，pp. 359—374。

对于这种做法，作者认为，虽然有关武装冲突方面的国际规范等确实可以为恐怖主义界定提出有益的参照，但是，单单从国际反恐的效率角度来看，把恐怖主义界定为一种战争罪的恰当性就值得怀疑。根据美国国家反恐中心（NCTC）的统计，2006、2007年世界范围内分别发生14352、14499次恐怖主义袭击（其中近一半发生于伊拉克）。[①] 对于如此多的袭击，如果把这些界定为战争罪，从现有成立特别战争法庭或依赖国际刑事法庭来调查、审理案件的经验来看，其效率绝对难以胜任。恐怖主义的界定，必需考虑到反恐的效率要求。

第七，恐怖主义界定应有一定的前瞻性。

虽然我们不大可能清楚地预测未来，但如果界定只针对过去已发生的情况，那么这种恐怖主义界定是不能令人满意的。“9·11”事件向人们证明恐怖主义威胁的巨大不确定性，对于恐怖主义来说，过去没有发生的，仅仅意味着还没有发生，并不意味着不可能发生。缺乏对未来情况考虑的界定也就难以胜任反恐的现实需要，而只能是过时的。事实上，这一点也正是分步界定难以令人满意的一个重要原因。因此，恐怖主义界定应能够确立某些普遍的标准，使反恐机构对于未来可能出现的某些新情况也能有效应对。

第八，恐怖主义界定语言应尽可能地清楚、准确、客观、容易把握。

恐怖主义界定应有利于增加反恐的道德优势而削弱恐怖主义的道德基础，但这并不意味着应把恐怖主义界定变成讨伐恐怖主义的道德檄文。虽然不大可能找出一个绝对客观而又精确的界定，但一个过分模糊化、不容易把握或完全依赖于主观认定、充满感情色彩的界定，也没有什么价值。因此，恐怖主义概念应尽量符合这个要求，措辞应尽量是中性并不易产生歧义的。

最后，在界定恐怖主义的过程中，上述原则要求之间可能会发生某种程度的竞争或冲突，这个时候就需要作出协调与平衡。如果说这种协调与平衡有什么指导方针的话，本书倾向于采取这样的指导方针：恐怖主义界定应能有利于防范、打击那些威胁最大（包括那些潜在、甚至说迄今还未出现过的威胁）的恐怖主义。采取这种方针乃是基于这样的看法：未来可能出现的疯

---

① *NCTC Report on Incidents of Terrorism 2007*，〈http：//wits.nctc.gov/reports/crot2007nctcannexfinal.pdf〉；*NCTC Report on Incidents of Terrorism 2006*，〈http：//wits.nctc.gov/reports/crot2006nctcannexfinal.pdf〉.

狂与大规模破坏能力结合所造就的恐怖主义才是最可怕的，应是反恐的最优先事项。

国际社会的反恐努力急需一个被一致认可的恐怖主义界定。政府机构与学术界等为此都做出了巨大的努力，并取得了许多的进展。但是，单单从研究的角度而言，人们在探索这样一个恐怖主义界定的过程中，其有意识或潜意识所采取的本质主义途径，构成了其目标不能实现的重要原因。

本质主义视角对于寻找国际社会认可的恐怖主义全面界定并不适用，存在着诸多问题，而把恐怖主义看作是根据某些标准对某些现象或行为的主观指定则更为有益。但是，这并不等同于可以把恐怖主义作为标签，随意贴到界定者厌恶或对其不利的对象身上。相反，为了恐怖主义界定尽可能地被国际社会，特别是各个国家接受，就必须遵循一些原则。在前文中，作者尝试着确立这些原则。

实际上国际社会缺乏对恐怖主义的全面界定，有截然不同的两类原因：一类是现有的各种界定本身存在这样或那样的缺陷，如界定模糊不清等。[①] 这些缺陷是技术性的，可能由于研究方法、研究深度等所致。第二类原因则是政治性的，比如各个国家在利益、权利、价值观等方面的差异与冲突。相关学术研究以及本书，所努力解决的是第一类问题。虽然第一类问题的解决，有助于克服第二类问题，但第一类问题的解决并不自然导致第二类问题的解决。因此，国际社会达成对恐怖主义的全面界定，还必需国际社会中各种力量之间，特别是各个国家之间进行谈判、妥协，做出政治性决定，方可实现。

二、暴力分析与恐怖主义界定

一些地区性国际反恐条约中有关恐怖主义界定的处理：

---

① 关于难以或无法达成一致界定的原因的讨论，参见 Asta Maskaliunaite，"Defining Terrorism in the Political and Academic Discourse"，*Baltic Defence Review*，Vol. 8，2002，pp. 36—50；Keith Suter，"Terrorism and International Law" Contemporary Review，Vol. 287，2005。

——国际联盟的《防止与惩罚恐怖主义国际公约》(1938年)

把下列行为作为恐怖主义行为而列为条约适用范围:

“a)任何有意导致下列人物死亡或身体损伤的行为:(1)国家领袖,具有国家领导人特权的人,以及其世袭或指定的继任者;(2)上述人物的妻子或丈夫;(3)执行公务或拥有公职的人且这些行动指向他们正是因为他们这种身份;

b)蓄意摧毁、损坏公共财产或属于缔约方或在其支配下的用于公共用途的财产;

c)蓄意危及一般大众人员生命的;

d)任何实施上述行动的企图;

e)制造、获取、拥有或提供枪支、弹药、爆炸物或有害物质以图在任何一国实施上述犯行的。”

——美洲国家组织的《防止和惩罚具有国际影响的攻击和胁迫个人人身安全的恐怖主义犯罪行为的国际公约》(1971年)

其中并无对恐怖主义的界定,而只是规定缔约国要采取各种措施“防止和惩罚恐怖主义行为,特别是绑架、谋杀或攻击根据国际法国家有义务给予特别保护的人员以及与此相联系的勒索等犯罪行为”。

——美洲国家组织的《美洲反恐公约》(2002年)

没有对恐怖主义的界定,把截至条约签订时的联合国框架下的10个反恐国际公约所列犯罪行为列为条约适用范围。

——欧洲委员会《欧洲打击恐怖公约》(1977年)

该条约并没有恐怖主义界定,甚至没有列出哪些行为属于恐怖主义行为，而是间接列出一系列违法犯罪行为不应被视为是政治犯罪。这些行为包括："1970年签署的《关于制止非法劫持航空器的公约》和1971年《关于制止危害民用航空安全的非法行为的公约》所禁止的犯行；涉及攻击或损害包括外交人员在内的国际保护人员的生命、身体或自由的严重犯罪行为；绑架、劫持人质或严重的非法拘禁；使用炸弹、手榴弹、火箭弹、自动步枪，邮件或包裹炸弹威胁人们安全等，以及参与或企图采取上述行为。"

——欧洲委员会《关于防止恐怖主义公约》(2005年)

该条约没有界定恐怖主义，而是规定附件中所列11个联合国反恐公约所涵盖的行为纳入适用范围。

——南亚区域合作联盟《打击恐怖主义公约》(1987年)

条约没有明确界定恐怖主义，而只是规定下列行为应被视为是恐怖主义，且不得被视为是政治犯罪："1970年签署的《关于制止非法劫持航空器的公约》、1971年《关于制止危害民用航空安全的非法行为的公约》、1973年《关于防止和惩处侵害应受国际保护人员包括外交代表的罪行的公约》所禁止的犯行；任何南亚区域合作联盟成员国为其缔约方，并规定或起诉或引渡义务的国际公约所适用的犯行；谋杀、过失杀人、造成人身伤害的袭击、绑架、劫持人质，以及涉及使用枪支、武器、爆炸物、危险品等实施无区别暴力而造成人员伤亡或严重财产损失的犯罪行为，以及参与、帮助、教唆、指导上述犯罪行为或采取这些行为的企图或阴谋。"

——阿拉伯国家联盟的《打击恐怖主义公约》(1998年)

"恐怖主义指：个人或团体为实现其犯罪意图，而试图通过施加伤害而造成人们慌乱或恐惧，或危及人们生命、自由或安全，或企图损害、占领或夺取环境、公共或私人的设施或财产，或企图破坏国家资源的暴力行动或暴力威胁，无论其动机或目的如何，都属于恐怖主义。”

——伊斯兰会议组织《打击国际恐怖主义公约》(1999年)

“恐怖主义是指，任何个人或团体企图恐吓或威胁伤害人们，或损害人们的生命、尊严、自由、安全或权利，或破坏、占领或夺取环境、设施、个人或公共财产，或危害国家资源或国际设施，或威胁独立缔约国的稳定、领土完整、政治统一或主权的暴力行动或暴力威胁，无论其目的或动机如何，都属于恐怖主义。”

——独联体《合作打击恐怖主义条约》(1999年)

“恐怖主义指应受刑法惩处的试图破坏公共安全、影响政府机构决策或恐吓人们，并采用如下形式之一的行为：

(1) 针对自然人或法人的暴力或暴力威胁；

(2) 破坏、损害或威胁破坏、损害财物和其他物体，从而危及人们生命；

(3) 造成重大财产损失或其他危害社会的后果；

(4) 为了阻止其国家或其他的公共活动，或为了报复此类行动而威胁政治家或公众人物生命；

(5) 攻击外国国家的代表或受国际保护的国际组织成员，以及受国际保护人员的工作场所或交通工具；

(6) 缔约方法律或其他打击恐怖主义的普遍国际法律文件列为恐怖主义行为的其他行动。”

——非洲统一组织《防止和打击恐怖主义公约》(1999年)

“恐怖主义行动指：

a) 任何违反缔约国的刑法，并危及任何个人或某群人的生命、人身安全或自由，或导致严重伤害或死亡，或导致或可能导致公共或私人财产、自然资源、环境或文化遗产损失的犯罪行为，其目的是为了：(1) 恐吓、强制、迫使或导致任何政府、团体、机构，一般大众或其某个部分，去做或不做某种行为，采取或放弃某个特定立场，或按照某种原则采取行动；(2) 扰乱公共服务或任何大众必需服务的供给，或试图制造一个公共紧急事态；(3) 在缔约国制造广泛的叛乱；

b) 任何促使、资助、指挥、提供帮助、煽动、鼓励、企图、威胁、密谋、组织或招募，以实施上述行动的行为以及这样的企图。”

——上海合作组织《打击恐怖主义、分裂主义和极端主义上海公约》(2001年)

“恐怖主义是指：

(1) 为本公约附件所列条约之一所认定并经其定义为犯罪的任何行为；

(2) 致使平民或武装冲突情况下未积极参与军事行动的任何其他人员死亡或对其造成重大人身伤害、对物质目标造成重大损失的任何其它行为，以及组织、策划、共谋、教唆上述活动的行为。而此类行为因其性质或背景可认定为恐吓居民、破坏公共安全或强制政权机关或国际组织以实施或不实施某种行为，并且是依各方国内法应追究刑事责任的任何行为。”

下面将根据前文提出的界定思想与原则，作者尝试对恐怖主义给出自己的一个界定，这样的努力是建立在对暴力的分类与分析基础上的。

（一）暴力的分类与分析

选择暴力作为分析的核心和开端，乃是基于以下的原因：暴力是恐怖主义导致伤亡或破坏的主要因素；暴力是恐怖主义引起大众心理恐慌的重要因素；在人们的印象中，恐怖主义首先与暴力联系在一起。

下面我们就根据暴力的行为主体，分为个人、团体、国家和国际组织的暴力，分别分析这些暴力的限制性、威胁度、道德合法性，以及打击的困难等。

1. 个人暴力

（1）个人暴力限制性与威胁度的分析

第一，个人暴力，首先是一般刑事犯罪中的暴力行为。由于这种暴力行为是出于利益或个人恩怨方面的动机，因此，暴力的对象也就是那些与这种利益或恩怨有直接关系的人或物。他们所使用的手段也是有限制的，这些手段（如使用的工具、规模）等能满足实现这些利益或解决个人恩怨问题就可以了。过分的暴力不仅对实现其利益或解决恩怨问题没有帮助，反而会损害其目的。即使有的时候，此类暴力行为相对于其目的而言，可能显得是极其过度的，但是，这通常不是实行暴力的人的刻意追求，而可能是该人忽视或无视了这种过度的影响。因此，这类个人暴力是有限制的。[①] 就其造成的危害而言，一般刑事犯罪中的暴力虽然很普遍，但是就每个案例来看，其威胁却是非常有限的，一般也不会引起大众性心理恐慌。而就这种暴力的道德性来看，这些行为是违法的，因此绝大多数会遭到社会的谴责、憎恶、禁止和惩罚。

第二，是个人出于政治性目的而使用的暴力。这类暴力比较复杂，在此初步根据暴力行使的方式分为有限制与无限制两类。但什么是区分无限制与有限制的标准呢？考虑到政治性的暴力，在很多情况下属于武装冲突中的暴力，那么就借助有关战争的国际人道主义法中的一些基本原则作为区分标准。[②] 更确切地说，在这里主要采取暴力的使用是否区分目标，作为区分暴力有无限制的标准。因为如果暴力不区分目标，那么无论是否遵循了其他原

---

① 这里将暴力划分为有限制与无限制或合法与非法，只是概略、初步的，并不是绝对、非常精确意义上的划分。

② 其大概可以总结为区分军事目标与非军事目标；使用的武器应该有限制；使用武力所要达到目的与武力所带来的痛苦要平衡等。虽然这些原则最初主要是适用于国家之间的战争，但这些原则，现已大体被接受为规范包括非国家行为体之间冲突在内的所有武装冲突的规则。

则都是无限制的，而且行为者如果不区分目标，那么，行为者往往也不会考虑手段的限制性。并且，如果暴力是针对军事目标的，那么即使其违反了有关的规定，本书作者在这里认为这些暴力尚可被认为是武装冲突中的行为（即使是违规行为）；而针对非军事目标的个人政治性暴力则根本就不属于武装冲突范畴之内（这在下文会予以解释）。虽然这里借助于有关武装冲突的规则作为个人暴力分类的依据，但界定恐怖主义的一个重要问题是要把恐怖主义与战争中的暴力区分开，所以，本书在此采取根据暴力针对的目标作为判断暴力有无限制的标准。

就个人政治性暴力的威胁度来看，虽然这类暴力可能并不如一般刑事犯罪的暴力那么普遍，但鉴于政治性暴力行为者的目的相对于一般刑事犯罪而言涉及范围更广，意志更坚决和更持久，可动员的资源往往也更丰富，因此，就每个事件来说，此类暴力的威胁度要高于一般刑事犯罪中的暴力。而如果其暴力是无限制，针对的暴力对象无限制，甚至使用疯狂的暴力手段，那么，这类暴力造成的人员伤亡或财产损失也将更严重。

第三，还有一类个人暴力，既非源于个人利益或情感上的动因，也非出于政治目的，而只能说出于对社会的怨恨、极端的宗教信仰或其他一些疯狂念头，这也就是一些人所称的后现代恐怖主义，比如，麦克维炸美国俄克拉荷马州政府大楼案。多数这类暴力在目标与手段的选择、对后果的追求上几乎都是没有限制，其限制只在于实施者所掌握的实施暴力的能力。虽然这类暴力发生的频率要低于前两类，这类暴力在意志的坚决性、行动的持久性、组织性或筹划上可能也不如政治性暴力，但是，由于这类暴力实施者通常具有极其疯狂的目的，并往往会不受任何道德伦理的约束，在实施暴力时会更无限制、更极端，因此，单个这类暴力的潜在威胁性更大。

(2) 个人暴力的道德合法性分析与打击的难度

第一，就个人暴力的道德合法性来看，由于随着国家的出现，国家垄断了暴力行使的合法性，成为暴力行使的唯一合法主体，个人暴力一般来说不具备道德合法性，也就是说一般是应受谴责、惩罚的。但有两种个人暴力属于例外，仍具有道德合法性。一种是一般刑事案件中的正当防卫，一种是反抗暴政。

就正当防卫来看，其中个人暴力的合法性仍是有严格的限制的。如果防卫过当，那么这种合法性就会失掉，即使其目的是正当的。

而为反抗暴政实施的暴力，属于政治性暴力。反抗暴政的权利以自然权利说和社会契约论为依据，[①] 在近代资产阶级革命的过程中逐步确立，并且随着殖民地争取民族独立的斗争而获得进一步的发展。反抗暴政，只是从行为目的上对行为的道德合法性的限定。抽象地说，也就是为反抗遭受的暴政而实施的暴力具有道德合法性；而出于私利、权力贪欲对抗国家的暴力，或者说个人并没因遭受暴政的压迫而实施的政治性暴力，就不具有反抗暴政权利所衍生出的道德合法性。但是，即使是出于反抗暴政的目的而实施的暴力就一定具有道德合法性吗？毫无疑问不是，现代社会都承认这条原则：目的的正当性并不能证明手段的正当性；即使目的是正当的，也不意味着为了实现目的可以运用一切手段。为此，在考虑个人政治性暴力的道德合法性时，除了要考虑其是否具有正当目的即反抗暴政，还要考虑其手段是否恰当。也就是说，就像正当防卫中的暴力一样，即使个人政治性暴力是出于正当的目的，也只有那些手段恰当即至少具有限制性的暴力，才具有道德合法性；而无限制的暴力则仍不具有道德合法性。需要注意的是，正如不能用目的来为手段辩护一样，我们也不能因手段的非道德性而否定目的的正当性。

第二，就个人暴力所适用的法律与在遏制、打击个人暴力上国际合作的难度来说，第一类暴力主要是由一国刑法管辖。对于涉及国际性的，由于世界各国都会把这类暴力规定为犯罪，而且很少牵涉到各国的政治利益或意识形态之争，因此，国家容易在这些方面进行合作与达成协议。但是，对于个人政治性暴力，如果其（行动者的身份、行为地、袭击对象等）只局限于一国内，那么国家可以使用国内的法律来进行镇压或打击。但由于其政治性，这类暴力往往关涉到其他国家的利益、斗争或意识形态纷争；而且这种个人政治性暴力往往被认为是反抗暴政的行为，国家对这些暴力实施的镇压或打击则会被认为是在进行政治迫害、侵害人权。因此该国对这类暴力的打击往往会招致其他国家的干涉或谴责。如果这类暴力具有国际性，由于政治犯不受引渡惯例的存在，国家要寻求国际合作则更为困难。国家也难以以这些暴力违反了国际法为由，来寻求国际合作，因为国际法主要是调整国家间关系，能适用于这类暴力的国际规则很少，大概只有国际法中关于人权的泛泛规定和有关武装冲突的规定。如果国家以违反战争法为由来打击这些暴力，

① 唐士其：《西方政治思想史》，北京：北京大学出版社，2002年版，第224页。

往往也只会给自己带来更多的麻烦，如适用战争法则意味着这些人被俘后应首先享有战俘待遇，而向有关国际法院以战争罪来起诉，以目前的实践来看，其效率对于打击这类暴力来说则是远远不够的。而对于第三类出于一些疯狂念头的个人暴力，各国刑法虽有规定，但是仍不健全。虽然这些个人暴力并不具有政治性，但是由于这些暴力没有清楚的利益动因，以及这类暴力很多时候与某些极端的宗教信仰有关，因此，这类暴力实施者也很容易以政治目的或宗教自由等为其进行辩护和获得同情，因此，对这类暴力，国家在打击与寻求国际合作方面，与打击政治性暴力有着类似的困难。

2. 团体暴力

团体暴力，即暴力的行为主体是一群人，无论这些人是有严格的组织，还只是为了采取一定的行动而松散地结合在一起。

同样，根据这些暴力的动因，可以做出与个人暴力类似的分类，对这些团体暴力的分析与个人暴力的相同，只不过团体暴力由于其组织性与可动员的资源要比单个人大，其威胁能力也要比个人来得大，因此，不再赘述。

3. 国家暴力

在此先把国家暴力分为对内暴力和对外暴力，然后分别讨论其威胁度、道德合法性等。

(1) 国家对外暴力

首先是指国家利用武装部队对外进行的暴力活动，即对外使用武力，这是国家对外暴力的最主要形式。在传统国际关系中，国家有权用武力作为实现国家利益的工具。但随着国际法的发展，特别是经历了两次世界大战后，国家的这种权力开始受到限制。现代国际法只承认以下情况下国家对外使用武力是合法的：自卫（集体自卫）、民族解放、联合国为维持和平与安全的授权（作为一种有争议的自卫，先发制人式打击，在近期的国际关系与国际法中似乎得到了更多的合法性，当然，也引起了很大的争议和担心）。但即使国家对外使用武力的理由是正当的，国家在使用武力过程中仍必须遵循一定的规则，即国际战争法的规定，否则，国家违反这些规则的武力行为仍是非法而应受惩罚与谴责的。从法律的适用来看，国家对外武力毫无疑问首先受国际法的调整。鉴于武装部队的组织性、力量以及国家为赢得战争通常所投入的资源来看，这类暴力无疑对于人类造成的痛苦最大、威胁最大；即使是具有道德合法性的武力使用，往往也不可避免地给人类带来深重的苦难。历史已一再证明了这一点。此类暴力对人类造成的灾难与威胁，要远远超出个人或团体暴力对人类造成的灾难与威胁。

除对外使用武力以外，还存在国家对外使用暴力的一种情况，即国家对外国目标或在境外的执法行动如追捕、拘禁等。对于这类暴力，要么由于国家间存在刑事犯罪方面的合作协议（一般会得到对方国家的同意或默许），要么其行动秘密，而且，这类行动只针对特定的对象，所用暴力无论在规模还是烈度上都非常有限。因此，这类暴力是有限制的，即使这类暴力产生人员财产伤亡，也是非常有限的。

我们还可以设想到国家情报机构等在国外或针对外国目标实施的秘密暴力，如暗杀、蓄意破坏等。这类暴力通常不符合国际法的精神并且会危害国际关系。但实际上，国际法中只有一些泛泛的或语焉不详的规定可以适用于这类暴力。[①] 国际社会之所以没能对这类暴力作出详细规定，大概是因为这类暴力的秘密性和历史上其危害有限，加之间谍活动历史久远和各国或多或少都会有这类秘密行动，国际社会一定程度上默认了这类活动的存在与在国际关系中的必要性。这类暴力隐蔽、难以防范、容易实施、成本低廉，针对非军事目标的情况更是如此。并且，现代社会结构与现代科技的结合使这种暴力的效果倍增。因此如果国家可以毫无顾忌地使用这种暴力，那么也将给人类造成巨大灾难与威胁。所以即使这类暴力作为国家的对外活动之一，有某种程度的必要性，那么也应该是有一定的限制。本书认为此类暴力应针对

① 可适用于此类暴力的一般国际法原则，如不干涉内政原则，而国际社会对此具体的规定很少，且比较模糊。迄今，大概针对此类暴力的规定有：联合国大会 1970 年通过的“加强国际安全宣言”（A/RES/2734（XXV））中的第五条，〈http：//daccess-dds-ny.un.org/doc/RESOLUTION/GEN/NR0/348/67/IMG/NR034867.pdf? OpenElement〉；联大 1974 年通过的“侵略定义”（A/RES/3314（XXIX））中规定属于侵略行为的（g）条，〈http：//daccess-ods.un.org/TMP/2270002.21610069.html〉；联大 1989 年通过的“反对招募、使用、资助和训练雇佣军国际公约”（A/RES/44/34），〈http：//www.un.org/chinese/hr/issue/docs/10.PDF〉；联合国通过的有关反恐的决议或宣言中，关于国家不得“参与”、“策划”恐怖主义等模糊的规定；战争法中有关间谍、雇佣军地位的规定。

军事目标或与国家之间冲突有直接关系的对象，而避免以一般非军事目标为对象。如果说前一种有针对性的暴力尚可被认为是国家间军事斗争或政治斗争的正常部分，那么后一类无限制暴力就完全不具有了道德合法性，其威胁和破坏作用也要远远超过前者。

(2) 国家对内暴力

如果我们把主权绝对化，那么，一个国家外部的人、组织或国家是无权干涉该国对内的暴力行为的。而且，我们必须考虑到，国家维持对内统治、实现其职能的最基本和最有力的手段就是暴力，即使暴力并没有被实际使用。当然，这并不是说国家所有对内暴力都具有道德合法性，都是必要和对社会有益的。一方面是近代人民主权观念的出现，否定了国家为所欲为的合法性。这种合法性，最基本的要求是国家对内暴力行为要依法行使，受宪法的限制；国家是为了保护与增进人民福祉而存在的，国家权力来自于人民，因此，国家与此目的相悖的权力行使就是非法的。另一方面，随着国际法的发展与人权观的传播，国际社会也不再承认国家对内具有绝对的权力，国家对内的一些暴力不再被认为是合法的或不可干涉的，如国家对人权的大规模侵害、实行种族灭绝等。因此，可以认为国家对内暴力在一定程度上还要受国际法的约束。

虽然从以上看，理论上拥有了判定国家对内暴力道德合法性的基础，但是，除非出现大规模、明显的违反情况，否则现实中要判定国家暴力的合法性仍存在许多困难。就国内来说，虽然说国家暴力要受到该国宪法与法律的约束，但是实际上国家完全可以操纵法律、舆论，使其任何暴力在形式上都是合法的。当然，局外人可依据国际法或其他原则判定该国是暴政还是善政，但是，国际法对国家对内暴力的规定比国际法对国家对外暴力的规定要少得多，即缺乏统一、明确的判断标准；并且，受国际法中的基本原则主权原则及其衍生的不干涉内政原则的限制，局外人的判定也容易有干涉内政的危险。而且，考虑到局外人对该国的情况缺乏客观、详细的信息、局外人自身的私利以及价值观不同等因素，这种判定就显得更为不可靠了。

而就国内暴力给人们所造成的痛苦与威胁来看，可以说这类暴力并不逊于国家对外暴力给人们带来的灾难，并且，因为国家通常被认为是暴力行使的合法主体，这类暴力给人类造成的痛苦往往被人们所默认与忽视。

4. 国际组织的暴力

国际组织可分为两类：一类是政府间的；一类是非政府间的。本书将前者的行为算为国家行为，而将后者的行为纳入团体的范围。本书对国际组织的暴力不再分析，因为它已包含在对团体暴力与国家暴力的分析之中了。

（二）恐怖主义的暴力

上文主要按照行为体与有无限制等对暴力进行了大概的分类与分析。毫无疑问，并不是所有暴力都属于恐怖主义，那么哪些暴力才应属于恐怖主义行为呢？

1. 一般刑事犯罪中个人或团体出于经济利益或个人恩怨上的动因而实施的暴力不应纳入恐怖主义范畴之内。

不将这些一般刑事犯罪的暴力纳入恐怖主义，乃是基于以下的理由：(1) 就单件刑事犯罪中的暴力而言，影响与危害一般都比较有限；(2) 对一般刑事犯罪，各国的刑法都已有比较详细的规定，调整的法律体系比较完善，而且各国在打击上也容易实现合作；(3) 将一般刑事犯罪纳入恐怖主义，将使恐怖主义范围过分广泛而带来一系列不良后果，如国家暴力机关可能借打击恐怖主义之名而肆意扩充、滥用权力；或使国家在反恐上精力分散，无法优先处理威胁大、急需得到处理的问题；还可能会让其他国家或国际势力借助反恐之名，肆意干涉该国正当权力。

需要注意的是，一般刑事犯罪中的暴力不应纳入恐怖主义的范畴之内，并不意味着恐怖主义行为不可以定性为刑事犯罪或不适用一国的刑法。

2. 对于个人或团体的政治性暴力，本书将无限制暴力纳入恐怖主义概念之内，而把有限制的暴力排除在概念之外。

把个人或团体的无限制政治性暴力纳入概念之内，乃是因为：(1) 人们印象中的恐怖主义多属于这种暴力；(2) 一般而言，这类暴力的威胁比一般刑事犯罪中的暴力要大；(3) 这类暴力受到大部分人的谴责，即不具有道德合法性；(4) 这样做可以避免这类暴力滥用政治犯不受引渡等国际惯例和反抗暴政权利为自己辩护与逃避惩罚；(5) 并可以使国际间关于这类暴力的关系非政治化，尽量避免各国在恐怖主义问题上相互斗争或干涉，促进国际合作。

而把个人或团体有限制的政治性暴力排除在恐怖主义范围之外，乃是因为：(1) 如果把这类暴力纳入恐怖主义概念，实际上也就否定了人民用暴力反抗暴政的权利。[①] 有人肯定会争论说，那我们至少可以把其中那些有限制但并非出于正当目的即并非出于反抗暴政动因的个人政治性暴力纳入恐怖主义范畴之内，因为这些暴力与无限制的暴力一样，都不具有道德合法性。单纯从逻辑上看，如果并非真正因遭受暴政而实施的政治性暴力，因其目的不具有道德合法性，那么不论其手段是否是正当的，这类暴力也都不具有道德合法性。但问题是，在实践中判断个人或团体政治性暴力是否真正出于反抗暴政的目的非常困难。鉴于政府所拥有的地位和资源，这类判定往往有利于政府，政府可以影响、操纵这种判定。而且即使政府得到其大部分国民的承认，是所谓的“合法”政府，也不足以就认定推翻政府的图谋是不正当的。历史表明革命者在最初常常是少数派，并往往被大众视为异端，而独裁者的地位却得到大多数人的认同。正因为对这种政治性目的的正当性难以存在客观、公正的判定，所以如果把这些手段正当而在我们（或政府）看来目的不正当的政治性暴力纳入恐怖主义概念之中，那么很容易就使政府借此实质上否定人民反抗暴政的权利。而且，各国由于价值观、社会制度等的不同，它们也将对什么样的目的是正当的而争论不休，即使它们都是怀着尊重事实、公正无私的信念进行判断的，因此，这样做也不利于在反恐上进行国际合作。为此，在此对个人政治性暴力采取一种更宽容的态度，假定其目的都是反抗暴政，即目的是正当的，判断其道德合法性主要看其手段是否是有限制。(2) 在其他情况相同的条件下，有限制暴力给人们带来的痛苦也要轻于无限制暴力所带来的痛苦。(3) 如果将有限制的暴力纳入概念中，那么其中许多不仅目的正当而且手段也正当的行为将被纳入恐怖主义概念之中，从而增强恐怖主义的道义基础，破坏反恐事业的道义基础，并实际上将使任何只

---

① 鉴于这种权利的敏感性，很多国家在实际中会制定法律规定以暴力推翻政府是非法的。人们在遭受恐怖主义之害时也容易否定一切非国家的政治暴力，但我们实际上仍不可能从道义上否定一切非国家的政治性暴力的合法性。一方面，绝大部分国家或政府都是从如革命等非国家行为体暴力中诞生的，否定一切非国家行为体政治暴力的合法性，实际上也就否认了自身的合法性；另一方面，假设曾有人试图用暴力推翻希特勒的统治，难道我们能在道义上谴责这种行为吗？

要有一方为非国家行为主体的战争或武装冲突都成为恐怖主义或恐怖主义与反恐怖主义的斗争。

3. 在此将个人或团体出于极端疯狂的动机而采取的暴力纳入恐怖主义范畴。理由：(1) 此类的暴力虽然数量不多，但潜在威胁巨大；(2) 各国通常将此类暴力作为一般刑事犯罪来处理，但相关法律并不全面，而且这类暴力由于动机模糊等，容易以宗教信仰自由、政治性等为借口，以争取同情和逃脱惩罚；(3) 这类暴力在道德上不具有合法性，对各国政府一般只会造成危害，而不会有好处，因此，将这类暴力列为恐怖主义也容易被各国所接受。

4. 至于国家暴力，在这里将国家对内暴力排除在恐怖主义之外。很多学者认为国家对内的某些暴力行为，应属于恐怖主义范畴之内。他们持这样的看法大体上基于以下两个理由：(1) 从词源上看，"恐怖主义"一词的出现与国家对内暴政有着直接的联系，且历史上有"红色恐怖"、"白色恐怖"等说法；① (2) 国家对内暴政给人们带来的痛苦与制造的恐怖实际上要远甚于个人或团体恐怖主义行为给人们带来的痛苦。

确实，"恐怖主义"一词的诞生与国家对内暴力有着直接的联系。但当它产生后，其意义发生很大转变，甚至是与其原先的意义完全相反，是非常常见的情况。事实上，人们今天在使用"恐怖主义"一词时，更多的是指一些非国家组织或个人的暴力活动。因此，并不能从词源上证明要求将国家对内暴政或某些暴力行为纳入恐怖主义概念中的合理性。

至于第二个理由，人们更容易遭到来自国家的非法侵害，这些侵害造成的痛苦也往往比个人或团体的恐怖主义行为造成的痛苦要更大、更普遍、更持久。但是，正如不能单单因战争或自然灾害给人们带来的痛苦要大于这些个人或团体的无限制暴力，而将战争行为或自然灾害也归入恐怖主义范畴一样，同样我们也不能以这样的理由将国家对内暴政算作恐怖主义。

在此把国家对内暴力完全排除出恐怖主义概念，乃是基于以下考虑：

(1) 在实践中判断国家的对内暴力行为是否属于暴政，往往存在巨大的困难，更不用说判断该行为是否是恐怖主义行为了。一方面，国家是其境内暴力行使的唯一合法拥有者，其暴力会起到维持社会秩序的作用（即使是最

① 王逸舟："如何界定恐怖主义"，《现代国际关系》，2001年第10期。

残暴的政权，其暴力仍在一定程度上起到这个作用)。并且，不论是善政统治还是暴政统治，都需要国民对其暴力有恐惧感。例如，人们纳税或服从法律，正是出于不服从就可能遭到暴力惩罚的恐惧，使人们自动采取了某些行动，虽然暴力在其中并没有被实际使用，但并不代表暴力没有起作用。因此，如果将所谓的国家对内暴政纳入恐怖主义的范围之内，国家一些必要的暴力往往很容易就成了恐怖主义行为。① 另一方面，缺乏判断的标准。国家对内暴力的首要对象是平民（除了出现内战或镇压武装反叛的情况），因此，国际上适用于武装冲突的规则并不能适用于这些暴力。鉴于法律实际上是由国家制定的，国家完全可以使其任何暴力都获得合法的形式，所以也难以这些法律为标准。而如果适用国际法中有关人权保护的规则，虽然有了泛泛的标准，但是，由于局外人对该国情况的不了解或出于其自身的私利，做出的判断也难以是客观与公正的。

（2）因此，如果将国家对内的暴力行为纳入恐怖主义概念中，将只会使各国打着人权、人道、民主等旗号相互指责、相互干涉，最终要么使国际社会的反恐事业在相互指责中成为一场闹剧而草草收场，要么使国际社会的反恐成为西方国家打着“解放”、“民主”、“自由”等旗号的一场十字军运动。这样的概念令发展中国家难以接受，西方国家也可能会担心国内主权遭到太多侵蚀而不愿接受。

（3）如果国家内部确实出现大规模、性质严重的滥用暴力事件，国际法上已有有关规定与相应的处理机构，如危害人类罪、种族灭绝罪等与相应成立的国际法庭等。② 因此，也无必要再将这些行为纳入恐怖主义概念之中而使其作为反恐的对象。

5. 在此把国家对外武装冲突中所运用的暴力（实际上是所有武装冲突，或使用武装部队的暴力）也排除在恐怖主义概念之外，乃是因为：

（1）关于这类行为，国际法上已有比较完善的规定。即使在武装冲突中，有违反国际法规定的行为，国际法上也都可以侵略罪、反人类罪或战争罪来论处，无需再将其纳入恐怖主义的概念之中。实际上，已通过的反恐国

---

① Kenneth J. Long, “Understanding and Teaching the Semantics of Terrorism: An Alternative Perspective”, *Perspectives on Political Science*, Fall 1990, Vol. 19.

② 《国际刑事法院罗马规约》，第五、六、七、八条。

际公约中，也避免将国家武装冲突中的行为纳入其适用范围之内。如《制止恐怖主义爆炸事件的国际公约》特别提出，“注意到各国军队的活动由本公约框架外的国际法规则加以规定”。

（2）如果把国家武装冲突中所用的暴力纳入恐怖主义行为，那么，我们就会发现世界大战才是最大的恐怖主义行为，那些核武器国家的核战略才是最大的恐怖主义阴谋。反恐首要任务不是去打击拉登等人，而是要争取和平，是反对核武器。因此，把国家对外武装冲突中的暴力纳入概念中，只能使恐怖主义概念变得荒唐而无用。

（3）从更根本的层面看，恐怖主义根本就不应归入武装冲突范畴之内。

今天人们已习惯于用战争来描述与恐怖主义的关系了。但如果不是在修辞意义而是在法律意义上使用“战争”这个词，就有足够的理由去改变这种习惯，在反恐中放弃使用“战争”这个词或避免将恐怖主义纳入武装冲突范畴之内。

首先，这是因为在“9·11”等恐怖主义行为中，没有暴力冲突，只有恐怖主义分子对手无寸铁的人们的单方面的杀戮与破坏，即使一些学者所说的“战争范式”的恐怖主义也同样是如此。虽然国际法中并未对武装冲突与战争作出专门界定，但在《日内瓦第二议定书》第一条关于议定书适用领域的条款中，从侧面规定了哪些特性的暴力属于武装冲突，哪些特性的暴力不属于武装冲突。[①] 就每个事件来看，恐怖主义行为是孤立而零星的行动，因此，恐怖主义并不属于国际法意义上的武装冲突或战争行为。

其次，虽然恐怖主义分子可能使用武器，但他们并不是国际法意义上的武装人员。这首先是因为，他们不是一国军队的成员（即使是，他们的恐怖主义行为也不属于其执行军事任务时的行为）；他们在攻击时不公开携带武器（这是最低要求）；不佩戴从远处就能让人将其与平民区分的标志；根本就不遵守武装冲突规则；他们也往往缺乏一个能够进行持续军事活动的指挥

① 《1949年8月12日日内瓦四公约关于保护非国际性武装冲突受难者的附加议定书》第一条；对于武装冲突属性的侧面规定，在其英文版中体现得更清楚。适用于国际性武装冲突的《第一议定书》并没有这样的规定，大概是认为国际性暴力特别是国家间的暴力肯定是武装冲突吧。

控制体系。[①]

第三，将恐怖主义行为界定为武装冲突，只能有利于恐怖主义事业，而无助于反恐事业。如果将恐怖主义界定为武装冲突或战争，那么恐怖主义分子即是战士。这在道德上无疑给恐怖主义增添光辉，活着，他们是反抗压迫或强权的“自由的战士”，死了，他们则是烈士。因此，无论他们死去还是活着都将享有无尚的荣耀与崇拜。[②] 考虑到今天很多恐怖主义的产生与社会的不公正有着种种的联系，恐怖主义分子的这种道德地位将得到进一步的提升。而在法律上，他们如果被俘也将具有战俘地位，因此享有不得被审判、冲突结束后应予以释放等待遇，而这些正是恐怖主义分子渴望得到的。

最后，将恐怖主义界定为战争，即使是为了用战争的手段打击恐怖主义，那么，这种手段所带来的好处，也不足以弥补其所造成的麻烦。[③] 恐怖主义的可怕之处与难以打击的原因在于其隐蔽性与疯狂性，因此，情报对于打击、防范恐怖主义具有至关重要的作用。有精确情报，甚至一支精干的警察力量或特种部队就足以胜任，而几万人的军队只会笨拙有余，灵活不足。

---

① 关于武装力量构成的规定，参见 *Laws of War* ：*Laws and Customs of War on Land*（*Hague II*）；*July 29*，*1899* 附件 *Regulations Respecting the Laws and Customs of War on Land*，Art. 1、2、3，2003－4－25，〈http：//www. yale. edu/lawweb/avalon/lawofwar/hague02. htm＃art1〉；*Laws of War* ：*Laws and Customs of War on Land*（*Hague IV*）；*October 18*，*1907* 附件 *Regulations Respecting the Laws and Customs of War on Land*，Art. 1、2、3，2003－4－25，〈http：//www. yale. edu/lawweb/avalon/lawofwar/hague04. htm＃art1〉；《日内瓦第一公约》和《日内瓦第二公约》的第 13 条；《日内瓦第三公约》的第 4 条；《日内瓦公约第一议定书》第 43、44、45 条；《日内瓦第二议定书》第 1、2 条。

② Michael Howard，“What's in a Name?”，*Foreign Affairs*，January/February 2002.

③ 有的学者认为“若将恐怖主义视为战争，则不必过分着重于个人的罪责，只要大致准确地查明责任，如正确辨认出恐怖集团就行了。对于证据也不需要达到法庭鉴定的质量，只要搜集到相关情报就够了。焦点不在于被控告的个人，而在于正确识别敌人”。钱文荣：“国际反恐斗争中的若干国际法问题”，《和平与发展》，2002 年第 2 期。但恰恰这种优势构成了将恐怖主义界定为战争和用战争来对付恐怖主义的做法的巨大潜在威胁；其可能会导致国家在缺乏证据的情况下滥用暴力，这将更多地威胁到一般（或仅仅受到怀疑的）公民，而不是那些真正的恐怖主义分子。而且，国家在缺乏确凿证据的情况下，就滥用暴力，无疑将损害到反恐的正义性，并且使那些恐怖主义分子看起来更像是国家滥用暴力的牺牲品，而不是罪有应得。

而且，战争不仅会使国家间关系复杂化、恶化，分化国家间反恐合作，战争不可避免带来的副作用也可能刺激产生更多的恐怖主义行为。战争的成本也极其高昂，并会带来国内关系紧张或使政府权威过分扩大等其他潜在不良后果。因此，对于反恐来说，战争并不是一个明智的选择。即使使用战争这种手段，这种战争在多数情况下，实际上并不是对付恐怖主义分子的战争，而是一个国家借着反恐的幌子对另一国家的战争。

因此，无论从哪个方面看，恐怖主义行为都不应纳入武装冲突的范畴之内。

6. 本书将国家对外武力之外的对外暴力中的无限制部分如蓄意破坏等，纳入恐怖主义概念之内，而将有限制的即针对军事目标或针对特定目标的暴力排除在外。

这样做乃是基于以下的考虑：

（1）国家很可能采取这样的行为。[①] 对一个国家来说，在不存在能有效对抗其对手的一般手段的情况下，这种非常规的手段，对该国来说就非常具有诱惑力，特别是在一些比较极端或该国领导人具有极端思想的情况下，更是如此了，并且，这种手段具有成本低廉、不容易被发现等特点。相对弱小的国家无法用一般的手段对付其敌人，可能会选择这种手段；但相对强大的国家同样也可能采取这种手段，特别是在对弱国的干涉可能受到国际法或国际局势的限制而难以公开实施时，那么这种手段就可以达到既破坏对方国家的稳定与政府权威的作用，而又能避免遭到公开的谴责。

（2）对于这类暴力，国际法还缺乏比较充分的规定。

（3）这类暴力在行为方式上与影响上等与个人或团体无限制暴力行动类似。比如多是秘密进行，使大众产生心理恐慌等。

（4）对于针对军事目标的暴力，本书认为应属于国家间正常的军事斗争或间谍斗争的一部分，因此不应纳入恐怖主义范围之内，目前通过的反恐国

---

① 有的学者认为："迄今，还没有一国政府对其他国家的平民在和平时期实施恐怖行为的典型事例出现。"王逸舟主编：《恐怖主义溯源》，北京：社会科学文献出版社，2002年9月，第44页。对此，本书认为像洛克比空难事件等，如果还算不上是国家恐怖行为的"典型事例"的话，那么至少也强有力地证明了国家实施恐怖主义的巨大可能性，并不能因还没有"典型事例"出现而否认国家恐怖主义存在的危险。

际公约通常也是这样处理的。[①] 而关于对特定人员的逮捕、拘禁等，在此认为即使这种暴力并没有征得有关国家的同意，其造成的危害也非常有限，并在一些情况下是必要的，因此在此也将此种暴力排除在恐怖主义范畴之外。

三、恐怖主义界定

至此，恐怖主义的界定就是要用尽量简洁、明确的语言给出把恐怖主义与其他行为区分开的标准了。

恐怖主义是指：

(a) 次国家行为体蓄意造成并未直接介入冲突的非战斗人员或非军事目标伤亡或严重毁损的行为；

或 (b) 国家行为体用武装部队以外的人员，蓄意造成他国并未直接介入冲突的非战斗人员或非军事目标伤亡或严重毁损的行为；

或 (c) 将采取上述行为的可信威胁或企图。

下面是对概念中术语的说明：

(1) 在界定中采用"行为"，而不是"暴力"，乃是因为在所谓的新恐怖主义或未来恐怖主义中如网络恐怖主义、基因恐怖主义，虽可能造成人员伤亡或物体的毁坏，却不存在明显的暴力，因此如果采用"暴力"，就会把这

---

① 在《关于制止非法劫持航空器的公约》、《关于制止危害民用航空安全的非法行为的公约》、《关于在航空器内的犯罪和犯有某些其它行为的公约》和《制止危害航海安全的非法行为公约》等中，都规定公约不适用于"军事、海关或警察用的"航空器或船舶。

有关国家武装力量的一些行为是否应该纳入恐怖主义定义中，也是当前国际社会在制定恐怖主义界定时争论的一个非常重大问题。相对而言，欧美等国家认为此类国家武装部队行为应被排除在恐怖主义界定以及反恐国际公约适用范围之外，而一些阿拉伯和伊斯兰国家则认为，如以色列军队的占领行为等武装部队的一些违反国际法行为也应被视为属于恐怖主义行为。

欧盟委员会在其《打击恐怖主义框架决定》中明确表明，武装冲突时武装部队的行为已经有国际人道主义法等现成国际法规范，不应纳入恐怖主义范畴之内。"Council Framework Decision：On Combating Terrorism 13 June 2002"（2002/475/JHA）。

类行为排除出概念。为此，界定采用了包括暴力但又比暴力范围更广的限定：造成人员或目标“伤亡或严重毁损”的行为。

(2)“次国家行为体”，乃是借用现美国官方统一采用的恐怖主义界定中的一个术语（subnational①）。可以说，在当今的世界上，除了国家与政府间国际组织以外的一切行为体都属于次国家行为体，包括个人、各种形式的国内或国际性的团体。国家行为体，是指国家或政府间国际组织。②

(3)“蓄意”，乃是指行为是经过策划、准备而专门实施的，而非因过失或一时的冲动产生的行为；且对非战斗人员或非军事目标造成的伤亡或毁坏，不是针对其他目标的行为不可避免的附带影响。

(4)“非战斗人员”与“非军事目标”乃是借用国际人道主义法中的术语，其含义也与这些国际法中的含义相同；非军事目标，是针对物而言的。

(5)“武装部队”的含义，采用《日内瓦公约第二议定书》第四十三条中对“武装部队”含义的规定。国家行为体的武装部队针对非战斗人员或非军事目标的行为，属于武装冲突中的违规行为，因此将这种行为排除出概念的范围之内。

(6)“冲突”并不是仅仅指武装冲突，而是指范围更广的对抗关系；冲突也不是仅仅指正在发生的对抗行为，而且是指行为体与行为对象之间的对抗关系，特别是行为对象与行为体目的之间的关联性。比如，如果一个人是

---

① 22 USC § 2656f (d) (2): “the term ‘terrorism’ means premeditated, politically motivated violence perpetrated against noncombatant targets by subnational groups or clandestine agents”.

② 国际社会对于国家是否可以是恐怖主义行为主体，态度似乎比较模糊。一方面，从安理会或联大通过的一些决议来看，明确表明了国家不可以采取恐怖主义行为。如联大和安理会一再通过决议重申，“各国皆有义务不得在另一国家组织、煽动、协助或参加内争行为或恐怖行为”，或禁止“国家直接或间接介入”恐怖主义。但另一方面，目前有关爆炸、资助、危害海上航行安全和航空安全等国际反恐公约，针对的都是非国家行为体的行为，即个人或一般组织的行为。出现这种情况，大概是因为国际社会已规定恐怖主义是一种犯罪（刑事犯罪），而对国家是否可以是刑事犯罪的主体还存在争论。庞仕平、崔彬：“国际恐怖主义犯罪研究”，《法学杂志》，2002年第3期。本书认为，恐怖主义行为与恐怖主义犯罪是两个不同的概念，即使国家不应是恐怖主义犯罪（刑事犯罪）的犯罪主体，国家也可以是恐怖主义的行为主体；即使不能以恐怖主义罪来论处国家，但仍可以以其恐怖主义行为来追究国家的责任，甚至可以以恐怖主义罪追究该国领导人的责任。

为了获得钱财而去抢劫，那么被劫者与行为体实现其目的之间就存在直接关联。因为通过抢劫行为对象，行为体就直接达到获得钱财的目的，被劫者与抢劫者之间存在一种直接对抗的关系（即使双方根本就从不认识）。而如果一个人是为了推翻政府却屠杀一个平民，那么平民与行为体实现其目的之间就不存在一种直接冲突，因为该平民并未阻碍行为体实现其目的，而且屠杀平民对推翻政府并没有直接的影响。该平民与行为体推翻政府之间并无直接冲突。而之所以加“直接”这一限定，乃是因为考虑到各种事物或人之间，通常总是存在或多或少的联系，因此，通过“直接”这个限定使概念中的行为体与行为对象之间的关系更为精确。

（7）“威胁”是指通过宣布将采取某种行为，以达到特定的目的，但该种行为尚未真正的发生。“企图”是指某种行为仍处于筹划、准备的过程中，或由于遭到挫败等原因而未能造成人员伤亡或物质毁坏。[①] 在“威胁”和“企图”前加“可信”，乃是因为威胁或企图中的行为并未实际发生或行为后果并未出现，而如果随意将行为体的某些行为称为恐怖主义，无疑是荒唐的，只能导致人人都可能被指责是恐怖主义分子。

---

① 将威胁与企图也纳入概念之中，也符合国际社会对恐怖主义罪的认定要求“从实害犯到危险犯”的变化。赵秉志、王秀梅：“国际恐怖主义犯罪及其惩治理念”，《江海学刊》，2002 年第 4 期。根据联合国大会（根据 1996 年大会第 51/210 号决议设立的关于恐怖主义）特设委员会起草的《〈制止核恐怖主义行为的国际公约〉草案》，“拥有放射性材料或制造或拥有一个装置”或“以任何方式利用放射性材料或装置，或利用或损坏核设施，以致放射性材料外泄的危险”等，并不一定事实上已造成人员伤亡或财产损失，只要有这种企图就足以构成核恐怖主义威胁。2002 年 5 月 13 日，〈http://www.un.org/chinese/terrorism/ga/ac6-53L2.pdf〉。因此，如果在概念中不包括“威胁”和“企图”，那么这种巨大威胁也会被排除在外。

第三章

恐怖主义分类与解释

恐怖主义事件往往令人震惊、措手不及，并被认为是一种极端的行为。那么，为什么一些人或组织会采用发动对所谓无辜人的袭击，而且这种袭击似乎是无限制的，而且，袭击者甚至是以自己的生命为代价或作为一种袭击武器？为什么会有恐怖主义，或者说什么导致了恐怖主义？这些问题是很多大众和分析者在面对恐怖主义时会自然而然产生的疑问。而对于政策决策者来说，其在应对恐怖主义的时候，也需要了解什么导致了恐怖主义，这样才可以选择更有效的政策。为此，本章主要分析恐怖主义发生的原因。在此之前，将简要介绍恐怖主义的分类。通过这种分类介绍，将不仅能够对恐怖主义的类型进行简要的划分，而且，这些分类在一定程度上能够反映恐怖主义这个概念下所涵盖的现象的复杂性，以及恐怖主义的一些发展变化。

一、恐怖主义的分类

目前，对恐怖主义的分类不尽相同。这些分类根据恐怖主义的意识形态、组织形态、后果、使用的手段等进行划分；研究目的不同，分类也往往不同。[1] 事实上，许多学者在使用这些分类的时候，并没有严格遵循分类的互斥性与穷尽性等要求。不过，本书在这里也并不打算建立对恐怖主义的严格分类体系。而只是总结介绍现有研究中常见的一些分类；通过这些分类来论述恐怖主义的发展变化，并为后面的分析提供基本的概念框架。

最常见的恐怖主义分类，大概是根据意识形态所进行的分类。比如，把恐怖主义分为左派型、右派型。当然，左右派这种划分，可能是生硬的、简陋的，可能会忽略各种恐怖主义运动之间的细微差异或共同之处。但是，这种划分往往被大部分人所使用，因此，在这里仍先采用这种划分来对恐怖主义进行说明。在很长一段时间内，恐怖主义往往被视为左派意识形态分子或组织的产物；并且，很多人认为，只有左派意识形态才会鼓吹恐怖主义。因为，无论是从这个概念的词源来看，还是从近现代与这个概念相关的历史来看，恐怖主义都与左派或者说革命的意识形态更紧密地联系在一起。除了法国大革命，从19世纪后半期兴起的无政府性恐怖主义，到20世纪60年代末兴起的所谓新一波国际恐怖主义运动——无论是西方世界的，还是中东的，或者是拉丁美洲的恐怖主义，很多都是打着左派的旗号。

但这种观点无疑是错误的，也是不符合事实的。虽然历史上确实有一些意识形态，如19世纪后半期巴库宁等所鼓吹的无政府主义使其与恐怖主义有某种内在的契合性，并且，其也公开鼓吹和实施这样的行动。但事实上，恐怖主义作为一种暴力的形式，与某种特定的意识形态并没有必然的联系。世界上也同样存在着很多所谓右派的恐怖主义活动，如20世纪六七十年代拉丁美洲所谓的“死亡之组”（death squad），欧洲一些国家的新纳粹组织，美国的一些极端民兵组织、三K党，等等。而在左派意识形态中，也有很多是明确反对恐怖主义活动的，比如列宁等正统马克思主义者与革命者就明确反对恐怖主义活动，认为这些活动冒进，无视革命的长期性与艰巨性，忽视对大众的教育与发动。

还有许多恐怖主义活动是出于其他意识形态，如民族主义、极端宗教观念。民族主义型恐怖主义，即以自己的民族身份为基础，寻求反对外国占领，或试图从现有国家中分裂出去，以建立自己国家的暴力行为。如西班牙

---

① John Mackinlay, *Globalisation and Insurgency*, New York: Oxford University Press, Inc., 2002, pp. 41－43.

寻求巴斯克地区独立的“艾塔”组织、车臣一些武装组织发动的对如地铁、剧院等的袭击和寻求北爱尔兰独立的（临时）爱尔兰共和军发动的恐怖主义袭击。极端宗教型恐怖主义，如日本奥姆真理教在东京地铁发动的沙林毒气袭击，冷战后的所谓拥有原教旨主义特别是极端伊斯兰思想为背景的一些恐怖主义，也属于这种类型。

在今天，还有一些新的意识形态恐怖主义活动也正在受到研究人员的关注，即出于保护生态、保护动物权利、反对堕胎等而发动的恐怖主义袭击。虽然，在今天这种类型的恐怖主义活动还不多见，影响也有限，但是，一些学者预期这种所谓“单议题”恐怖主义活动将随着环境等问题越来越严重或越来越引起关注而可能增多。①

当然，在现实中，恐怖主义分子或恐怖主义组织的目的或意识形态往往是一种混合体，即其立场既可以适用传统的左右意识形态之分，又具有民族主义的诉求，同时可能具有很明显的宗教背景。如一些车臣恐怖主义分子或组织，一方面具有很强的民族主义动机，另一方面，宗教原因又是其行动的重要驱动力；而如“基地”组织的恐怖主义活动，虽然说其极端宗教思想是重要动机，但是，它也与中东的民族主义斗争，反抗美国霸权以及西方思想与生活方式扩张等方面紧密相关。

当然，并不是所有恐怖主义活动都有系统、清晰的意识形态支撑。相反，很多恐怖主义行动者并没有这样的意识形态，甚至是其动机也往往难以被人所理解，可能仅仅是处于某种极端的念头或情感，如对国家或社会的仇视，或仅仅是某种权宜之计或偶然举动。但是，这类恐怖主义的威胁并不因此而减弱，如 1995 年麦克维炸俄克拉荷马州政府大楼案和同年奥姆真理教制造的东京地铁袭击案，造成了大量的伤亡与损失。这类缺乏系统与清晰意识形态或动机的恐怖主义活动，在冷战后的影响事实上呈现出上升趋势，所造成的威胁程度也在上升，而因其行动多是一些孤立、不易引起注意的个体所为，因此对其防范也往往更难。

从恐怖主义的破坏性后果来分类则主要是在冷战后才逐渐兴起的。这其中最主要的分类大概可以认为是普通恐怖主义与造成大规模伤亡、损失的所

---

① Rachel Monaghan, “Single-Issue Terrorism: A Neglected Phenomenon?”, *Studies in Conflict & Terrorism* 23 (2000), pp. 255—265.

谓大规模杀伤性恐怖主义这两类的区分。对于后一类的恐怖主义，除了常用的大规模杀伤性恐怖主义，还有一些概念，其意思也与之相似，如末日型恐怖主义、后现代恐怖主义、超级恐怖主义、终极恐怖主义，[①] 等等。这种分类的兴起，在一定程度上反映了许多恐怖主义袭击开始蓄意追求大规模杀伤与损失以及这种危险正在增加的现实趋势。

从恐怖主义袭击的方式或领域来划分，恐怖主义除了常规的暴力袭击以外，还有很多方式的恐怖主义。如所谓的核恐怖主义、生物恐怖主义、化学恐怖主义，它们主要利用核生化武器进行袭击。还有所谓的农业恐怖主义、金融恐怖主义、网络恐怖主义，等等，这些恐怖主义主要反映恐怖主义袭击发生的领域等。这种分类在很大程度上反映了，随着现代社会与技术的发展，恐怖主义袭击的方式与手段也越来越多样，并不断向新的领域蔓延。[②]

这些简单的分类，不仅仅是对当今恐怖主义的简单划分，还揭示了有关恐怖主义的许多现实。首先，从意识形态来说，恐怖主义的这些分类，至少说明，恐怖主义并不是某个意识形态所特有的。不仅左派意识形态、极端伊斯兰思想可能促使某些人或组织采取恐怖主义行动，其他意识形态或宗教思想也可能会成为恐怖主义行动的激励来源。生态型等恐怖主义的出现也再次说明了这一点。我们可以预期，在未来还会出现其他类型意识形态的恐怖主义活动。而且，在一定程度上可以说，这些意识形态在规范层面的正当性，与主张或拥有这些意识形态的个人或组织是否采取恐怖主义行动，并没有非常强的必然关系，即使那些主张与要求在规范层面上合理、正当的个人或组织，也可能采用恐怖主义行动，当然，一些具有同样主张或要求的个人或组织，则可能选择另一种手段。如此论断，并不是说，意识形态、宗教等对于恐怖主义而言并不重要；相反，某些恐怖主义行动确实与某种思想有着密切的关系，比如19世纪后半期兴起的恐怖主义浪潮与无政府主义的某些流派有着重要关系；而冷战后，许多恐怖主义袭击也与一些极端伊斯兰思想有着重要的关系。恐怖主义与不同目的、意识形态以及其中主张与要求的正当性

---

① Jessica Stern, *The Ultimate Terrorists*, Cambridge: Harvard University Press, 1999.

② Tushar K. Ghosh et al. eds., *Science and Technology of Terrorism and Counterterrorism*, New York: Marcel Dekker, Inc., 2002.

的关系只是说明，恐怖主义更多的时候是实现目的、主张的一种手段，而不是目的本身，而且，其作为一种手段，可能被运用于对多种目的的追求。

其次，恐怖主义袭击方式或领域的分类，说明了恐怖主义袭击可能采用多种多样的方式。虽然特定的恐怖主义组织袭击可能会限制于某几个领域或某几种方式，但就所有的恐怖主义袭击来说，这种限制是不可能存在的。可以说，恐怖主义袭击活动可能会针对任何领域的目标，可能会采用任何的方式，只要这些目标或方式是恐怖主义行为体可以获得的。而且，我们可以预期，随着社会、科技等的发展，新的袭击方式仍将会出现。这正如航空业的出现，使劫持飞机或袭击航班成为恐怖主义活动的重要形式；而计算机与网络出现后，恐怖主义活动又蔓延到这些虚拟空间。

最后，所谓超级恐怖主义、大规模杀伤性恐怖主义等的出现，在一定程度上还说明了不仅仅有一些恐怖主义组织或个人开始蓄意追求袭击的大规模伤亡后果，还表明他们也越来越拥有这样的能力与机会。关于这一点，本书后面的章节还将有专门的论述。

为了后文论述的需要，本书在这里还引入两种分类：一种是国内型恐怖主义和全球型恐怖主义的划分；另一种是孤立型恐怖主义与规模型恐怖主义的划分。

国内型恐怖主义，指的是恐怖主义的动因、行为体、行动、影响等都仅仅限于一国国内。而全球型恐怖主义，是指恐怖主义的动因、行为体、行动、影响等在全球范围展开的。

而孤立型与规模型恐怖主义，主要区别在于恐怖主义发生的原因、行动的特征等方面的不同。如果某些恐怖主义活动主要是个别人或极小团体所采取的、偶发的、持续的时间很短、行动规模小，恐怖主义行动只与行为体自身直接相关的某些偶然、个别因素有关，这些因素在社会中并不普遍存在，则属于孤立型恐怖主义。而如果产生恐怖主义行动的原因在社会中普遍而稳定地存在，恐怖主义甚至受到大规模人群的认同或支持，袭击行动经常发生，持续时间比较长，且有较多的人参与，则属于规模型恐怖主义。这一类恐怖主义往往伴生于其他政治暴力运动或其他大规模社会运动，如推翻政府或殖民统治的暴力活动，并与这类运动往往有相同的社会动因，甚至组织成员等也是相同或相互联系的。规模型恐怖主义也有可能是由其他社会运动如大规模群众抗议活动等失败后演化而来。当然规模型恐怖主义也可能单独出现，并不一定伴有大规模的群众性暴力活动。

规模型与孤立型恐怖主义，只是对恐怖主义的划分，是相对的。因此，即使是规模型恐怖主义，与其他形式的非国家行为体暴力如大规模群众暴动、各种各样的战争等相比较，其参与人数、持续时间、造成的伤亡等可能又要小许多。因此，如果把非国家行为体暴力分为孤立型与规模型，那么，恐怖主义则可能又要被划分为孤立型了。

恐怖主义的国内型与全球型、孤立型与规模型，这两种划分属于理想类型。在现实中，我们会看到一些恐怖主义可能是因为国内动因产生的，但却可能袭击国外的目标，或者其影响波及到国外，因此，这类恐怖主义既不属于绝对的国内型恐怖主义，也不属于绝对的全球型恐怖主义。对于孤立型与规模型，也同样如此。在一定程度上，可以把国内型与全球型或孤立型与规模型，分别看作是坐标轴的两个端点，而现实中的恐怖主义大多处于这两个端点之间，只是距离其中一个端点可能比距离另一个端点更近些。比如，如果某恐怖主义行动的特征，更接近国内型那一端，而离全球型那一端远，则可以将之称为国内型恐怖主义；反之，则称为全球型恐怖主义。对于孤立型恐怖主义与规模型恐怖主义，情况同样如此。

本书引入这两种分类主要是为了在后文中说明：恐怖主义在今天越来越具有全球型特征，即社会与技术等的发展，也在促使恐怖主义发生演变，其中的一个演变趋势是恐怖主义逐渐由国内型恐怖主义向全球型恐怖主义的演变。而引入孤立型与规模型恐怖主义这个分类也是为了在后文说明恐怖主义的一个变化，即恐怖主义者所拥有的资源不再构成对其破坏能力的绝对限制，即使拥有非常有限资源的极少数个人，也可能造成大规模伤亡与破坏。无疑，这意味着孤立型恐怖主义必需得到更多重视。另一方面，孤立型与规模型恐怖主义这种分类，也有实践政策上的价值，对于不同类型的恐怖主义，其应对政策也应该有所区别，对此后面章节将有论述。

二、非国家行为体暴力及恐怖主义的解释

在“9·11”事件之后，恐怖主义的威胁得到了前所未有的重视。什么

导致了恐怖主义或为什么存在恐怖主义？这是大多数人面对恐怖主义时自然会产生的疑问；这种疑问，是人们在恐怖主义刺激下产生的本能反应。因此，对恐怖主义的研究中，对恐怖主义发生原因的分析，往往是研究的重要组成部分。而且，恐怖主义发生原因这个问题不仅仅是一个理论问题，也是具有很强实践意义的问题。对于倡导这种暴力的人来说，这个问题的答案决定着在什么样的时机或条件下发动、采取暴力运动，采取怎样的策略才能促使暴力取得成功。反过来，对于反对这种暴力的人来说，意味着可以采取怎样的措施来预防这样的暴力发生；对于已发生的暴力，应采取怎样的应对策略。当然，本书的立场属于后者。

不过，在论述之前，需要做一些说明。首先，正如在前面有关恐怖主义分类的论述所显示的那样，恐怖主义这个概念下所包含的，是在行为体、行动的目的、行动方式、后果等方面可能都不相同的各式各样的行动或现象，因此，这些行动或现象发生的原因也可能是不同的。而且，就像前文所介绍的那样，至少就目前来说，研究人员还未能提出能让大部分人接受的适用于所有恐怖主义的统一、普遍的原因解释；相反，对恐怖主义的解释是多种多样的，下文对这些解释的概述将显示这一点。下文对恐怖主义原因的论述，将尝试概括现有对恐怖主义的各种解释，当然，这并不意味着每个恐怖主义活动发生原因中，都具有下文总结出来的所有那些因素。相反，不同的恐怖主义活动，其原因可能是不同的；其原因可能只是下文总结的那些因素中的一种或几种——而不是全部。

在这里，本书并不是要提出一种对恐怖主义原因的新的或更好的解释。本书对这些原因的总结与论述，一个方面是要说明恐怖主义现象及其发生原因的复杂性；另一个方面是为后文的论述打下基础。因为，任何对恐怖主义威胁以及如何应对这种威胁的讨论，都需要探究其原因。

其次，现有对恐怖主义原因的解释，大体可以分为两种情况，一种是专门来解释恐怖主义，而不涉及其他非国家行为体暴力，比如大规模群众暴动等。另一种解释，则是把恐怖主义作为更大一类现象中的一种，比如，所谓革命、暴乱或其他形式的非国家行为体暴力，其对更广泛的非国家行为体暴力的解释，也自然的被认为适用于恐怖主义，因此，其并不是专门解释恐怖主义的，相反，往往是在解释革命等现象的时候，附带为恐怖主义提供了解释框架。如顾尔（Ted Robert Gurr）把这些暴力统一作为“政治暴力”加以解释。①

但是，无论是这种专门解释还是附带解释，事实上的差别并不大；除了下文中有关媒体、战略选择角度的解释以外，实际上大部分对恐怖主义的专门解释也大多是借用政治或社会研究中有关革命、社会冲突等的解释与理论，无论是在分析视角还是观点上都是如此。实际上，这两种分析得出的对恐怖主义解释的结论也是类似的。

因此，本书对恐怖主义的解释，在一定程度上把这两种解释结合起来而非区分开来进行综述与说明。不同形式的非国家行为体暴力，如恐怖主义、暴乱、游击战等，往往是紧密联系在一起的，如一场所谓的"革命"中，这几种形式的暴力往往都存在，其发生的背景、行动主体也往往是相同的。因此，有理由推论，这些暴力发生的原因也有共同之处。但另一个方面，恐怖主义与暴动、战争、游击战等至少在行动特征上，确实存在着不同，而且，有些时候，这些不同形式的暴力确实是相互区别、独立的，即某些行为体只采取某种形式暴力活动如恐怖主义，而某些行为体又可能只采用其他形式的暴力如游击战。这也就是说行为体选择恐怖主义方式可能又有其特定原因。因此，本书对恐怖主义原因的论述，分为两部分：一部分是把其与革命、暴乱等纳入非国家行为体暴力概念下，总结、论述对这类暴力的各种现有解释，当然，其中也以解释恐怖主义作为中心；后面一部分则是重点把恐怖主义与其他形式的非国家行为体暴力区分开来，然后论述为什么一些行为体采用恐怖主义这种形式而不是采用其他形式。

下面将首先对非国家行为体暴力的各种解释进行简要的概括、论述。

---

① 顾尔在《人为什么反抗》中使用的"政治暴力"（political violence）这个概念，"政治暴力指在一个政治共同体内，针对政权的群体性攻击行为……这个概念之下包括革命、游击战、政变、起义、暴乱。" Ted Robert Gurr, *Why Men Rebel*, Princeton: Princeton University, 1970, pp. 3—4。在本书之所以没有使用顾尔的"政治暴力"这个概念，主要是因为在顾尔那里，"政治暴力"主要"指一个政治共同体内针对政权的群体性攻击行为"；而本书认为，恐怖主义以及其他形式的暴力，并不仅仅局限于一个共同体内部，也不局限于只针对统治政权；而既可能是群体性的，也可能是个体性的。因此，本书使用范围更广的是"非国家行为体暴力"这个概念。

（一）个体心理因素

1. 个体主义解释与心理分析

对于社会研究中，一个重要思路，就是借鉴自然科学的精神，采用分析的办法，把整个世界细分成为一个非常狭窄的小块，然后通过对这个小块的研究，来实现对整个世界的认识。这就是个体主义的思路。对于人类社会，在一些学者看来，这种方法似乎更为贴切，因为只有个人才是组成人类社会的真实单位，而一切如国家、社会等集体单位即使不是人类创造出来的虚幻概念，也只不过是个人的组合产物。因此，组成人类社会的最基本“原子”——个人——被这种方法当作了最基本的分析对象或单元。

同样，要解释暴力，也必需通过对于实施暴力的个人的研究才能进行说明，而其中对参与暴力的个人的人格与心理分析是其中的重要部分。

“个人因素又可进一步分为社会因素和心理因素。”[①] 就目前来看，对于暴力的个体主义解释，主要集中在对暴力行动的主体即个人的动机与心理分析领域。这种研究在大部分时候，把关注的焦点集中于那些在暴力中发挥领导性作用的个人。其中著名的著作包括《权威人格》、《革命人格》等，[②] 这些著作试图描述出这些领导人物的精神特征。毫无疑问，这种分析背后的潜在推理就是，这些个人的某种精神或心理特质导致他们采取了暴力运动。比如，在《革命道德：关于革命者的精神分析》中，作者提出，革命者受一种受虐、受难的情节的驱动。[③]

而至于恐怖主义，当时的美国总统小布什在“9·11”袭击后不久的一次演讲，很清晰地反映了这种个体主义的解释思路。他说：“我们已经在袭击的本质中看到了这些恐怖主义分子的真正本质……我们也从其在阿富汗所

---

① 彼得·卡尔佛特：《革命与反革命》，张长东译，长春：吉林人民出版社，2005年版，第56页。

② 彼得·卡尔佛特：《革命与反革命》，张长东译，长春：吉林人民出版社，2005年版，第78页。

③ 威廉·H. 布兰察德：《革命道德：关于革命者的精神分析》，戴长征译，北京：中央编译出版社，2004年版。

支持的政权的本质中，看到了这些恐怖主义分子的真正本质……我们决心与这种邪恶进行战斗，直到我们消灭它。”①

无论其本人是否意识到，小布什实际上给恐怖主义提出了一种重要而又简洁的解释：恐怖主义分子的邪恶本质导致了恐怖主义。可以把这种解释提炼为以下的表述：恐怖主义行为体的某些特征导致了恐怖主义行为。这里的行为体，根据恐怖主义界定的不同，可以是个人、组织或国家。

至少从表面上看，个体主义视角对于恐怖主义是合适的。毕竟，恐怖主义是少数人，甚至说是极少数人的行为，而非群众性运动。而且，一些恐怖主义行为，无论其行为目的，还是其行为方式，都具有很强的特异性，与其行为体本身特有的思想或境遇有着直接的联系。

就个人行为体的特征而言，一般公众或恐怖主义受害者，可能会有两种反应：一是恐怖主义分子是十恶不赦之徒；二是恐怖主义分子是些疯子，是难以理喻之徒。

第一种反应属于是对恐怖主义以及恐怖主义分子的一种价值判断，难以进行客观的经验检验，因此，不在此作讨论。在此只想提醒，对于恐怖主义的这种道德判断可能妨碍寻找对于恐怖主义的客观经验性解释，其也不应替代对于恐怖主义的科学解释；而且作此判断时，必须谨慎，不要陷入与恐怖主义同样简单、绝对而暴虐的思维方式中。不过，如果看到那些被称为恐怖主义分子的人中，很多是在社区、学校与家庭中都深得赞誉的少年，甚至是已经有儿孙的祖母，这种说法的可信性就显而易见了。

第二种反应，即恐怖主义分子是否存在某种精神或心理的病态或特定特征，却是可以进行客观的经验检验或判断的。最初，对于很多人来说，恐怖主义似乎是一个很疯狂、很难以理喻的行为，无论其目的还是其行动方式，都是如此，因此，恐怖分子肯定有某些“不正常”之处才会有如此异常的行为。“在最近几十年有关恐怖主义分子的研究中，大部分的潜在假设是：大部分恐怖主义分子具有某些共同特征；通过对有关恐怖主义分子的生平资料

---

① “Remarks by the President To the Warsaw Conference on Combatting Terrorism”, 2005－3－2, 〈http: //www. whitehouse. gov/news/releases/2001/11/20011106－2. html〉.

的大量心理精神分析，将可以确定发现这些特征。”[1] 在20世纪60年代末新一波国际恐怖主义兴起之时，很多西方研究人员就采用了这种分析思路。在他们看来，恐怖主义是骇人听闻的、疯狂的极少数人的行动，因此，这些行动的主体，即所谓的恐怖主义分子，其精神或心理也一定异于常人；直白地说，这些恐怖主义分子就是心理有问题或者说病态的人，其行动来自于这种心理或精神上的冲动。[2] 因此，这些最初的研究人员对一些恐怖主义分子心理或精神作了门诊式的分析，试图找出症候。他们往往分析恐怖分子是否曾经历过某种创伤，是否成长在一个父亲暴虐或不幸福的家庭中，是否对领导人过分依赖，等等。他们得出的诊断往往是：这些恐怖主义分子具有精神分裂、偏执狂、妄想狂、狂躁与崇拜暴力等心理或精神特质。表面看起来，这种解释有一定的吸引力。毕竟，一些恐怖主义分子，如炸俄克拉何马州政府大楼的麦克维，东京地铁沙林毒气案的主谋奥姆真理教教主麻原彰晃，其动机和行为都让常人难以理解。

但是在对大量的恐怖主义分子档案进行详细分析后，其中包括对一些被关押的恐怖主义分子的采访、一些恐怖主义分子的自传以及其他有关恐怖主义分子的生平资料的分析或精神、心理测试，都无法确定恐怖主义分子特有的精神或心理病态之处。“事实上，这些试图解密‘恐怖主义心理’的研究，最令人印象深刻的是他们实际上并没有发现恐怖主义所独有的心理特征。”[3]“在那些研究恐怖主义分子的心理学家中出现了一种普遍的共识，即不存在恐怖主义心理或思维。”[4] 事实上，随着对恐怖主义分子研究的深入，一些

---

① Rex A. Hudson, “The Sociology and Psychology of Terrorism: Who Becomes a Terrorist and Why?”, A report prepared by the Federal Research Division, Library of Congress, September 1999, p. 9.

② Jerrold M. Post, “Terrorist Psycho-logic: Terrorist Behavior as a Product of Psychological Forces”, in Walter Reich, ed., *Origins of Terrorism*, New York: Cambridge University Press, 1990, pp. 25—40.

③ Jerrold M. Post, “Terrorist on Trial: The Context of Political Crime”, *Essential Readings on Political Terrorism*, pp. 46—61.

④ Rex A. Hudson, “The Sociology and Psychology of Terrorism: Who Becomes a Terrorist and Why?”, p. 22.

学者甚至惊呼，恐怖主义分子的最大精神特征就是其精神理智与正常。[①] 在一些公众看来难以理喻的恐怖主义分子，如麻原彰晃、麦克维，都被证明具有正常的理智。[②] 甚至对于自杀式袭击这种极端暴力行为，情况同样如此。事实上，一些组织在招募自杀式袭击者时，不仅要求该人精神正常，还要求其具有承受强大心理压力和保守秘密的能力，并拒绝那些具有自杀倾向或犯罪记录的人。[③] 而且，这些自杀者不仅不是因为贫困或缺乏教育而选择支持或参加恐怖活动，相反，很多都受过较高程度教育或较富裕的人却更可能采取这样的行动。[④] 因此，有的学者说："谁是恐怖主义分子？答案是：那些与我们相同的人；对此，我们只是通常不敢承认罢了。"[⑤]

在这种情况下，即恐怖主义分子被承认是心智正常的人，有关恐怖主义解释要么就强调分析恐怖主义分子的理性选择，特别是恐怖主义作为一种选项或战略所具有的特征，以及在怎样的环境下这种选项容易被选择；要么就开始强调分析是什么样的内心机制，使这些精神或心理正常的人，采取那些似乎不合常规、超出一般道德价值规范的行为。有关恐怖主义作为一种选项的成本或收益以及其特征等将在后文分析。

而有关恐怖主义分子的心理或精神机制。有关研究通常认为，恐怖主义分子的精神世界，或多或少有以下的特征：善恶截然两分和绝对对立的世界，当然，其自认为代表善的一方，因此其自认为具有凌驾他者的道德优越性和权力；从目的上看，既可能是出于己方正受到威胁而需要消灭这种威胁的被迫害情绪，也可能是出于乌托邦或救世主式的幻觉，而且这些感觉往往是强烈和紧迫的；从行为方式来看，往往存在着对暴力的崇拜，或暴力被想象为其唯一拥有的手段；恐怖主义行为的受害者，往往被"非人化"，要么

---

① Martha Crenshaw, "The Causes of Terrorism", *Comparative Politics*, July 1981, Vol. 13, No. 4, pp. 379－399.

② 2001 年麦克维被执行死刑，根据医生鉴定，其精神正常。2004 年 2 月麻原被日本东京地方法院判死刑，虽然麻原举止怪异，法院仍认定其精神正常。

③ Assaf Moghadam, "Palestinian Suicide Terrorism in the Second Intifada", *Studies in Conflict & Terrorism*, February/March 2003, pp. 65－92.

④ Alan Krueger and Jitka Malecková, "The Economics and Education of Suicide Bombers: Does Poverty Cause Terrorism?", *The New Republic*, June 24, 2002, pp. 27－33.

⑤ Richard E. Rubenstein, *Alchemists of Revolution: Terrorism in the Modern World*, New York: Basic Books, Inc., 1987, p. 5.

被认为只是实现目的的工具，要么就被看作是对方的帮凶；从过程来看，往往其目的被置于绝对优先的地位，因此目的可为一切手段辩护。而在恐怖主义分子的精神世界中，意识形态或宗教，可能发挥着至关重要的作用。[①] 而这种心理或精神机制，与某些宗教或意识形态等极端思想的传播又有密切关系，其往往被认为是恐怖主义发生的一个很重要的直接因素。因此，一些国家如英国、美国等以及联合国、上海合作组织等的反恐战略中，防范、打击极端主义思想的传播或蔓延往往被置于重要地位。

与精神或生理病态说不同，这些精神特征与恐怖主义行为之间并无必然的、直接的联系；这些精神特征往往也不是恐怖主义分子所特有的。因此，持此种观点的研究者虽然能描述出一些恐怖主义分子的精神图像，但并不能很好地揭示这种图像与其行为的关系。不过，这种描述仍然是有价值的，因为通过这种研究，我们可以更好地理解恐怖主义分子及其行为，而不仅仅是将其作为难以理喻的疯子。[②] 当然，理解并不意味着赞同或原谅。

而有些学者强调，恐怖主义分子的行为，与恐怖主义组织有密切关系；在一定程度上可以认为，恐怖主义是具有某些特征的组织的产物。因此，对于恐怖主义的解释，需要考察恐怖主义组织。比如，有些学者强调，恐怖主义组织多为秘密的小团体，属于极权型组织，通常有一个魅力型领导人，成员对组织往往有强烈归属感或集体信仰，组织领导者往往能够对成员进行全面的控制；这种组织往往使成员产生一种受迫害与绝望的心理，或者促使组织成员更紧密的认同以及与外部世界的隔绝。这些将导致其组织与成员更倾向于采取极端的行为。还有的学者认为，这种暴力可能是组织之内或组织之间相互竞争的结果。[③] 这种看法同样无法确定具有什么样特征的组织会采取

---

① Richard G. Braungart and Margaret M. Braungart, "From Protest to Terrorism: The Case of SDS and the Weathermen", pp. 79－117; and Bruce Hoffman, "The Mind of the Terrorist: Perspectives From Social Psychology", pp. 63－77. Both in Harvey W. Kushner ed., *Essential Readings on Political Terrorism*, New York: Gordian Knot Books, 2003.

② 马克斯·韦伯：《社会科学方法论》，韩水法、莫茜译，北京：中央编译出版社，1999 年版，第 149 页。

③ Martha Crenshaw, "Theories of Terrorism: Instrumental and Organizational Approaches", in David C. Rapoport ed., *Inside Terrorist Organizations*, London: Frank Cass Publishers, 2001, pp. 13－31.

恐怖主义行为；事实上，这些特征同样被许多非恐怖主义组织所共有，而且，恐怖主义的组织并不是固定不变的。以前一些学者倾向于认为恐怖主义组织结构严密、等级森严和具有一个统一指挥的领导核心，但事实表明恐怖主义组织也可能是一些松散的组合，如今天的“基地”组织。

有的时候，恐怖主义还被认为与某些特定国家紧密相关，如可能是具有某些特定的意识形态或政治体制。在20世纪80年代时期，里根政府往往把恐怖主义看作是源自于苏联，源自于共产主义意识形态和极权主义制度；恐怖主义被认为是苏联采取的破坏自由民主国家的阴谋行动。而在冷战后，美国政府以及一些学者则往往把恐怖主义归罪于所谓的失败国家、流氓国家或“邪恶轴心”。不过，很少有直接、确凿的证据能证明所谓的恐怖主义与苏联、伊拉克等之间的必然联系；如果说共产主义或独裁暴政可能支持恐怖主义，那么，美国等自由民主国家也同样会支持恐怖主义（只不过美国等通常把他们所支持的行动贴上争取自由斗争的标签罢了）。而认为恐怖主义源自于失败国家，往往也只是一种偏见而非事实；这种看法，忽视了一些基本事实，如针对西方目标的恐怖主义，除了有很多所谓的本土恐怖主义，即使那些国外或国际恐怖主义，其中很多的资金、人员或策划等往往也是来自于西方国家，而非所谓失败国家。

总的来说，个体主义视角给出的解释简单清晰。个人、组织或国家的某些特征导致恐怖主义；如果能确定某些特征是所有（或绝大多数）恐怖主义分子、组织或国家所共有、并独有的，那么，也就能解释恐怖主义了。更为重要的是，我们就可以预测哪些个人、组织或国家将实施恐怖主义袭击，这对于防范恐怖主义将具有巨大的价值。

不过，目前个体主义视角只能在一定程度上使我们理解那些看起来疯狂的举动，却不能在行为体的某些特征与恐怖主义行为之间建立可靠的因果关系。而且，个体主义视角在理解或解释恐怖主义时，必须警惕循环推论的陷阱（图表3—1）：恐怖主义具有某些特征，因此恐怖主义行为体具有某些特征；因为，恐怖主义行为体具有某些特征，所以其采取恐怖主义行为。因此，个体主义要论证行为体的某些特征使其采取恐怖主义行为时，必须能够提供能证明恐怖主义行为体具有这些特征，以及这些特征与恐怖主义行为之间关系的可靠证据。

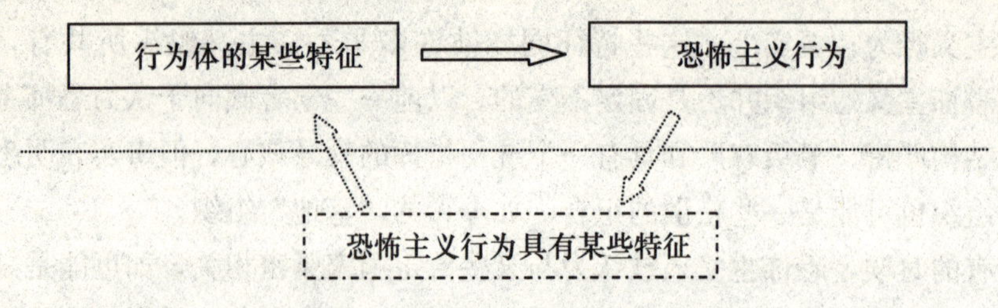

图表 3—1 个体主义解释的循环推论

因此，对于恐怖主义来说，个体主义解释的价值可能是有限的。不过，对于那些前文分类中所提到的孤立型恐怖主义等非国家行为体暴力，这种个体主义分析可能是比较合适的，有帮助的。当然，即使这样也难以预测，谁将成为这种暴力或恐怖主义的行为体，或在什么样的条件下或在什么时候，其一定会采取暴力或恐怖主义行动。这种分析的作用在于帮助我们理解某些难以理解的行为，理解其产生的可能条件或过程，从而使我们有可能采取某些措施来防范这种行为的发生。

当然，在心理分析中，也有些学者分析大众（群体）的心理特征对于暴力发生所具有的影响。其中比较著名的有如古斯塔夫·勒庞的《乌合之众》与《革命心理学》，顾尔的《人为什么反抗》，等等。

勒庞认为，“群众冲动而懦弱，他们总是被一小撮领袖所控制，并且常常做出同他们个人意愿相违背的行为”。“投身革命的人常常会受到一种无形力量的支配，使他们身不由己”。“各种心理力量一旦从那些用以约束它们的枷锁中释放出来，就会发生冲突，大革命就体现了这样一种冲突”。[①] 而顾尔则主要借助相对被剥夺这个心理机制，来解释政治暴力为什么发生，以及其为什么会采取不同的形式。[②] 在顾尔的政治暴力中，就包括恐怖主义。

社会心理视角虽然也是试图从心理层面来解释为什么个人等会采取恐怖主义暴力，但是与个体心理解释不同的是，社会心理强调人组成一个群体时整体所呈现出来的心理特征，而不是某个人的心理特征；因此，其解释往往

---

① 古斯塔夫·勒庞：《革命心理学》，佟德志、刘训练译，长春：吉林人民出版社，2004 年版，第 272—276 页。

② Ted Robert Gurr，*Why Men Rebel*，Princeton：Princeton University，1970 pp. 334－335.

把这些心理的产生与变化等归结于这些行为体所处的社会环境；不仅仅考察是什么样的心理状况导致了个人等采取恐怖主义，而且考察产生这种心理状况的社会因素。[①]

（二）社会结构因素

大部分的研究人员对革命、恐怖主义、叛乱等的研究，采取了整体性视角。这是在社会研究方法中，与个体主义相对应的整体主义或结构主义思路。在这种思路下，社会并不是个人简单相加的产物；即使是个人，也不是独立存在的，而是社会性的人，是社会所塑造的。因此，只有对社会的整体进行分析，才能对各种社会现象进行解释。这其中，至关重要的是那些普遍而比较稳定存在的因素或秩序等，即社会结构。因此，对于各种社会现象必需从这些结构性因素中寻找解释。一些结构主义者，如斯考切波，甚至认为“革命仅是结构主义条件下的偶然产物，自主意愿对决定结果不起任何作用”。[②]

在这部分，主要考察社会性结构，即人的相互关系构成的结构；而在后面一个部分，则考察自然性结构，即人类社会自然特性因素。社会性结构，是大部分研究人员在考察革命、叛乱、骚乱等非国家行为体暴力时分析的主要方面。

在对恐怖主义的解释研究中，这些因素往往被称为“根源性因素”(root cause)。这种根源为恐怖主义提供了持久而又广泛的动机、人员、思想准备和推动力。其解释过程大体如图表 3—2 所示。

图表 3—2 结构因素的作用过程

---

① Richard G. Braungart and Margaret M. Braungart, “From Protest to Terrorism: The Case of SDS and the Weathermen”; Bruce Hoffman, “The Mind of the Terrorist: Perspectives From Social Psychology”.

② 彼得·卡尔佛特：《革命与反革命》，张长东译，长春：吉林人民出版社，2005 年版，第 72 页。

图表 3—3 列出了大众包括一些学者、政府或国际机构在谈论有关非国家行为体暴力发生原因时，经常提到的一些结构原因。在其中，所有的原因往往被有意或无意地归结为某种“不公正”的存在。不过为了能更好概括这种视角中的观点，本文所概括的结构特征，并不强调不公正性。之所以如此，并不是要为不公正的社会结构进行辩护，而是因为：有些结构性矛盾，并不一定就是不公正的产物，比如亨廷顿所说的文明的冲突。并且，认为只有某种不公正的社会结构才产生了恐怖主义，其直接的推论是，只有被剥削、被压迫的一方才会采取恐怖主义行为。然而，事实上剥削者、压迫者或者说现存的不公正社会结构的受益者同样会采取恐怖主义，一些势力为了建立某种不公正社会结构也可能采取恐怖主义行为。而且，“不公正”是一种价值判断，实际上并没有指明结构的经验特征。

图表 3—3　可能导致恐怖主义的各种结构因素

范围 领域	国　内	国　际
政　治	独裁、民族矛盾、阶级矛盾	殖民统治、不公正的国际政治秩序、霸权
经　济	剥削、贫富分化	不公正的经济秩序、贫困
军　事	强制、镇压、军事统治	侵略、干涉、占领
文　化	文化压制、文化灭绝、宗教矛盾	文化扩张、渗透、宗教矛盾

下文则把社会性结构大致区分为规范性结构、经济性结构、政治性结构、观念与文明的冲突这几个方面，分别予以论述。

1. 规范性结构

在犯罪学和社会学中，经常被用于解释犯罪行为或所谓越轨行为的重要理论，即是失范理论。“失范”这个概念被迪尔凯姆首先使用，用来分析自杀现象。罗伯特·默顿总结迪尔凯姆的观点，认为“失范概念指一个社会或群体中相对缺乏规范的状态”，“失范被看作是文化结构的瓦解，尤其是当文化规范和目标与社会结构赋予此群体成员实现这些目标的能力严重脱节时”。[①] 当社会处于失范状态时，社会中的人往往产生迷茫，无所适从；同时，又缺乏相应的规范约束。这样，就会产生许多反常行动。毫无疑问，对于资本主义经济的快速发展给社会所带来的冲击，是许多权威社会研究者的重要命题。在迪尔凯姆那儿，这意味着失范。实际上，在韦伯那里，同样存在着这种担忧。他认为，资本主义所释放出来的对利润和物质欲望的追求，可能摧毁最初刺激资本主义发展的新教伦理。[②] 而这个命题在丹尼尔·贝尔那里，再次得到了回应。他认为，资本主义经济的发展，摧毁了传统宗教所提供的价值系统，兴起的现代文化却没有能够有效填补传统宗教衰落后留下的空间。[③]

结构—功能理论用结构功能的失调导致的系统失衡来分析这种情况，比如《革命性变迁》的作者卡尔梅森·詹森认为，“一个正常的、没有危机的社会应该被看成是‘价值协调的社会系统’……如果从外部或内部出现了新的价值或技术，从而出现了价值与环境之间严重不协调时……社会中的人们就会变得无所适从，并由此而转向革命运动提倡替代性价值”。[④] 达仁道夫则认为，应得权利与满足这种权利的供给之间的矛盾，决定了现代社会冲突，推动着现代社会的发展。[⑤]

研究人员关注的规范性结构变化所导致的暴力现象中，不仅包括经济、社会等变迁带来的规范性结构变化可能带来的社会动荡不安，还关注新的意识形态等引进与传播而可能引起的冲突。

---

① 罗伯特·K. 默顿：《社会理论和社会结构》，唐少杰、齐心等译，南京：译林出版社，2006年版，第301—303页。

② 韦伯：《新教伦理与资本主义精神》，陈维纲、于晓译，北京：三联书店，1987年版。

③ 丹尼尔·贝尔：《资本主义文化矛盾》，赵一凡等译，北京：三联书店，1989年版。

④ 西达·斯考切波：《国家与社会革命》，何俊志、王学东译，上海：上海人民出版社，2007年版，第12页。

⑤ 拉尔夫·达仁道夫：《现代社会冲突——自由政治随感》，林荣远译，北京：中国社会科学出版社，2000年版。

2. 经济结构

在马克思主义那里，经济力量，或者说生产力是推动社会变迁的最根本的力量。同样，对于革命等现象的解释，也必须从经济的变化中去寻找。在马克思主义那里，生产力与生产方式这对矛盾，主要是通过阶级斗争这种方式来推动着历史的发展进程；当旧的生产方式与上层建筑严重阻碍新的生产力发展，革命就必然发生，代表新的生产力与生产方式的阶级就必然会推翻旧阶级的统治。

即使在那些不信奉马克思主义学说的研究人员那里，生产资料的占有、财富的分配等经济因素，仍然是他们关注的重要领域。许多恐怖主义、革命、叛乱等暴力冲突被解释为是某种经济结构所导致的，比如财富分配的极端不均。

3. 政治结构

政治结构，包括政府统治的形式、效能、所掌握的资源，各个集团（阶级、民族等）的态度、势力、利益分配状况以及他们的相互关系，政府的对内对外政策，反对者的组织形态、领导能力与势力，国家在国际竞争中的状况，等等。

比如，传统研究革命等非国家行为体暴力的西方学者，往往把其发生放在现代化这个进程中予以考虑；从现代化进程中，各种阶级力量的消长或联盟关系来解释，如摩尔的《民主与专制的起源》。还比如，亨廷顿在《变动社会的政治秩序》中认为，“发生这些暴力和骚乱的根源何在？本书对此所持的基本观点是，这种情况的产生在很大程度上是由于社会发生了急剧变化，新的集团急起动员参与政治，而与此同时，政治体制的发展却十分缓慢”。[①]

还有些学者认为，非国家行为体暴力的发生，与政府的权力效能有密切的关系。比如，有的学者认为，如果政府强大，即使是存在着经济分配上的两极分化，存在着广泛的社会不满，这种暴力也不一定发生；即使发生也很

---

① 塞缪尔·P. 亨廷顿：《变动社会的政治秩序》，张岱云等译，上海：上海译文出版社，1989 年版，第 5 页。

容易被控制。相反，如果政府控制力虚弱，即使是很小的矛盾，也可能使冲突失控。

还有些学者认为，各个阶层之间的关系即可能的结盟关系，对于暴力的发生也可能产生重要影响。比如，如果反对者可以获得多个阶级的支持，至少是默许或不反对，那么，他们就可能采取暴力行动；反过来，如果统治势力集团内部团结一致，那么，他们就可能控制住局面，而如果他们陷入分裂，则可能被击败。在其中，军事组织的态度与效能往往被认为是关键性因素。

而国家对内对外采取的政策以及由此导致的某种不公正的政治局面，也往往被许多学者认为是许多非国家行为体暴力发生的重要原因。比如，中东各种反美的暴力行动，往往被很多学者认为与美国在中东支持以色列以及推行所谓霸权紧密相关；而一些国家的民族分裂运动，如斯里兰卡的泰米尔分裂运动，往往被归因于国家对其少数民族的一些不公政策。

在对于非国家行为体暴力的分析中，领导与组织的问题往往成为研究人员关注的一个重要因素。没有有力的领导和骨干分子，这种暴力往往难以发生；而如果没有一个严密而高效的组织，则政治暴力不可能迅速扩大。这种情况对于那些大规模的非国家行为体暴力尤为如此。因此，在对于这类暴力的解释中，组织问题往往被置于一个很重要的地位。此外，运动人员的招募、资源的集中、运动的宣传与教育、运动的指挥与控制等等，这些也都是许多解释这类暴力的学者关注的焦点。

此外，国家在世界上的地位，以及在与其他国家之间竞争中面临的压力以及竞争的后果，也为一些学者所强调。毕竟，在近现代发生的几次大的革命运动中，如法国、俄国、中国等的革命运动，都与该国在世界舞台上遭受的挫败有紧密的联系。① 而很多殖民地的革命与独立运动，也与外来政治势力的干涉密不可分。

4. 观念与文明的冲突

在对革命以及相关暴力发生的解释中，思想观念性因素一直持续得到关

① 弗·哈利迪：《革命与世界政治》，张帆译，北京：世界知识出版社，2006 年版。

注。其中包括意识形态的传播与影响，宗教信仰等方面的独立与冲突。事实上，在大多数暴力冲突中，往往很容易发现相互对立的两种不同观念与信仰；而且，这些观念与信仰的流传往往先于暴力的发生，其鼓动人们的不满，激发其对于新的未来的期望与对于现有体制的不满，并动员人们参加到抗争中来。

在冷战后，有所谓极端伊斯兰或者说伊斯兰原教旨主义背景的非国家行为体暴力产生了重要影响，引得广泛关注；特别是有这种背景的恐怖主义，成为这个时期尤为引人注意的现象。虽然各方都强调，不应把恐怖主义与伊斯兰教等同起来（事实也确是如此，恐怖主义与宗教之间并无必然的联系，持有某种宗教信仰的人可能鼓吹暴力或恐怖主义，而持有同样信仰的人却可能反对暴力；而且，暴力也不仅仅是某一种宗教才会采取的手段），但各方也不否认，某些极端主义（包括可能通过曲解某种宗教教义）的传播是冷战后恐怖主义发生的重要动因。

而这个方面，亨廷顿的文明冲突论无疑引起了广泛关注和争议。在1993年，亨廷顿提出了文明冲突这个命题；[①] 后来，他又出版专著详细介绍其观点。虽然文明之间发生冲突这种观点很早就出现过，但亨廷顿在冷战刚结束后不久的敏感时期，用一种耸人听闻的语调，把这种观点应用于对世界的分析中，也因为这个命题与冷战后的现实似乎存在着某种若隐若现的映照关系。因此，他的观点一提出，就受到广泛的关注，并一直饱受争议。亨廷顿认为，冷战后传统的研究范式都存在不足，只有文明冲突的范式才能为世界提供一个既符合现实又简洁的分析框架。[②]

不过，亨廷顿即使在后来出版的详细阐述其1993年观点的长篇专著中，也没有能够清晰、有力地论证，冷战后的世界为什么将是文明冲突的世界。他在著作中用来解释冲突的，仍然是传统战争或暴力研究中所关注的那些因素，很少能看到文明的影子。而且，亨廷顿并没有清楚地说明，这种冲突将采用什么形式。从他的书中可以看出，即使文明是冲突的最主要动因，国家

---

① Samuel P. Huntington, "The Clash of Civilization", *Foreign Affairs*, Summer 1993, Vol. 72, Iss. 3, pp. 22—49.

② 塞缪尔·P. 亨廷顿：《文明的冲突与世界秩序的重建》，周琪等译，北京：新华出版社，1998年版。

或国家集团仍然是这种冲突的主体。[①] 他确实也提到了涉及非国家行为体的冲突，但显然这在当时并没有获得特别的重视。“9·11”袭击及此后世界发生的变化，在很多人看来，恰恰印证了亨廷顿的观点，因此其观点再次受到很多人的追捧，但亨氏本人，对冷战后一些伊斯兰教极端分子对西方目标的袭击，以及美国发动的反恐战争，究竟是否属于文明的冲突，看法则模棱两可。[②]

总体而言，文明冲突论虽然观点明确、清晰，但在其分析文明之间的差异如何引发暴力冲突中，则缺乏令人信服的推论。

前述区分了四种社会性结构。这种区分只是为了更好地概括相关的研究；实际上，大部分学者的研究把上述的四种社会性结构因素结合起来，对非国家行为体暴力进行解释。应该说，社会结构的解释是目前解释各种非国家行为体暴力的主导性视角，虽然不同的研究人员对于这些因素的作用、重要性等会有不同的看法。这类结构解释，往往能够很好地把握住在各类非国家行为体暴力中，那些持久、稳定而又普遍性的因素；因此，这些因素更有利于解释那些大规模的非国家行为体暴力。但是，毫无疑问，这类解释也存在一些问题。一方面，这些理论对于这种结构如何导致暴力冲突的发生以及其中的过程与机制，往往缺乏清晰的说明。而且，这些理论“作为不稳定与社会变革主要根源的结构矛盾的趋同，当然无法解释特定制度的崩溃或一些看来促成了剧烈的或革命性变革的时间”。[③] 事实上，有很多即使存在着很强烈的结构因素却没有发生暴力冲突的情况。另一方面，这种结构解释，对于具体案例的解释，往往是片面的，不完全的。因此，很多研究人员在解释具体案例时，通常会考虑多种结构性因素，并试图给出这些因素相互作用的

---

① 塞缪尔·P. 亨廷顿：《文明的冲突与世界秩序的重建》，周琪等译，北京：新华出版社，1998年版。

② Samuel P. Huntington, “The Age of Muslim Wars”, *Newsweek*, December 17, 2001. Vol. 138, Iss. 25, pp. 14—19. 亨廷顿认为那些穆斯林的暴力袭击可能激化起西方与穆斯林世界之间的文明冲突，但并不是不可避免的；更可能的情况是，这些暴力仍然保持分散、多变、频繁发生的状况。还可参见，2006年对他的采访记录，“Five Years After‘9·11’, The Clash of Civilization Revisited”, June 2, 2007, 〈http://pewforum.org/events/index.php? EventID=125〉。

③ 西摩·马丁·李普塞特：《一致与冲突》，张华青等译，上海：上海人民出版社，1995年版，第20页。

机制，如顾尔《人为什么反抗》，就是这样的研究。

还有的学者，试图考虑各种因素，以给非国家行为体暴力提供一个详细、充分的解释。他们详细地开列出革命爆发前的条件，如普遍性的不满，一些零星的反抗运动，骨干分子的存在，导火索性的事件，政府由于腐败等原因效能低下，等等。还有些学者阐述了非国家行为体暴力爆发的阶段，如危机阶段，危机的爆发，危机的失控与扩散，新的政权的建立，新政权的巩固，等等。不过，这些解释虽然详尽，其解释的普遍性、理论性却也往往受到很大的损害，往往只能适用于对某一具体案例的说明。

需要说明的是，传统上相关研究往往把关注点主要集中于一个国家内部的因素。但是，国家之间相互联系的增多以及全球化的发展，使非国家行为体暴力发生的动因大大复杂化。那么，对上述所言的社会性结构的分析，则不仅仅要分析一国的社会性结构，还需要考察全球范围内的这些结构因素的影响。在今天，这种全球范围的社会性结构正引起越来越多的关注。比如，很多研究人员把如恐怖主义、暴乱等暴力冲突，与南北之间不平等的国际政治、经济结构联系在一起。就目前来看，对于这些国际结构性因素的分析，仍使用传统上相关的概念与分析框架等；对国际结构性因素与非国家行为体暴力之间因果关系的说明也还不甚清晰。

而对于恐怖主义的解释，正如前述，今天对恐怖主义的结构主义解释，往往是一些既有的解释革命或战争等传统社会冲突的理论框架在恐怖主义现象上的应用。

一方面，这种结构性解释对于一些恐怖主义现象，确实能够给出有见地的看法；在考察一些持久而普遍发生的恐怖主义时，比如，在北爱尔兰、中东等地区发生的恐怖主义，我们确实可以发现一些结构性的因素。对于这些恐怖主义，结构主义的分析就要比强调具体个体因素的个体主义分析深刻得多。因此，本书认为，对那些规模型恐怖主义，这些结构因素，往往比那些个体性因素具有更好的解释力。

另一方面，这种应用往往又是粗陋、肤浅而又急迫，其忽视了非国家行为体暴力中不同形式暴力之间的区别，比如，在很多时候，大规模革命往往有社会的动员、参与和变革，而恐怖主义则没有。结构主义者往往难以说明恐怖主义分子为什么不采取其他形式的暴力，而采取恐怖主义这种方式。

而且，同样，如果说结构主义者发现了恐怖主义与社会结构之间的某些关联，但是，他们并未能确立这两者之间清楚的因果关系和作用机制。比如，恐怖主义的发生与结构性的矛盾、对立之间似乎并没有确定的关系，有时矛盾、对立严重的情况下，却很少发生恐怖主义，而矛盾比较缓和的情况下恐怖主义却频繁发生。[①] 还比如，有些学者认为，结构说无法解释为什么境遇相似的一些人中，往往只有极少数人采取恐怖主义行为，而其他人则没有。[②]

（三）自然结构因素

在有关政治暴力研究中，还有一部分观点强调人类社会所处的自然环境或人类社会某些自然特性的影响。这些自然性因素包括，人口的增长与人口结构情况，自然环境的变化，能源的分布，等等。

对于人口与暴力冲突之间的关系，比较出名的观点如马尔萨斯理论。根据马尔萨斯的理论，人口的增加最终通过瘟疫、战争等方式来消耗掉。而亨廷顿在其论述文明冲突的那本专著中，在解释与伊斯兰世界相关的冲突时，他强调的往往不是观念或文明的问题，而是伊斯兰世界的人口结构变化。[③]

而那些关注自然环境变化的学者，通常认为这种自然环境变化可能导致人口的迁移、对资源或交通要道的争夺激化等，从而会成为暴力发生的重要动因。这也是环境安全观念中关注的一个重要部分。联合国秘书长潘基文在谈到达尔富尔地区的暴力冲突时，就认为该地区气候变暖以及生态环境的恶化是其主要动因。[④]

当然，某些地理环境往往更有利于非国家行为体开展暴力活动；这种地理环境特征，还影响着非国家行为体对不同暴力形式的选择。比如，存在着

---

① 李东燕："国外学者论恐怖主义根源"，引自王逸舟主编：《恐怖主义溯源》，北京：社会科学文献出版社，2002 年版，第 313—362 页。

② Alan M. Dershowitz, *Why Terrorism Works*, New Haven: Yale University Press, 2002, pp. 24—29.

③ 塞缪尔·P. 亨廷顿：《文明的冲突与世界秩序的重建》，第 119—123 页。

④ Ban Ki Moon, "A Climate Culprit in Darfur", *The Washington Post*, June 16, 2007, Page A15. 〈http://www.washingtonpost.com/wp-dyn/content/article/2007/06/15/AR2007061501857.html〉.

偏僻、地理条件比较险恶的农村地区，往往被认为是游击活动开展的重要条件。因此，如果不存在这样的条件，这样的暴力活动可能也就不会发生。[①]

而对于恐怖主义，自然结构的解释尚比较少见。

（四）文化因素

在社会学、人类学研究中，他们对于暴力的研究往往从文化的角度进行探索。比如，在社会研究中，他们在探索社会性暴力时，往往强调某种暴力文化对于社会的影响，比如血腥的电视节目、暴力游戏等等。

一些人类学家在探索某些部落暴力冲突时，则强调在这些部落间流传的神话、叙事方式、迷信等，在构建相互之间的敌视、仇恨中的作用。比如，在卢旺达胡图族与图西族的相互仇杀中，这种文化因素可能扮演了很重要作用。[②]

即使其他领域的学者，也往往强调文化因素对于政治暴力发生的影响。比如，在一些社会群体中，那些有暴力传统或其文化因素中允许和强调暴力的，则更容易选择暴力作为解决相互之间冲突的手段；而那些排斥暴力的，则可能反之。很多学者在研究极端伊斯兰分子发动的恐怖主义袭击时，往往强调伊斯兰文化中的“圣战”观念与“烈士”情结的影响。

不过，总体来说，对文化因素的研究主要局限于理解性研究，而不是寻求在暴力与文化之间建立某种可供检验的因果关系。

（五）传染与阴谋因素

在有关非国家行为体暴力的解释中，还有一类看法，即认为这种暴力往往是从外部传入的，类似于传染病传播一样。这种传播可能包括革命意识形态的传入，有关行动分子的传入与组织的扩张，等等。

---

① Bard E. O'Neil, *Insurgency & Terrorism: Inside Modern Revolutionary Warfare*, Washington: Brassey's, Inc., 1990, pp. 53－59.

② Pamela J. Stewart and Andrew Strathern, *Violence: Theory and Ethnography*, New York: Continuum, 2002.

有的学者强调暴力在三个方面所具有的传播作用：刺激作用，即暴力激起旁观者的行动；消除抑制的作用，即暴力的发生弱化了暴力抑制因素的作用；模仿作用，即暴力的发生会引起他人的模仿。在其中，特别是对恐怖主义的解释中，媒体通常被认为具有重要影响。①

对于暴力的这种扩散，还可能是某些国家或势力蓄意推广的结果。② 在冷战期间，发生在西方的恐怖主义袭击或第三世界国家中发生的革命、叛乱等，被一些西方学者认为是共产主义集团扩张势力或针对西方的阴谋活动的一部分。实际上，西方国家也往往参与其中，通过支持第三世界的反叛活动等来达到政治目的。

这种暴力是因传染或某些国家阴谋挑起等外部因素而发生的观点，不仅被一些研究人员所接受，也被一些政治家们所接受。比如，在历史上，一国发生革命等非国家行为体暴力后，其周边国家对此进行干涉、扑灭的事例屡见不鲜；其背后往往有对这种暴力会继续扩散的担忧。而在冷战中，美国也通常把发生在第三世界的这类暴力冲突解释成是苏联共产主义集团阴谋推动的，是苏联集团扩张的表现；对这种传染机制的担忧，明白无误地体现在其对所谓多米诺骨牌效应的恐惧上。至今，美国也仍然没有放弃这种看法，坚持认为恐怖主义发生在很大程度上是因为有某些国家的支持；他们把这些国家称为恐怖主义国家、流氓国家或邪恶国家。

（六）追逐利益的因素

经济学中自利、理性的经济人假设，同样在有关政治暴力的研究中有所运用。一些学者认为，人们参加革命或暴力活动，往往是基于暴力活动的收益、成本以及成功的可能性等理性计算而做出的。因此，他们通过考察哪些因素改变了这种理性计算，来解释为什么一些人或阶层参加政治暴力，而另外一些人则不参加。不过这种解释也存在许多问题。上面已经讨论过，暴力

---

① Gabriel Weimann and Conrad Winn, *The Theater of Terror: Mass Media and International Terrorism*, New York: Longman, 1994, pp. 211—233.

② Richard E. Rubenstein, *Alchemists of Revolution: Terrorism in the Modern World*, New York: Basic Books, Inc., 1987.

行动的参与者往往都是些理智正常的人，而且，他们在行动中也往往显示出过人的理性计算能力。但是，即使人参加暴力活动完全是一种理性的逐利行为，这种理性分析的作用也可能是有限的。因为，大多数时候，我们不知道他人的效用函数，不知道他人的计算。这种研究往往把研究者自己设想的理性计算想当然地想象为暴力行为体的计算。

当然，有的时候个人出于自私的经济动机参与政治暴力，不仅仅是一种理论假设，还是一个事实。有的学者在考察了非洲等一些地区的动乱后认为，在那里暴力成为了一个有利可图的行业；他们将这种暴力称为逐利型暴力。对于当地的一些军阀等，只有政治动荡不安，他们才可能保持住他们的地位以及他们的一些矿业等非法生意。而在拉丁美洲等地方，很多暴力活动只是为了破坏政府统治以方便毒品贸易。因此，这些暴力有时被称为毒品型叛乱（narco-insurgency）或犯罪型叛乱（criminal insurgency）。而对于其中很多人来说，他们参加暴力，仅仅是因为这是一种谋生的手段，并且还可以获得一定的社会地位。[①] 事实上，即使出于强烈政治目的的行为体，也可能采取一些行动，如绑架勒索、抢劫银行等来获得经济收入，当然，这些行动的目的本身最终可能是为了支持其政治活动。还有些学者认为，“在犯罪与恐怖主义之间进行人为区分的做法其实是基于对两者的过时概念。那种所谓犯罪分子犯罪是为利润，而恐怖分子完全是为政治目的的观点，已不符合今天的现实”。[②]

（七）科技、媒体、现代社会与恐怖主义

这种对恐怖主义的解释中，既不关注于行为体的动机，也不关注于促使行为体采取某些行为的原因，也不关注于恐怖主义作为一项战略选择的特点，而是关注于所有这一切得以实现的背景。

目前，研究者往往关注于三个因素：科技、媒体与一体化的现代社会。

---

① Donald M. Snow and *Distant Thunder*: *Patterns of Conflict in the Developing World*, New York: M. E. Sharpe, 1997, pp. 113－140.

② 路易丝·谢利：“犯罪与恐怖主义的全球化”，2007 年 8 月 12 日，〈http://usinfo.org/E-JOURNAL/EJ_Globalization/shelley.htm〉。

虽然，有学者认为，恐怖主义从根本上是一种低技术的行动，即使像“9·11”这样的事件也是如此。[①] 但是，科技对于恐怖主义的影响，并不仅仅体现在恐怖主义使用了何种技术，而是多方面的：

(1) 科学技术的发展改变了恐怖主义的方式；

(2) 科学技术的发展，特别是大规模杀伤性技术，大大增加了恐怖主义的威胁；

(3) 科学技术的发展增加了恐怖主义的运作能力；[②]

(4) 科学技术的发展为恐怖主义提供了新的领域，如网络恐怖主义，如劫持飞机。

而有关恐怖主义与媒体的关系，很多看法实际上是有意识或无意识地建立在詹金斯（Jenkins）经典论断基础之上的，即恐怖主义分子不是想人死而是想让人观看。既然是一场表演，舞台就是关键性的因素了；而在很多人看来，现代媒体恰恰提供了绝佳的舞台。媒体可能会起到以下作用：

(1) 恐怖主义分子利用媒体来传播恐慌，宣传自己的主张，向对手提出要求和施加压力；

(2) 恐怖主义分子可以利用现代媒体来进行相互联络、组织行动；

(3) 现代媒体使恐怖主义得以传播、扩散（根据学习理论，这种通过媒体的学习、模仿是恐怖主义蔓延的重要原因）。

因此，在一些学者看来，现代媒体是恐怖主义的最好朋友，是恐怖主义存在的基础。[③] 不过，并不能认为现代媒体站在恐怖主义一边，在网络等信息传播式样越来越多样化的今天，很难断言，媒体不报道恐怖主义，就不会产生恐怖主义。过分限制媒体在有关恐怖主义方面的报道，可能还会带来一些消极的后果。[④]

---

① Brian M. Jenkins, “The Organization Men”, in James F. Hoge Jr. and Gideon Rose eds., *How Did This Happen*, New York: Public Affairs, 2001, pp. 1—14.

② Herbert K. Tillema, “A Brief Theory of Terrorism and Technology”, in Tushur K. Ghosh et al. eds., *Science and Technology of Terrorism and Counterterrorism*, New York: Marcel Dekker, Inc., 2002, pp. 13—33.

③ Walter Liqueur, “The Futility of Terrorism”.

④ 苏珊·L. 卡拉瑟斯：《西方传媒与战争》，张毓强等译，北京：新华出版社，2002年版，第186—226页。

而且，由现代交通、通讯等日益联系成为一体的现代社会，具有很多使恐怖主义得以实现的特征，如城市化所带来的人口高度聚集，社会各部分的相互高度联系、依赖。这些特点，使少部分人的行为可能带来整个社会的动荡和巨大灾难，而这一切，在以前都是不可能实现的。[①] 特别是今天的所谓全球化，更使恐怖主义的运作空间、运作领域、影响范围，大大扩展。

但是，这种从现代技术社会特征等来解释恐怖主义，即使不考虑古代社会也存在着恐怖主义这个情况，也是过于宽泛和模糊的。而且，如果现代技术或一体化社会导致了恐怖主义，那么，我们可以推论，随着技术和社会的发展，恐怖主义的发生也将越来越频繁；一个国家或地区越发达，恐怖主义问题也就越严重。毫无疑问，这不是事实。恐怖主义的发生往往时起时伏，空间分布上也并不只集中于发达地区。

不过，正如贝克的风险社会理论所言，“今天的风险和危险……是现代化的风险。它们是工业化的一种大规模产品，而且系统地随着它的全球化而加剧”。[②]因此可以说，这种现代技术与社会确实增大了面临恐怖主义威胁的风险。

（八）理性选择角度的解释

既然革命者或恐怖主义分子等并不是心理精神病态的人，而是有理智的，因此，有一些学者把参加革命等暴力活动的个人作为一个关心成本与收益的理性行为体，以此来解释革命以及人们为什么会参加这些运动。这种理性选择解释路径有许多问题，其中一个问题，即根据理性行为体面临的集体行动困境可知，参加革命等集体行动事实上是不理性的举动。就目前来看，这种解释路径的影响也是有限的。

但是如果不问行为体为什么参与冲突中，而是说其如果决定进行对抗，

---

① Robert Jervis, “An Interim Assessment of September 11”, *Political Science Quarterly*, Vol. 117, No. 1, Spring 2002, pp. 37—54.

② 乌尔里希·贝克：《风险社会》，何傅闻译，南京：译林出版社，2004 年版，第 18—19 页。

那么，其在不同斗争选项之间会如何选择，理性选择模式有时确实能给出一些有益的见解。

这种解释在恐怖主义的分析中又尤为多见。下面的分析侧重于分析恐怖主义作为一种手段其可能的成本、收益；而关于行为体为什么采取恐怖主义而非其他形式的暴力，在后文有关不同形式非国家行为体暴力的分析中，还将有所讨论。

如果把恐怖主义行为体视为理性的，而恐怖主义只是行为体所面对的多种选项中的一种，那么，采取恐怖主义就是一种战略选择；“恐怖手段的使用遍布各种集团、意识形态和目标之中”。① 在一些学者看来，恐怖主义之所以普遍存在，就是因为恐怖主义“是一种低成本、低风险而高产出的斗争方法”。② 解释恐怖主义就意味着要把恐怖主义作为一项战略选择进行分析：这项战略可能发挥的作用或者说可能带来哪些收益；这项战略的成本；在何种情况下可能选择这项战略。

恐怖主义可能的作用，研究人员认为包括以下几种：

（1）利用大众的恐慌等向对手施加压力，以获得某些让步；

（2）摧垮对手或破坏对手的权威和秩序，引起更多的反抗；③

（3）宣传实施者的主张或运动，引起关注；

（4）教育、促醒、动员大众；

（5）与其他组织的竞争中，提高本组织的地位与影响。

在一些学者看来，恐怖主义者不仅通过恐怖主义来直接实现这些目标，还通过对手对其行为的反应来实现这些目标。他们甚至认为，恐怖主义能否实现其目标或成功，就在于恐怖主义者的对手如何反应；其关键就在于要借

---

① 查尔斯·蒂利：《集体暴力的政治》，谢岳译，上海：上海世纪出版社，2006 年版，第 220 页。

② Paul Wilkinson, “Politics, ‘Diplomacy and Peace Processes’”, in Max. Taylor and John Horgan eds., *The Future of Terrorism*, London and Portland: Frank Cass Publishers, 2001, p. 66.

③ Richard E. Rubenstein, “The Psycho-political Sources of Terrorism”, in Charles W. Kegley, Jr. ed., *The New Global Terrorism*, New Jersey: Prentice Hall, 2003, pp. 139—149.

助对手的力量，因此他们将之形象地比喻为“柔道”。[①] 而且恐怖主义行为体本身，可能就清楚意识到这一点。如被誉为现代城市游击战理论鼻祖的马里赫拉（Carlos Marighella），就强调政府反应的作用。[②]

根据这种观点，恐怖主义分子通常预期或期望政府对恐怖主义做出过度反应。政府的无节制、无区别的过度反应，可能会起到如下的作用：（1）暴露现存体制的压迫、暴虐本质，教育、唤醒大众（因为现存体制可能会通过种种措施掩盖其真实的本质，麻痹大众）；（2）政府的暴虐将激起更多反抗，在“反抗——镇压——更多反抗”循环中政府会崩溃。

当然，对于恐怖主义是否能如恐怖主义分子所预期的那样成功地实现其目标，则有不同的看法。有的学者认为，恐怖主义并不是一种成功的政策，很少能达到目的。[③] 但有的学者则认为，许多恐怖主义能成功地实现其目的。[④]

而采取恐怖主义的成本，研究者通常认为恐怖主义行为体可能会付出以下代价：

（1）恐怖主义行为体自身可能会受到对手的报复与打压；

（2）恐怖主义行为可能激起众怒，而使恐怖主义事业本身遭到损害；

（3）开展恐怖主义行为在人员、资金、时间、策划等方面需付出成本。不过与战争或革命斗争相比，这种成本少得多，在一定程度上可以说，只要想行动，就可以实施。

通常认为，在下列情况下，恐怖主义作为选项更可能被选择。

（1）某种绝境之中，恐怖主义是一种绝望的选择；

（2）诉求别无其他可表达或实现的途径；

---

① David Fromkin, “The Strategy of Terrorism”, in Charles W. Kegley, Jr. ed., *International Terrorism*, New York: St. Martin's Press, Inc., 1990, pp.55—62.

② Carlos Marighella, “Minimanual of the Urban Guerrilla”, 2004—7—16, 〈http://www.marxists.org/archive/marighella-carlos/1969/06/minimanual-urban-guerrilla/index.htm〉.

③ Walter Liqueur, “The Futility of Terrorism”, in Charles W. Kegley, Jr. ed., *International Terrorism*, New York: St. Martin's Press, Inc., 1990, pp.69—73.

④ Martha Crenshaw, *Revolutionary Terrorism: The FLN in Algeria, 1954—1962*, California: Hoover Institution Press, 1978.

(3) 寻求完全摧毁对手而毫不妥协;

(4) 在开放社会中，该方式更容易被选择。因为在开放社会中，恐怖主义活动更容易开展，恐怖主义分子更容易隐藏，恐怖主义能发挥更大的影响。①

因此，在对抗中处于劣势的一方更容易选择恐怖主义，也就是常说的恐怖主义是弱者的武器。

毫无疑问，把恐怖主义作为一种战略选择的分析，对于解释恐怖主义有很大的意义。但是，这种分析存在着两大局限：一方面，目前这种分析往往都是事后分析。某恐怖主义行为发生后，这种方法都往往能够根据种种蛛丝马迹找到（或臆想）其目的，理清恐怖主义行为体的选择过程，并证明该行为体选择恐怖主义的战略合理性。实际上，任何荒唐的行为，如果我们愿意，都可被解释成理性的。因此，在采取这种分析方法时，必须警惕用分析者自己的推理过程代替恐怖主义行为体的推理过程，用分析者的价值观代替恐怖主义行为体的价值观。另一个方面，这种分析或解释很难预测在何种条件下，行为体会选择恐怖主义。

上述所述的非国家行为体暴力特别是恐怖主义的解释，是对有关研究观点的一个简要概括与讨论。其中，没有再进一步区分常规战争、大规模暴动、游击战、恐怖主义等不同暴力形式以及其发生的原因。实际上，正如前述，这也是大多数研究人员的做法；他们在探索非国家行为体暴力的原因时，是把革命、叛乱、暴乱、恐怖主义等作为一个研究问题来处理的，一般不分别探索这些不同非国家行为体暴力的原因。而即使是专门研究非国家行为体暴力中的一种，如本书分析的恐怖主义，其分析往往与上述讨论的那些角度与结论，也没有根本性的区别。

确实，这些不同形式的暴力可能是并存、一体的，即在冲突中，双方或一方，可能既发动大规模群众暴动，又采用常规战争，还可能辅以游击战或恐怖主义形式。事实上，无论是从巴勒斯坦的反抗斗争，还是从拉丁美洲的反政府运动，或斯里兰卡内战中，或是最近伊拉克、阿富汗境内的暴力冲突

---

① The Home Office of UK, Background Briefing Papers to the Terrorism Bill (2005), "Paper One: The Threat", 2005－6－27, 〈http://www.homeoffice.gov.uk/docs4/230205_Paper1.pdf〉.

中，都可以看到多种形式暴力共存、一个行为体采用多种形式暴力的局面。

但是，这些不同形式的暴力又可能单独存在；某些时候，行为体可能只采用其中一种形式的暴力，比如恐怖主义，而非所有形式的暴力。那么，为什么冲突有的时候是以这种而非那种形式的暴力呈现，或者说，行为体为什么采取这种形式暴力而非那种，则需要进一步说明。

下面对于非国家行为体暴力不同形式的区分，以及有关恐怖主义演变的简要叙述，正是为了有助于进一步探讨恐怖主义发生的原因。需要说明的是，下面对于非国家行为体不同形式的分类并不是唯一的，不同的学者往往有不同的分类。比如顾尔在《人为什么反抗》中，把政治暴力分为“最低限度暴力”（minimal violence），“骚乱”（turmoil），“阴谋”（conspiracy），“内部战争”（internal war）这四种形式，并主要用相对被剥夺的范围（the incidence of relative deprivation）与相对被剥夺的类型（types of relative deprivation）来解释政治暴力为什么会呈现出这些不同的形式。[①] 本书在这里，出于国家安全研究的立场，把非国家行为体暴力划分为群众暴动、正规战争、游击战与恐怖主义这四种形式。这些暴力形式之间的不同特点，有助于进一步说明在某些环境下为什么非国家行为体会采用这种而不是那种形式。

三、不同暴力形式与选择恐怖主义的原因

科林斯在其《大战略》中，把战略思想划分为四个学派：陆权学派、海权学派、空权学派和革命学派（很奇怪，在当时核武器如此被关注的情况下，作者竟然没有列核战略学派）。[②] 陆权学派、海权学派、空权学派等，与国家的武装力量建设与使用联系在一起，与本书所讨论的非国家行为体暴力并无直接关联，因此不予以讨论。对于革命学派，科林斯认为“其提倡者

---

① Ted Robert Gurr, *Why Men Rebel*, pp. 334—335.

② 科林斯：《大战略》，纽先钟译，台北：黎明文化事业公司印行，1975年版，第46—47页。

为马克思、列宁、毛泽东、胡志明、代古拉（格瓦拉）和武元甲等人。陆、海、空三派主要都是属于军事性的，而革命学派则是以政治、社会和心理为主。它所利用的是间接路线和累积战略，而非顺序战略。革命通常很少产生任何像克劳塞维茨式大会战那一类的事情……领土并不太重要。主要的战场为人心”。① 从科林斯所列的革命学派的代表人物来看，其划分似乎更多是基于意识形态，即把共产主义意识形态与革命战略联系在一起了，对这种观点在前文已经批驳过。

科林斯对于革命学派并没有再予以细分。巴德·奥尼尔（Bard E. O'Neil）则把科林斯所列的革命学派战略所关注的暴力，做了进一步的分析。他把叛乱（insurgency）的作战方式（forms of warfare）划分为恐怖主义、游击战和正规战争三种模式。奥尼尔还区分了不同的叛乱战略：密谋战略（Conspiratorial Strategy），俄国十月革命是这种战略的代表；长期人民战争战略（Strategy of Protracted Popular War），以中国共产党领导的革命为代表；军事中心战略（Military-Focus Strategy），以卡斯特罗、格瓦拉领导的古巴革命为代表；城市作战模式（Urban-Warfare Strategy），拉丁美洲很多国家都曾出现过这种形式，但是取得成功的很少。②

借鉴奥尼尔的这种区分，在此把非国家行为体暴力划分为群众暴动、常规战争、游击战和恐怖主义这四种形式。在一定程度上，可以认为，奥尼尔所说的军事中心战略与人民战争战略，主要暴力形式为游击战，但也会表现为正规战争。而密谋战略，则主要表现为群众暴动形式，当然，也可能表现为正规战争。而城市游击战，则主要表现为恐怖主义形式。在这里，把非国家行为体暴力区分为这四种形式，主要考虑暴力呈现出来的外在特征，而不考虑暴力行为体的意图、暴力的意识形态色彩等。

奥尼尔在分析叛乱的时候，带有一定的意识形态倾向，即他似乎只考虑具有左派色彩的叛乱，而不是所有的非国家行为体暴力。本书认为，这些暴力形式，可以服务于不同的目的，可以被不同的非国家行为体所采取。

---

① 科林斯：《大战略》，纽先钟译，台北：黎明文化事业公司印行，1975 年版，第 47 页。

② Bard E. O'Neil, *Insurgency & Terrorism: Inside Modern Revolutionary Warfare*, Washington: Brassey's, Inc., 1990, pp. 13—50.

非国家行为体暴力以这种或那种方式呈现，可能是无意识的结果，是形势发展的自然结果；但更可能是非国家行为体的一种有意识的选择，即是一种战略选择。影响非国家行为体采取何种形式暴力的因素很多，包括敌我双方力量对比情况、自然和社会环境、意识形态考虑、不同暴力形式自身的特点等。下面将对非国家行为体暴力的这四种形式进行讨论，分析这些不同形式暴力的特征，以及各种形式在何种情况下会出现。当然，其中恐怖主义是分析的重点。

（一）群众暴动形式

历史上，很多非国家行为体的暴力都属于这种形式。这种形式暴力的发生，很多时候是一种自发的现象，而不是由于某个人或团体去蓄意推动、组织和领导而发生的，特别是在暴力发生之初。这种暴力的发生，往往是因为社会中长期普遍存在的某些矛盾，比如暴政和饥荒等引起的大众的不满，被激化并迅速爆发出来。这些暴力往往是某个人振臂一挥，万人云集，就揭竿而起。而有的时候，大规模群众集会演变而来的暴力骚乱等，也属于这种形式。这种自发式暴力，可能很快就消散，比如政治骚乱；还有一些，特别是在其反对力量不能有效处置的情况下，可能很快就发展壮大。这时候就可能会出现某个人或集团开始领导这种势头，与政府的军队进行战斗。那么，这个时候，暴力形式就开始向有组织、正规化的战争转变。

这种形式的暴力也可能是一开始就是某些人或集团蓄意推动、组织的结果。那么，大规模群众暴动一旦发生，政权的控制就可能溃散；随着新政权的建立，这种暴力也就消散。但是，如果旧政权经受住了这最初的一击，那么，暴动的一方与政权之间的对抗就可能持续下去。这种对抗就可能演化成常规战争，也可能演化成游击战、恐怖主义等形式。

（二）常规战争形式

当发动暴力的非国家行为体，能够通过宣传、动员而建立起引导运动的领导组织和强大的武装力量，那么，非国家行为体与国家或其他势力之间的冲突，就可能采取正规战争的方式。

非国家行为体的暴力很多时候是自发的。因此，这种暴力往往难以持续并取得成功；在面对具有军队等大量资源优势的政府面前，往往处于劣势，容易被击退。建立一个紧密而有力的组织来宣传、动员和领导暴力运动，可以说是现代革命者在认识上取得的重要突破；这大大增加了暴力运动发生和成功的可能性。暴力运动不再单单是某种近似自然过程的自发现象了；人可以自觉地促进革命的发生。这种发现，大部分要归功于列宁。[①] 列宁在总结革命经验教训时，强调建立一个有组织、有纪律的团结而坚强的无产阶级政党的巨大作用。而一旦革命者掌握了建立政党来宣传、组织和领导他们运动的这个武器，这些革命运动往往爆发出巨大的能量。殖民帝国被打碎，很多统治秩序一夜之间被推翻。

当革命者拥有了自己的武装力量，并足以与另一方的武装力量相抗衡时，暴力冲突就可能表现为这些正规武装力量之间的冲突，即常规战争形式。所谓常规战争模式，在很大程度上，应该说是西方战略思想的产物，即双方参加战斗的力量主要都是正规的武装力量，而且，都遵守一定的交战规则。

但是很多时候，非国家行为体根本就没有力量去建立正规的武装部队，更不用说可以与政府军队相抗衡的武装部队了；特别是在运动刚兴起之初，情况更是这样。因此，非国家行为体在自己没有足够壮大的时候，更经常采用游击战或恐怖主义的形式进行斗争。

（三）游击战争形式

游击战争很早就存在。游击战，从词源上看，来源于拿破仑占领西班牙时当地民众的抵抗运动，意思是小的战争。[②] 在西方战略传统中，对于这种战争，虽然偶有提及，比如克劳塞维茨在《战争论》中所说的人民战争，[③]

① 乔治·斯托泽："游击战和暴乱理论"，引自美国陆军军事学院编：《军事战略》，军事科学院外国军事研究部译，北京：军事科学出版社，1986年版，第648页。

② Gwynne Dyer, *War: The Lethal Custom*, revised edition, New York: Carroll & Grat Publishers, 2004, p. 392.

③ 克劳塞维茨：《战争论》（第二卷），中国人民解放军军事科学院译，北京：商务印书馆，1995年版，第671—679页。

鲁登道夫在《总体战》中提到的法国在普法战争中战败后民众的抵抗运动。[①] 但他们更强调常规战争，游击战只不过算作是对常规战争的一种补充罢了，决定最后结果的，仍然是常规战争。

而把游击战提升到一种独立的、具有战略意义的战争方式的，特别是作为一种“革命”战略的，则是毛泽东。[②] 毛泽东不仅总结概括了游击战的战术原则，如游击战的十六字方针；还从战略上论述了游击战的原则，强调游击战不仅仅是武装斗争，更具有政治意义。

中国抗日战争与解放战争的胜利，使这种思想传播到世界各地；许多地区或国家的革命运动纷纷效仿，把游击战作为他们的主要暴力方式。不过古巴革命成功后，格瓦拉和杜布雷又根据古巴的经验和他们自身的革命经历，提出游击中心主义的主张。

虽然毛泽东所倡导的游击战与格瓦拉、杜布雷所倡导的游击中心主义，在战术层次，都采用游击战的方式；而且，双方倡导的都是所谓的农村游击战，即把游击战的主战场放在偏远的、政府控制比较弱或军事上比较难以征服的农村地区。不过，毛泽东的游击战思想，与游击中心主义的思想还是有着截然的区别。

两者的经验来源是不同的。毛泽东的游击战思想来源于中国长期对抗强大的侵略者日本和共产党应对力量上占据巨大优势的国民党政府的经验。而格瓦拉和杜布雷的思想主要以古巴革命为典型，即一个由少许骨干分子组成的革命团队——游击队，揭竿而起，然后顷刻间就摧毁旧有的统治政权——巴蒂斯塔统治。有些学者还认为，游击中心论思想还来源于拉丁美洲独立运动中的革命传统及其英雄主义人物（如玻利维亚）与其思想的影响。[③]

因此，在毛泽东的游击战思想那里，强调耐心、强调运动的长期性；革命运动，需要建立革命根据地，需要耐心地教育大众，耐心地发动大众；战争需要经过战略防御、战略相持、战略反攻这三个阶段。毛泽东深刻理解克

---

① 埃里希·鲁登道夫：《总体战》，戴耀先译，北京：解放军出版社，2005 年版。

② 在第一次世界大战期间，帮助阿拉伯人和英国人对土耳其与德国作战的托马斯·劳伦斯，通常也被认为是游击战的理论与实践大师。

③ Raj Desai and Harry Eckstein, “Insurgency: The Transformation of Peasant Rebellion”, *World Politics*, July. 1990, Vol. 42, No. 4, pp. 441—465.

劳塞维茨的“战争是政治以另一种方式的继续”这句话的精髓。因此，他认为，革命战争首先是政治问题；武装力量首先需要听从政治的指挥，即党指挥枪（当然，在政治斗争中，也必须有武装力量的支持，即“枪杆子里出政权”）。而与西方传统战略思想中把政治留给政治家，战争则留给将军这种功能上的划分不同，在毛泽东的思想中，军事力量不仅要担负作战任务，还必须具有政治功能，比如宣传、教育和发动大众。群众的支持与群众的人心向背，是革命是否能够成功的关键；因此，发动群众，动员群众的支持、参与是革命的一个中心任务。

而在格瓦拉和杜布雷根据古巴的革命经验所总结的游击中心主义看来，世界革命的形势已经成熟，特别是拉丁美洲的革命形势已经成熟。因此，只要有一小部分骨干的先进革命分子，组成一个虽然规模不大，但是坚定而又精于游击战争的“中心”（foco），即有少许有坚强革命意志、经验丰富的游击战队员组成的团结紧密的小团体；然后，在农村地区建立一个基地，开展游击活动，就可以取得革命的胜利。“中心”（foco）的核心任务是进行游击战争，而不是宣传、教育和发动大众；大众将会被游击队的胜利自然发动起来；游击队本身就是革命运动中的最高组织，本身不再需要政党或其他组织的领导。“不是政治动员最终导向暴力，而是暴力改变政治形势，人民由于游击中心发动的袭击而觉醒并且大为兴奋，由于政府所作回应残暴无能而深感愤怒和受到鼓励，如果政府从外部强国寻求帮助则更会疏远之。在一个暴力本身在其中充当催化剂的过程中，人民将被动员起来投身于革命。”[①] 而且，与毛泽东对于政治、战略问题的关注相对照，格瓦拉和杜布雷则把大部分的注意力放在游击队本身的组织、训练、作战等具体战术性问题上。

当然，需要说明的是，并不是只有共产主义运动或者所谓“革命”群体才会采用游击战；就像前面所说的那样，游击战在历史上很早就存在。但毫无疑问，中国、古巴等革命的成功，为那些寻求民族解放、寻求推翻腐朽政府的人们提供了巨大的精神鼓舞和效仿的榜样。因此，二战后很多民族解放运动、反政府运动等，都会学习这种经验，建立武装力量与根据地，开展游

① 约翰·夏伊和托马斯·W. 科利尔：“革命战争”，引自彼得·帕雷特主编：《现代战略的缔造者：从马基雅维利到核时代》，北京：世界知识出版社，2006 年版，第 826—827 页。

击运动。其中许多取得了成功，比如在越南、在阿尔及利亚，等等。不过，很多出于其他目的的组织或运动，同样也可能开展游击战运动。比如，二战期间欧洲纳粹占领区的抵抗运动；比如，在20世纪60年代的哥伦比亚，无论左派右派，各个政治势力大都寻求建立自己的游击队，开展武装斗争。[①]

而冷战中“游击战争的发生也符合当时国际形势的明确特征，即核武器造成的僵持。由于后者抑制了分属两个冷战集团的国家之间的公开战争，游击战就成为实施军事冲突而又不导致公开核对抗的一种手段”。[②] 这样，游击战就成为了双方的代理战争，一方如果支持政府，那么另一方就支持反叛组织开展游击活动。比如美国在危地马拉就支持右派游击队，试图破坏和推翻左派的桑地诺派统治。美国为了应对当时越南的局势和苏联在世界各地通过支持游击活动而进行的扩张，肯尼迪政府开始强调要开展反叛乱作战，并加强了相关力量如特种部队的建设，以及有关理论的研究。但越南战争的惨痛经历和从越南的撤出，使这种关注在西方特别是在美国很快又衰落下去。

在一定程度上，游击战往往被对抗双方中力量较弱的那一方采用。力量较弱的一方利用其对当地地形、当地社会情况的熟悉，以及当地民众的支持，开展游击战，可以比较有效地抵消对方的正规武装力量优势。同时，通过游击战又可以打击对方的士气与权威，迟滞对方的行动，同时增加己方的力量与影响力。通常，当双方的力量对比经过一段时间变化，力量较弱的一方逐渐取得了对等的优势；这个时候，双方的冲突就可能向常规战争转变，并最终决定冲突的结果。当然，游击战之中，也有可能因为一方的迅速溃败，并没有转变为正式的常规战争就结束了。

（四）恐怖主义形式

还有一种形式的非国家行为体暴力，往往被称为恐怖主义。很多考究恐怖主义历史的学者提出，早在公元1世纪左右，一些极端犹太教徒就采用恐

① 理查德·戈特：《拉丁美洲游击战运动》，复旦大学历史系拉丁美洲研究室译，上海：上海人民出版社，1975年版，第234—238页。

② 弗·哈利迪：《革命与世界政治》，张帆译，北京：世界知识出版社，第1版，第237页。

怖主义抵抗罗马人的统治。这些人往往有强烈的弥赛亚情结，认为尘世就要毁灭，上帝就要来拯救人类，他们希望通过行动促进这个进程。他们往往在公开场合袭击罗马人或那些与罗马人合作的犹太人，制造恐慌、动乱，并试图通过引起罗马人的镇压而引起大规模的反抗。因此，有一些学者指出，恐怖主义是一个久远现象。[①]

近现代恐怖主义这个概念，从辞源上讲，起源于法国大革命中雅各宾专政时期，特别是指 1793 年 9 月至 1794 年 7 月的"恐怖专政"（Reign of Terror）这段时期。因此，从辞源上讲，恐怖主义是指国家政权的暴政统治；今天，仍然有很多学者认为，对于恐怖主义，仍必须首先关注所谓的国家恐怖主义，即国家暴力的滥用给人们所带来的伤害。不过，在本书中所讨论的恐怖主义，主要局限于非国家行为体暴力这个范围内。

在近现代，作为非国家行为体暴力的恐怖主义这个概念，首先与 19 世纪末 20 世纪初的无政府主义者暗杀政府官员、制造爆炸等活动联系在一起。当时许多国家的政治家死于无政府主义者的袭击之中，以至于国际联盟在 1938 年制订了《防止和惩治恐怖主义公约》，但该公约并未获得最终的批准，因此也从未生效。[②] 在 19 世纪后期，像俄国的"人民意志"等组织是名噪一时的恐怖主义组织，[③] 其主要暴力行动是进行刺杀，制造爆炸，等等。他们为了追求更大效应，一般会在公共场合采取行动。在那个时候，恐怖主义一词尚不像今天这样具有明确的贬义含义；当时，很多无政府主义者往往自豪地把自己称为恐怖主义者，并且在事后宣布负责。[④]

可能是因为无政府主义自身理念——即不信任集体、权威与大规模组织——的影响，他们更倾向于采取单个人或极小团体的行动。他们甚至认为

---

① Walter Laqueur, *The Age of Terrorism*, Boston: Little, Brown and Company, 1987, pp. 11—23.

② 何秉松：《恐怖主义·邪教·黑社会》，北京：群众出版社，2001 年版，第 56 页。

③ "Russian Anarchist Terror", in Martha Crenshaw and John Pimlott eds., *International Encyclopedia of Terrorism*, London: Fitzroy Dearborn Publishers, 1997, pp. 56—57.

④ Brian M. Jenkins, "International Terrorism: the other World War", in Charles W. Kegley, Jr. ed, *The New Global Terrorism: Characteristics, Causes, Controls*, Upper Saddle River, New Jersey: Prentice Hall, 2003, p. 16.

这种恐怖主义暴力方式，能够更精确地打击统治集团与人物；而且，给人们带来的伤害要比大规模革命小，因此比传统的大规模群众革命等方式可能要更好。这种暴力，一个方面可以对国家和权力中心予以致命的打击；另一个方面，还可以起到宣传与教育大众的作用，即采用直接行动（法国就有一个恐怖主义组织自命名为“直接行动”）的宣传。他们认为大众很多是被国家蒙蔽了，为了认清国家的本质，需要进行宣传教育。他们认为其行动，将导致政府做出镇压的反应，特别可能是过激的反应；这样，就可以暴露国家的残暴本性了，从而教育大众，并激起更多的反抗。最终，在这种“反抗——镇压——更多反抗”的循环中，人民起来打碎国家机器。这些无政府主义者的袭击确实招致了政府的严酷镇压，但是并没有出现他们所预期的那样结果即这些镇压直接导致人民起来打碎国家机器；这些继承巴枯宁暴力斗争衣钵的无政府主义运动，在遭到严重打击后，开始衰落下去。

到20世纪60年代，世界上开始兴起新一波恐怖主义浪潮。这一波浪潮不仅仅席卷了许多第三世界地区，如拉丁美洲、中东地区；在西方世界，也出现了一些轰动一时的恐怖主义组织与袭击事件，如德国的红军旅，日本的赤军，意大利的红色旅，美国的气象员组织和黑豹组织。在思想取向上，总体而言，这一波恐怖主义以左派思想和民族解放为主。

这一波恐怖主义，除了受早期的无政府主义者恐怖主义行动的影响，还受到拉丁美洲当时正在进行的革命斗争影响。到20世纪60年代，在拉丁美洲一些国家开始出现了所谓的城市游击战。如果说毛泽东、格瓦拉等的游击战思想，是把俄国十月革命树立的城市革命模型，转变成为农村革命模型，走所谓农村包围城市之路；那么，城市游击战思想则再次把斗争的中心，从农村转移到城市。这些人把活动地点从游击战传统地区即偏远的山区或农村等，转移到人口密集的城市。这些人往往组成一个个很小的行动单元，袭击军警、官员，进行绑架、爆炸、抢劫银行等以破坏统治秩序。巴西人马里赫拉撰写了一个小册子，专门论述了开展城市游击战的人员要求、如何开展活动、活动的后勤准备、人员的隐藏等具体问题。[①] 马里赫拉也因此被许多人尊称为城

---

① Carlos Marighella, “Minimanual of the Urban Guerrilla”, January 23, 2007, 〈http: //www. marxists. org/archive/marighella-carlos/1969/06/minimanual-urban-guerrilla/index. htm〉.

市游击战的鼻祖。他的有关论述也被20世纪60年代兴起的许多恐怖主义组织用作行动指导；这些恐怖主义者有时也把他们的活动称之为城市游击战。不过，在今天，很多恐怖主义分子可能已经不知道马里赫拉。而且，如果说在卡洛斯·马里赫拉（Carlos Marighella）那里，恐怖主义（城市游击战）还只是被用作为最后大众革命创造条件的一种临时性手段，那么，在今天的恐怖主义分子那里，恐怖主义本身往往就是达到目的的主要手段。

就像出于不同目的或意识形态的组织或个人都可能使用游击战一样，出于不同目的或意识形态的组织或个人，也都可能采用恐怖主义这种暴力形式。比如，在20世纪六七十年代的拉丁美洲，一些国家的大农场主或大资本家等组织过所谓的死亡之队等，对左派人士或自由人士等进行绑架、暗杀或其他袭击活动。[①] 而在西方，也有很多极右翼的组织或个人，鼓吹通过爆炸、暗杀等方式，来实现他们宗族清洗、排外或推翻政府的目的。比如，在美国就有许多极右分子和组织，鼓吹和实施这种暴力。[②] 而且，很多恐怖主义分子鼓吹个人或极少数个人采取秘密行动，采取恐怖主义方式袭击政府目标或破坏公共秩序等。西方一些学者通常认为伊斯兰教中的烈士情节，是很多极端伊斯兰恐怖主义分子采取行动的重要动因，但实际上，美国的极右翼思潮中，也鼓吹烈士精神。而且，有一些极右翼分子强调，在今天政府如此强大的情况下，开展大规模的集体行动已经难以成功，并容易被政府渗透破坏。因此，他们强调依靠个人或极小团体采取独立、自主行动，即所谓的无组织抵抗（leadless resistence）或孤狼式（lone wolf）行动，而这些行动就包括暗杀、爆炸、破坏等。在20世纪70年代的意大利，一些右翼势力，也曾采取爆炸等方式制造动乱与恐慌，希望借此促发政变，使强权人物上台，掌握国家，就像墨索里尼当年乘着社会动荡不安窃取政权一样。他们把这称为“紧张战略”。

恐怖主义还被很多争取民族独立的运动所运用。犹太人在争取独立与建国的过程中，也曾使用过恐怖主义方式对付英国人和阿拉伯人；以色列建国

---

① “Terrorism in Argentina”, in Martha Crenshaw and John Pimlott eds., *International Encyclopedia of Terrorism*, pp. 435—439.

② Robert Jay Lifton, *Destroying the World to Save It: Aum Shinrikyo, Apocalyptic Violence, and the New Global Terrorism*, New York: Metropolitan Books, 1999, pp. 326—340.

后曾任总理的贝京，就曾是当时这些活动以及恐怖组织伊尔根的主要领导人之一。[①] 还比如，在巴勒斯坦、阿尔及利亚等地区的民族解放运动中，恐怖主义也被认为发挥了重要作用。[②]

恐怖主义袭击中，虽然也涉及蓄意谋划、爆炸、武器的使用、人员伤亡或财物毁坏等等，但恐怖主义与游击战争、正规战争存在着根本性的区别。这种区别在于，恐怖主义袭击中并不存在着双方交战行为，而是单方面的行动。而且，这种行动在地域和时间的分布上，是零散而不连续的。从人员上看，恐怖主义中的袭击者往往是一些个人，或极小团体，而不属于正规的武装人员，也不在袭击的时候公开携带武器或佩戴可以表示自己身份的标志。而在战争中，无论是常规战争还是游击战，暴力是冲突双方相互的，而不是单方面的，且暴力往往在地点与时间上都具有一定的连贯性。恐怖主义与常规战争、游击战之间的最重要区别在于，恐怖主义袭击针对的主要是平民或非军事目标，即通常所说的，恐怖主义针对的是无辜民众；从国际人道主义法的角度来看，其暴力是无区分的（indiscriminate）。而在战争中，暴力首先针对的对象是对方的军事目标，并应避免伤害平民目标。当然，在战争中通常会造成平民目标的损失，但与恐怖主义不同的是，这种伤害并不是暴力本身的目的，而是作为战争的副作用出现的。因此，虽然在 20 世纪 60 年代开始兴起的恐怖主义袭击，一度曾被称为城市游击战，而战争也经常被称为是恐怖的。但是，恐怖主义是与游击战、常规战争完全不同的暴力方式；而且区分恐怖主义与游击战、常规战争的，并不是行为体的目的、意识形态，而是上述所谈到的暴力呈现出来的客观特征。

而如果对从 19 世纪末期以来到被人们惯常称之为恐怖主义的那些现象进行考察，可以看到恐怖主义仍有一些变化。

对暴力针对目标而言，最初恐怖主义袭击针对的人群相对有限，主要是政治家、政府官员、大资本家、著名人士等，一般而言，这些人在社会中都有一定地位与声望，或者说是重点人物；而今天，恐怖主义袭击目标更多的

---

① Richard E. Rubenstein and *Alchemists of Revolution*: *Terrorism in the Modern World*, New York: Basic Books, Inc., Publishers, 1987, pp. 200－201.

② Richard E. Rubenstein and *Alchemists of Revolution*: *Terrorism in the Modern World*, New York: Basic Books, Inc., Publishers, 1987, pp. 200－201.

是普通的平民百姓。暴力袭击目标大大地扩散了。

在最初，恐怖主义往往侧重于宣传与打击对方士气，强调暴力的心理效应，而不在乎杀死人数的多少。比如，马里赫拉就认为，“城市游击战的首要任务就是，使军事统治政权精疲力竭，士气低落，当然也进攻和破坏外国资本家与巴西上层阶级的财物”。[①] 用被广为流传的伯瑞安·詹金斯的一句话来说，“恐怖主义不想人死，而是想人看”。[②] 因此，有些恐怖主义分子往往在袭击行动中，甚至要求媒体采访或宣读他们的主张；在袭击行动之后，恐怖主义分子也往往公开宣称为袭击负责。而在今天，很多恐怖主义虽然仍然强调宣传效应，但也越来越把造成尽可能多的人员伤亡与财产损失作为行动的重要目的；而且，很多恐怖主义袭击发生之后，不再有组织或个人宣布负责。对于恐怖主义的这种演变，兰德公司的一份报告称，恐怖主义越来越向战争模式转变了。[③]

从暴力的行动主体来看。传统上，恐怖主义行动主体，可能是一些个人，也可能是些小团体。这些个人往往有坚定的信仰，受过良好的教育，且往往出身于富裕的家庭，属于所谓的精英分子，属于职业的革命者。这些小团体则往往组织严密，等级结构、纪律都很明确，以此保证行动的成功。这些行动主体往往都有明确的政治目标、明确的政治信仰；暴力往往只是他们实现这些目标与信仰的一种手段。现在，恐怖主义分子很多并不是专业从事恐怖主义活动，而是业余的。他们可能仅仅因为某个偶然的因素而采取或参加了某次袭击行动，袭击过后，他们可能又重新返回其工作和生活的圈子；或者，他们一边继续其原有工作，一边进行恐怖主义活动。而恐怖主义组织，往往并无严密的等级结构，而是一些个人或极小的团体网状般极为松散地连接在一起，各个部分往往有时相互配合，但又都具有独立性，可以独立自主地采取行动。这些个人或组织，往往并无清晰的目标、清晰的意识形态或连贯的战略；暴力有的时候只是一种敌视、仇恨情绪的宣泄。

为什么行为体采用恐怖主义这种暴力形式？从上述对非国家行为体暴力

---

① Carlos Marighella，“Minimanual of the Urban Guerrilla”.

② Brian M. Jenkins，“International Terrorism：The Other World war”，*The New Global Terrorism*，p. 22.

③ 伊恩·莱塞等：《反新恐怖主义》，程克雄译，北京：新华出版社，2002 年版，第 99—100、135—138 页。

的四种形式的不同特征以及相互之间联系的论述可以看出，首先，一些非国家行为体采用恐怖主义暴力这种形式，是因为受其追求的目的与意识形态的影响。譬如，早期出现的无政府主义者采取这种恐怖袭击，是因为他们认为这种方式可以有效地打击国家政权；另一个方面，是因为他们自身对集体组织与权威不信任，而更倾向于个人或极小群体的单独行动。

其次，一些非国家行为体采取恐怖主义暴力形式，在一定程度上可以看作是其他形式暴力失败的结果。如拉丁美洲很多反政府势力在 20 世纪 60 年代后期转而采取城市游击战，很多就是因为这些势力发动大规模群众运动失败，或采取游击战失败（1967 年格瓦拉在玻利维亚被杀害为其标志性事件）。而同期西方国家的红军派、红色旅、赤军等的恐怖主义组织，在一定程度上也可以被视为是这些国家大规模学生或知识分子运动没有取得进展的结果；从而转向声称“少数边缘群体可以通过革命来改变整个制度”①。同样，同期以巴勒斯坦人斗争为代表的阿拉伯人对抗以色列占领与扩张的运动向恐怖主义的转向，在一定程度上也与阿拉伯国家在与以色列的战争中的失败以及传统斗争方式收效甚微有关。

最后，一些非国家行为体采取恐怖主义暴力形式，乃是因为恐怖主义可能是这些行为体处于特定形势下的一项低投入、高收益的选择；在某些条件下，其也是一项有效的选择；很多时候，其也可能是该行为体唯一可以选择的暴力形式。

关于低投入、高收益，在前文的理性选择解释中已经讨论过。至于恐怖主义是否是有效的选择，存在着争论。一些学者认为恐怖主义是一个高效的选择。这些学者往往强调恐怖主义给一个社会所造成的巨大冲击，或者强调犹太人的建国斗争、阿尔及利亚争取独立运动等过程中恐怖主义所发挥的重要作用。② 而另一些学者则认为恐怖主义是完全无效的战略选择。他们认为从没有哪个国家的政府被恐怖主义行动推翻过；恐怖主义行为体也很少能实现他们预想的目的；相反，恐怖主义行动往往使他们众叛亲离，甚至导致自

① 罗兰·斯特龙伯格：《西方现代思想史》，刘北成、赵国新译，北京：中央编译出版社，2005 年版，第 553 页。

② Martha Crenshaw, *Revolutionary Terrorism: The FLN in Algeria, 1954—1962*, California: Hoover Institution Press, 1978; Sami Hadawi, *Crime and No Punishment: Zionist Israel Terrorism*, Beirut: Palestine Research Center, 1972.

身的覆灭。[①]

本书认为，任何一项战略都不可能是普遍适用的，如果说其适用性取决于该战略本身的特征的话，那么，更取决于该战略使用的背景条件以及时机等因素。不同形式暴力的有效性，不仅取决于暴力本身的特征，还取决于所要实现的目的和实施的环境。这也是为什么同一个行为体，在不同的阶段或环境下，其往往选择不同形式的暴力，或者，同一个行为体往往同时选择多种形式的暴力以实现不同的目标。

恐怖主义作为一种战略选择所具有的一些特征，在某些特定的背景或时机下，确实可能帮助恐怖主义行为体实现其目的。比如，恐怖主义容易造成社会恐慌与混乱，打击某个政府或国家的权威，引起大众舆论对某个问题或某个组织的关注，等等。在这个方面可以说，恐怖主义经常是有效的，因此一些非国家行为体完全可以利用恐怖主义帮助实现其目的。而且很多时候，恐怖主义还是经济、高效的，[②] 因为恐怖主义行动往往需要很少的投入，而其影响却可能是巨大的。可以说，恐怖主义袭击所造成的影响，与发动恐怖主义袭击所需要投入的资金、人数、时间等在很多时候都是不成比例的。

此外，一些非国家行为体选择恐怖主义而不是其他形式的暴力，是因为在很多时候恐怖主义可能是这些行为体唯一可以选择的手段。这些非国家行为体能够动员、发动的人数往往比较少；他们所掌握的资金、物资与武器装备等也非常有限；缺乏开展游击活动的群众或地理基础。因此，他们往往难以发动大规模群众参加暴力活动，无力组建正规的武装力量，开展长期的武装斗争。即使他们能够建立一支小规模武装力量，在其对手（政府或国家）拥有巨大优势等条件下，开展常规战争也往往无异于自杀行为。在这种情况下，对于那些希望马上能采取某些有影响的行动的非国家行为体来说，恐怖主义往往是他们唯一可以选择的选项。在一定程度上可以说，一些非国家行为体为什么选择恐怖主义而不是其他暴力形式，往往是因为相比较于其对手，他们往往处于极端弱势的地位。在这层意义上，恐怖主义就像一些学者

---

① Walter Liqueur, “The Futility of Terrorism”, in Charles W. Kegley, Jr. ed., *International Terrorism*, pp. 69—73.

② Max. Taylor and John Horgan, *The Future Of Terrorism*, London: Frank Cass Publishers, 2001, p. 66.

常说的，是弱者的武器，是恐怖主义分子绝望的选择。①

四、对恐怖主义解释的反思

有意思的是，对于恐怖主义解释的争论，特别是个体主义和结构主义之间，不仅是学理之争，还涉及到国际关系中权力与利益上的博弈。大多数发展中国家以及一些欧洲国家，多强调导致恐怖主义的结构性因素，如国际经济发展的不平衡、南北差距以及一些地区冲突的存在；而美国则强调其中的个体性因素，强调恐怖主义分子或组织的邪恶性，强调一些骨干恐怖主义分子与组织如拉登及其“基地”组织的作用，强调个别国家的作用。② 从前者来看，要反恐，根本性的做法就是要实现世界的平衡发展、解决贫困和地区冲突；而从后者来看，要反恐，只要消灭那些恐怖主义主义分子、组织或“流氓”国家就可以了。毫无疑问，发展中国家希望通过反恐使发展问题以及一些影响地区稳定的问题得到重视、解决，至少不能使这些问题因反恐而被忽视；美国则不希望因反恐而承担这些责任，只愿关心自己的安全。在冷战后，美国在这种争论中越来越占据了上风，恐怖主义问题在国际议程中也逐渐占据了首要优先地位。这种变化除了反映恐怖主义本身的变化外，很大程度上，是国际关系中权力关系变化的结果。

不考虑这些政治性纷争，从研究的角度来看，前面各种解释对于恐怖主义都没有给出一个比较令人满意的全面回答，都不完善或尚需检验；研究人员也未能综合这不同解释，提出一种有针对性的理论。在很大程度上可以说，对于恐怖主义并没有提出什么新的解释理论。对于目前这种僵局，相比较于简单地责备研究不足，对研究问题和研究方法进行反思却是更有益的。

---

① Herbert K. Tillema, “A Brief Theory of Terrorism and Technology”, in Tushur K. Ghosh et al. eds., *Science and Technology of Terrorism and Counterterrorism*, pp. 13—33.

② 美国政府也强调所谓恐怖主义根源，即不自由、不民主的存在；不过这种说法，至少还是一种意识形态宣传。

当我们谈到解释恐怖主义时，实际包含两种不同层次的解释：

一种是对具体恐怖主义事件如“9·11”事件的解释，这种解释在很大程度上就是要详细考察该事件发生的背景、条件、过程以及后果，对之进行描述和说明；在一定程度上可以说，这种描述和说明直接关注于现实的细节，贴近于现实的复杂性。这种描述和说明，越能凸显、揭示出尚未被人们注意到的因素，越能发现在这种个别中所隐藏着的未来的端倪，越能启发人们构建普遍性概念或理论，其价值也就越大。但毫无疑问，获得普遍性的命题或理论通常不是这种解释的首要目的。因此，在这种解释中所考察的因素、过程、结果等，大多是该事件所特有的，而不适用于其他的事件，即这种描述和说明是具体和个别的。

另一种层次的解释，则是要构建普遍性的命题或理论，前文讨论的各类解释即属于此层次的解释。而“什么导致了恐怖主义，或恐怖主义为什么存在?”这种问题实际上也内在规定了其寻求的是这种解释。

对于寻求恐怖主义普遍性理论的努力，本书认为，其往往容易陷入了研究问题内在包含的陷阱中。“什么导致恐怖主义，或为什么存在恐怖主义”这样的问题，暗含了对恐怖主义本质的假定。即恐怖主义被认为是一个独立而真实存在的主体，而那些具体的被称之为恐怖主义的行为或现象，只不过是这个更真实、更本质的主体的外化罢了。那么，解释恐怖主义，就是解释这个主体的存在；如果能够解释这个本质性主体的存在，就可以解释所有恐怖主义行为或现象了。

但关键问题是并不存在着这种恐怖主义本质，在各种各样被称为恐怖主义的那些行为或现象背后，并没有一个更真实、更稳定的存在。恐怖主义只不过是一种人为构建，是人们对一些现象或行为的分类和称呼；① 这些现象或行为可能具有某些相似的特征。

如果不存在着这种本质，那么，那些基于此本质的解释可能只是一种与经验现实无关的抽象、教条的概念与逻辑体系；这些解释往往只是基于想象出来的恐怖主义本质的反向循环推理，并不能增加人们对于现实的认识。

本书认为更为有益的做法是把构建解释恐怖主义一般理论的努力，建立

---

① Alex Schmid, “Terrorism—The Definitional Problem”, *Case Western Reserve Journal of International Law*, Vol. 36, No. 2/3, 2004, pp. 103—147.

在对现实的分析基础上，而不是基于恐怖主义一般本质。其中，对那些普遍出现或呈现一定规模、重复出现的行为或现象的考察，对于构建解释恐怖主义理论将更有帮助。因此，对于寻求恐怖主义解释的研究来说，更好的问题可能不是“什么导致恐怖主义”这样抽象的问题，而是“为什么冷战后世界范围内恐怖主义袭击增加”，“什么导致了西方二十世纪六十年代末以红军派等为代表的恐怖主义运动的兴起”，等等。以一些存在着一定关联或比较普遍的恐怖主义现象或趋势，而不是抽象的“恐怖主义”，作为研究的问题，将更有利于理论的构建，更有利于增加我们的认识。

当然，作为构建理论的研究，在分析这些问题时，不是要尽可能地考察现实的各个方面，而是以这些现实作为进行抽象和构建理论的合适基础。普遍性的解释并不要求顾及到现实的每个细节；其价值在于向人们提供一种新的、具有一定普遍适用性的分析框架，人们通过这种框架对现实能有新的认识，而不在于全面地描述现实。在这一点上，区分对某个具体恐怖主义事件的解释与构建解释恐怖主义的理论框架这两种不同的研究是有益的。这是两个不同的解释，其目的、研究对象和要求，都是不同的。混同这两个层次，对研究是有害的。比如，要求普遍性的研究能够解释包括那些非常孤立、个别的事件在内的所有恐怖主义事件，能够对事件提供充分的解释，能够详细地列出事件发生条件或过程。那么，这将使理论或普遍性命题的构建成为不可能。同样，如果要求对某个个别事件的说明或解释必须也可适用于其他事件，那么，对于该事件的描述和说明只能是非常肤浅、粗糙的。

目前，关于恐怖主义解释的困境，在很大程度上是研究思路和研究问题造成的，因此，研究要想取得新的进展，就应该放弃“什么导致了恐怖主义”这种教条而又具有误导性的问题，去面对现实，发现和提出新的问题。对于力图构建某种普遍理论的研究来说，尤为如此。

不过，这并非说前面所讨论的上述解释没有价值。这些解释之间争论的意义，在很大程度上，特别是其实践意义，并不在于显示哪种解释更好，而在于显示了我们称之为恐怖主义的那些行为或现象及其产生原因的现实复杂性。即使将来找到了一种适用于大部分恐怖主义行为或现象的普遍性解释理论，我们也可能无法穷尽所有恐怖主义行为或现象的所有现实原因。而即使我们根据这种理论找到了消除大部分恐怖主义行为的战略，我们也不能因此放松警惕。今天面对恐怖主义，我们应清楚一个现实：威胁的大小不再与威胁者的数量、力量大小或袭击的次数有着必然联系；一个不起眼的人或组织的一次袭击都可能会带来巨大灾难，正如“9·11”事件所警示的那样。

第四章

恐怖主义的安全化

本章主要任务是分析恐怖主义的安全化及其原因。本章将论证恐怖主义已成为新的国家安全威胁，并分析推动恐怖主义安全化的因素。本章的分析，将有利于更好地认识当前及未来恐怖主义对国家安全威胁的演变，为后面对这种威胁特征及应对这种威胁的分析提供不可或缺的基础。

一、恐怖主义安全化与对其不同的解释

（一）恐怖主义安全化的含义与表现

正如本书第一章中所指出的那样，恐怖主义安全化，就是指恐怖主义成为对国家安全的威胁。考虑到冷战后安全研究中流行的哥本哈根学派将安全界定为一种社会建构，且考虑到安全化这个概念是该学派所创造的，恐怖主义成为国家安全的威胁，还可包含恐怖主义被视为对国家安全的威胁这种含义。这样，恐怖主义安全化不仅可以指一种客观事实的变化，还可以指一种观念的转变。

之所以将恐怖主义安全化的含义做这样的延伸解释，一个方面是因为安全化的观念层面的含义，本身就包括在界定之中，另一个方面是为了研究的

需要。这种延伸将使我们不仅可以用安全化讨论把国家安全视为是一种客观现实的观点，还可以讨论那些将国家安全视为是观念构建的观点，并对这两种看法进行比较、评价。

恐怖主义成为国家安全威胁，或者说恐怖主义被视为对国家安全的威胁，在很大程度上可以说是冷战结束后——特别是“9·11”事件后的事情。恐怖主义的安全化即恐怖主义成为国家安全威胁的最直接表现就是，不仅大部分的研究人员与大众开始把恐怖主义视为对国家安全的威胁；而且，越来越多的国家或国家组成的国际组织也开始把恐怖主义视为对国家安全的威胁，将之作为国家安全问题来进行处置。

从联合国方面来看，联合国对恐怖主义的关注是一个逐渐深化的过程。在20世纪60年代末世界新一波恐怖主义浪潮兴起之前，联合国对恐怖主义可以说几乎是没有什么关注。此后，联合国对恐怖主义的关注越来越多，在其主持下制定和通过了一系列的反恐公约，至今，联合国已经主持制定、通过13个反恐公约。① 同时，自联大1972年通过有关恐怖主义的3034号决议以后，② 联大多次通过有关谴责、打击恐怖主义及消除恐怖主义措施等决议或宣言。而在安理会“1989年第635（1989）号决议中首次提及‘意识到恐怖主义行为对国际安全的影响’，表明安理会已开始注意恐怖主义对作为整体的国际和平与安全的影响。”③ 安理会的介入，可以说是联合国将恐怖主义安全化的一个重要标志。这些变化表明联合国对恐怖主义的看法逐渐发生改变。

最初，出于反恐可能影响反殖、民族解放等运动的担心以及对恐怖主义的认识尚模糊不清等原因，联合国对恐怖主义的态度比较模糊。比如，1972年11月联大通过的有关恐怖主义的第3034号决议甚至都没有明确谴责恐怖

---

① 这些公约为：《飞机公约》（1963）、《非法劫持公约》（1970）、《民航公约》（1971）、《外交代表公约》（1973）、《非法劫持人质公约》（1979）、《核材料公约》（1980）、《机场议定书》（1988）、《海事公约》（1988）、《固定平台议定书》（1988）、《可塑炸药公约》（1991）、《制止恐怖主义爆炸事件的国际公约》（1997）、《制止向恐怖主义提供资助的国际公约》（1999）、《制止核恐怖主义行为国际公约》（2005）。这些条约文本可在联合国网站〈http：//www.un.org/chinese/terrorism/instruments.shtml〉获得。

② 周洪钧、王勇等：“关于国际反恐怖主义的规范制度”，引自张乃根主编：《当代国际法研究——21世纪的中国与国际法》，上海：上海人民出版社，2002年版。

③ 李永胜：“恐怖主义对国际和平与安全的影响——兼评安理会的相关立场”，《外交学院学报》，2002年第3期，第52—56页。

主义。但随着恐怖主义造成越来越大的影响与冲击，联合国态度发生了变化，开始明确谴责一切恐怖主义行为，并要求严厉打击、消除一切恐怖主义。在最初，联合国并没有认为恐怖主义对国际和平与安全以及国家安全构成威胁，而仅仅认为恐怖主义对国际关系造成有害影响，或者仅仅认为恐怖主义影响到国际和平与安全。安理会对恐怖主义的关注，最初在很大程度上，也不是对恐怖主义本身的关注，而是关注一些国家资助、支持恐怖主义等行为引发的国家间冲突或国际紧张局势；其通过的很多决议与措施多是针对这些国家的，而不是针对恐怖主义及恐怖主义行为体本身的。

但是在今天，联合国明确宣告"国际恐怖主义行为是21世纪对国际和平与安全的一个最严重的威胁"，"国际恐怖主义行为是对所有国家和全人类的挑战"。[①] 因此，恐怖主义行为本身就构成了对国际和平与安全的严重威胁，而不再只是因为有国家采取支持恐怖主义等行动。

就地区性组织来看，美洲国家组织、欧共体在20世纪70年代就制定了防止或打击恐怖主义的公约；其后，南亚地区合作组织、非洲统一组织、阿拉伯国家联盟、伊斯兰大会组织、独联体、上海合作组织等都制定通过了与恐怖主义相关的专门公约。这些地区组织对恐怖主义的态度也大多经历了与联合国类似的变化，最初的行为，特别是在冷战中，只是对恐怖主义兴起的直接反应，对恐怖主义的认识往往比较模糊不清，通常把恐怖主义看作为一般的刑事犯罪，而不是对国家安全的威胁。而到今天，这些地区组织对恐怖主义的关注及相关措施得到了进一步的加强，以促进国家在反恐上的合作；并且，恐怖主义不仅仅被看作是一种刑事犯罪，而且被看成是对国际和平与安全的威胁。这些组织促进其成员国不仅在司法方面合作，而且在安全方面合作，以应对恐怖主义威胁。

恐怖主义开始被视为是一种安全威胁，甚至被视为是主要的安全威胁。比如2003年欧盟通过的《欧洲安全战略》，就将恐怖主义作为首要安全威胁。[②] 而且，在当前，这些组织往往建立有军事部门参与的专门打击恐怖主

---

① 联合国安理会1377号决议，S/RES/1377（2001），2007年8月11日，〈http：//www.un.org/chinese/aboutun/prinorgs/sc/sres/01/s1377.htm〉。

② "European Security Strategy：A Secure Europe In A Better World"（December 2003），April 17，2007，〈http：//www.iss-eu.org/solana/solanae.pdf〉.

义的机构或力量，成员国武装力量之间开展各种应对、打击恐怖主义的合作和演习活动等。这些地区组织将恐怖主义安全化作为象征性的标志事件。北约这个典型的地区安全同盟组织，开始把应对恐怖主义威胁作为其主要职能之一，并针对美国遭到“9·11”恐怖主义攻击情况启动共同防御条款（第五条款）。

就国家层面而言，各个国家因为遭受恐怖主义威胁的经历不同，对恐怖主义的认识与反应也有所不同，将恐怖主义界定为国家安全威胁的时间也有先后。但是，就大部分国家而言，其对恐怖主义的看法，一般都经过了将恐怖主义仅仅视为一般的刑事犯罪，到将恐怖主义（还）视为是对国家安全的威胁的转变。到今天，虽然可能并不是所有国家都已将恐怖主义视为国家安全威胁，那些将恐怖主义视为国家安全威胁的国家在对这种威胁的严重程度上也可能存在着不同的看法，但是，可以说世界上大部分国家已经将恐怖主义视为对国家安全的威胁。美国早在里根时期就将恐怖主义视作对国家安全的威胁，并宣布进行反恐战争，不过，事实上其所言的恐怖主义主要指所谓的国际恐怖主义，而并不包括发生于美国境内的恐怖主义；而且，在一定程度上恐怖主义之所以被视为是威胁，是因为其被视为是苏联集团或某些国家阴谋支持的产物，东西方斗争的一部分。而在冷战后美国的《国家安全战略》中也都有提到恐怖主义威胁，并且恐怖主义在整个战略中的地位逐渐上升。而“9·11”袭击事件后，小布什政府在2002年《国家安全战略》中，明确将恐怖主义界定为其面临的最紧迫威胁，并把应对恐怖主义威胁作为国土安全的唯一任务。[①]

在其他一些大国的安全战略中，恐怖主义的位置也显著上升，而且常常

---

① 美国2002年国家安全战略明确宣布，“今天，对于美国而言，衰败国家要比扩张性国家的威胁更大；而那些掌握了大规模杀伤性技术的心怀不满的极少数人要比一个国家的武装部队的威胁更大。”“美国正在打一场全球性的反恐战争。在这场战争中，敌人不是一个政权、个人、宗教或意识形态，而是恐怖主义。” *The National Security Strategy Of The United States Of America 2002*，January 18，2007，〈http：//www.whitehouse.gov/nsc/nss/2002/nss.pdf〉。在美国首份国土安全战略中，明确宣布“这个战略（《国土安全战略》）的目的就是要进行全国性的动员与组织，以确保我们国家免遭恐怖主义袭击。” *National Strategy For Homeland Security 2002*，January 18，2007，〈http：//www.whitehouse.gov/homeland/book/nat_strat_hls.pdf〉。

被视为对国家安全的首先现实威胁。如加拿大在其首份国家安全战略报告中，把恐怖主义作为其国家安全的主要威胁之一；[①] 俄罗斯在其国家安全构想中，也明确恐怖主义是对国家安全的威胁；而英国也正准备建立类似于美国国家安全委员会的机构，并制定国家安全战略，以更好地应对恐怖主义威胁。[②] 至于中国，由于中国在过去遭受的恐怖主义威胁并不是特别紧迫与严重，在国际上遭受恐怖主义威胁的程度也相对较轻，因此并没有像美国、英国、俄罗斯等国那样，把恐怖主义威胁置于一个非常高的地位，而是把其与跨国犯罪、环境恶化、毒品等一起作为非传统安全威胁来对待。但中国政府确实认为恐怖主义威胁着国际和平与地区安全，并与其他国家或组织积极开展合作，以打击恐怖主义。

因此，冷战后，恐怖主义经历了一个世界范围的安全化进程，特别是在“9·11”事件后，这个进程又尤为迅速、广泛和深刻。可以说，这个进程不仅仅影响到了国家的安全实践，而且影响到国际、国内法律规范、经济行业，乃至普通百姓个人的生活。

这种安全化体现于人们的认知中，即恐怖主义被无论是政治家还是学者或者一般大众普遍认为是对国家安全的一种威胁。这种安全化还体现于世界各国的安全政策实践中。恐怖主义在国家安全议程中的位置显著上升，甚至被认为是最为严重的国家安全威胁之一；国家在应对恐怖主义这种威胁上投入大量的资源与力量，并且，国家军事力量和其他国家安全机构与力量也纷纷进行调整，以图应对这种威胁；在一些国家中，还设立常设机构与力量，专门处理这种威胁，而且，恐怖主义还成为国家之间关系中一个非常重要的议题，对于国际和平与安全产生了重要影响。

---

① *Securing an Open Society*：*Canada's National Security Policy 2004*，January 18，2007，〈http：//www. pco-bcp. gc. ca/docs/InformationResources/Publications/NatSecurnat/natsecurnat _ e. pdf〉.

② *A Strong Britain in an Age of Uncertainty*：*The National Security Strategy*，December 23，2010，〈http：//www. direct. gov. uk/prod _ consum _ dg/groups/dg _ digitalassets/@ dg/@ en/documents/digitalasset/dg _ 191639. pdf? CID = PDF&PLA = furl&CRE=nationalsecuritystrategy〉.

（二）对恐怖主义安全化的不同解释

恐怖主义为什么会安全化呢？在这里将首先对这个问题进行一般性的讨论，为本章后面的分析打下基础。

1. 哥本哈根学派的解释

在这里首先分析，所谓哥本哈根学派的解释。哥本哈根学派在其观念集大成的专著《新安全论》中并没有专门讨论到恐怖主义的安全化。但正如前文提出的那样，安全化这个概念与分析途径是他们首先提出并大力倡导的。作为一个普遍性的分析框架，他们的框架也应该能够适用恐怖主义安全化的分析。

哥本哈根学派认为，他们的研究途径是社会建构主义的；他们采取这种研究途径毫无疑问是受到了20世纪80年代后期国际关系研究中兴起的所谓建构主义、后现代主义等潮流的影响。按照国际关系理论中所谓建构主义的代表人物亚列山大·温特的说法，建构主义者在本体论上的看法是，认为世界首先是观念的，而不是物质的。[①] 同样，哥本哈根学派“反对物质主义对‘威胁’的那种思考”，而认为“‘威胁’是一种社会建构。”[②]

“威胁”首先不是真实的；某个事态或议题是否属于国家安全威胁或问题，关键在于其是否被贴上了“安全”的标签；该事态或议题成为安全问题，并不是因为这种事态或议题事实上就是安全问题，而是一个政治选择，是成功安全化的结果，而“安全化过程…就是一种‘言语行为（speech act）’”。[③] “‘安全’这个词就是这种行为，这个话语（utterance）就是首要事实。”[④] 而精英和有权者是安全化者。

---

① 亚列山大·温特：“无政府状态是国家造就的：权力政治的社会建构”，引自詹姆斯·德·代元主编：《国际关系理论批判》，秦治来译，杭州：浙江人民出版社，2003年版，第140—194页。

② 巴瑞·布赞、奥利·维夫、迪·怀尔德：《新安全论》，中文版自序。

③ 巴瑞·布赞、奥利·维夫、迪·怀尔德：《新安全论》，第37页。

④ Ole Wæver，“Securitization and Desecuritization”，in Ronnie D. Lipschutz，ed.，*On Security*，New York：Columbia University Press，1995.

安全化会带来一系列后果，这也是为什么对一个议题有些势力主张和推动安全化，而另一些则可能支持去安全化（desecuritization）。哥本哈根学派认为，"'安全'是超越一切政治规则和政治结构的一种途径，实际上就是一种所有政治之上的特殊政治。"① 将某些事件或现象安全化，就"不仅仅通过打破规则，也不仅仅依靠'存在性威胁'的出现来推进，而是以'存在性威胁'出现为理由，以宣布打破规则以合法来实施安全的。"② 这无疑可能会使精英或有权者可以借安全为借口，来实现自己的利益或目的。

这些语言可能有些晦涩，用直白的语言来总结他们的看法，就是：安全并不是对现实的客观描述；安全领域的现象或事件并不是客观上就属于安全事务的。某些事件或现象是因为被认为属于安全问题，才成为安全事务的，即这些事件或现象是经过安全化后才成为安全问题的。更为关键的是，这种安全化并不是取决于这些事件或现象的客观特性，而是取决于观念的主观构建。这种安全化，就是某个安全行为主体认为某个事件或现象属于安全事务，然后，通过与"听众"互动，让这种看法成为一种集体的共同观念。因此，安全化可以认为本质上是观念性的。某些事件或现象被成功安全化或者被认为是关乎安全后，就意味着这些事件或现象获得了需要优先关注、紧急处理的地位，对其应对需要打破常规的政治规则，这往往使推动安全化的行为体获得超越常规的权力与合法性。③

因此，对于维夫（Waver）等人来说，"安全研究的主要焦点应该是安全化和非安全的进程：精英们何时、为什么和如何把议题和事态发展贴上'安全'标签；这些努力，他们何时、为什么和如何可能成功或失败；其他团体在安全化中做了什么，以及我们是否能够阻止一些议题被纳入安全议程或者甚至把已经被安全化的议题去安全化。"④

---

① 巴瑞·布赞、奥利·维夫、迪·怀尔德：《新安全论》，第32页。

② 巴瑞·布赞、奥利·维夫、迪·怀尔德：《新安全论》，第35页。

③ 对于维夫来说，一个事件或现象"安全化"意味着要打破常规政治，采取军事、敌对等手段应对。一些同样从观念层面研究安全的学者，则认为这限制了安全的涵义，没有考虑到安全化的其他可能，且过于静态、消极。参见 Johan Eriksson ed., *Threat Politics: New Perspectives on Security, Risk and Crisis Management*, Adershot: Ashgate Publishing Company, 2001, pp. 9—13.

④ Ole Wæver, "Securitization and Desecuritization".

本章在论述恐怖主义安全化时，刻意用“被视为”这样的字眼。本章这样做，是为了说明即使恐怖主义安全化有观念方面的因素，是观念的一种变化或“言语行为”，哥本哈根学派的解释也是难以让人满意的；安全方面的观念变化，或者说某些事态或现象被安全化，与有关这些事态或现象的客观现实的变化有紧密关系，而不仅仅是源自于观念或语言的变化。

哥本哈根学派认为事件或现象是否是安全事务，完全取决于主体间主观观念的构建。根据这种推论，恐怖主义安全化，本质上与被称为恐怖主义的那些现象或事件的客观特征并没有必然的联系，而完全是主观观念的产物。这样，可以说分析恐怖主义安全化的“任务并不是为了评定一些客观的、‘真正地’危及若干被防卫目标的那种威胁；确切地说，它（指分析安全化）只是为了理解建构一个共享的、对某种威胁的集体反应和认识过程。”[①] 因此，对恐怖主义安全化的分析，就是要理解恐怖主义为安全问题这个观念为什么以及怎样建构成为一个社会的观念的，或者说理解“听众”被说服去接受恐怖主义是安全问题的这种言语行为是如何取得成功的。当然，如果根据建构主义的本体论立场，这种观念的出现或变迁，也只能首先从观念层次去寻找原因，或者说从语言学的角度去理解。

确实正如前文所述，恐怖主义并不是一开始就被广泛地视为是国家安全问题，而且，关于恐怖主义是国家安全问题上所形成的共识也是相对的，相对于对战争的“安全化”而言，这种共识范围要小且不稳定。事实上，直到今天仍然有一些学者认为恐怖主义威胁微不足道，不应成为国家安全问题。在这个层面，威胁或安全确实是社会建构的结果，但这并不意味着社会建构主义或维夫的解释没有问题。

如果世界仅仅是观念的，安全化只是一种观念的社会建构或者一种话语。那么，恐怖主义被视为安全问题，仅仅是因为人们观念或话语发生变化了吗，这种观念或话语的变化又仅仅是因为观念层次或语言层面的因素造成的？对于建构主义者来说，其核心任务不在于仅仅宣布安全化是一种观念构建的结果或一种话语行为，而在于解释或说明，某种观念或言语如何构建起来的。

就恐怖主义来说，同样，仅仅说恐怖主义被安全化是因为社会观念变化

① 巴瑞·布赞、奥利·维夫、迪·怀尔德：《新安全论》，第36—37页。

或言语的变化是远远不够的。为什么恐怖主义被安全化，而世界上其他大部分现象或事件没有被安全化呢？导致恐怖主义安全化的这种观念又是怎么出现的，这种观念如何成为集体共享的，或者说这种言语行为为什么能够成功？

仅仅从观念层次或语言层面，社会建构主义对这些问题难以做出回答。因此，他们的解释要么重新引入物质现实因素，从而使他们论述显得前后矛盾，如《新安全论》中引入“存在性威胁”、“催化条件”等客观物质因素，来解释安全化。要么，就陷入循环推论，如温特试图论证是观念的变化（文化模式的变化）导致了国际关系的变化，但他却又是用不同的国际关系形态来界定其不同文化模式的。因此，他的推论实际上是：国家之间不像以前那样进行你死我活的战争了，而是开始一定限度的合作了；因此，国家的观念、认同等变化了，无政府文化从霍布斯文化转变为洛克文化（或从洛克文化转变为康德文化）；因为无政府文化转变了，所以国家之间关系变化了，合作更多了，你死我活的战争少了。①

因此，本书认为即使把恐怖主义安全化视为是人们观念的变化，那么，要解释这种变化，也不能仅从观念本身，还必须从客观的物质现实去寻找解释。观念的变化由主观自由构建的部分，但是其也反映了现实变化。

2. 恐怖主义安全化的初步分析

即使恐怖主义安全化包含有观念变化的含义，也需要从客观现实的变化来解释这些变化。因此，即使恐怖主义安全化是一种观念构建，那么哪些现实因素促进了这种观念的构建呢，使恐怖主义，而不是如交通事故等现象，被安全化？

本书认为，一方面，恐怖主义的安全化，在一定程度上可以从冷战后国际局势的缓和得到解释。冷战的结束以及苏联的解体，使美苏两大集团之间紧张而危险的对抗给全世界所造成的威胁与紧张局势也随之化解。虽然冷战与两极格局的终结所带来的冲击与震荡，给一些地区或国家带来了动荡或武装冲突，但从总体上看，冷战后的国际关系要比冷战中缓和得多了；冷战后

---

① 亚历山大·温特：《国际政治的社会理论》，秦亚青译，上海：上海人民出版社，2000年版。

世界所面临的大规模甚至是毁灭性的战争危险也比冷战中所面临的要小得多。这种国际关系的整体性缓和，促使各个国家的政策开始做出相应的调整。各个地区在经济、甚至在政治领域的一体化，自由贸易与相应的国际制度与国际组织，联合国的发展，军备控制与裁军等诸多方面，都取得了进展。各个大国之间关系的缓和、妥协与合作增加，各个大国之间大多数都建立了比较稳定的伙伴关系或所谓的战略关系等，虽然这种伙伴关系或战略关系在不同国家之间的含义有所不同，但至少表明它们之间不是激烈地直接对抗着。因此，一些学者认为，人类正处于国际（传统）安全的黄金时期。[①]在一定程度上，正是因为传统安全威胁的缓和，使恐怖主义威胁得到前所未有的重视，在国家安全议程中的优先性迅速上升，甚至一些国家把恐怖主义作为其面临的最紧迫、最现实的安全威胁。

另一方面，冷战后美国的单极地位与西方的霸权，在一定程度上也可以解释恐怖主义安全化。

如果考虑到对于世界上很多国家来说，保持自己国家的稳定和不分裂，保持不受其他国家特别是大国如美国的战争威胁，都仍然是一件艰巨的任务，那么，我们可以说这些国家的传统安全需要都没有得到很好的满足。那么，这些国家为什么也要把恐怖主义作为国家安全威胁呢？这在一定程度上可以用以美国为首的西方在当今世界所占据的霸权地位来解释。冷战后，美国为首的西方面临的传统安全威胁大大缓和，而恐怖主义威胁却非常紧迫与严重。对于西方来说，恐怖主义是严重的国家安全问题。西方借助其霸权，使他们的问题变成了所有人的问题，而其他国家的问题则被忽视了。“当强国将一种跨国惯行视为影响其实力和控制力的某种内部或外部威胁时，这种惯行将被非法化。”“强国既决定惯行的合法化，又决定管制的形式。”[②]这样，以美国为首的西方在当今世界中的权力是使恐怖主义安全化的重要原因。

在此，哥本哈根学派强调，精英或有权者往往在安全化中占有有利位

---

① Colin Gray，“Future Warfare：Or，the Triumph of History”，*RUSI Journal*，London：October 2005，Vol. 150，Iss. 5，pp. 16—19.

② 贾尼斯·汤普森：“诠释跨国惯性的管制：一种国家建设的理论方法”，引自詹姆斯·罗西瑙主编：《没有政府的治理》，张胜军、刘小林等译，南昌：江西人民出版社，2001年版，第225—254页。

置，是安全化的发动者和操作者，是有一定道理的（不过，从其著作反映，其更多关注一个国家内部的安全化）。无论是否是有意还是无意的，权力、经济和意识形态等方面的主导优势，确实使美国为首的西方的态度与行为能对世界产生更大的影响，使其关切在国际社会议程中往往能够得到优先关注。而且，根据哥本哈根学派的推论，西方确实可借助这种安全化使其打破规则的行为合法化，谋求其权力与利益。[①] 这就像在今天世界上看到的，反恐经常被美国等作为其采取违反国际法行为追求自身利益的幌子与借口（这在一定程度上也反映了哥本哈根学派分析视角的价值所在；但需要注意的是，无论是世界的缓和还是西方的霸权，这些都是客观的现实因素，而不是主观观念构建）。而从国内政治的角度来讲，同样，一些国家非常乐于把恐怖主义安全化，确实还是因为其一些政治势力很容易通过这种安全化实现其自身的利益。

上面这两种说法在一定程度上可以解释恐怖主义的安全化。但是即使上述解释，也难以说明，为什么有一些现象或事件被安全化了，而另一些却没有。因此，恐怖主义安全化，正需要从恐怖主义自身的客观变化来寻找解释。本书认为，恐怖主义被视为对国家安全的威胁，首先是因为客观上恐怖主义构成了对国家安全的威胁。对于恐怖主义安全化的解释，或者说恐怖主义为什么成为国家安全威胁，则需要分析恐怖主义的这些客观变化，并分析是什么样的因素导致了这些变化。

为此，本书在这里选择通过对“9·11”袭击这个案例的分析，来揭示恐怖主义的变化，以及何种因素导致了这些变化。之所以选择“9·11”事件作为案例，乃是因为在一定程度上，我们可以说“9·11”事件是恐怖主义安全化的里程碑性事件，其不仅大大促进了恐怖主义安全化的进程，还是恐怖主义安全化的一个标志。

当然其中可能会有一个问题，使人质疑以“9·11”袭击作为揭示恐怖主义演变的案例的合适性，即“9·11”袭击似乎是一个极端案例，而不是普通恐怖主义事件的形态；毕竟，迄今而言，“9·11”事件仍然可以说是唯一的。事实上，在一定程度上，选择“9·11”事件作为分析案例，恰恰是因为其是一个极端事件，才使其具有很大的分析价值。因为这种事件往往能

---

① 巴瑞·布赞、奥利·维夫、迪·怀尔德：《新安全论》，第35页。

够集中反映现实世界中正在涌动着的巨大变化；而且，这些变化也往往正是通过这种事件，来表现自己，并更加急速、迅猛、深刻地塑造现实与未来，推动世界演变。因此，恰恰通过这些事件，人们往往能够更清楚地窥见那些平静表面之下涌动的那些力量与趋势。而“9·11”事件正是以某种戏剧性的悲剧方式反映着世界的变化，并且其出现以及各方的反应，在推动着现实的变化。

也是出于上述考虑，下面对于“9·11”袭击案例的分析，将不重视对于细节的考察或对事件尚不明确之处的验证，而重在考察“9·11”袭击所反映出来的恐怖主义的变化，以及推动这些变化的力量。

二、“9·11”袭击与恐怖主义安全化

（一）“9·11”袭击案例

2001年9月11日，美国四架航班飞机被劫持，其中两架撞向纽约的世贸大楼南北双塔；另一架则撞向美国国防部的五角大楼；第四架原计划撞击美国总统府白宫，但因机上乘客反抗，而在美国宾西法尼亚州境内坠毁。袭击造成大量人员伤亡和财产损失。此事件被称为“9·11”事件。虽然有关此事件仍然存在很多不清楚的地方，但是，关于此事件可以获得的大量资料，已经足以为这里的研究提供一个坚实的基础。当然，对整个事件前因后果进行详细描述、分析，不是此处的目的。因此，本书对于此事件的介绍是概括式的。介绍与讨论主要围绕下列问题进行：谁干的？出于什么目的？如何进行袭击的？后果如何？

1. 袭击的行为体

（1）劫机者

在四架航班上，共有19名劫机者；劫机者全部在袭击中死亡。其中撞向世贸双塔和五角大楼的三架航班上各有五名劫机者，而在宾西法尼亚州坠毁的93号航班上，只有四名劫机者。因此，据推测，袭击者可能原计划在

93号航班上也安插五名劫机者，但可能因为种种原因，第二十名劫机者没有能够参加行动。

“9·11”袭击后，美国总统布什等谴责袭击者为怯懦、卑鄙的恶徒。但事实上，事后的调查表明，这些人往往有虔诚的信仰。在日常生活中，周边的人对这些人的评价大多数也是正面的：干净、有礼貌、谦逊等。而且，劫机者中的骨干分子，大多受过大学教育，并且很多是在西方接受大学教育的；其中一些人甚至在美国或其他西方国家生活学习过多年，而且在西方的生活方式下似乎过得还不错。以前认识这些劫机者的人在得知是这些人发动了“9·11”袭击后，似乎都难以置信。因为在他们印象中，这些人往往学习勤奋，与一般人并无什么不同，有些还腼腆或沉默寡言，而不是些整天放纵和为非作歹的家伙；并且，这些人大多来自于比较富裕的家庭。①

19名劫机者都为阿拉伯年青人，其中15人来自沙特阿拉伯，2人来自阿拉伯联合酋长国，1人来自埃及，1人来自黎巴嫩。从宗教信仰上看，这19人都信奉伊斯兰教。

“9·11”袭击发生后，美国政府和很多分析家就认为，如此精密的策划、组织以及如此规模的袭击事件，不可能单纯这几个人就完成得了；其背后应该有一个更庞大的组织或国家在支持这样的袭击行动。他们很快指责拉登及其基地组织应该为此事件负责。事后的调查显示，此次袭击的幕后主谋是曾是基地组织三号人物的科威特人哈立德·谢赫·穆罕默德，此人在2003年3月在巴基斯坦被捕，并被移交给美国。

拉登最初否认与此袭击有关联，但后来开始转向承认。而后来在网上散布的录像带中，显示一些劫机者在阿富汗生活、训练，以及与拉登在一起的场景，也证实了拉登和基地组织与“9·11”事件的关联。

不过，对美国政府曾指责一些国家如阿富汗、伊朗或伊拉克等参与或支持了这个行动，美国专门成立调查“9·11”袭击事件的“9·11”委员会在其最终报告中认为，虽然一些袭击者曾过境伊朗，或伊朗情报机构曾试图与基地组织合作等，但是，伊朗对于“9·11”袭击行动本身则不知情，也没

① 《明镜》周刊：《“9·11”恐怖背后的历史》，金浩等译，上海：上海远东出版社，2002年版。

有参与。[①] 即使是阿富汗的塔利班虽然收留、庇护拉登与基地组织，并与之建立合作关系（如基地组织2001年9月5日刺杀北方联盟领导人马苏德，6日，塔利班就发动军事进攻），但是，其也曾反对"基地"组织袭击美国，而且当时对于"9·11"袭击计划也并不知情。

（2）拉登与"基地"组织

拉登原为沙特阿拉伯的富商，出身于望族。1979年苏联入侵阿富汗后，西方和一些阿拉伯国家为了对抗苏联，开始鼓动阿拉伯国家和伊斯兰世界中的志愿者进入阿富汗，进行所谓的圣战。拉登也投身于这股潮流中，开始支持、组织世界各地的穆斯林进入阿富汗，参加对苏的游击战，并在巴基斯坦与阿富汗接壤的地区建立关系网络和支援反苏游击战的基地。这段经历，使拉登从单纯的商人变成一个虔诚的穆斯林和关心政治的人，并集聚了在伊斯兰世界中的声望与人脉。

苏联撤出阿富汗后，拉登受到阿拉伯世界英雄般的欢迎。但是，很快，拉登与沙特阿拉伯政府的关系恶化起来。拉登开始批评沙特阿拉伯政府的腐败无能，并试图推翻沙特王室的统治。特别是在1991年第一次海湾战争后，一些阿拉伯国家与美国合作对抗伊拉克，以及美国在沙特阿拉伯等国驻扎军队等，使拉登对沙特阿拉伯政权和美国的态度也越来越激进。最终，沙特阿拉伯开除拉登的国籍，并将其驱逐。

拉登开始利用自己的财力和人脉，并联合其他一些激进的伊斯兰组织，如埃及的伊斯兰武装集团，建立起反美和试图推翻现有阿拉伯国家政权的基地组织。1992—1996年期间，拉登先是在苏丹发展其势力；在苏丹面临来自美国等越来越大的压力后（"9·11"事件报告认为，拉登在苏丹的资产与生意并不庞大，而且，可能在拉登离开苏丹后，苏丹政府没收了其资产。"9·11"事件报告认为，拉登及基地组织的行动资金，大部分可能并不是来自于其个人资产，也不是来自于毒品走私或非法的钻石贸易，而是来自于各种捐赠），1996年，拉登开始转移到被激进的塔利班控制的阿富汗地区发展其势力，并帮助塔利班扩展其在阿富汗的势力。

拉登以及"基地"组织在阿富汗建立了训练营，传播激进的伊斯兰思

---

① The 9－11 Commission, *The "9·11" Commission Report*, pp. 240－241. March 23, 2007, 〈http: //www. 9-11 commission. gov/report/911Report. pdf〉.

想，并传授实施爆炸等暴力行动的技术，资助各地的伊斯兰激进组织等。学员来自世界各个地区，其中有很多是以前参加过对抗苏联占领阿富汗的圣战者，而他们在回国或散布到世界各地后，继续招募成员，传播其思想，并开展所谓的圣战运动。

“基地”组织在世界许多国家或地区都有其分支机构，或者与世界各地的许多激进伊斯兰组织和分子建立联系。

但是，很难把基地组织理解成为一个组织严密、等级森严的如军队那样的集团或组织，也很难把拉登在基地组织中的作用和地位理解成为像军队中的总司令那样的角色。“基地”组织有一些数量很少的骨干成员，这些人员组成基地组织的核心，但是“基地”组织更大一部分是由松散联系在一起的伊斯兰极端分子或分支机构或其他一些组织、集团等组成的。基地组织的核心层对于这些分支或联系组织，往往并不是实行严密、完全的控制，其影响往往在于传播思想，提供一定的行动指导和行动援助等。[①] 这就像一些学者所说的，“基地”组织往往如同一个跨国公司一样，总公司往往只提供某种品牌、价值模范、战略规划，却并不直接干预子公司的行动，而子公司相对独立自主地开展行动。[②] 组织结构呈现扁平的网状模式，而不是上下级分明的金字塔模式。激进分子采取行动，与其说是出于拉登和“基地”组织的强制性命令或纪律，倒不如说是出于自愿。拉登与“基地”组织提供了某种理念与目标，并为行动提供一定的援助。“基地”组织的这些特征，在“9·11”事件之前就具有，而在“9·11”袭击后，为了适应不利的环境，“基地”组织的这些特征变得更为明显。

2. 袭击者的动机

美国政府一再宣传伊斯兰极端分子仇视西方的自由与文明生活方式、价值观等，是拉登以及其他一些极端伊斯兰分子对美袭击的行动动机。拉登及

---

① Paul J. Smith, “Transnational Terrorism and the al Qaeda Model: Confronting New Realities”, *Parameters*, Summer 2002, Vol. 32, Iss. 2, pp. 33—46.

② Brian M. Jenkins, “The Organization Men”, in James F. Hoge and Gideon Rose eds., *How did this happen?: terrorism and the new war*, New York: Public Affairs, 2001, pp. 1—14.

“基地”组织等也借助各种场合和形式，表达和宣传对西方特别是对美国的敌视与仇恨，鼓动对美国等西方国家目标的袭击。①

根据事后的调查，劫机者确实都曾受到激进的伊斯兰思想影响。他们大多仇视美国和美国为代表的西方文化与生活方式等。但是，他们为什么要仇视美国或西方的文化与生活方式呢？这是很多美国人在“9·11”袭击后感到非常困惑的问题。有些学者把这归罪于伊斯兰教的教义本身，认为伊斯兰教本身包含着许多不宽容的精神，其中的圣战思想与烈士情节等，促使很多穆斯林仇视西方，并对西方目标开展袭击。劫机者与拉登等人激进的伊斯兰思想，可能对他们的行为产生了重要影响。但是，这些激进的思想，无论是通过怎样的方式传播的，也无论是对世界的看法是如何的扭曲，却仍然是对现实某种程度的反映。也就是说，“9·11”袭击者对西方的仇视，有某种现实的渊源，而不仅仅是凭空产生于这些人的邪恶本质或仇恨心理。

虽然劫机者、拉登与“基地”组织等对其思想、观念的表达中，往往引用大量的宗教条文，其所提到的目标与事件等往往零散而牵涉广泛。但概括言之，他们就是不满于目前伊斯兰世界，特别是阿拉伯人目前所处的困境。他们敌视美国或西方等，乃是因为他们认为美国或西方造成了伊斯兰世界目前所处的这种困境。

这种困境包括一些阿拉伯国家政权腐败、独裁、背叛，以及经济上的不发达与贫富分化严重；阿拉伯人包括巴勒斯坦人在与以色列的斗争中遭受的挫败与屈辱；阿拉伯国家如伊拉克遭受到美国的入侵等等。而拉登等激进穆斯林分子认为，美国、西方对这个地区的渗入与影响，其中包括对以色列的支持，在阿拉伯世界的驻军，对一些腐败、独裁的阿拉伯国家政权的支持，对该地区的石油等资源的掠夺，西方文化、生活方式的入侵等，与阿拉伯目前的困境紧密相关。②

---

① 见拉登1996年发布的对美国宣战声明以及1998年发布的进行圣战的号召。“Against The Americans Occupying The Land Of The Two Holy Places”, January 17, 2007, 〈http://www.pbs.org/newshour/terrorism/international/fatwa_1996.html〉; “Jihad Against Jews and Crusaders”, January 23, 2007, 〈http://www.fas.org/irp/world/para/docs/980223-fatwa.htm〉.

② Joyce M. Davis, *Martyrs: Innocence, Vengeance, and Despair in the Middle East*, New York: Palgrave Macmillan, 2003, pp. 1—26.

3. 袭击的策划与过程

据美国“9·11”委员会的报告，训练飞行员驾驶飞机袭击美国，这个主意最早是在1996年哈立德·谢赫·穆罕默德第一次与拉登（在阿富汗）会面时，向拉登提出的。[①] 这个提议最终演化成为“9·11”袭击。当时哈立德·谢赫·穆罕默德还没有应拉登邀请加入基地组织。1999年3、4月间，拉登在坎大哈会见哈立德·谢赫·穆罕默德，决定支持此计划，此计划被称为“飞机行动”（planes operation）[②]。

此后，“基地”组织和哈立德开始招募人员执行该计划。首先是培训和确定飞机的驾驶人员。除了“基地”组织一名圣战成员（Hani Hanjour）曾经学过飞行技术而被挑选作为飞机驾驶员外，其余的驾驶员则来自于德国的激进伊斯兰小组。以阿塔（Atta）为核心的德国激进伊斯兰小组成员，大多为在德国学习的阿拉伯留学生，且大多数是在德国开始思想激进化的。他们原希望去车臣参加所谓的圣战，但被基地组织招募，而转赴阿富汗接受训练。他们长期在西方生活和所受的高等教育等经历使他们成为很好的人选。这些人在美国的飞行学校学习了驾驶技术，并购买了一些模拟飞行软件和资料等。而负责劫持飞机的人员，则大多数来自于沙特阿拉伯。他们所受的教育程度一般不高，出生于社会底层。他们先是被招募加入基地组织的圣战运动，进行一些相关的培训，然后，被挑选参加此次袭击行动，2001年夏被送入美国。

行动的策划、人员招募、组织与实施，整个行动涉及多个国家与地区，其中包括阿富汗、巴基斯坦、德国、西班牙、沙特阿拉伯、阿拉伯联合酋长国、马来西亚、菲律宾、也门、伊朗，当然还有美国，等等。这些地区的基地组织的成员或者其他伊斯兰圣战者或一些激进穆斯林分子，以不同的方式参与了这个计划，从策划、指挥、协调，到招募人员、接待、培训、提供证件与资金、联络，等等。

依据“9·11”委员会的报告，整个行动所需要的资金并不多，大约在四十至五十万美元之间。不过，根据该报告的说法，这些资金并不是来

---

① The 9—11 Commission, *The “9·11” Commission Report*, p. 149.

② The 9—11 Commission, *The “9·11” Commission Report*, p. 154.

自于拉登个人的资产，而大多数来自于阿拉伯世界的一些个人或慈善组织的捐赠。当然，这些人或组织也可能并不知道这些资金被用于这些袭击行动。在行动中，往往并不需要大笔的资金（每笔一般在一万美元左右），因此，这些资金大多数通过现金携带或正规的银行账户汇寄或存取等。基地组织的资金运作还可能通过非正式资金转移体系的哈瓦拉（Hawala）系统运行。①

在行动中，袭击者也采取了很多方式来保证他们行动的安全，包括变更出发与到达地点，变更会面地点，变更电话，对大部分参加袭击的人保持行动秘密，使用暗号，改变行为方式与着装等以避免其他人注意，更改护照上的旅行纪录，挑选没有行动纪录的人员以免引起安全或情报机构的注意，等等。袭击者还采取了许多事先侦查行动，包括预先携带工具刀（box cutter）等劫机工具等通过机场安检系统，租用飞机练习驾驶技术并对袭击目标进行侦察。他们还确定劫机的最佳时间（起飞后 15 分钟左右）以确保能够进入驾驶舱，并选择远程航班，因为其装有更多的燃料，从而可以造成更大的伤亡，他们还练习过如何控制乘客，等等。

行动者还有意同时采取袭击行动，以获得最大冲击效果。据“9·11”报告称，拉登本人曾两次要求提前采取行动，作为对以色列总理沙龙造访阿克萨清真寺和访问美国的反应，但是哈立德拒绝了拉登的要求。基地组织的一些高级成员也曾担心美国报复，或考虑到塔利班领导人奥马尔的看法，而不赞同对美国发动袭击，但是拉登以这些行动可以使基地组织吸引更多圣战者等为由，否决了他们的看法。

虽然对于飞机上所发生的劫持过程仍然并不是很清晰，但是可以肯定的是，袭击者在最后劫持飞机行动中所使用的工具非常简单，其中包括一些工具刀（box cutter），小型的瓦斯喷射装置等，在其中三架飞机上，劫持者还声称他们拥有炸弹，而实际上他们并没有。

“9·11”袭击者在选择目标时，还曾考虑过袭击美国的核电站，但考虑到实施的难度以及此行动并没有包括在原先计划中而作罢。“9·11”报告中还提到基地组织发展炭疽的计划；而至于“基地”组织等是否拥有核生化大规模杀伤性武器，大部分分析人员认为其可能还不掌握这些武器，但确实在

① The 9－11 Commission，*The“9·11”Commission Report*，p. 171.

追求发展这些武器，并且如果拥有，就很可能使用这些武器。

4. 袭击造成的损失

袭击首先造成了巨大的人员伤亡。袭击发生时，根据“9·11”报告的估计，在世贸双塔飞机撞击区下部，约有16000人左右，其中大部分生还；而在撞击区之上的人，则大多数丧生。包括劫机者在内，约3000人在袭击中丧生或失踪，其中包括300多名前去救援的消防队员。

袭击还造成了巨大的财产损失。在纽约曼哈顿区，总共有25栋建筑遭到毁坏，其中包括因损坏而需要完全拆毁的世贸中心所有的七座建筑。另还有其他几栋建筑因损毁严重而需要拆除。五角大楼也遭到比较严重的毁坏。

当然，此次袭击还带来了比较严重的民众心理恐慌、环境污染等问题；美国人的生活方式等也受到了严重影响。

袭击对美国经济也造成了比较大的冲击。美国股市在2001年9月17日重新开市后的一周内，跌幅达14.3%，创造自大萧条以来最大的单周跌幅。当然，一些行业受到了更严重的损失，比如旅游业、航空业、保险业等。不过，袭击并没有从根本上对美国经济整体运行构成威胁，其很快就从冲击中恢复常态。

当然，“9·11”袭击对美国的影响是深远的，其中包括美国外交、国防、内政等方面的一系列变化。比如，发动反恐战争，增加国防开支，设立国土安全部，加强国内安保，强化对社会的监视等等。

对于“9·11”袭击给美国造成总的经济损失，有不同的估计。在2001年末纽约市就“9·11”袭击给该市做的一个损失评估，认为其大约为950亿美元；[①] 2002年联合国欧洲经济委员会就“9·11”袭击给美国造成损失的评估为2000亿美元；[②] 而根据2005年亚太经合组织的一份报告，其造成

---

① “‘9·11’事件一年来纽约面临950亿美元经济损失”，2007年6月11日，〈http://news.sina.com.cn/w/2002—09—06/0927709435.html〉。

② “联合国：‘9·11’恐怖袭击使美国损失2000亿美元”，2007年6月11日，〈http://www.people.com.cn/GB/guoji/22/86/20011116/606397.html〉。

的损失大约为6620亿美元。[①]

需要注意的是，"9·11"袭击所造成的冲击和损失并不限于美国，其中造成的伤亡，有很大一部分是非美国公民；而"9·11"袭击给其他国家的经济、内政等也带来很大的冲击，比如股市下跌，某些特殊行业如航空业、旅游业的损失，更严格、更多的社会监控与检查，等等。

（二）案例分析

"9·11"事件给世界带来的影响及其意义，可能还需要一段时间才能完全呈现出来。但毫无疑问，"9·11"事件肯定将成为未来历史学家在记述这个时期时所使用的一个标志性事件。很多人惊呼"9·11"事件标志着一个新的时代的开始。但本书并不是要对"9·11"事件的意义进行全面分析，本书关心的是"9·11"事件与恐怖主义、国家安全之间的关系。

"9·11"事件凸显了恐怖主义在当今以及未来的发展变化趋势，或者说，"9·11"事件凸显了世界将要面对的有关恐怖主义的现实。毫无疑问，"9·11"事件并不是这种变化或现实出现的原因，而是其反映；而且，"9·11"事件是以一种戏剧性的极端方式反映了这些变化；这毫无疑问促使人们对这种变化与现实有更深刻、更快的认识。从这个层面来说，虽然"9·11"事件并不是恐怖主义安全化的根本原因，但其确实可被视为一种催化因素，促进了人们将恐怖主义界定为国家安全威胁，并采取相应的应对措施，从而加速了恐怖主义的安全化。

1. "9·11"袭击反映恐怖主义的大规模杀伤化趋势

"9·11"事件之所以能够成为人类历史上的标志性事件，首先在于它所造成的巨大伤亡与损失，以及给美国乃至整个世界所带来的冲击。如果不是世贸大楼倒塌了，不是有3000多人在袭击中丧生，不是有上百亿甚至是上千亿的经济损失，而仅仅是几个人的伤亡，或几万美元的损失，情况会怎样呢？那么可以肯定，"9·11"袭击虽然可能在当天上了报纸或电视等媒体的

① "最新报告显示美国因'9·11'事件损失6620亿美元"，2007年6月11日，〈http://news.xinhuanet.com/world/2005—11/16/content_3789988.htm〉。

头条，但可能很快就会被人们忘记了，就像之前发生的大多数恐怖主义袭击事件一样。

但毫无疑问，几千人的伤亡或大量的损失，并不是使“9·11”事件能够成为历史的标志性事件的唯一原因。在人类的生活中，几千人的伤亡，甚至是几百亿美元的损失，可能都是微不足道的。这样说可能显得冷酷无情，却是事实。就是在今天，在许多地区或国家，不用说地震、饥荒、疾病等这样的天灾，就是交通事故等意外事件或刑事犯罪，每天所夺去的生命可能都要使3000这个数字显得微不足道。甚至就非国家行为体的暴力冲突而言，当今世界上许多国家或地区死于内战、部族冲突等的人数或其所造成的损失，也要远远超过“9·11”袭击所造成的伤亡与损失。

“9·11”袭击事件的特别之处在于：极少数的一些个人，能够通过瞬间的一击，给一个国家乃至世界造成极其巨大的损失和冲击；而且，即使这个国家是当今世界上最强大、最不可一世的国家，也无法保护其心脏中心避免遭受到这种沉重打击。而这种打击，即使对于拥有丰富的人力、物力资源，握有组织严密的部队和先进武器的国家而言，甚至是对强大国家而言，也是一种难以完成的任务。

通常而言，暴力所造成的伤亡与损害，往往与暴力实施者所拥有的实力成正比的关系。可以说，行为体所掌握与投入的资源越大，能够组织和动员的参与人员越多，实施暴力的工具的杀伤力越高，那么，暴力的规模也就越大，暴力所造成的伤亡与损失往往也就越大。国家在与其他形式的组织的这种竞争中，占有了巨大的优势。在很大程度上，这帮助确立了国家的主权地位，确立了国家对暴力的合法垄断。也因此，国家之间的暴力冲突，特别是在爆发全面战争的情况下，其所造成的人员伤亡和财产损失也往往是极其巨大的。两次世界大战充分展示了国家之间战争的破坏性。

虽然非国家行为体暴力在历史上以及当今世界，仍然造成了巨大的人员伤亡与财产损失；这种伤亡与损失，甚至超过了国家之间的暴力冲突所带来的伤亡与损失。不过，在大多数时候，这些非国家行为体暴力属于一个政治共同体内部（国家）的暴力，往往以革命、内战、暴动与骚乱、不同种族或教派之间的相互屠杀等形式出现。这些非国家行为体暴力往往涉及大规模人员与资源的参与。而且，传统上能够造成大规模伤亡或物质损失的非国家行为体暴力，大多属于国内型的大规模暴力。因此，即使这些暴力造成大量的人员伤亡与物质损失，也主要是限于一国内部，而不对其他国家构成直接的威胁。因此，一般而言，国家面临的敌人与威胁，主要是来自于与其一样掌握大量资源和军事力量的其他国家，而不是外部的非国家行为体。

而与那些大规模的暴力冲突相比，极少数个人所实施的暴力，因为其掌握的资源、所掌握的武器等的限制，能够造成的人员伤亡与物质损失也是极其有限的。因此，这种非国家行为体暴力除了被用于传统宫廷内斗、政变或暗杀外，其影响是非常有限的。因此，传统上，恐怖主义无论是从发生国来看，还是从其他国家来看，都难以对国家安全构成威胁，而至多是让人心烦的小麻烦，因为，恐怖主义相比较于大规模骚乱、暴动或者战争来说，只能造成非常小的伤亡与损失。而“9·11”袭击毫无疑问不符合这个模式，“9·11”袭击表明极少数拥有非常有限资源的个人，也可以给国家造成重大伤害。

当然，有人会认为，极少数个人仍然做不到这一点；他们会认为，实际上是强大的基地组织在背后策划、协调、组织了此次袭击。但是，如果考虑到“9·11”袭击本身中只有19人即劫机者参与了暴力的直接行动，所使用的工具仅仅是几把刀子和几小罐瓦斯喷雾器之类的东西，整个行动也只需要几十万美元的花费，而在整个行动过程中，也不存在什么必需要大型组织或集团才可以解决的问题。那么，可以断言，“9·11”袭击这样的行动的策划、组织以及实施等，并不需要大量人员的参与，也不需要巨大的物资、资金投入，大型集团或组织的大量人员、物资、技术与资金的投入与支持，对于“9·11”袭击这样的行动来说，这些并不是必需的。普通的极少数个人就可以发动这样的袭击。拉登、哈立德、阿塔等人并不是具有三头六臂的人，进行“9·11”这样的袭击也不需要他们具有三头六臂的本领。

事实上，即使美国等一再声称基地组织是一个结构严密、分工明确而又庞大的组织，但是，“基地”组织仍然与我们通常所理解的庞大组织如公司、政府、军队、政党等并不相同。正如在案例中所介绍的那样，“基地”组织是一个相对松散的组织，其中各个分支机构或成员相对独立，往往只是提供相互支持、配合与合作。这种关系很大程度上不是严格的组织控制、指挥的结果，而是建立在这些部分之间所具有的某些共同信念以及复杂的私人关系基础上的。基地组织的力量和生存力也正在于此，而不是因为其具有等级森严的组织结构或掌握大规模的武装力量。因此，虽然可以说“基地”组织要为“9·11”袭击负责，但是，其行动仍然可以说是极少一部分人行动的结果，而不是基地组织进行全面动员、集中，运用其所有人力、物力的结果。

当然，这并不是说实施“9·11”这样的袭击是一件很容易的事，而是说，在今天，即使是掌握很少资源的极少部分人也可能给一个国家造成严重伤害；传统上人员规模与资源等因素，不再构成对非国家行为体暴力的伤害能力的绝对限制。因此，我们可以说，恐怖主义越来越能够造成大规模的伤亡与损失；无论是那些有深刻动因的规模型恐怖主义，还是孤立型的恐怖主义，都是如此。而且，因为恐怖主义袭击往往不需要有大规模人员、物资、资金以及根据地的支持，因此恐怖主义行为体将不仅能够针对本国发动大规模伤亡性的袭击，而且还可以对其他国家发动这样的袭击。这也就意味，对于一个国家来说，其不仅仅要防范其他国家的袭击，还需要防范非国家行为体的袭击。

“9·11”袭击还证明，有这样的人或组织蓄意追求通过袭击造成大规模伤亡与损失。如果说传统上，非国家行为体暴力，特别是由结构严密的较大型组织如党派所推动的那些，其目的往往是明确的；在一定程度上，我们可以说其目的具有一定的现实性；暴力所针对的首先主要是重要的政府机关、政治人物、军警等目标，而不是一般的平民百姓。当然，这些非国家行为体确实也会造成平民目标的大规模伤亡与损失，但这些伤亡与损失通常是暴力冲突的附带产物，而不是蓄意追求的结果。但“9·11”袭击却显示出另一种趋势，即暴力越来越成为了某种目的本身，越来越成为仇恨和复仇情绪的本能性宣泄。难以断言“9·11”袭击者不理性；而且，拉登与“基地”组织等追求的目的仍然具有强烈的政治现实性，如推翻政府、试图影响对手政策；暴力在这里仍然被作为一种工具使用。但毫无疑问，这些暴力也越来越以追求尽可能大的人员伤亡与物质损失为直接目的；蓄意针对一般民众。有的学者对这种趋势惊呼，16 世纪欧洲宗教战争模式重新出现了。因此，如果说传统上，恐怖主义往往只追求袭击带来的轰动与宣传效果，而不是人员伤亡与物质损失；这些袭击者甚至可能会尽量限制袭击造成的伤亡与损失。那么，“9·11”事件则凸显了恐怖主义正在发生的变化，即越来越多的恐怖主义袭击开始刻意追求袭击造成大规模伤亡与损失的效果。这也就是一些研究人员所说的，战争模式恐怖主义的出现。

总而言之，如果说传统上恐怖主义造成的伤亡与袭击是非常有限的，因此，其不足以构成对国家安全的威胁；那么，“9·11”袭击表明，恐怖主义越来越可能造成大规模伤亡与损失。而且，即使那些掌握资源等都非常有限的个人或极小组织也可以发动这样的袭击，且一次袭击就可能造成这样的伤亡与损失。“9·11”袭击还表明很多个人或组织蓄意追求这样的大规模伤亡与损失。恐怖主义不再因为其行为体掌握的资源、参与者人数等限制而只是一种无关紧要的小麻烦，而是可能会给国家造成严重威胁。

2. “9·11”袭击反映了恐怖主义的跨国化趋势

“9·11”袭击反映了恐怖主义从袭击的目的、参与者到行动实施、袭击目标、影响等，越来越超越一国的范围，而具有跨国性趋势，即恐怖主义越来越从国内型向全球型恐怖主义转变。

传统上，恐怖主义往往与其他形式非国家行为体暴力类似，其目的所涉及的范围，往往局限于一个政治共同体之内。其目的往往是推翻该共同体内的统治政权，或不满于该政权的某项政策，或试图从这个共同体内部分裂出去，等等。因此，暴力所指向的目标往往是存在于该共同体内的人、物等；行动的参与者、行动的过程、影响等也往往只局限于该政治共同体内。

而从“9·11”袭击者的目的中，可以看到很多超越国家的因素存在，包括超越一国范围的宗教因素。当然，就像案例介绍中所说的那样，促使基地组织袭击美国的原因有阿拉伯内部因素。比如，拉登等认为阿拉伯国家政权背叛了伊斯兰教，腐败、无能，而美国为了其利益收买和支持这些政权；这是他们袭击美国的重要原因。因此，有的学者甚至认为，美国等西方国家实际上是卷入到了本来属于阿拉伯国家内部问题的冲突中了；“9·11”袭击只不过是这种国内冲突的延续。不过，如果说促使“9·11”袭击者采取行动的目的中有国内因素，那么，也肯定有超越国家的因素。

“9·11”袭击的参与者来自于不同的国家，他们的行动动机毫无疑问并不是首先因为其各个国家的状况，而是因为整个伊斯兰世界或者整个阿拉伯世界所面临的困境。而且，一些参与者最初的动机或袭击信念并不是产生于其在国籍所属国的经历。比如，“9·11”袭击者中德国小组的成员，在他们所属国家埃及、黎巴嫩等时，实际上并不激进，甚至有的算得上是纨绔子弟，如杰拉（Jarrah）；他们是在德国才开始变得激进的，并产生要进行圣战的信念的。可以说，袭击者的认同与目的超越了一国的范围。

当然，认同、动机超越国界，却不一定是普世的。在“9·11”事件中，袭击者的认同并不是超越特定宗教、文化、地域或种族等限制而关注于整个人类利益、价值或情感，也不是出于某种普世的意识形态或信仰。可以说，他们仍然是狭隘的，甚至是仅仅重视自己所属的那个群体的利益或情感等，而在一定程度上无视了其他群体的利益或情感。当然，这种超越国家的认同与动机并不是一种全新的现象。在近现代，很多非国家行为体暴力是因超越国界的普世性信仰而产生，无论是大规模的群众暴动、战争，还是恐怖主义，都是如此。在20世纪60年代末兴起的新一波国际恐怖主义浪潮中，很多恐怖主义者的目的就超越了国家的界限，比如当时西方的红军派、赤军等的行动宗旨中，就有打击美帝国主义、支援越南和巴勒斯坦人民民族解放等这样的目标。

可以肯定，在出于国家内部原因而发生的恐怖主义继续存在的同时，也将有越来越多的非国家行为体由于超越一国范围的因素而采取恐怖主义行动。恐怖主义行为体的动机将越来越跨国化、多样化、复杂化。可以设想到，来自不同国家、不同文化、不同种族、不同阶层、甚至不同宗教信仰等背景的一些人，很可能仅仅由于他们在如保护环境、维护动物权利等问题上持有共同看法，就可能促使他们联合到一起，共同采取某种暴力行动。

而从行动的策划与实施来看，“9·11”袭击具有同样明显的跨国行动特征。虽然在当时，拉登和“基地”组织的主要据点是在阿富汗，但是可以看到，阿富汗只是整个行动涉及的一个地点而已。从行动的实施来看，行动涉及到德国、西班牙、巴基斯坦、美国以及中东地区等诸多国家。袭击者在中东、欧洲地区招募人员，在阿富汗商讨其行动计划，并进行人员培训，在西班牙商讨行动细节，在美国进行飞行培训等等。从行动的资金来看，这些资金也大多来自于世界各地的捐赠。而行动的策划与联络，大部分也都是跨国性的。

即使是从行动针对的目标与影响来看，“9·11”袭击也具有很强烈的跨国特征。除了有许多国家的人员与财物在袭击中受到损失外，很多国家本身也受到“9·11”袭击事件的间接影响。实际上，可以说“9·11”袭击对世界各国的经济、外交、内政以及航空业、保险业等特定行业，都产生了巨大的影响。在一定程度上，还可以说，“9·11”袭击还强烈刺激和吸引着世界各地的激进组织或个人等也采取类似的袭击行动。

总而言之，“9·11”袭击反映了恐怖主义正在从国内型向全球型转变；恐怖主义袭击的威胁将越来越超越一国的界限。非国家行为体对一个国家发动恐怖主义袭击，不仅仅可能是因为该国家的对内政策，也可能是因为该国的对外政策，甚至是因为完全与该国的行为与状况无关的一些因素。在一定程度上，这意味着任何国家都难以避免遭到这种威胁。

3. 恐怖主义变化与恐怖主义的安全化

恐怖主义造成大规模杀伤与损失的危险越来越大与恐怖主义越来越具有跨国性这两种变化趋势，使恐怖主义成为对国家安全的威胁，即恐怖主义的安全化。

在历史上很长一段时期内，一个政治共同体的统治者往往更担忧来自于内部的竞争、争斗；他们更关注如何保持自己权力、统治秩序的稳定，避免受到来自共同体内部的其他个人或集团的竞争与威胁，而不是来自于遥远边疆之外的某个国家。而且，这些内部的暴力冲突往往造成更多的伤亡与损失。但在近现代历史中，对国家安全威胁的关注越来越从内部转向外部，也就是说在近现代历史中，国家内部的暴力威胁逐渐被非安全化了。

这个过程包括三个部分，一个部分是在与其他组织、势力等的竞争中，国家在合法性和力量上越来越取得了决定性的胜利，国家越来越能够控制其内部的各种势力和秩序，即国家在内部越来越稳定化了，国家遭受这种内部暴力的威胁降低了。进程的另一个部分是，国家之间的竞争与冲突越来越激烈，这种竞争越来越决定着该国家的地位，甚至是肉体上的存亡。当然，这个进程的两个部分是相互作用的，共同推动着国内暴力的非安全化。一方面，国家的成长与壮大，加剧了国家之间的竞争，使其相互竞争与冲突的规模、激烈程度越来越大；另一个方面，国家为了应付相互之间的冲突与竞争，需要不断地提取各种资源，建立各种组织，而这又客观促进了国家的成长壮大，即所谓的“国家制造战争，战争缔造国家”，[①] 国家也越有能力控制其内部秩序。国家的这种成长在一定程度上还促进了安全化进程中第三部分的发展——国家的“全民化”，即国家由国王等统治者的私有财物转变成

① 查尔斯·蒂利：《资本、强制和欧洲国家》，魏洪钟译，上海：上海人民出版社，2007年版，第74页。

全体人民的利益、情感与意志的代表。法国大革命的人民主权思想以及民族主义的兴起，毫无疑问大大促进了这种由王朝国家向民族国家的转变。这种转变，在一定程度上，使只有那些威胁作为一个整体的国家的事物或现象才能被认为是对国家安全威胁；而国家内部的政治斗争，在一定程度上也包括暴力斗争，由于只是对某一个阶层的威胁，因此，难以被视为对整个国家的安全威胁（当然，也因为国家越来越能够控制内部秩序，这种威胁变得很小）。

在欧洲，非国家行为体暴力非安全化的进程大概到19世纪末期就大体完成了。这些国家大体上在内部确立了主权的合法性，国家机器日趋完备，并建立了相对稳定、有效的内部秩序控制。而国家暴力机构也开始分化，武装力量的主要职能开始专门用于应付来自于外部的威胁和竞争，而内部秩序控制，则开始作为治安问题，由警察等部门负责。①

因此，在传统的国际关系与安全研究中，把国家当然地视为内部一致的统一行为体；国家内部问题并没有被纳入研究的范围之内。非国家行为体暴力，一方面正如前面所说的，大部分时候属于国家内部的事务；另一个方面，随着国家控制内部秩序的职能越来越强大，发生大规模非国家行为体暴力的可能性越来越小，而零星的如恐怖主义等非国家行为体暴力，由于非国家行为体难以动员大规模的人员与资源参与，往往影响有限。因此，非国家行为体暴力既不会对这些暴力发生国产生重大威胁，更不会直接威胁到其他国家。因此，这些问题越来越被视为是一种治安问题，而不是国家安全问题。传统国家安全的考虑集中于与国家之间战争相关的军事与政治问题；对国家安全构成威胁的是另一个国家，其最终方式是战争。

但是二战后，这种发展趋势在发生缓慢的逆转；在人类政治暴力冲突中，非国家行为体暴力越来越频繁，从而逐渐引起更多的关注。而“9·11”事件则可以说加速了包括恐怖主义等非国家行为体暴力非安全化在内的趋势的逆转。国家对内的安全问题与对外的安全问题之间的相互区隔变得似乎失去合理性；警察负责对内、军队负责对外这种分工变得模糊不清；所谓国内（国土）安全与国家（国际）安全问题正在相互融合。而至于恐怖主义，正

---

① 查尔斯·蒂利：《资本、强制和欧洲国家》，魏洪钟译，上海：上海人民出版社，2007年版，第76—77页。

如前文分析的，在很大程度上已安全化了。

但这个进程的逆转，并不是历史的简单重现。历史上曾经的形态——大规模的内战、骚乱或无政府的混乱状态——并不是其主要表现形式；事实上，在大部分国家，包括面临恐怖主义严重威胁的国家，传统上的那种大规模混乱与暴力并未重新普遍出现。在当代，“社会冲突被转化为个人行动。它不是由有组织的大型社会集团所承担，而是由许多积极活动的个人进行的。”[①] 布鲁斯·霍夫曼（Bruce Hoffman）在考察恐怖主义的发展演变后也认为，“与各种固定或正式组织并无任何联系的孤立个人发动暴力行动的现象正在增加。”[②]

因此，恐怖主义的安全化，并不是国家在内部或外部受到其他组织形态的有力挑战情况下，国家的合法性或国家的力量重新受到严重削弱的后果。这种重新安全化也不是因为：各种颠覆性意识形态重新蔓延，大规模群众革命等再次风起云涌，国家政权开始动荡不稳、甚至被推翻。事实上，“国家结构500年来一直在不断加强，各国政府都在努力垄断手段以确保内部秩序……几乎所有国家都顺应国家这一长期的趋势，尽管在这一过程中会有许多暂时的逆转。”[③] 因此，在当代重新安全化的恐怖主义威胁越来越不再与被袭击国家的内部政权统治的合法性有直接关系，不再与该国国民中普遍存在的不满有直接关系。

可以说恐怖主义本身的演变是恐怖主义安全化的最直接原因；这种变换在“9·11”袭击中清晰地反映出来，并被证实。一个方面，恐怖主义可以造成大规模伤亡与损失，使其不再仅仅是一种无关痛痒的骚扰，而可能是对国家的真实的严重威胁。另一个方面，恐怖主义从国内型向全球型的转变，又使恐怖主义在一定程度上与一国内部的政治斗争脱离出来，使恐怖主义成为某种“外部”威胁，即成为对作为一个整体的国家的威胁，而不是像传统国内政治暴力那样只是对某一个群体或统治者的威胁。恐怖主义从国内型向

---

① 拉尔夫·达伦多夫：“向前展望：全球化的机会与风险”，《国际政治研究》，2005年第2期，第15—23页。

② Bruce Hoffman, “Al Qaeda, Trends in Terrorism and Future Potentialities”, April 23, 2007, 〈http://www.rand.org/pubs/papers/P8078/P8078.pdf〉.

③ 特伦斯·霍普金斯、伊曼纽尔·沃勒斯坦等著：《转型时代》，吴英译，北京：高等教育出版社，第6页。

全球型的转变还意味着，所有国家都可能遭到恐怖主义威胁；这也说明了为什么冷战后大部分国家都逐渐将恐怖主义界定为安全威胁，而不只是一两个国家。而且事实上，恐怖主义的日益全球化，使国界作为划分和隔离国内与国外两个世界的意义正在降低，内部安全与外部安全的区别也正在失去价值，安全日益是内外一体的，这要求处理这些威胁也内外一体；而这反过来使即使是国内型恐怖主义，也容易被纳入国家安全议程处理。

不过，虽然恐怖主义这些变化是恐怖主义安全化的最直接动因，但毫无疑问，恐怖主义的这些变化又是来自于其他因素的推动。因此，推动恐怖主义向这两个方面趋势转变的那些因素，才是恐怖主义安全化的最根本动因。

美国人在“9·11”袭击后感到震惊与困惑的是袭击者所展现出来的对美国的仇恨，他们惊呼：他们为什么仇恨我们。“9·11”袭击所展现出来的敌意确实让人吃惊，但仇恨并不是“9·11”袭击的特征。人类之间的相互敌意与仇恨，从来就不缺乏，而是持续、普遍性的存在。人类之间的矛盾与冲突可能永远不会消失，关键是人类用何种方式来解决这些矛盾与冲突，又有哪些方式可以供人们进行选择。

因此，对于“9·11”袭击来说，问题的关键并不是这些袭击者为什么要攻击美国以及怎样攻击，而关键是这些袭击者为什么能够发动这样的袭击并造成如此大的影响，即恐怖主义袭击为什么会造成大规模杀伤性伤亡与损失，为什么会出现跨国特征。本书认为，现代技术、社会等所发生的变迁，是恐怖主义发生上述变化的根本性原因。这些变迁可以概括为三个方面：全球化；大规模杀伤武器与技术的扩散；现代社会中广泛存在的脆弱性。下面将对这些方面逐一进行分析。

三、恐怖主义安全化的原因Ⅰ：全球化

（一）有关全球化的研究

全球化自从20世纪90年代以来，已经成为学者、政治家、企业家、艺术家们讨论的一个热点，并且这种激烈的讨论仍然在继续之中。很多人把全

球化看作为世界正在发生的最重大变化之一，并且把其视为影响未来世界面貌的根本性变革。

人们对于全球化的含义、全球化起始时期、全球化的内容、全球化可能带来的后果，等等，都充满了争论。有的人认为，全球化是一个已经接近实现的过程，而有的人则认为，全球化可能刚刚开始。

至于全球化的结果，不同的人，其看法也迥异。有的人认为，全球化将使市场能更有效地配置资源，从而增加全球的福利。对于这种经济自由主义的看法，左派人士则往往认为，全球化可能带来财富分配上更大的两极分化，并导致国家为了吸引在全球范围流动的资本，而损害其他阶层的福利。至于政治上，一些学者认为，全球化意味着主权将终结，国家将开始退出历史舞台；[①] 当然，同样有很多学者认为，全球化在一定程度上只是对国家构成了挑战，断言主权终结将为时过早。[②] 在社会方面乐观的学者认为，全球化将加深人们之间的相互交流、相互了解、相互依赖，从而有利于促进人们之间的相互合作，甚至是催生全球公民社会的形成，而悲观的学者认为，全球化可能激化不同社会、不同文化之间的差异与矛盾，甚至是一个社会内部的矛盾，如地方与整体之间的关系，结果可能意味着混乱与失控。[③]

这些争论与研究使人们对全球化的认识与理解得到了大大的拓展。但在大部分时候，这些研究与论述缺乏一个比较具有普遍性的分析框架，其中的争论往往大于共同的看法。因此，研究往往各说各的话，不同的人往往偏执于某一个方面而忽视其他方面。

至于恐怖主义与全球化的关系虽然并不是全球化中研究的热点内容，不过仍然得到很多人的关注。这些研究人员往往强调全球化可能带来国家内部的两极分化，以及全球南北差距的继续扩大，从而引发普遍性的冲突与动荡。有一些则强调跨国的物资、人员、信息等流动，特别像贩毒、有组织犯罪、贩卖人口、武器走私等，正在销蚀已经漏洞百出的国家边界，国家对这

---

① 约瑟夫·A. 凯米莱里、吉米·福尔克：《主权的终结——日趋缩小和碎片化的世界政治》，李东燕译，杭州：浙江人民出版社，2001 年版。

② Stephen D. Krasner, "Sovereignty", *Foreign Policy*, January/February 2001, pp. 20—22, 24, 26, 28—29.

③ 安东尼·吉登斯：《失控的世界：全球化如何重塑我们的生活》，周红云译，南昌：江西人民出版社，2001 年版。

些流动的控制变得越来越难，而这可能会加剧暴力的冲突或秩序的失控。[①]

（二）全球化的含义

上述的简单介绍，只不过是为下面的研究提供基本的知识背景。本项研究无意于对全球化展开全面的研究，因此，不会详细讨论所有的研究情况。

在这里，本书仅限于讨论全球化与恐怖主义之间的关系。在本项研究中，全球化被看作可能会引起恐怖主义发生某种变化的自变量，而不是作为一种应变量来进行研究；反过来说，恐怖主义的变化，又体现了全球化的影响。在这一点上，本书与把全球化作为一种结果来进行的研究并不同。当然，有的人肯定会争论说，全球化也是其他因素导致的。当然是如此，但是，在一项研究中，不可能关注所有的因果关系链条，而只能截取其中的一段作为研究对象。

为此，本书首先提供一个全球化界定，以探讨现实中的某些变化与恐怖主义之间的关系。在方法论上，本书偏向于认为在研究中，概念及其界定的价值并不在于其是否真实，而在于这种界定是否有利于研究的进行。因此，一个概念，可能没有直接的经验所指或现实中的对应物，而完全是智力上创造出来的，但对于研究却可能非常有用，因此非常有价值。这里对于全球化的界定即循此思路。不过，本书对全球化的界定，虽然具有一定抽象性，但全球化，同时是被当作一种正在发生的现实来看待的，而不完全是一种智力凭空建构，因此其抽象性则可被看作是对现实的一种提炼与概括。

本章将全球化界定为人、物资、信息等在全球范围内流动的阻力逐渐降低为零的一个过程。这个过程将增加这种全球流动的规模、速度与范围。

这与很多学者所说的，全球化就是指空间的压缩或空间距离意义的消失，有近似的含义。实际上，人、物资、信息等在全球的自由流动，用这种含义的全球化，替换现有媒体或学术研究中的“全球化”大多都是可行的，并不会引起太大的分歧与争议。

有人会认为这个界定是不可接受的，是可能因为这个界定所规定的终点

---

① Robert Mandel, *Deadly Transfers and the Global Playground*, London: Praeger Publishers, 1999.

即阻力为零，是不存在或不可能实现的。如果这个终点不存在，那么，也就不可能存在导向这个终点的过程。

阻力为零，在这里当然不是指一种现实，或全球化最终必将到达的终点。在这里，阻力为零只是智力上设想出来的参照点，这种参照点将可以构成我们观察与描述现实的坐标系。因此，利用这个概念，我们可以描述根据这种阻力的增加或降低来描述全球化是在前进还是在倒退，是在加速还是在减速。但是，物资、信息、人员等全球流动的阻力逐渐降低，全球化是利用这种坐标系对现实的一种判断或描述。

当然，影响这种人员、物资、信息等流动的因素可能很多，比如文化、宗教等。不过本书认为，这种全球范围内人员、物资、信息的自由流动的阻力及其变化，可以主要归纳为来自三个方面。一个方面，是来自于技术因素。[①] 这容易理解，比如，在缺乏交通工具的情况下，人员、物资、信息等的流动很困难，甚至是不可能的，而先进交通工具的发展不仅使全球流动成为可能，还大大降低其成本。另一个方面，则是来自于政治权力因素。这也是多方面的，如果世界各国都实行闭关锁国政策，并能成功实施这个政策，那么，人员、物资、信息等也将是无法在全球流动的。还比如，二战后美苏两大集团的对峙也阻碍了全球化的发展，因此，在20世纪90年代冷战结束后看到一股迅猛的全球化趋势。也可以想象，如果世界各地处于混乱无序的状态，那么，也可能会严重阻碍人员、物资、信息等的全球流动。第三，经济结构。相对于一个市场经济，一个自给自足的小农经济或其他封闭经济体系，前者更有利于促进这种人员、物资、信息等在全球的流动，而后者则可能阻碍这种流动。事实上，很多学者都把全球化等同于市场在全球范围的运行与发挥作用。而在迄今的全球化发展中，大概无人会否认市场在其中的巨大推动作用。当然，事实上，上述因素等的作用要更为复杂。科学技术等的变迁不仅可能仅仅为全球化提供技术、装备上的基础，而且，其还影响政治和经济结构，甚至包括思想、文化、社会习俗等，从而影响全球化进程；而反过来也如此，政治权力因素可能影响着技术与经济机构，并进而影响全球

---

① 需要说明的是，在一些学者看来，技术的变迁等并不单单带来全球化这一种进程。他们认为与此同时，还存在着一种地方化的进程。参见 Ulrich Beck, *What is Globalization*, translated by Patrick Camiller, Malden, MA: Polity Press, 2000, pp. 47—52。

流动。

而人员、物资、信息在全球范围内流动，其具体内容与表现形式则多种多样。实际上，在全球流动的，既包括政府之间的人员、物资与信息的交流；也包括各种经济行为体进行的贸易、投资、投机等活动与相关的人员、物资、信息交流；还包括如旅游、私人拜访、观看演唱会、甚至是为躲避某种环境等而出行的人们，包括捐赠、援助、个人物品等各种物资，包括新闻、谣言、私人通讯、色情图片、文学等各种信息。在其中，既包括合法的商业、政治、社会、文化等方面的交流，也包括非法的人口贩运、毒品、犯罪分子、武器走私，等等。①

通过上述的界定与说明，全球化的内在矛盾或者说内在张力，也得到清楚的反映。

人员、物资、信息等流动并不意味着一定会给人类带来福利，并不是所有的全球流动都是有益的。那些犯罪活动、武器走私、环境污染等全球化，对人类则可能并没有好处。而且，某些信息、物资或人员等在全球的流动，则可能会损害其他类型信息、物资或流动。比如，如果某些信息、物资或人员的流动，则可能会导致秩序的崩溃、混乱甚至暴力冲突等，而这种局面又无疑对其他信息、物资或人员的全球流动造成消极影响。实际上，恐怖主义的变化，就能很好地反映全球化中存在的上述矛盾。现代技术、交通、通讯、网络等的发展，使恐怖主义分子、相关的信息、技术、物资等能够更容易的在全球流动。这种全球流动增加了恐怖主义威胁，使其往往更加难以有效地预防与应对。而且，这种威胁又增加了人员、物资、信息等在全球流动的成本，并容易使其流动被打断。而国家等机构为了应对这种威胁，有的时候采取的措施如关闭边界、增加海关检查、限制旅客移动、增加信息管制，等等，都会增加其他人员、物资、信息等在全球流动的阻力。当然，全球化虽然意味着国家将面临着更为复杂的挑战，但同时也意味着国家有更大能力应对这种挑战，因此，全球化并不一定像一些悲观者所想象的那样，意味着主权的消亡或普遍性的混乱。

在理论上，如果所有的人、物资、信息等都在全球范围内以极快的速度

---

① Moisés Maím, “The Five Wars Of Globalization”, *Foreign Policy*, January/February 2003, pp. 28—37.

流动，那么，可以说这是全球化的最高状态。但是，这种状态可能既不是人类想要的，也可能是不存在的。这种状态不值得期待，是因为如果有害的人、物资或信息等全球流动，会减损人类的福利。不可能存在，是因为在各种人、物资、信息的全球流动中，包含着相互矛盾与冲突的地方。比如，如果大量的犯罪活动、走私、人类的相互冲突、战争等全球化，则意味着秩序的丧失或者说失控。而存在某种秩序或权力结构抑制这些非法的流动，是合法、正常的人、物资、信息等能够稳定、快速流动的一个重要条件；失去这种秩序与权力结构，这种流动就会遭到极大的破坏。

从影响人员、物资、信息等流动的因素来看，也同样可以清晰地看到全球化中内在的矛盾。比如，从政治权力这方面来看，一方面，国家的边界与管制往往是影响这种人员、物资、信息等流动的重大阻碍因素，在一定程度上可以说，这种权力干预越小，全球流动的阻力越小；但另一方面，当这种权力阻力完全为零，全球流动完全不受干预，也就意味着失去了秩序，那么，这种全球流动也就会受到严重破坏。而就经济结构来看，如果有一个能够降低全球流动阻力的经济结构比如市场经济，让其完全运行，也无法完全使这种阻力为零；相反，同样可能会使这种全球流动发生倒退。因为，如果让市场经济完全不受干预的运行，那么，即使不考虑其产生的如贫富两极分化等政治社会后果外，单就经济领域来说，也是不可行的；其中的经济危机在全球化背景下，将会产生更大的动荡和破坏作用，甚至摧毁市场体系本身，重挫人员、物资、信息等的全球流动。甚至技术方面也是如此。技术的发展为人员、物资、信息等的全球流动成为可能，大大降低其阻力，但是，某些技术发展如大规模杀伤性技术的发展与扩散，将可能严重威胁这种流动，甚至是毁灭人类本身。

因此，“全球化是一系列复杂的过程，而不是一个单独的过程。而且这些过程是以一种矛盾的或者相反的方式运作的。”① 在物资、信息、人员等全球流动越来越快速、广泛的同时，这种流动本身就将产生破坏和阻碍全球流动的因素。

全球化其中有不同的信息、物资、人员，出于不同动机的各种各样的行

---

① 安东尼·吉登斯：《失控的世界：全球化如何重塑我们的生活》，周红云译，南昌：江西人民出版社，2001年版，第8页。

为体，全球流动的后果也将是多种多样的。虽然全球化的发展是人员、信息、物资越来越自由、越来越大规模全球流动的进程，但是，同时，这种发展又有赖于在自由流动与限制（管制）之间保持适度平衡；过度的限制固然能不利于这种平衡，但是，绝对的自由流动同样也会摧毁全球化。而从结果来说，对于人类来说，全球化并不总是好的，其中存在着什么全球化的问题。显然，其中一些人、物资、信息等如恐怖主义、生态恶化的全球化无疑不是人类想要的，因此，需要限制其全球化；而即使那些积极因素的全球化如市场的全球化，有时也可能产生消极结果，因此对这些因素的全球流动有时也需要加以适当的限制。不过，虽然存在着这种内在矛盾，虽然一些物资、信息或人员的全球化会给人类带来负面效应，可能阻碍、破坏其他信息、物资、人员的全球化。但在当今的世界中，各种物资、信息、人员正以前所未有的速度、规模在全球流动与互动，却是不争的事实。

（三）全球化对恐怖主义的影响

人员、物资、信息等全球化流动，改变了原有人类被高山、河流、海洋等分割成一个个相互隔绝的孤立群体的面貌，各种社会互动在更广泛的范围内以更复杂的形式进行，其影响的范围也更为广泛。就全球化对恐怖主义的影响而言，至少存在如下方面。

1. 使恐怖主义的动因与参与者跨国化与多样化

在第三章中讨论的恐怖主义及其他形式非国家行为体暴力原因，如社会结构、个体因素等，在全球化背景下仍然适用。但是，全球化使恐怖主义以及其他形式非国家行为体暴力的原因，变得要复杂得多。

当物资、人员、信息等的流动，都限制于一个个相互隔绝的空间内而互无往来时，可以断言，所有导致恐怖主义的因素也都仅仅局限于这些一个个隔绝的地域之内，而与此地域之外的因素并无关联。但是，当全球化把各个相互隔离的群体联系在一起，那么，毫无疑问，一个地域内外的因素以及其相互作用，都可能导致恐怖主义的发生。

当所有的因素都局限于一块领土之上的某个政治共同体之内，那么，引起恐怖主义的，除了一些行为体自身的个体因素外，其原因不外乎：政治共同体权力管理的某种程度的无效、失控、暴虐；该共同体内不同人群如不同阶层、种族、地区的人之间矛盾的激化；某种观念或意识形态的传播；水灾、饥荒等紧急事态引起的动荡，等等。

而在全球化的背景下，除了传统上这些一个国家内的因素将继续发生作用以外，还会有这个国家之外的因素发生作用，并且，国内外的因素将相互作用，而影响到恐怖主义的发生。

我们可以设想到因物资、人员、信息等在不同国家之间流动即全球化而导致恐怖主义发生的很多情况。下面列出了这样一些可能情况。为了论说的简便，我们假设全球只有A、B、C三个国家。

情况（1）A贫困，B、C富有；A开放，引起人们预期增加；产生恐怖主义。这正是顾尔所阐述的相对被剥夺引起政治暴力类型中的一种。在全球化背景下，这种恐怖主义不仅可能针对A国，也可能针对B、C国。

情况（2）A与B、C竞争，A失败或处于劣势；产生恐怖主义。这种暴力既可能指向A国，也可能指向B、C国。在一定程度上，在中东一些阿拉伯国家发生的一些针对外国目标和当地政府的恐怖主义，就属于这种情况。

情况（3）B、C人口、物资进入A；引发A国发生某些变化，如生活方式、工作机会、人口结构、产业结构等；产生恐怖主义。如新纳粹等排外运动实施的恐怖主义；在"9·11"袭击中，我们也可以看到这种情况。

情况（4）B、C的某种理念、文化等传入A，引发人们观念的变化，导致恐怖主义。这既可能是因为人们吸收这种新传入的理念而产生的恐怖主义，也可能是因为人们试图抵制这种新理念的结果，比如一些原教旨主义动因的恐怖主义。

情况（5）B、C之间或各自内部存在的矛盾、冲突溅入A国，引发恐怖主义。比如，以色列和阿拉伯人发生冲突，结果导致在欧洲发生恐怖主义袭击；二十世纪七八十年代西欧发生的很多恐怖主义袭击都属于这种类型。

情况（6）A贫困或其他状况，因ABC之间存在的联系，A

的人认为B、C应该负责（这可能是事实，也可能是错觉），因此对B、C发动恐怖主义袭击。如一些阿拉伯人因巴勒斯坦问题困境等而袭击西方目标。

情况（7）A贫困或其他状况，因ABC之间存在的联系，B、C的人认为B、C应该为此负责（这可能是事实，也可能是幻觉），因此袭击B、C。如在20世纪六七十年代一些西欧国家的左派激进分子，因越南战争等而去袭击西方目标。

情况（8）A贫困或其他状况，ABC之间存在着联系，C的人认为B应该为此负责（这可能是事实，也可能是幻觉），因此，袭击B。

情况（9）ABC之间存在联系，ABC的人因此认为需要形成新的共同体（这种新共同体可能具有天下大同性质，也可能是一个更狭隘只代表某特定阶层或团体或特定区域的共同体），因此采取恐怖主义行动；袭击可能指向ABC三国，也可能指向其中的一个。

列出上述的这些可能情况，并不是要穷尽全球化时期，引发恐怖主义的所有情况，现实总比人类的智力预测要来得更为丰富、复杂和多变。而是要说明，在全球化时代，产生恐怖主义的原因开始变得更为复杂多样。即使是一个国家吏治清明，国富民强，人心一致，其也可能产生恐怖主义，或成为这种暴力的目标。这也就是说，恐怖主义的发生不再仅仅取决于一个国家行为或其内部的因素。

至于恐怖主义的参与者，就像前面所列出的那些可能情况所表明的那样，全球化使暴力的参与者更为复杂，而不再局限于一个国家的国民，或与某种情况有特定利害关系的那些人。通讯与运输技术的发展，可以使今天从未谋面、天各一方、不同背景、不同信仰的人，可能仅仅因某一个共同的看法而联合起来，相互协调合作，采取某种暴力行动；而这种共同看法可能仅仅是与这些人的生活所在地相距甚远的某个地方的情势相关。而且，全球化可能使原本分散在不同地区的一个个势单力薄的个人，能够联合、组织起来，成为一个强大的势力。这些人甚至并不一定专门从事恐怖主义活动，也不一定是某个组织的固定成员，而可能仅仅在某一段时间因某种理念或某种特定关系而参与了某一个恐怖主义行动，这也就是通常所谓的业余恐怖主义分子。他们相互之间可能也没有固定的上下级关系。当该行动结束，他们可能也就不再联系。正如我们在“9·11”事件案例中所看到的那样，很多所谓基地组织的成员以及他们对恐怖主义行动的参与，就属于此种类型。

2. 全球化使恐怖主义袭击的目标多样化、跨国化

当国家或其他类型的政治共同体被高山、沙漠或海洋等一个个隔绝而孤立于一隅，恐怖主义袭击的目标要么针对统治者，要么针对这个共同体之内与之对立的其他势力或团体；而且，实际上如果要有力地影响统治者的政策，这些暴力往往只能直接针对统治机构与统治阶层。而在全球化阶段，发生恐怖主义的动因变得更加复杂多样了，而恐怖主义针对的目标，也变得复杂多样了。

全球化带来恐怖主义袭击目标的多样化，一方面是因为，全球化导致非国家行为体采取恐怖主义的动因变得复杂多样；另一个方面，这是因为全球化改变了恐怖主义发生的环境，因此，即使是出于传统动因的恐怖主义袭击，在全球化环境中，也可能改变其目标。比如，因本国政府的腐败、专制等而发生的恐怖主义袭击，在传统上，只会袭击如军队、官员等政府目标，或那些被认为支持政府统治的目标如某个阶级或某个部族等。但是，在全球化背景下，即使出于上述目的，恐怖主义袭击除了可能继续针对传统的这些目标以外，还可能针对外国的目标。这可能是因为这些外国目标与该国政府是相互勾结的。但即使这些外国目标是无辜的或中立的，仍然也可能成为袭击的目标。因为，非国家行为体可以通过袭击这些目标，改变本国政府在国际上所面临的处境，或者引起更大的国际关注，以此给本国政府施加巨大的压力。而且，这种暴力还可能在本国的境外实施，针对本国目标或外国目标。当然，针对这些目标的恐怖主义，也可能是因为出于其他目的，并不一定与其本国政府或该外国政府直接相关。

因此，全球化的人员、物资、信息流动，对于恐怖主义来说，提供了新的目标选择，而且，也改变了非国家行为体在选择其袭击对象时候的权衡与计算。所有这些，都大大增加了恐怖主义袭击目标的范围。

3. 全球化使恐怖主义的实施跨国化

当国家一个个相互隔离而无人员、物资或信息的联系的时候，恐怖主义

活动的实施，都发生于一国国内。全球化则使恐怖主义行动的各个环节都可以在全球范围内展开。从行动的策划、组织、协调与指挥、袭击地点的选择，到为了实施行动所需要的资金募集、人员的招募与训练、武器装备的供给，再到行动意图宣传、动员或影响的对象，等等，所有这些环节，都可能在全球范围展开。凭借现代通讯与运输技术，在全球化的环境下，一个恐怖主义行动很可能是在A国策划、组织与指挥，在B国募集到资金和购买武器装备，在C国袭击D国目标，而最终目的则是影响E国的人们。

实际上，“9·11”袭击以及“基地”组织实施的其他一些袭击，在一定程度上就呈现出这样的特征。比如，“基地”组织等可能在巴基斯坦策划、组织袭击在阿富汗的欧洲人；袭击所需要的资金、人员可能来自欧洲国家、美国或阿拉伯国家等；而袭击的目的，可能是通过打击美国的欧洲盟国而孤立美国或迫使美国从阿富汗撤军。

因此，全球化将使恐怖主义行为体能够像资本为了追求最大的利润而在全球范围内进行资源配置那样，在全球范围内开展恐怖主义活动，以获得更多的资源与手段，更充分地利用各种条件来保证行动的成功和高效。

4. 全球化使恐怖主义袭击的影响扩大

毫无疑问，恐怖主义在全球化时代的后果与影响也往往不再限于一个国家之内。这种后果与影响的扩散，可能主要是因为恐怖主义袭击本身在动因、行动的实施以及目标的选择等方面，都涉及到一个国家以外的因素；因此，其结果与影响也必将超越一国的范围。但即使是所有这些因素都仅仅限于一个国家之内，恐怖主义袭击仍然可能带来超越一国范围的影响，特别是考虑到暴力本身就具有轰动性的新闻特征。因为，这样的暴力事件往往经过全球媒体的传播而引起全球的关注，影响人们的某种情感或认同，形成某种公共舆论。而这样的公共舆论，又可以经过一些组织或团体的行动转化成为某种政治行动。

因此，在某一个地点的暴力行动，在全球化时代，因人员、物资、信息等方面流动以及各种行为体在其中的复杂互动，其后果与影响将很容易超越袭击所发生的地域，向更广或全球的范围扩展。

总而言之，虽然并不是所有恐怖主义行动在受到全球化影响方面都处于相同的水平，有一些恐怖主义行动可能仍然主要局限于一个国家范围之内，但是，全球化确实使恐怖主义在动因、目标、实施的过程、后果等方面具有更多跨国特征，变得更为复杂多样。全球化使恐怖主义从国内型向全球型转变。而且，全球化还使恐怖主义行为体可以在全球范围内配置资源、开展行动，并使恐怖主义袭击可能具有更广泛的冲击与影响。因此，全球化还使恐怖主义的威胁变得更为严重。

四、恐怖主义安全化的原因Ⅱ：大规模杀伤性武器的扩散

一般情况下，暴力冲突造成多少人员伤亡与物质损失，不仅仅取决于冲突的性质与规模，即这种冲突是否是有关生死的斗争，双方的暴力使用是否有所节制，双方投入了多少人力与资源等，还取决于人们在冲突中所使用的武器。在其他条件相同时，双方使用的武器的杀伤力和破坏性越大，暴力冲突可能造成的伤亡或财产损失也就越大。而且，在其他条件相同的情况下，武器的杀伤力和破坏性越大，造成一定伤亡和财产损失所需要的参与暴力的人数和暴力持续的时间也就越少。

人类从冷兵器时代到热兵器时代再到核武器时代，武器的效能也越来越大。这种变迁既改变了冲突形态本身，也对整个人类社会生活造成深刻的影响。在这种变迁中，至少就武器的杀伤性和破坏力而言，大规模杀伤性武器的出现，特别是核武器的出现，具有极其深远的影响。

传统上，这种武器系统自身具有的物理特性（且不说这些武器可能引起的如法律、伦理、政治等方面的问题），如研制费用高昂，研制时间长，技术要求苛刻，武器系统庞大或操作复杂，等等，使只有国家，甚至说只有极个别技术先进、财力雄厚的大国，才能拥有这样的武器系统。因此，传统上，非国家行为体并不掌握这种武器，人们对于这种可能也并不怎么担心。

但是，随着大规模杀伤性武器及其技术的发展与扩散，这种状况正在发生改变。虽然目前还没有发生恐怖主义袭击使用此类武器而造成大规模伤亡的事件，但是，毫无疑问，这种可能性越来越大，而且，确实已经有一些非国家行为体使用炭疽、沙林等生化物质发动袭击的先例。非国家行为体越来

越可能获得这样的武器，并使用它。而正是这种可能，使恐怖主义造成大规模伤亡与损失的危险极大地增加。因此，这个部分就讨论这种可能性。

（一）大规模杀伤性武器的种类与特征

今天所言的大规模杀伤性武器，一般是对核武器、生物武器和化学武器的总称。顾名思义，这种武器可造成大量的人员伤亡或巨大的破坏，因此不同于一般的武器，但在特性上，核武器、生物武器和化学武器也有差异，在这里将逐一进行讨论。这里的讨论仅仅是为后面分析提供必需的知识基础，有关此类武器的更详细、更专业的知识，现在可以从很多途径获得。

1. 核武器

核武器，是指那些利用物质的裂变或聚变而产生的能量来摧毁目标的武器。其中，在其他条件相同的情况下，聚变能够产生更大的能量，因此，聚变武器的破坏力比裂变武器更强。但是，制造聚变核武器所需技术更复杂，往往首先需要通过物质裂变释放的能量为聚变创造条件，因此，一般核国家是首先研制出核裂变武器，然后，才研制出核聚变武器。

核武器通过爆炸所产生的高温、冲击波、辐射等来摧毁、杀伤目标。核武器巨大的破坏力，在其首次使用也是迄今唯一一次的使用（不包括演习或试验）所造成的后果中，清晰地显示出来。两颗当量各约两万吨 TNT 的核炸弹，被先后投向广岛和长崎后，当时就造成约 20 万人左右的死亡；两个城市遭到了毁灭性打击，而且辐射等持续了很长一段时间。

而且，核武器的破坏力是相当稳定的。虽然，核武器的投放方式是在地面爆炸还是在空中爆炸，袭击目标的防护情况等，都影响着核武器的摧毁效果。但是，就目前的情况看，如果一颗核武器在人口聚居中心爆炸，无论如何，都将造成极大的破坏。[1] 在这一点上，核武器不同于生物武器与化学武器。生化武器因投放的方式、投放的环境、袭击目标是否作出及时有效的防护等，其破坏力会有极大的差别，比如，不利的天气条件可能使生化武器的

---

① Richard A. Falkenrath, "Problems of Preparedness", *International Security*, Spring 2001, Vol. 25, Issue 4, pp. 147－186.

袭击完全无效。核武器这种确定无疑的大规模杀伤特性，使核武器具有所谓的“水晶球效应”，即使政治家清楚知道核战争将是极其可怕的，从而使核武器成为冷战中稳定美苏对抗的重要因素。①

随着技术的发展，不同类型的核武器被开发出来。这既包括当量更大的战略武器，也包括当量更小的、更容易运输、存储、投放的战术核武器，如核炮弹、核地雷、核鱼雷、短程战术核导弹等，还包括具有特殊用途的中子弹等。

更完整意义上的核武器，不仅包括核弹头，还包括其控制、投放系统等。一般而言，核武器的这些系统也较常规武器更为复杂、更庞大，操作起来也更为复杂、困难，特别是对于战略性核武器而言。而且，随着相关技术的成熟，这些武器也大多被安装上保险装置，以确保这些武器在未得到授权或发生意外事故的情况下无法被使用或爆炸。

2. 生物武器

生物武器是利用散布可导致人、动植物病变或死亡的某种微生物或生物毒素等来杀伤目标的武器系统。目前，有多种微生物和生物毒素被用来制造生物武器。这些微生物和生物毒素在杀伤效果与杀伤途径等方面并不相同，根据这些特性可制造不同的生物武器。其中微生物一般具有再生和传染性，因此，袭击所造成的伤亡，不仅可能包括受到这些微生物直接感染的人，还包括那些因传染而间接感染的人。而生物毒素则一般是一次性杀伤，并不具有传染性，只会造成直接接触到这些毒素的人伤亡。生物武器的投放有多种方式，包括气溶胶式、污染食品和水，以及用老鼠、跳蚤等媒介传播，其中气溶胶式因其对微生物或生物毒素等的散布效果好，为绝大部分生物武器采用的散布方式。

生物武器的杀伤力一方面取决于生物武器本身的效力，另一方面也取决于生物武器投放条件以及袭击目标的反应等。在理想的条件下，对大城市的一次生物武器袭击可能造成几十万人甚至上百万人的死亡；但是，在一些恶劣条件下，同样的袭击可能完全无效。如大雨、大风、光照等，都可能大大

---

① Scott D. Sagan, *The Limits of Safety: Organizations, Accidents, and Nuclear Weapons*, New Jersey: Princeton University Press, 1993, p. 260.

降低生物武器袭击的杀伤力。

袭击目标的反应也能极大影响袭击的效果。比如，如果遭到袭击的人事前采取了恰当的免疫措施，或者说在袭击后，能及时发现袭击，并恰当地进行治疗和隔离等，都会极大降低袭击所造成的伤亡。不过，由于大部分生物武器袭击后无色无味，投放方式也比较隐蔽，而且，往往在人群遭受袭击过后一段时间，才会出现症状，且容易被误诊。因此，生物武器袭击在发生后最初的一段时间内并不容易被发现。

正是因为生物武器的这些特性，如袭击后一段时间才能发生作用，影响的区域不好控制，甚至可能因传染等而伤害到使用生物武器的一方。这种武器并不容易在战术战场上使用以影响战斗结果，因此，一些军队并不偏爱这种武器系统。

相对而言，研制生物武器，从技术角度而言，要比核武器容易。不过，要研制高效、可靠的生物武器也并非容易的事。其中的难度往往不在于获得制造生物武器所需要的微生物、生物毒素等，而主要在于将大量的微生物、毒素等在保持其活性的情况下，进行干燥、提纯、保存、运输，并在使用时用高效的方式将其散布出去，而这些对于生物武器的效能有重大影响。

3. 化学武器

化学武器依靠毒剂来杀伤有生力量。除了毒剂，化学武器还包括装有这些毒剂的炮弹、导弹或其他散播器材等，按照毒剂的毒理作用，可分为神经性毒剂，糜烂性毒剂，窒息性毒剂，等等。化学武器，只会造成接触到毒剂的有生力量伤亡，并不会像生物武器那样具有传染性。化学武器同样也有多种散布方式，包括爆炸分散、热分散、布撒分散等，使用后毒剂可呈气体、液体、雾状等形态，经皮肤接触、呼吸吸入或随食品摄入等，使人中毒。

化学武器可以造成大规模的人员伤亡，但与生物武器相同，其效果也受到使用的气候、空间条件等环境因素影响而变化很大。恶劣的气候条件可能使化学武器的效果大大降低，而在空旷地域的使用效果，要比在封闭空间的使用可能要低得多。而且，要造成大量人员的伤亡，可能需要大量的毒剂。

自一战以来，化学武器在多场战争中被使用过，并造成一定的人员伤亡。但总的来说，化学武器的使用很少对战争造成决定性影响；[①] 在袭击目标预先采取了一些防护准备措施后，化学武器所造成的人员伤亡也要小得多。

同样，制造与使用化学武器的难度与门槛要远远低于核武器。制造化学武器等的设备、材料等相对容易获得，因此，粗陋原始的化学武器容易制造，但是，制造高效、可靠的化学武器，却存在较高的技术要求。

（二）非国家行为体获得大规模杀伤性武器的可能性

传统上，大规模杀伤性武器的扩散，特别是核武器的扩散，通常包括纵向扩散和横向扩散两种。纵向扩散是指武器系统本身的发展与升级，比如，开发新的弹头、运载工具等；横向扩散乃是指某种武器系统向更多的国家扩散，即更多的国家拥有某种武器系统，如核武器。不过，无论是横向扩散，还是纵向扩散，国家往往被当作是扩散的唯一主体。在其中，非国家行为体往往被忽视了，因为，传统上通常认为非国家行为体很难获得这些武器。

但是，随着科学技术的发展，越来越多的国家拥有这些武器或拥有制造这些武器的能力，而且一些非国家行为体也正越来越强烈地试图获得并使用这些武器，使非国家行为体获得并使用大规模杀伤性武器的这种可能性正在成为学术界和政策领域关注的一个热点问题。就像大部分问题一样，对于这个问题也存在着两种极端的看法。一种极端看法认为，非国家行为体获得和使用这种武器的可能性微乎其微，有关这种威胁的报道往往是夸大其词、杞人忧天；而另一种极端看法认为，非国家行为体获得和使用大规模杀伤性武器的可能性已经成为或接近成为事实，一些非国家行为体正在寻求这种武器，并可能已经掌握了这些武器，恐怖主义分子或组织使用这些武器发动袭击的威胁就在眼前。本书的观点介于两者之间。在这里首先讨论非国家行为体获得这类武器的可能性。

---

① 如：“1918 年第一次世界大战期间，发射的炮弹中，有 20％装了化学弹剂，但这些毒气弹只造成了 15％的伤亡。”巴里·布赞、埃里克·海凌：《世界政治中的军备动力》，薛利涛、孙晓春等译，长春：吉林人民出版社，2001 年版，第 77 页。

核、生、化三类武器中，非国家行为体获得生物和化学武器的容易程度和可能性要远远高于获得核武器的容易程度和可能性。就目前的情况，大体可以设想非国家行为体获得这三类大规模杀伤性武器的途径大概有：从国家那里获得，无论这种获得是通过购买，还是通过窃取，或通过计算机技术等途径非法取得此类武器的控制权，或者是通过国家的转让，等等；从其他非国家行为体那里获得，或者非国家行为体自己制造。

从自国家获得大规模杀伤性武器这个途径来看，就目前而言，现有的国际防扩散等军控机制，将拥有大规模杀伤性武器的国家数量限制在一个比较小的数目之内，这就是使非国家行为体从国家这个方面获得大规模杀伤性武器的来源变得非常有限。就核武器来看，目前只有美中法英俄的核国家地位得到承认，而印度和巴基斯坦虽其核国家地位还未得到国际广泛承认，但已经公开拥有核武器；此外，以色列被推测也可能拥有核武器，但其未明确宣示。当然，也可能还有其他一些国家在偷偷开发核武器，不过总体而言，这类国家即使可能拥有核武器，其也只会是极少量的。而就生化武器来看，已有的全面禁止生化武器公约，要求成员国全面销毁此类武器，但一些国家仍可能拥有此类武器。这可能是原有的生化武器留存下来、尚未来得及销毁的，也可能是国家偷偷研制和拥有的。不过，无论如何，就目前来看，只有少部分国家拥有这样的武器系统，仍然是一个事实。这在一定程度上，就降低了这些大规模杀伤性武器从国家扩散到非国家行为体的可能性。

不过，在理论上，只要有国家拥有这类武器，就存在着非国家行为体从这些国家获得此类武器的可能性。非国家行为体可以通过窃取从国家那里获取此类武器，而如果这类武器流散到黑市上，非国家行为体也可以从那里购买。这两种可能性在很大程度上，取决于国家对于其所掌握的大规模杀伤性武器的管理与控制状况。苏联解体后，这种危险引起了广泛的关注，特别是西方国家非常担心原苏联庞大而种类繁多的核武库会失控，以及其继承人对这类核武器管理的失控。俄罗斯的一些高官也曾一再警告这种危险。① 如曾任俄罗斯国家安全会议秘书的列别德在20世纪90年代就曾说，苏联解体后有很多核武器失踪，其中包括很多携带方便的手提箱式核武器，而且，有关

① 看待这种说法可能需要谨慎，俄罗斯官员的有些说法有希望以此获得更多援助资金的嫌疑。

核武器丢失事件的传言时有报道。后来，以巴基斯坦核科学家卡迪尔·汗为首运作的核黑市被揭露出来，进一步加深了人们的担心。不过，就目前来看，仍然没有非国家行为体从国家那里成功获得核武器的确实证据。

在苏联解体所造成的混乱慢慢平息稳定后，非国家行为体从核国家窃取核武器的可能性应该说很低了。一个方面，拥有庞大核武库的美俄意识到了这种危险，加强了相应的控制与管理。另一个方面，那些拥有少量核武库的国家，鉴于核武器对这些国家的重要性，也有理由相信，他们对于其非常有限的核武库也会实行严格的控制。

不过，非国家行为体从国家获得核武器的其他可能性仍然存在。我们可以设想，当一个核国家发生如国家解体等重大动荡时，原有的国家机器可能被各种势力控制或影响。在这种情况下，一些非国家行为体可能会乘机窃取某些核武器的控制权，特别是当该国的控制体系并不健全的时候。比如，西方对于巴基斯坦就曾有这种担忧。不过，当该国建立了比较完备的核武器控制体系后，这种危险也要降低许多。

还可以设想到另一种可能性，特别是在现有情报、指挥、控制、通讯体系越来越依靠计算机网络的情况下，即黑客等通过非法电脑入侵等手段取得对核武器的控制权。有关黑客入侵某国国防系统、窃取机密资料，甚至是取得对一些装备的控制等传言或报道经常出现。不过，国家对核武器肯定会设立严格的控制体系，且不断进行改进完善，因此，这种可能性虽然存在，但也应该说是非常低的。

总的来说，非国家行为体通过黑市购买、窃取、非法取得控制权等途径获得完整的核武器系统可能性并不是很大。不过，拥有核武器国家的内乱、解体等将可能会增加这种风险。此外，需要提到一点的是，即使是极少数的非国家行为体能够通过这些非法途径获得相应的核武器，他们也并不一定能像一些电影上所描述的那样，轻易地就会使用。在今天，核武器上一般都已安装了相应的保险装置，以防止其被非法使用。因此，在一定程度上可以说，即使非国家行为体通过非法途径从国家那里获得了一些核武器，其可能也无法使用这些核武器。

而国家有意识地将核武器转让给一个非国家行为体这种可能性也是非常低的。国家不会把如此重要的东西交给一个自己并无法施加绝对控制的组织或个人。因为，国家很清楚，如果非国家行为体使用这样的武器，遭到袭击的国家肯定将尽力追查袭击者和此类武器的来源，而这将是相对比较容易的事情。国家把此类武器有意转让给非国家行为体使用，将无疑被等同于转让国的使用，为此，转让国家将很可能因非国家行为体发动的袭击而遭到严厉的惩罚或报复。而且，转让国本身也不能肯定，这些非国家行为体绝不会把此类武器转而对准自己。

至于非国家行为体从国家获得生物、化学武器的可能性，在一定程度上，上述针对核武器的讨论对于这种可能性也适用。不过，相对于核武器系统的复杂性，生物、化学武器可能要简单得多。因此，这可能使非国家行为体更容易从拥有生物、化学武器国家那里非法获得这样的武器，并在获得后，可以更轻易地使用。不过，正如前面所说的，这种危险在一定程度因生化武器是国际社会全面禁止、销毁（虽然一些国家仍有些生化武器未销毁完，也可能还有些国家在秘密研制）和生化武器的杀伤力一般而言小于核武器这样的事实而降低。

至于非国家行为体自己制造大规模杀伤性武器。制造核武器，无疑仍然是三类大规模杀伤性武器中最难的一种。就核武器的基本原理来说，相关的基本知识从许多公开的途径就可以获得，对于在物理等学科受过本科教育的人来说，掌握这些知识也并不是特别困难的事情，但这并不是说制造核武器是一件很容易的事情，即使对于一些国家，制造核武器仍需要耗费巨大，技术上也存在着难度。朝鲜在2006年核试验并没有达到预期成功再次证明了这一点。一般而言，初始制造核武器的国家可以采用两种设计方案，一种是枪式，一种是内爆式。其中内爆式制造难度要远远高于枪式，但是内爆式中裂变物质的利用效率更高，而且，制造出来的核武器的体积比较小。而枪式的制造技术要简单许多，但枪式核武器的体积一般比较庞大，装到一般的导弹上有困难；不过，即使是制造粗糙的枪式核武器，一辆卡车也可以运输得了。① 大部分专家认为，在有核原料的情况下，制造原始的枪式核武器对于非国家行为体来说，是非常可能的，但是，要制造更复杂的内爆式核武器，则要难得多，因为其中所需要的制造工艺与技术要求都远远超过枪式的。

因此，对于非国家行为体来说，制造核武器，特别是对制造原始的核武

① 理查德·福肯瑞斯、罗伯特·纽曼、布拉德利·泰勒：《美国的致命弱点》，许嘉等译，上海：上海人民出版社，2005年版，第140页。

器而言，障碍并不在于制造的过程中，而在于所需要的核材料上。“获得充足量的特殊核物质是制造一件核武器中唯一的一个最困难挑战。”[①] 虽然制造核武器所需要的铀或钚在核电站中被作为广泛使用，或在自然界也有存在（钚在自然界不存在），但这些核原料的纯度都比较低，远远达不到超临界反应所需要的要求。在枪式设计中，只能使用 U235 作为原料；[②] 而武器级的铀浓缩技术复杂，工程量也非常巨大，当然耗费也极其巨大。因此，防止武器级核材料的扩散，是现有核不扩散机制中至关重要的一个部分。这也不难理解，为什么美国等对于伊朗和朝鲜开展铀浓缩活动是如此的敏感。

基于制造成本、技术、工艺等方面的难度，就目前来看，非国家行为体不大可能自己进行浓缩铀来制造核武器，即使能够进行浓缩铀活动，也很难不被发现。因此，更为可能的是，非国家行为体通过偷窃或从黑市购买等其他途径来获得浓缩铀。目前，有关放射性材料——甚至包括武器级的铀、钚——的失窃、失踪或走私的报道经常见诸于报端。根据国际原子能机构的统计，世界上每年都会发生数十起的偷窃与丢失核及其他放射性材料的事件（图表 4—1）。[③] 不过，其中涉及的材料数量很小，远远不够制造一枚核武器；极少量的核放射性材料等甚至在网上都可以作为实验材料而订购到。

前面曾谈到核武器大多装设有保险装置，从而使这些核武器即使被人偷窃或控制后，也难以被使用。不过，有的人甚至讨论，偷窃这些武器后把其上的核材料拆下，用于制造核武器的可能性；结论是，这样的工作对于非国家行为体来说也是非常困难的事情。

总而言之，对于非国家行为体而言，获得核武器，无论是靠自己制造还是通过各种途径从国家获得，就目前和可预见的未来而言，都将仍然是一件

---

① Rensselaer W. Lee and James L. Ford, “Nuclear Smuggling”, in Maryann K. Cusimano, *Beyond Sovereignty: Issues for a Global Agenda*, New York: Bedford/St. Martin's, 2000, pp. 70—92.

② 郑治仁：“核武器的原理与分代（一）”，《兵器知识》，2001 年第 8 期。

③ 此图表直接截取自国际原子能机构的分析报告。此外，正如国际原子能机构在报告中所提到的，图表中反映的增长趋势可能是因为相关核查与申报更为准确的缘故，而非是因为此类事件的实际增长。国际原子能机构非法偷运数据库（IAEA Illicit Trafficking Database 或 ITDB），2007 年 5 月 12 日，〈http://www.iaea.org/NewsCenter/Features/RadSources/PDF/fact_figures2006.pdf〉。

比较困难的事情，但这并不是不可能事情。一个方面，如果掌握核武器的国家因为分裂、内乱、陷入无政府状态等原因而使核武器失控，无疑将大大增加这种危险；另一个方面，需要注意的是，非国家行为体对于核武器要求并不会像国家那么高，国家需要的核武器是可靠、稳定、高效的，但是，对于非国家行为体来说，其要求则远没有这么多，因此，他们需要的核武器的制造难度要小得多，在一定程度上，即使他们拥有一颗最原始、最不可靠的核武器，结果都将是非常严重的。而且，随着相关技术的发展与扩散，这种可能性也可能会进一步增加。

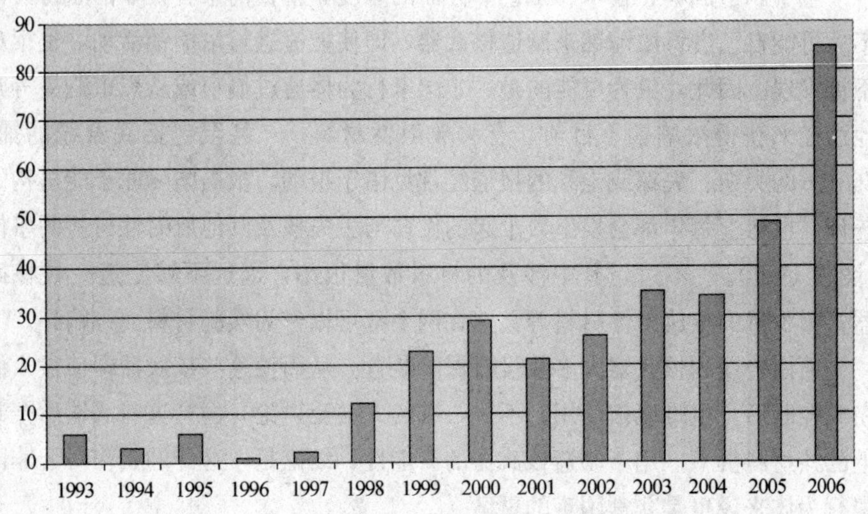

图表 4—1 IAEA 登记的偷窃与丢失核及其他放射性材料事件数量

至于生化武器，非国家行为体获得此类武器的难度要远低于核武器，而其中，获得化学武器的难度又要更低。制造生化武器所需要的细菌、病毒、毒素、毒剂等，很多可以轻易获得，特别是少量的这些物质，很多机构都拥有这些物质作研究之用。因此，很多这些物质也可以从公开途径购买得到（当然，量可能是非常少的，并可能需要资格审查），而制造生化武器所需要的很多原料、设备等，往往具有军民两用的性质，因此，这些原料与设备等往往也可通过公开的途径获得。相对于制造核武器而言，制造生化武器所需的基本知识，也并不高深，很多知识通过公开的资料就可获得。

但比较容易获得一定量的制造生化武器所需的原料，并不意味着非国家行为体就可以很轻易地获得生化武器。实际上，非国家行为体制造正式的生化武器仍然存在着困难。要造成巨大的伤亡，就需要大量的毒剂、微生物或毒素等，特别是对于制造化学武器而言。而非国家行为体要通过自己培养或合成等途径获得并储存这些物质，往往要冒很大的风险。这些行动很可能被国家发现，并且，这些物质都具有一定的危险性，在缺乏可靠的防护措施下，很容易造成操作者自身的伤亡。而且，单单拥有这些物质还不够。要造成大量的伤亡，还需要把这些物质提纯、浓缩、并有效地散布出去，而这些对于非国家行为体来说，也构成了比较大的挑战。但是，对于非国家行为体来说，这些问题并不是不可克服的，况且，他们往往只需要粗陋的生化武器就可以了，并不要求这些武器可靠、高效、可安全地储存与使用等，而只要求这些武器有可能造成大规模伤亡。日本奥姆真理教成功制造沙林毒气并用之袭击东京地铁站，证明了非国家行为体获得并使用高致命性生化微生物或毒剂等、甚至是生化武器具有非常高的现实可能性。

上述对于非国家行为体获得核生化武器可能性的讨论，并不应该束缚人们的思维，使人们只考虑非国家行为体获得正式核生化武器的可能性。需要注意的是，国家对于核生化武器的要求，与非国家行为体的要求并不一致。国家不仅需要这些武器高效，还要求这些武器可储存、控制、安全、可靠、使用方便等。而非国家行为体可能仅仅需要这些武器能够造成尽可能多的伤亡或损失、引起尽可能多的关注就可以了。因此，非国家行为体所制造、使用的核生化武器，可能并不在国家所拥有的此类武器的名录中。非国家行为体的核武器，可能并不能发生高效的裂变反应，但仍可能产生千吨级当量的爆炸，并产生大量的放射性物质。非国家行为体可能没有高效的生化武器散布系统或相应的自我防护系统，其所散布的物质的纯度或活性都可能不如正规生化武器；但是，非国家行为体仍然可以通过各种方式，造成大量的伤亡或损失。这些方式甚至包括自杀式的方式，如袭击者通过自我感染某种病毒，作为载体去攻击目标人群。此外，随着新的技术发展，比如基因技术的发展，同样可能被用来开发全新的生物制剂或毒素等；而这些也可能使恐怖主义的威胁大大增加。比如，现在有些媒体和科学家在谈论基因武器等，虽然现在发动这种袭击的案例还极少有报道，但是，从技术发展的角度来看，在未来，这种袭击是很有可能发生。这些袭击将可能是非常隐蔽的。其后果可能需要较长时间才会出现，并且，影响范围广泛，从而大大增加对于这种袭击侦测和防范的难度。这种袭击所使用的微生物或毒素也可能是全新的，人类没有任何免疫能力或救治手段，从而可能造成大规模伤亡。考虑到很多极端分子往往都受过高等教育，甚至有些就在科研机构工作，这种可能性并不完全是一种幻想。因此，如果有一天非国家行为体的袭击造成了大量的伤亡或损失，我们可能发现他们并不是使用完整意义上的核生化武器，而可能是我们从来没有见过的核生化“武器”。而且，这些核生化“武器”即使是没有直接造成大量的人员伤亡或物质损失，也可能会引起巨大的社会恐慌，而且，清理袭击地点的工作也可能需要很长时间或很多投入。

综上所述，对于非国家行为体而言，相对于获得其他武器，获得大规模杀伤性武器仍然是一件相对困难的事情，特别是核武器，但是，这并不是一件不可能发生的事情。而非国家行为体获得一些原始的核生化“武器”的可能性则更要高得多，事实上，已经有很多非国家行为体获得并使用这些“武器”的现实案例。其中，非国家行为体获得核、生、化这三类武器的可能性又各有所不同，获得核武器的可能性要远低于获得生化武器的可能性。综合非国家行为体获得核生化武器的可能性以及这些武器的杀伤力来说，非国家行为体使用生物武器这种可能性所造成的威胁最大。

不过需要说明的是，非国家行为体并不一定必须有大规模杀伤性武器，才可以造成大规模伤亡，其他一些手段或方式也可以造成这种结果，就像“9·11”袭击所显示的那样。但是，大规模杀伤性武器对于很多非国家行为体而言，仍然具有很大的吸引力，因为拥有这样的武器，无论使用还是不使用，在一些非国家行为体看来，都可能是非常有好处的。

在由于大规模杀伤性武器或相关技术等扩散，恐怖主义获得和使用这类杀伤性武器的背景下，恐怖主义将不再仅仅是一种虚张声势的举动，其袭击将不仅仅主要是心理冲击，还可能现实地造成实实在在的大规模伤亡与损失。这种可能性的增加，使其将难以再被与普通违法行为等同视之；其潜在威胁的增加使其越来越容易被纳入国家安全议程之内，并使这种纳入越来越成为一种必要。

（三）非国家行为体使用大规模杀伤性武器的可能性

当然，并不是所有的非国家行为体都希望获得和使用大规模杀伤性武器，即使他们使用暴力作为达到目的的手段。非国家行为体不追求获得或不使用大规模杀伤性武器可能是因为，大规模杀伤性手段对于实现该非国家行为体的目的并不合适；非国家行为体通过其他手段也可以达到其目的。而大规模杀伤性武器，甚至可能会妨害其目的的实现，因为，获得或使用这种武器，可能使对手对其采取极端的报复手段，从而危及自身的生存，并使其追求的目标可能更难实现；而且，还可能导致自己受到各方面的一致谴责而丧失原有的支持者。非国家行为体不追求或使用大规模杀伤性武器，还可能由于心理或道德上的原因，或仅仅是因为还没有什么先例可供参考或模仿。

即使非国家行为体决心造成大规模杀伤，也可能不寻求获得和使用大规模杀伤性手段。这可能是因为获得和使用大规模杀伤性武器可能并不经济。获得这样的武器往往需要很长时间，需要大量的投入，其过程又充满被发现等风险；而其他可造成大规模杀伤的方式可能是更好的选择。肯尼思·沃尔兹（Kenneth Waltz）就强调核武器对于恐怖主义并不是经济手段。他在与著名军控专家斯科特·萨根（Scott D. Sagan）辩论核武器的扩散将使世界变得更糟还是更好时，坚持认为核武器的扩散将会使世界变得更加稳定、和平。① 他在其中谈扩散导致恐怖主义分子获得与使用核武器的可能性时，他认为，这种担心是没有根据的。他的理由是，恐怖主义分子并不是想得到核武器就可以得到的；更关键的是，使用核武器对恐怖主义来说，其成本要大于收益，无助于实现恐怖主义分子的目的。②

但是，过分强调上面这一点对于非国家行为体寻求和使用核武器的限制则是非常危险的。如果说在一定程度上，沃尔兹对核武器扩散对国家之间关系的影响的论断是有道理的。但其关于恐怖主义分子获得与使用核武器的论断则肯定是错误的。他把恐怖主义分子与国家视为相同的行为体，并且，认为它们有相同的理性计算，而实际上，恐怖主义分子与国家是截然不同的行为体，因此，即使它们都是理性的，对成本与收益的计算也是不同的。虽然不能说对所有恐怖主义分子而言，获得与使用核武器等大规

---

① Kenneth N. Waltz, "More May Be Better", Scott D. Sagan and Kenneth N. Waltz, *The Spread of Nuclear Weapons: A Debate*, New York: W. W. Norton & Company, 1995, pp. 1—46.

② Kenneth N. Waltz, "Waltz Responds To Sagan", in *The Spread of Nuclear Weapons: A Debate*, pp. 94—96.

模杀伤性武器都是一个有利的选项，但至少可以说，在许多恐怖主义分子看来，如果可能的话，获得与使用这些武器都是一个很诱人的选项。无疑，获得甚至是使用这种核武器，在一定程度上，可以说能够最大程度威胁和打击对手，使自己获得无与伦比的影响。而且，沃尔兹也没有考虑到，确实有一些恐怖主义分子可能出于愤怒、仇恨等而把造成对手尽可能多的伤亡与损失作为目的本身。

所以，可以肯定的是，阻止非国家行为体使用大规模杀伤性武器的主要障碍，在于非国家行为体难以获得这些武器，在于制造、购买或其他非法获得此类武器存在技术上的绝对限制。心理道德限制、对非国家行为体的严厉惩罚威胁、存在造成大规模杀伤的其他替代办法、获得和使用大规模杀伤武器的经济性等，都不是阻止非国家行为体使用大规模杀伤性武器的有力的可靠因素。在一定程度上可以断言，如果非国家行为体获得了这些武器，就会使用这些武器。

实际上，大规模杀伤性武器的很多特性，使其对于很多非国家行为体而言都是一个非常诱人的选择。这类武器，无论对于消灭、打击对手，还是表达某种仇恨、不满，改变对手的行为，或用来宣传等，都可能比其他武器更有效、更有吸引力。因此，可以断言，虽然很多非国家行为体并不追求造成大规模杀伤，但是，也存在着很多非国家行为体追求这样的结果；一旦他们拥有了这样的武器，他们就可能使用。

概括言之，虽然非国家行为体使用大规模杀伤性武器发动恐怖主义袭击的可能性仍然比较低，但绝不是不可能。随着大规模杀伤性武器及相关技术的扩散，如果不采取应对措施，这种可能性将不断提高。其中，恐怖主义使用生物武器与化学武器发动袭击具有非常高的现实可能性。而且，现实中已经出现奥姆真理教成员对东京地铁发动沙林攻击和美国发生炭疽袭击等诸多案例。虽然这些袭击大多只引起广泛的注意与恐慌，并没有造成大规模的伤亡，不过却强烈显示了现实的这种发展趋势。毫无疑问，大规模杀伤性武器与相关技术的扩散，使恐怖主义威胁大大增加；恐怖主义袭击将不再仅仅意味着几个或几十个人的伤亡，而可能是成千上万人的伤亡。

五、恐怖主义安全化的原因Ⅲ：现代社会中的脆弱性

恐怖主义袭击造成大规模人员伤亡与财产损失的可能性的增加，并不仅仅产生于非国家行为体获得与使用大规模杀伤性武器的可能性的增加，而且产生于在现代社会中广泛存在的脆弱性，即现代社会中通过恐怖主义袭击可引起大规模人员伤亡与财产损失的目标越来越多、越来越容易遭到袭击。"随着技术的发展，在攻击面前，现代社会变得更加脆弱。"① 因此，对于恐怖主义来说，在现代社会除使用大规模杀伤性武器以外，还存在着多种可以造成大量人员伤亡与财产损失的可能，"9·11"袭击已经证明了这一点。我们可以把由大规模杀伤性武器及相关技术的扩散与现代社会中广泛存在的脆弱性而造成的这种局面，统称为大规模杀伤机会或可能性的扩散，即能够造成大规模杀伤与损失的现实可能情况越来越多。现代社会自身存在的脆弱性的增加就是这种可能性扩散的重要原因。②

首先，在现代社会中，随着城市化的发展，人类越来越密集地聚居和生活在一起。大量人口和物质财富聚集在一起，使对这些聚集中心的袭击，将很容易造成大规模的伤亡与损失。③ 在现代社会中，这种人与物聚集在一起的场合太多太多。正在举行的几万人甚至几十万人参与、观看的体育活动，各种演唱会，各种游行集会；动辄可以容纳上万人的购物城或摩天大楼，大型交通系统，甚至包括核电站，等等。实际上，这些大量人口与财富的聚集已经不是一种偶尔的情况，而是现代社会的常态，是现代社会必需的生活方式。可以想象，如果对这些聚集中心使用大规模杀伤性武器进行袭击，无论

---

① Walter Laqueur, "Left, Right, and Beyond: The Changing face of Terror", in James F. Hoge, *How Did This Happen*, pp. 71—82.

② David J Rothkopf, "Business Versus Terror", *Foreign Policy*, May/June 2002 Iss. 130, pp. 56—54.

③ Jessica Stern, *The Ultimate Terrorists*, Cambridge: Harvard University Press, 1999, pp. 1—3.

这些武器是原始粗陋的还是先进高效的，都可能造成灾难性后果。即使没有大规模杀伤性武器，非国家行为体经过精心的策划，使用普通的手段对这些人群或设施进行袭击，也可能会造成大规模伤亡与损失。我们并不需要太多的智力就可设想到很多这样的场景。比如，把一个正在举行比赛的体育场的出口及其照明系统破坏后，再对其实施纵火和爆炸；在火灾、爆炸以及因惊恐而造成的拥挤、踩踏等作用下，就很可能造成大量的人员伤亡。“9·11”袭击本身，实际上正是这种可能性最好的例证。

而世贸中心双塔在1993年遭受的第一次袭击，同样是用普通方式袭击重要设施或人口中心以试图造成大量伤亡或损失的案例。当时，袭击主谋尤素福最初的设想，是用汽车炸弹将其中一座塔楼炸倒，让其压塌另一座。但是世贸中心逃过此劫，袭击最后只造成六人死亡和相对有限的财产损失。这一个方面是因为炸弹的威力有限，另一个方面是因为袭击者停放炸弹的位置并不是支撑大厦的关键部位，因此爆炸对大楼结构造成的破坏有限。但世贸中心最终没有能够逃脱毁灭的结局。在一定程度上可以说，世贸中心能够逃过1993年那一劫，却最终在“9·11”袭击中倒塌了，并不是因为袭击者在“9·11”袭击中所使用的武器或技术，比1993年那次袭击中所使用的武器或技术有很大的改进，而在一定程度上只能说世贸大楼逃过1993年那一劫是侥幸。①

第二，现代社会各个部分之间形成越来越明确的职能分化，社会的运转通过各个部分相互联系、相互作用、相互依赖来进行。这样，社会各个部分紧密地联系在一起，形成一体的网络结构。这种各个部分相互依赖、紧密联系在一起的网络结构，使对其中一部分的袭击都可能带来整个社会体系的震动，并造成大量的人员伤亡或财产损失；并且，这些网络结构可能将袭击的影响放大，并扩散到很广的范围，甚至导致整个社会体系的崩溃。这也就是

① 而且，“9·11”式袭击也绝不是独一无二的。在1994年12月，一伙阿尔及利亚伊斯兰武装分子劫持了一架法航客机，要求释放因1993年那次世贸中心袭击而被捕的拉赫曼（Rahman）；这群人的最初设想就是驾驶飞机对埃菲尔铁塔发动自杀式袭击。参见Evan Kohlmann, *Al-Qaida's Jihad in Europe: The Afghan-Bosnian Network*, New York: Berg, 2004, p. 26。

一些学者所说的“现代社会的网络化增强了恐怖袭击的连锁性。”[①]

这些广泛存在的各个部分之间的网络联系，包括供水系统、供电系统、食品供应系统、交通运输系统、金融系统，等等，使针对这些联系的袭击变得容易并可能带来严重的影响。针对这些联系，可以设想到很多可能造成大规模伤亡、损失以及恐慌的袭击方式，比如，在城市供水系统大规模的投毒或在食品中投毒，破坏交通系统，等等。由于这些联系或系统是现代社会正常运行的基础，因此，对这些系统的袭击可能带来巨大的破坏作用，并制造广泛的动荡与混乱。现代社会中的这种相互联系、相互依赖的网络结构，甚至会放大袭击的冲击。比如，对供电系统的袭击，可能造成一个城市甚至是一个地区的断电；还比如，对航空系统的袭击，可能造成整个航空体系的瘫痪。“9·11”袭击发生后，美国本土的整个航空飞行一度被终止，证券交易等也被迫关闭。还比如，一个城市或地区遭受生物武器的袭击后，可能会由于人口等流动使袭击引起的疾病等很快传染到各地，并由此引起广泛的混乱与恐慌，对此，回想一下 2003 年非典在中国与世界其他地区的传播以及造成的恐慌与混乱，就可清楚理解这一点。

第三，以大众媒体、互联网等为代表的现代社会中各种信息的快速与大量传播，本身虽然不造成大规模伤亡，但却可以影响恐怖主义行动。

在早期关于恐怖主义的观点中，有所谓的表演理论，即认为恐怖主义主要目的是进行表演、宣传，而为这种表演提供舞台的，正是电视、广播、报纸等大众传媒。因此，“现代媒体是恐怖主义的最好朋友”这种看法曾一度广为流行；[②] 以至于很多人认为，如果没有大众媒体，恐怖主义也将消失。不过对于现代媒体的这些偏见，在很大程度上是因为现代媒体对于暴力袭击事件往往过分地大肆报道，甚至出现过媒体与袭击者进行相互配合、合作的情况。而那些负责处置恐怖主义袭击所导致的紧急情况的人，往往也抱怨媒体的参与会妨碍、甚至危及到他们的工作。而有关暴力袭击事件的大量报道，还可能刺激一些非国家行为体寻求采取能造成大规模伤亡与损失的暴力

---

① 范明强：《社会学视野中的恐怖主义》，北京：解放军出版社，2005 年版，第 55—60 页。

② Walter Liqueur, “The Futility of Terrorism”, in Charles W. Kegley, Jr. ed., *International Terrorism*, pp. 69—73.

袭击，以引起更多的关注。毫无疑问，当大众和政治家们对于惯常的袭击已经习以为常，那么，采取不同于以往的袭击，对于恐怖主义者而言，则可能是引起关注或迫使对手改变行为的一个必要的升级选择。① 在这种不断的竞争中，其结果就是采取大规模杀伤性袭击成为一个现实的选择，即使大规模伤亡与损失可能并不是袭击者最初的目的。而且，这种大规模杀伤性袭击可能为后来者提供了采取行动的模仿榜样，并破除后来者在大规模杀伤性袭击上的心理与伦理等方面的障碍。

在今天，现代社会所充斥的各类信息，也可以使非国家行为体比较轻易地学习和掌握到进行大规模杀伤性袭击所需要的知识与经验。比如，在网络上有关如何制造炸弹，甚至是如何制造核武器、生化武器等的知识，就可以比较轻易地获得。

当然，这些对媒体的谴责很多并不一定属实。实际上，在信息传播途径越来越多样化的今天，很难断言，媒体不报道恐怖主义，就不会产生恐怖主义。实际上，今天很多恐怖主义组织的宣传、信息发布等，并不是借助于正式媒体，而是采用互联网、光盘、录音、手机、宣传海报等各种灵活方式。过分限制媒体在有关恐怖主义方面的报道，可能还会带来一些消极的后果。②

最后，现代社会的一些特征，虽然并不会直接导致非国家行为体采取大规模杀伤性的袭击，但是确实会有利于非国家行为体采取这类行为。比如，现代社会内部存在着的大量流动，使一些非国家行为体可以隐藏在这些大量流动中，轻易地发起攻击，却难以被发现。西方有些学者还强调，对人权与个人自由进行保护、限制国家权力的社会即所谓的开放社会，更容易遭到恐怖主义等袭击。他们认为，恐怖主义分子可以轻易地借助保护个人隐私、权利等法律来掩盖他们的行动；而司法等国家机关在对付这些行动时却必须要遵守这些法律的限制。不过本人认为，实际上，所谓开放社会在应对恐怖主义等袭击时的困难，除了极少数那些国家权力极端绝对化的社会，大部分国

---

① Brian M. Jenkins, "The Organization Men", in James F. Hoge, *How Did This Happen*, pp. 1—14.

② 苏珊·L. 卡拉瑟斯：《西方传媒与战争》，张毓强等译，北京：新华出版社，2002 年版，第 186—226 页。

家也都面临着这个问题。

总而言之，冷战后恐怖主义威胁的增加和安全化是多种因素推动的。其中，某个行为体如基地组织与拉登，某种极端思想如原教旨主义，某个事件如“9·11”袭击，某具体的原因如民族之间的纷争与冲突，往往一再被提起和强调。也确实存在着这种可能，即当这些行为体被消灭、极端思想不再传播和有吸引力，或者世界上的热点矛盾得到较好的解决，恐怖主义的威胁也可能会减弱，人们对于其关注也会降低，甚至会出现非安全化的趋势，即恐怖主义问题再次被排除在国家安全议程之外。

但是，推动恐怖主义安全化的绝不仅仅是这些偶然的或当下的原因，还有更深刻的背景即全球化、大规模杀伤性武器的扩散和现代社会中广泛存在的脆弱性。这种背景虽然并不直接产生恐怖主义，但却深刻影响着恐怖主义从发生、运作到后果等各个方面。这些背景将决定着恐怖主义整体的长期演变趋势。未来，即使恐怖主义活动可能会有所减少，但是，这些背景意味着恐怖主义仍将是一个充满不确定性的巨大、复杂的威胁。

第五章

恐怖主义：数据与现实

恐怖主义大多数时候是一个爆炸性的事件，因此，其经常出现于各种媒体的报道中，并很容易成为某个时期公众关注的焦点；同时，恐怖主义往往也是一个包含激烈情感与道德判断的现象，很容易激起人们的愤怒、恐惧、紧张、仇恨等强烈情绪。恐怖主义的这些特征往往阻碍了人们对其做出一个冷静、理智的认识与判断，甚至是专门的研究人员也往往难以避免由此带来的干扰或偏见。这也更加凸显了对于恐怖主义的分析，要基于客观事实——而不是媒体的虚张声势或大众的某种惊恐、慌乱或仇恨等情绪——的重要性。

一、关于数据的简要说明

本章试图通过分析恐怖主义的相关统计数据，来呈现恐怖主义的一般性特征及其演变。不过，由于恐怖主义的相关研究在很大程度上可以说是发端于20世纪60年代即所谓新一波国际恐怖主义浪潮兴起之际，有关恐怖主义的统计工作进行得比较晚且相对有限，而且，有关统计在信息来源、统计方法、有关恐怖主义的界定、统计的连续性和全面性等方面也可能存在着某些缺陷，甚至是比较严重的缺陷，这对于这些数据的质量有较大的消极影响。

而且，就目前来看，全球范围的恐怖主义事件的统计，主要是由美国的研究机构或政府机构进行的，因此，其统计的标准、信息来源等也不可避免地受到这种条件的限制。

不过，即使可能存在着上述种种问题，但这些统计至少使我们对于恐怖主义能够超越当下模糊的直觉认识——其实很多时候可能只是没有根据的印象或猜测，作出具有某种广泛的经验普遍性和精确定量的认识与分析成为可能。

为了尽量减少由于上述统计缺陷对恐怖主义分析与结论的消极影响，在本章的分析中将在反映或分析恐怖主义的一个特征或演变时，尽量用多个来源的数据——具体而言，是指四个美国官方或非官方的有关恐怖主义的统计。因此，在反映恐怖主义某个特性或状况的一个指标中，读者可能会看到四个不同统计来源的数据或图表。当然，这种做法主要不是为了核对相关数据，或者是比较这四个方面统计的优劣，而是为了通过用尽可能多不同来源的数据的相互比对、参照，尽量避免或减少上述统计缺陷或限制对于分析的影响，使对恐怖主义的分析更为可靠。

这四个有关恐怖主义的不同统计，其中两个是由美国的官方机构进行的；另两个是由美国的研究机构进行的。美国官方的数据，分为两个阶段：2003 年及之前的数据，主要是由美国国务院进行统计的；每年的统计数据及相关分析会发布在美国国务院当年度的《全球恐怖主义模式》（*Patterns of Global Terrorism*）报告中。本文这个来源的数据正是收集于这个系列的报告。这个系列报告自 1976 年以来，每年发布；曾先后用过《国际与跨国恐怖主义》（*International and Transnational Terrorism*）、《国际恐怖主义》（*International Terrorism*）、《国际恐怖主义模式》（*Patterns of International Terrorism*）等名称；从 1983 年起直至 2003 年，就一直使用《全球恐怖主义模式》这个名称。[①] 不过，随着有关恐怖主义的统计工作由国务院移交给 2004 年成立的美国国家反恐中心（National Counter-terrorism Center），国务院的相关统计工作也随之停止，其《全球恐怖主义模式》报告也由有关

① 在〈http://www.mipt.org/Resources.aspx〉网站可以查找到所有年度的报告，而在美国国务院网站〈http://www.state.gov/s/ct/rls/crt/〉能找到 20 世纪 90 年代后的报告。

恐怖主义的国别报告所替代。而美国国家反恐中心（NCTC）的数据则是本章利用的另一个美国官方统计。2003 年及之前美国国务院主要统计的是国际恐怖主义，而不包括国内恐怖主义等；而美国国家反恐中心的统计则不再做此区分，其统计覆盖所有恐怖主义事件。国家反恐中心不仅发布年度报告即《国家反恐中心报告》（*NCTC Report on Terrorism*），其中会披露当年度恐怖主义的有关数据，并做出一定的分析，而且，在美国国家反恐中心网站上，还提供了“世界恐怖主义事件追踪系统”［Worldwide Incidents Tracking System（WITS）］（网址：http：//www.nctc.gov/wits/witsnextgen.html）。研究者或普通大众都可通过网络登录其网站，获得和使用更为丰富、全面的数据或进行多种分析，而且还可下载相关数据文件。截至本书查询的最近时间（2011 年 3 月 10 日），[①] 该数据涵盖的年份为 2004 年至 2010 年（包括起止年份）；但是 2004 年的统计应该是不完全的，而 2010 年的数据也只更新到 2010 年 9 月 30 日，10 月 1 日之后的事件尚无。

而两个非官方的统计，一个是由兰德公司主持的。兰德公司的恐怖主义数据库［RAND Database of Worldwide Terrorism Incidents（RDWTI）］（其前身是 RAND Terrorism Chronology 和 RAND-MIPT Terrorism Incident Database），涵盖自 1968 年至 2009 年（包括起止年份）的国内和国际恐怖主义；但 2009 年的数据尚不全，只更新到部分地区。同样，兰德公司将其数据库放在网站上，供公开使用；公众可通过登录该数据库网站直接使用或输出相关数据或分析（网址：http：//smapp.rand.org/rwtid/search_form.php）。

另一个非官方恐怖主义统计数据来源是全球恐怖主义数据库（Global Terrorism Database）。[②] 这个数据库的演变情况更为曲折一些，在该数据库的网站上可以查看其演变情况，因此，在此不再多言（网址：http：//www.start.umd.edu/gtd/）。同样，研究者或大众都可通过网络检索和使用

① 此后有关恐怖主义这四个来源的统计数据及相关说明，如果无特殊说明，都可视为在此日期登录、检索、使用或引用这些数据库或数据的所得结果。因为，美国国务院来源的数据早已停止更新，因此，检索日期影响不大。而对于其他三个来源的数据，由于其还在不断更新过程中，检索日期就可能会对检索到的结果有较大影响。因此，读者在核查和使用本书中的数据时，需要注意到这一点。

② Global Terrorism Database，START，登录日期：2011 年 3 月 10 日。

该数据库，或下载有关数据等。该数据库目前涵盖的范围是从1970年至2008年（包括1970年和2008年）。其中1993年数据曾丢失，但至本书检索和使用该数据库的最近时间时，一些数据已经恢复。不过，在本文最近检索时期，所能下载到的1993年的数据文件中所包含的记录只有900多个，远低于其《编码手册》（Codebook）附录中所说明的4000多次袭击。因此，对于1993年，本书主要采用其《编码手册》中的汇总数据，而不是使用下载到的1993年数据库文件数据；如果《编码手册》中没有的数据，则1993年数据为空缺，在图表上该年份不被显示。

需要提醒的是，这四个方面的统计，在概念界定、统计方法、信息来源等方面都存在着不同，而这些不同又都可能造成有关统计数据的差异。而且，事实上，上述四个方面统计自身，在这些方面也都进行过调整，而这些无疑也会影响到统计结果。具体有关这些信息，感兴趣的读者可以查阅各个数据库的统计方法等方面的说明。在此，只是提供四个方面统计中判定恐怖主义事件的标准或恐怖主义界定的说明，因为这是最基本的信息。而其他需要说明的，会在文中涉及到具体数据时给出。

美国国务院和国家反恐中心先后进行的统计，大体上是根据相同恐怖主义定义进行的。美国国务院的统计，大部分时候（自1983年起），其《全球恐怖主义模式》报告采用美国法律［“Title 22 of the United States Code, Section 2656f（d)”］中的有关规定，即“恐怖主义是指次国家团体或秘密特工出于政治动机而针对非战斗目标蓄意实施的暴力活动”；而所谓国际恐怖主义是指“涉及到一个以上国家的公民或领土的恐怖主义”。其《全球恐怖主义模式》主要报告的是国际恐怖主义，而不涉及国内恐怖主义等。2004年后美国国家反恐中心的统计，也采用同样界定，而不再区分国内国际等，而包括符合这个标准的所有恐怖主义事件。

兰德公司的统计没有给出直接的恐怖主义界定，而是给出了判断一个袭击构成恐怖主义事件应具有的关键因素：“暴力或暴力威胁；蓄意制造恐慌；为了强制实行某些行动；动机中必须具有政治目标；一般针对平民目标。”①

全球恐怖主义数据库（GTD）的标准更为复杂一些。在其2010年5月发布的最新编码说明中指出，一个事件要成为恐怖主义事件，必需同时满足

---

① http://www.rand.org/nsrd/projects/terrorism-incidents/about/definitions.html.

下面三个条件：“事件必需是蓄意行动的结果”；“事件必需包含一定的暴力或暴力威胁”；“事件的实施者必需是次国家行为体”。此外，还必需至少满足下面三个条件中的任意两个：“行动必需是为了达到某种政治、经济或社会目标，而经济目标中，不包括那些追求利润的行为，其必需是那些追求更深、更系统性经济变迁的行为”；“必需有证据显示行动有强制、威吓或传递其他信息给更广泛人群的意图，而不仅仅是针对受害者”；“行动必需属于合法战争活动的范围之外”。全球恐怖主义数据库（GTD）还容许用户自己在上述三个选择性条件中选择，设定自己的标准，对于数据库中的记录进行过滤。但是，本书所使用的相关数据，没有进行进一步限定，即把该数据库中包括的所有记录都视为是恐怖主义事件。

此外，本章使用相关数据库时，如果无说明，则包括截至本章检索和使用这些数据库的最近时间时，各个数据库所收录的所有记录。

下面就尝试利用这些数据库提供对恐怖主义的基本现状、演变趋势和特征等的多角度说明和分析。为了避免繁多的数字使读者感到疲倦，下面将大多用直观的图示来表示这些基本现实和特征；而相关具体数据则收录在本书的附录中，以供有需要的读者核对和查用。当然，如果需要，具体的数字仍然会在本章给出。下面的图表中，会在括号中标出数据是出自哪个数据库。

二、恐怖主义袭击的数量

兰德公司恐怖主义数据库收录自1968年以来的恐怖主义事件，截至本章使用该数据库的最近时间，该数据库最新收录年份是2009年；但2009年只是收录到部分地区，而如中东、南亚、东南亚、东亚、大洋洲和前苏联地区等仍然只收录到2008年。其记录的恐怖主义袭击总数为40129次；年均为950多起。图表5—1则显示了这些袭击的年度变化。总的来说，图表5—1比较清晰地反映了恐怖主义袭击数量逐年增长的趋势，特别是在1997年之后。虽然，2007、2008、2009年呈现大幅下降趋势，但因为2009年数据尚不完全，特别是像中东、南亚等这些恐怖主义高发区仍未被统计。因此，有理由相信，完整的2009年数据应该远高于现有的数据，即使2009年恐怖主义数量比前几年少，其下降幅度也应远小于图表5—1所示。而且，这个下降持续的时间很短，因此，其趋势并不明确和肯定，有可能只是个短暂的波动。

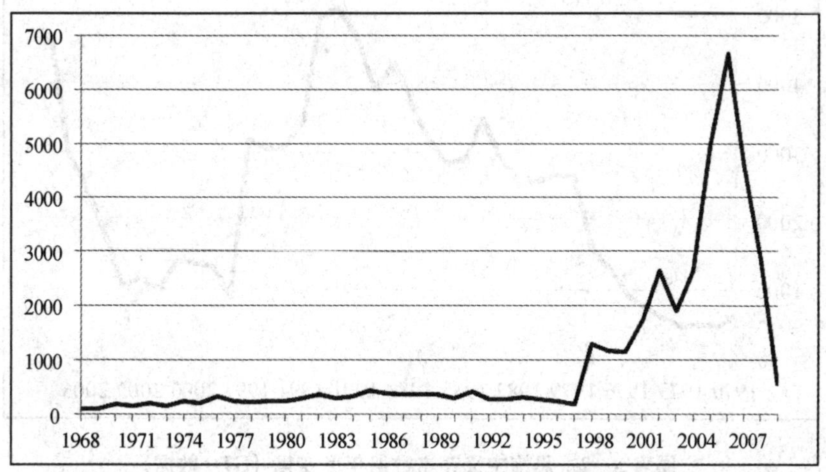

图表5—1　恐怖主义袭击数量年度变化（兰德公司）

而图表5—2则是根据全球恐怖主义数据库（Global Terrorism Database (GTD)）数据制作而成。全球恐怖主义数据库收录恐怖主义事件时间为1970—2008年（包括起止年份），期间总共统计到92664次恐怖主义袭击，包括1993年的4954次袭击，年均为2376次。图表5—2显示，恐怖主义袭击在冷战结束前后，即20世纪90年代初时，数量上曾达到一个高峰，而在1998年及之后几年则陡然下降，直到2005年又开始有迅速的回升。不过，对于1998年之后恐怖主义袭击数量的陡然回落，可能并不是因为实际恐怖主义袭击数量的迅速降低，而是因为全球恐怖主义数据库（GTD）统计方法的问题。因为在此之前，该数据库主要采取现时记录的方法进行统计，即恐怖主义事件发生后，当时就被记录下来；而1998—2007年（包括起止年份），则采用回溯法进行统计，即通过对过去的媒体等信息进行检索、查询而统计得出。事实上，全球恐怖主义数据库（GTD）也提醒用户注意这种统计方法的差异可能是造成这种变化的重要原因。不过，即使如此，从图表5—2上看，全球恐怖主义数据库的数据整体上仍然反映出恐怖主义袭击数量逐步上升的趋势。

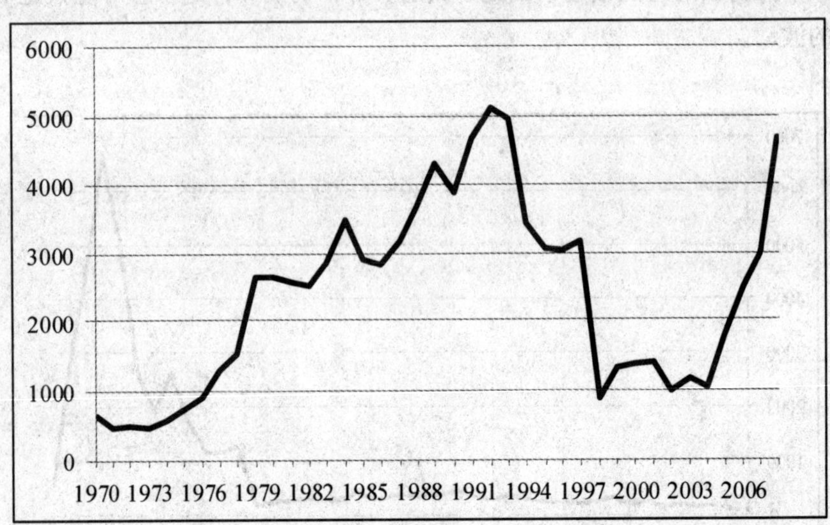

图表 5—2　恐怖主义袭击数量年度变化（GTD 数据）

图表 5—3 则是根据美国国家反恐中心的统计数据制作而成。同样需要强调一点的是，其中 2010 年数据事实上只是更新到 2010 年 9 月 30 日，之

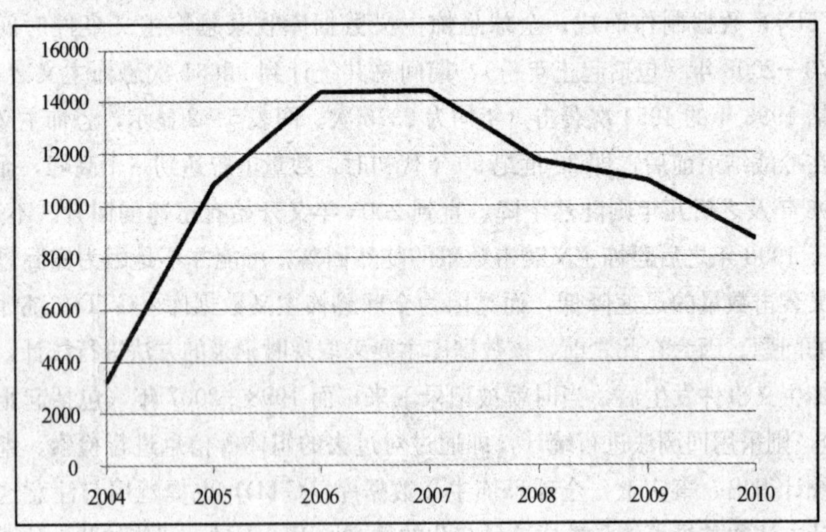

图表 5—3　恐怖主义袭击数量年度变化（美国国家反恐中心数据）

后的数据尚未更新；而且，2004年的统计可能也不完整，因此，其明显低于之后的几年。总共统计到74306次恐怖主义袭击，年均约为10615次；而如果去掉2004年和2010年，则大约年均为12472次。不过，因为其统计时间跨度比较短，尚难以据此判断其变化趋势。

图表5—4则根据美国国务院《全球恐怖主义模式》中的统计数据制作而成。[①] 其统计涵盖年份为1968—2003年（包括起止年份）；而其统计的是国际恐怖主义，而不是所有类型的恐怖主义袭击。根据其数据，这36年间总共发生18088次国际恐怖主义袭击，年均约为502次。根据图表5—4可以看出，国际恐怖主义袭击数量先是增长，20世纪70年代末至80年代末，为其高峰时期，然后逐渐减少。这种趋势无疑与兰德公司数据和全球恐怖主义数据库（GTD）数据所反映的趋势并不一致。这种不一致可能首先是因为统计对象的不同，兰德公司和全球恐怖主义数据库统计包括国内、国际等恐怖主义；这种不同也可能因统计方法等方面的差异造成的。

但是，结合这几个方面数据来说，就恐怖主义袭击次数来看，仍然可以

---

① 因为美国国务院国际恐怖主义袭击数量及稍后的伤亡方面的数据，出处比较复杂，在此加以说明以便读者应用或查对。

1968—1980年（包括起止年份），国际恐怖主义的数量、造成的伤亡等数据，来自于 *Patterns of International Terrorism 1980*；而1981—2003年的相关数据，则来自于当年的国务院恐怖主义报告。比如1991年数据则来自于 *Patterns of Global Terrorism 1991*。需要注意的是，美国国务院统计中，往往会对过去的统计不断进行修正；A年度的报告中，不仅会发布当年的有关数据，还会提到之前某年或某些年的有关数据，而这些数据可能有所修正。因此后面发布的数据有时会与之前那年或那些年的当年度报告中的数据会不同。一般而言，由于相关信息更为清晰，因此，最新修正后的数据应该更为准确。但是，在此，各年数据仍然采取当年度报告的数据。这样做有两个方面原因。一方面，从美国国务院系列报告中所能获取的修正后的数据往往是零散而非系统的，比如，某年报告修正了之前某年的袭击次数，但却没有给出该年的伤亡等数据。另一方面是，这种修正往往比较小，无论对于反映当年恐怖主义的特点还是反映恐怖主义整体趋势与特征都没有什么实质性影响（对于2001年的修正比较大，特别是伤亡数据；2001年报告中2001年国际恐怖主义袭击次数、死亡、受伤分别为，346，3547，1080；2002年这个数据则被修订为355，3295，2012）。此外，2003年报告发布后（在2004年发布的），有关数据引起轩然大波；因此，2004年6月重新修订了报告和有关数据。在此，使用的是修订后2003年报告数据；未修订的2003年报告中的数据为：190次，307死，1593伤。

说，自1968年所谓新一波恐怖主义浪潮以来，恐怖主义袭击的数量已经有很大的增长，恐怖袭击大体上呈现逐步增长的态势。当然，本书认为，这并不意味着恐怖主义袭击在未来将永远保持这种增长态势；相反，在未来某个时期恐怖主义袭击数量可能会经历回落趋势。美国国家情报委员会在《全球趋势2025》报告中就评估认为："虽恐怖主义到2025年不大可能消失，但如果中东的经济增长持续和青年失业问题缓解，那么恐怖主义的吸引力就可能会降低。"①

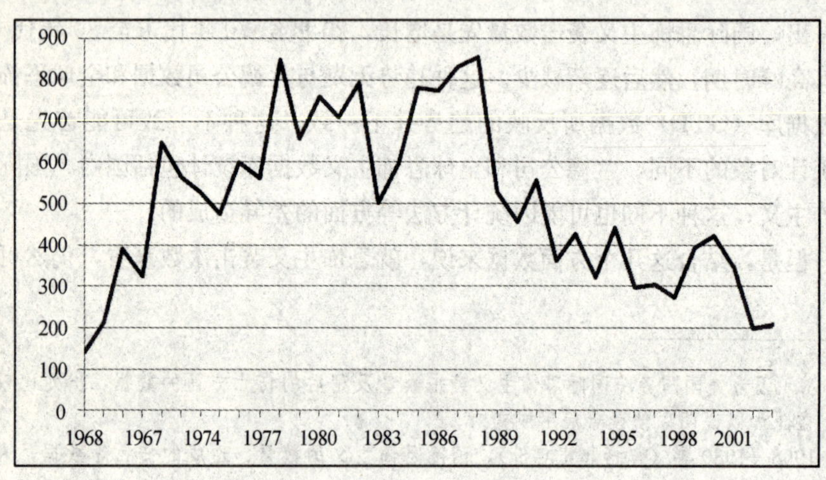

图表5—4　国际恐怖主义袭击数量年度变化（美国国务院数据）

三、恐怖主义的杀伤性

恐怖主义袭击能造成许多后果，其中不仅包括人员伤亡、大规模的财产损失，还包括对社会心理、政治社会秩序等多方面的冲击。但是，其造成的伤亡无疑仍然是衡量恐怖主义袭击杀伤性或严重性的一个非常直接、重要的指标，也是相对容易稳定、客观、定量衡量的一个指标。因此，本书应用的

① National Intelligence Council (US), *Global Trends 2025: A Transformed World*, November 2008, http://www.dni.gov/nic/NIC_2025_project.html.

四个数据库都有恐怖主义袭击所造成的伤亡的统计。因此，下面尝试利用这些统计数据分析恐怖主义的杀伤性。

首先在恐怖主义的伤亡总量及年度变化上。图表 5—5 显示兰德公司统计数据所展示的恐怖主义袭击所造成的伤亡的年度变化。图表 5—5 清晰显示了恐怖主义袭击造成的人员伤亡在过去几十年已经有了大幅的增加，而且可以看到，这种增长更多是出现在冷战结束后。大体上，恐怖主义袭击造成的伤亡与恐怖主义袭击数量呈现出类似的增长趋势。就总量上看，40129 次袭击总共造成了 64236 人死亡和 146365 人受伤，年均约为 1529 人死亡和 3485 人受伤（图表中伤亡线所代表的是死亡加受伤的人数，下同）。其中需要注意的是，2001 年之后恐怖袭击造成的伤亡的增长幅度又尤为明显；这其中很大一部分可能要归功于美国入侵阿富汗和伊拉克两场战争的影响。

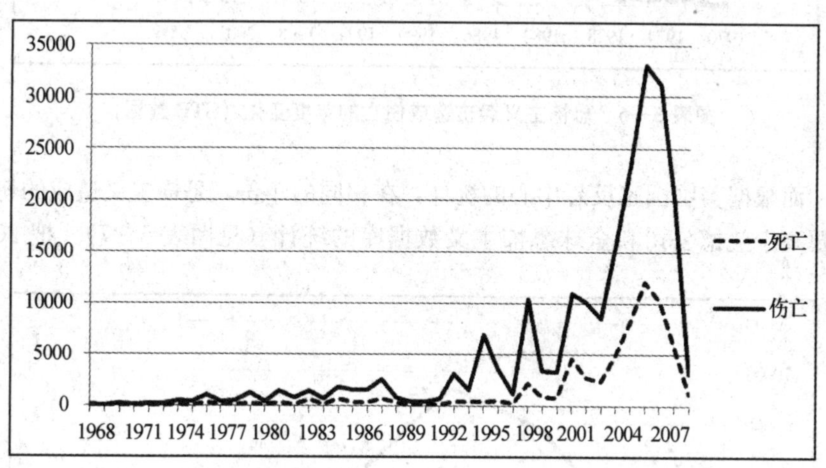

图表 5—5　恐怖主义袭击造成伤亡的年度变化（兰德公司数据）

全球恐怖主义数据库（GTD）则同样反映出恐怖主义袭击造成伤亡整体上大幅增加的趋势，而且这种趋势与其统计的恐怖袭击数量年度变化也大体一致。图表 5—6 曲线在 1998 年之后出现的大幅下降，相信也如袭击数量大幅下降的原因一样，是由于统计方法差异造成的。而且，在 2002 年之后伤亡也出现了急剧的大幅增长，这可能也是同样反映了阿富汗和伊拉克这两场战争的影响。整体上而言，在 1970—2008 年的 39 年中，该数据库统计到的 92664 次袭击，共造成约 209240 人死亡和 258016 受伤；年均约为 5366

人死亡和 6615 人受伤。相比而言，这个数据远高于兰德公司的统计。

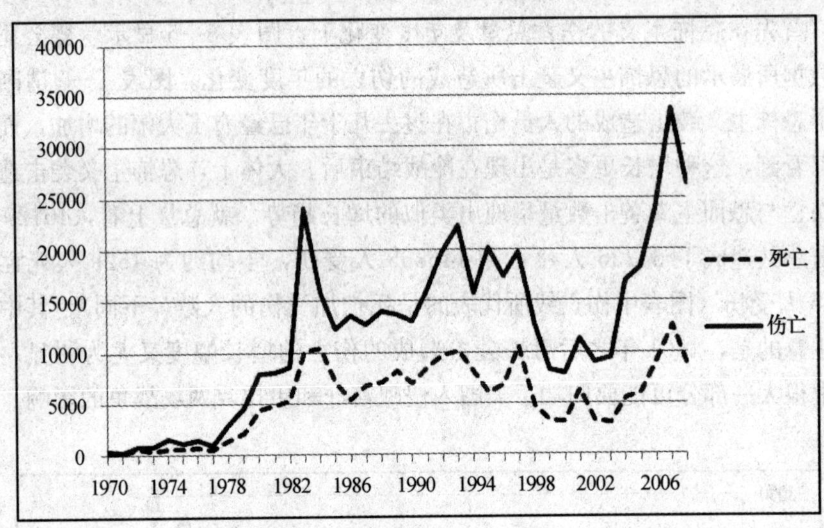

图表 5—6 恐怖主义袭击造成伤亡的年度变化（GTD 数据）

而根据美国国家反恐中心的统计，在相同的年份，恐怖主义造成的伤亡都要高于兰德公司和全球恐怖主义数据库的统计（见图表 5—7）。把 2004

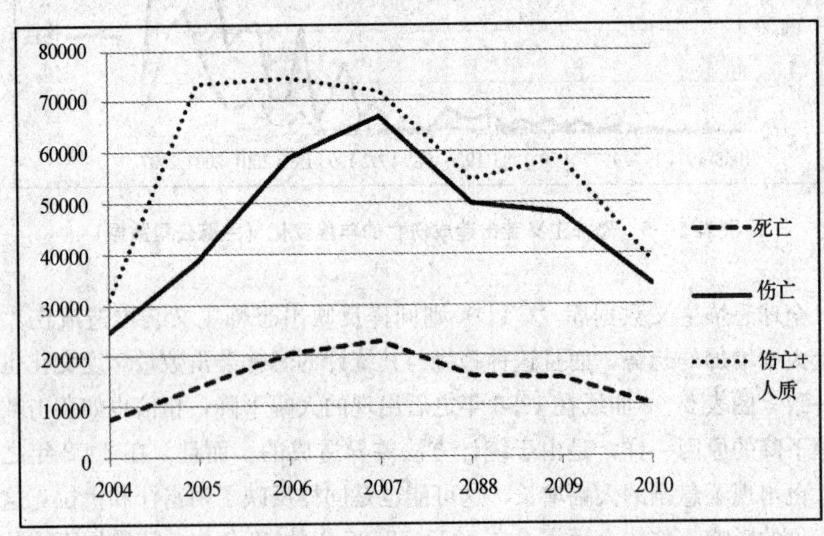

图表 5—7 恐怖主义袭击造成的伤亡年度变化（NCTC 数据）

年和2010年去掉，那么，在2005—2009年的5年里发生的62359次袭击总共造成88148人死亡和173990人受伤；年均造成约12472人死亡和34798人受伤。同样，由于时间问题，这里的变化趋势仍不能确定；但是2007年之后的下降，很可能与伊拉克和阿富汗局势的改善有关系。

美国国务院统计的是国际恐怖主义袭击情况。从图表5—8可以看出，国际恐怖主义袭击造成的伤亡在整体上呈现出缓慢增加的趋势，即使根据其统计，恐怖袭击数量是先升后降的。根据其记录，从1968—2003年的36年里共发生18088次国际恐怖主义袭击，共造成15821人死亡和45534人受伤；年均约439人死亡和1265人受伤。

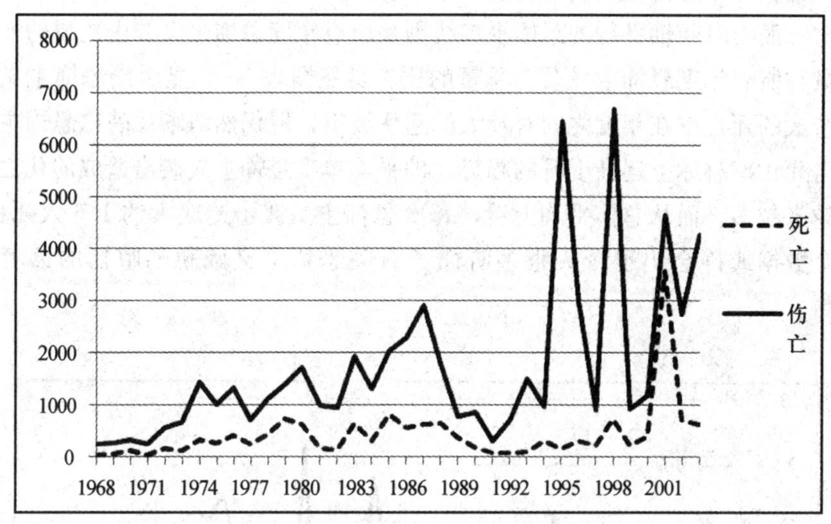

图表5—8 国际恐怖主义袭击造成的伤亡年度变化（美国国务院数据）

综合前面几个恐怖袭击伤亡年度变化图表，可以看出，除了美国国家反恐中心的数据因其统计时间尚短，难以观察到明确的趋势以外，兰德公司、全球恐怖主义数据库（GTD）的统计都反映出了恐怖主义所造成的伤亡逐渐增加的趋势，特别是在2001年之后，这种趋势又尤为明显；这种增长与这两个统计所记录到的恐怖主义袭击数量的增长大体上是同步的。而根据美国国务院对于国际恐怖主义的统计，国际恐怖主义所造成的伤亡同样也出现了明显的大幅增长趋势，即使其统计的国际恐怖主义袭击数量在冷战结束后呈现一种缓慢的下降趋势。

因此，综合四个方面的数据，也可以推断说，迄今而言，恐怖主义袭击所造成的伤亡在逐渐增加。

对于恐怖主义造成伤亡数量的增加，恐怖主义袭击数量增加可能是其一个重要原因。但事实上，恐怖袭击伤亡的增加不仅是因为袭击数量的增加造成的。数据表明，这种增加还因为平均单次恐怖主义袭击造成的伤亡增加，即恐怖主义袭击的死亡率和伤亡率的增加。这也反映了恐怖主义杀伤性的增强。

图表 5—9 是根据兰德公司的数据制作而成的，其中的折线即年度平均线，反映每年恐怖主义袭击所造成的死亡数量与该年度的恐怖主义袭击数量的比；而与时间轴平行的总体平均线则是所有年度恐怖主义袭击造成的死亡总量与所有年度恐怖主义袭击总量的比。虽然图表 5—9 显示出恐怖主义袭击造成的死亡率在年度之间有较大的起伏波折，但仍然清晰反映出恐怖主义袭击死亡率整体上逐渐上升的趋势，即平均单次恐怖主义袭击造成的死亡人数越来越多。而从总体平均上看，每次恐怖主义袭击造成大约 1.6 人死亡；这个数据或许会出乎今天很多听惯了有关恐怖主义威胁的喧嚣的读者的预料。

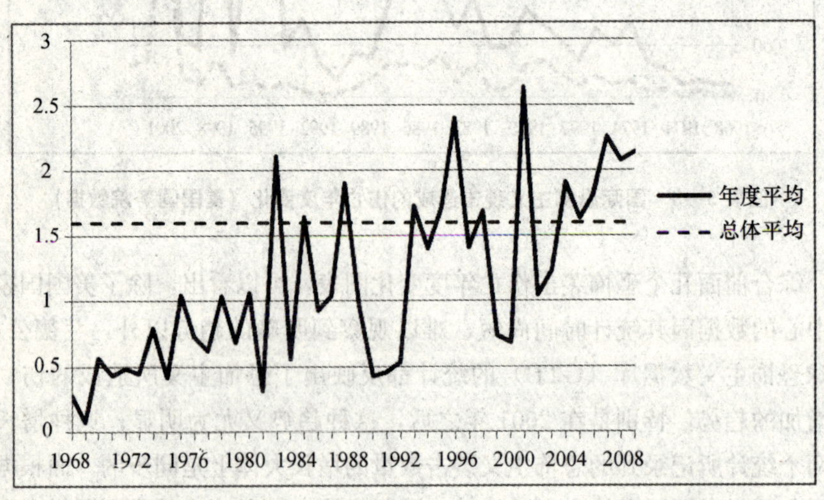

图表 5—9　恐怖主义袭击年度与总体死亡率（兰德公司数据）

而如果加上受伤的，即恐怖主义的伤亡率来看，兰德公司的数据同样显示出了恐怖主义袭击的伤亡率逐渐上升的趋势，虽然这个趋势没有死亡率那么明显。见图表 5—10。

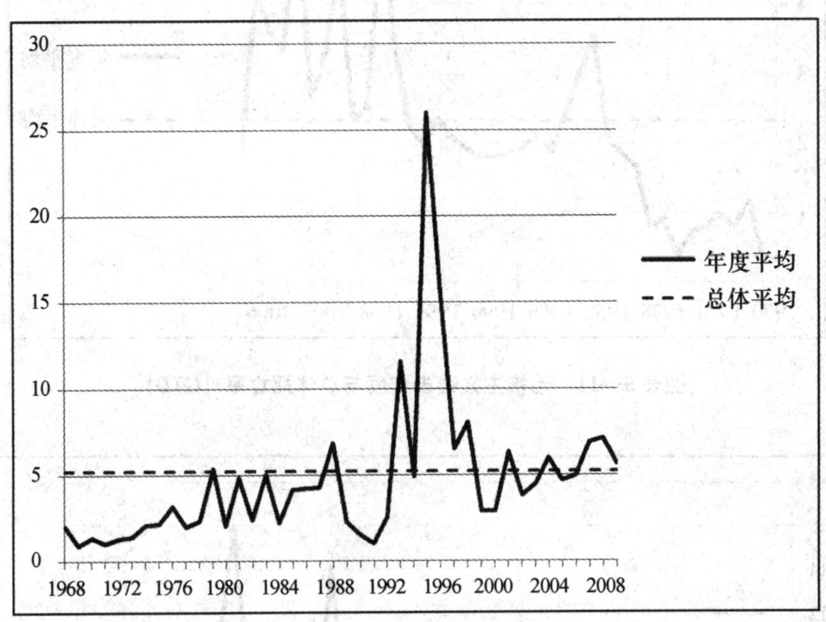

图表 5—10 恐怖主义袭击年度与总体伤亡率（兰德公司数据）

来自全球恐怖主义数据库（GTD）的数据同样反映出恐怖主义袭击的死亡率和伤亡率逐渐上升的趋势（见图表 5—11 和图表 5—12）；而且，其伤亡率整体上逐渐上升的趋势与死亡率整体上升趋势同样非常明显。根据其统计，恐怖主义袭击总体平均每次袭击约造成 2.3 人死亡，这个数字高于兰德公司的统计，但伤亡率则与兰德公司的统计差不多，每次袭击大约造成 5 人受伤或死亡。

图表 5—13 和图表 5—14 则反映了美国国家反恐中心（NCTC）的相关统计数据。从图形上看，似乎恐怖主义死亡率和伤亡率出现了非常弱的下降趋势。但鉴于统计时间持续相对较短，而且 2004 年到 2005 年出现的大幅下降，很可能是因为统计的问题，即 2004 年不完全的统计主要关注那些比较严重的袭击。因此，这两个图呈现出来的下降趋势是不确定和不可靠的。但

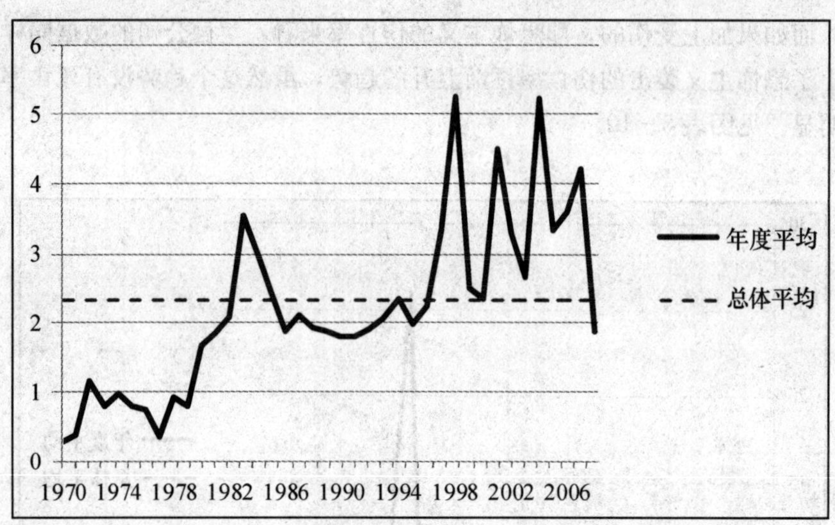

图表 5—11　恐怖主义袭击年度与总体死亡率（GTD）

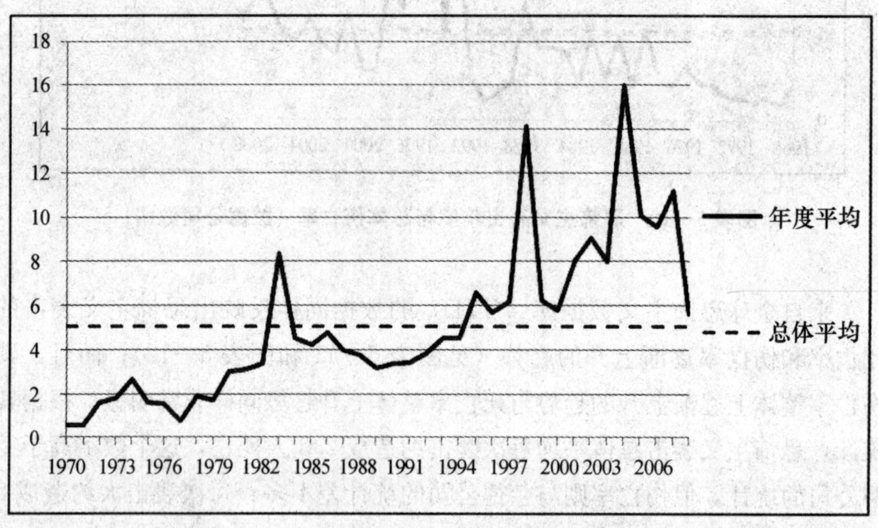

图表 5—12　恐怖主义袭击年度与总体伤亡率（GTD）

其平均死亡率和伤亡率确实具有一定的参考意义。其死亡率与兰德公司的统计大体相当，明显低于全球恐怖主义数据库（GTD）的统计；而伤亡率上，三方面的统计则没有大的差距。

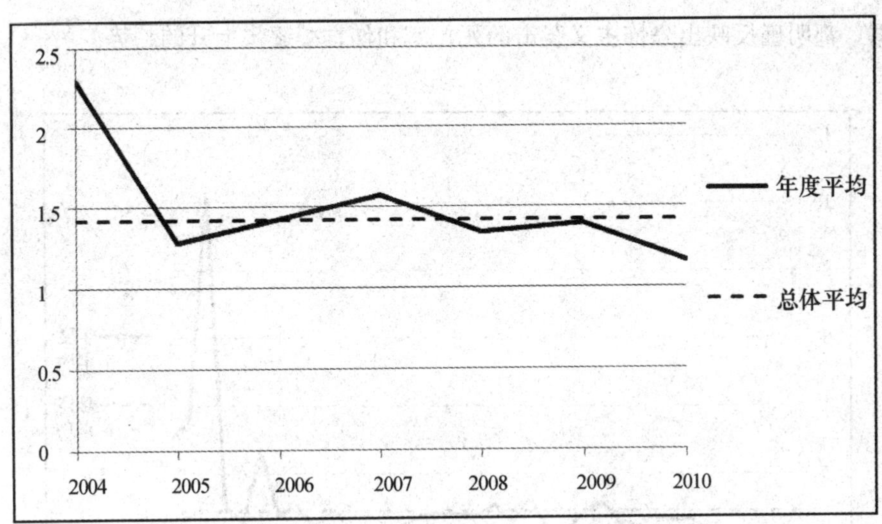

图表 5—13　恐怖主义袭击年度与总体死亡率（NCTC）

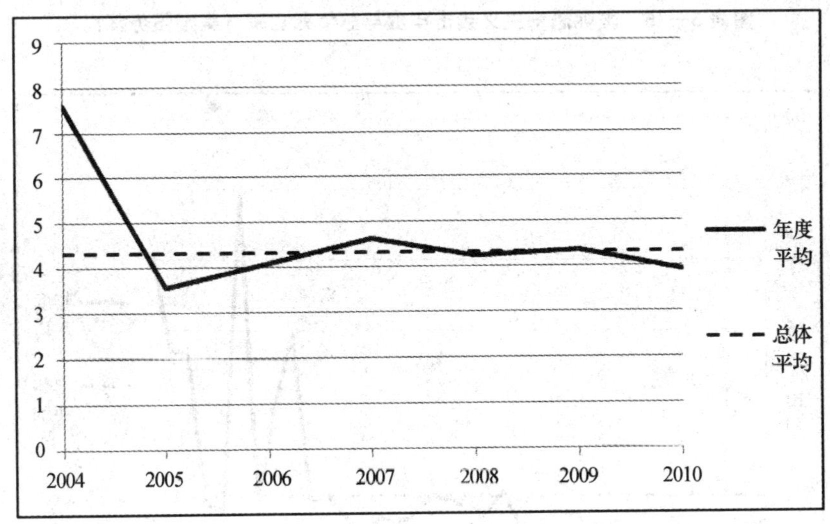

图表 5—14　恐怖主义袭击年度与总体伤亡率（NCTC）

美国国务院统计的国际恐怖主义袭击，其死亡率和伤亡率更低一些，分别约 0.9 和 3.4。而且，无论是死亡率还是伤亡率，整体上都呈现上升的趋势，特别是在冷战结束后，这种增加是非常急剧的。

因此，可以说除了美国国家反恐中心的数据以外，其他三个来源的数据，都明确反映出恐怖主义袭击的死亡率和伤亡率逐步上升的趋势。

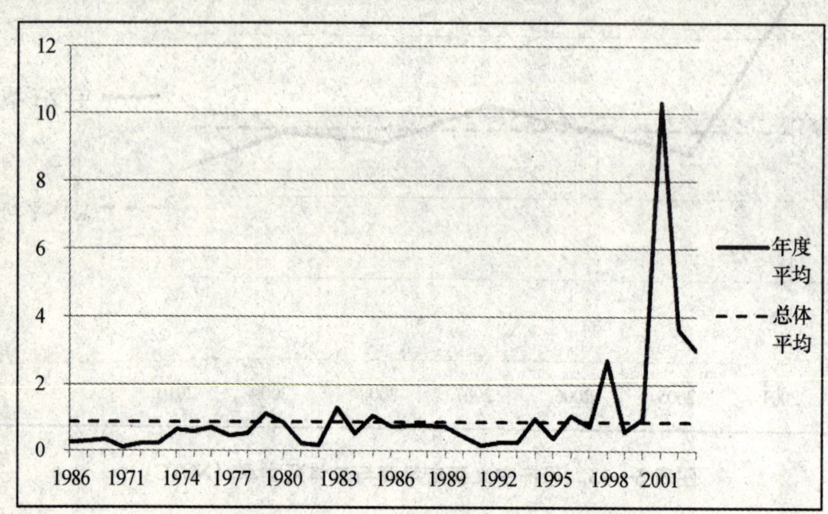

图表 5—15 国际恐怖主义袭击年度与总体死亡率（美国国务院）。

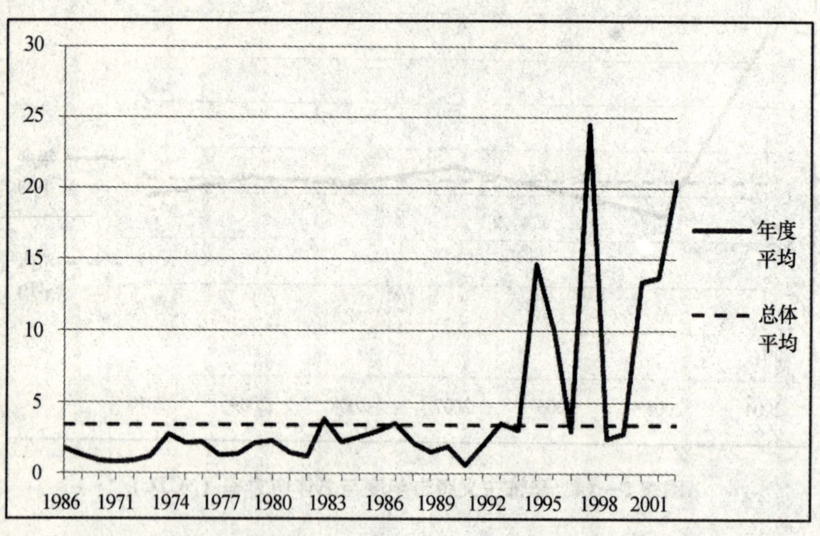

图表 5—16 国际恐怖主义袭击年度与总体伤亡率（美国国务院）

因此，综合上述的数据，可以推论说，就造成人员伤亡这个方面来看，恐怖主义的威胁越来越大。这种威胁性的增加，不仅体现在恐怖袭击造成的人员伤亡总量上的增加，还体现在平均单次恐怖主义袭击所造成的伤亡也有很大的增长。

造成恐怖主义死亡率和伤亡率增加的原因可能是多种的，其中可能包括如美国入侵阿富汗、伊拉克等偶然事件的影响。也有可能是恐怖主义组织战略调整的结果，如恐怖主义组织可能更蓄意追求大规模杀伤，即一些研究者所说的恐怖主义向战争型的转变。当然，这也可能是因为技术、社会环境等变化所带来的结果。但无论如何，恐怖主义杀伤性增加却是一个基本的趋势。

当然，可能也有的读者看到上述数据，特别是总体平均伤亡的数据后，对恐怖主义威胁就不以为然起来。因为根据其中最高的数值，即全球恐怖主义数据库（GTD）的数据统计，平均每次袭击也只不过大约造成 2.3 人死亡，而国务院统计的国际恐怖主义袭击则还不到 1 人。

虽然对于恐怖主义威胁不应过分夸大、恐慌，但却也不能因恐怖主义的这种死亡率或伤亡率而过分贬低这种威胁。单纯强调这种平均死亡率或伤亡率，一个方面忽视了恐怖主义在其他方面带来的冲击；事实上，在很多时候，恐怖主义的这种冲击正如许多研究者所说、也正像现实所显示的那样，往往远远大于单纯人员伤亡的影响。

另一个方面，这种轻视态度还忽视了有关恐怖主义的加总、平均等这些惯常的统计方法在反映恐怖主义特征时的局限性。比如，很多时候，恐怖主义袭击可能没有造成一个人伤亡。而且，正如上面数据图表显示的，恐怖主义袭击平均最高造成死亡也不过是 2.3 人/次，加上受伤的，三个数据中最高的也是五点几；而如果从年度平均上看，最高的是美国国务院统计的国际恐怖主义 2003 年的数据，该年平均死亡率约为 10.3 人/次，而伤亡率最高的是兰德公司统计的 1995 年数据，约为 26 人/次。但是，这些数据都难以使我们可靠地预言，下一次的恐怖主义袭击肯定不会超过 10 人死亡，或不超过 100 人，甚至是难以肯定一定不会超过 1000 人。

这是因为恐怖主义存在着极大的不确定性和变动性，“9·11”袭击这样的案例已经清楚显示和证明了这一点。“9·11”袭击之前，如果根据长期的统计数据，那么美国本土，无论是从伤亡的数量、袭击次数，还是每次袭击的平均伤亡来看，都是一个恐怖主义威胁相对较低的一个地区。而且，在“9·11”事件之前，像“9·11”事件这样的造成大量人员伤亡的袭击是否会发生还存在着激烈争论。许多人还认为，这样的袭击只是人们的一种想象，只会在电影中出现，而不大可能实际发生。但是，恰恰这个地区发生了“9·11”这样的事件；而谁又能说，“9·11”这样的袭击不是对国家的严重威胁呢?

实际上即使从上述图表中，也可以看出恐怖主义在呈现出某种整体演变趋势的同时，显示出明显不确定性。比如，除了美国国家反恐中心数据图表以外，其他图表，无论是反映袭击死亡和伤亡总量的，还是反映年度平均死亡率和伤亡率的，甚至是反映恐怖主义袭击次数的，折线都在年度间呈现出剧烈的波动。

那些反映伤亡（死亡）总量和平均伤亡（死亡）情况的折线的波动，在很大程度上反映出了如“9·11”袭击这样的极端恐怖主义事件的影响。在上述图表中，能比较容易地发现这些极端事件的影响。如1998年伤亡量和伤亡率的大幅度增加，与当年8月在埃塞俄比亚和肯尼亚发生的针对美国大使馆的袭击紧密相关；特别是发生在肯尼亚首都内罗毕的袭击，造成了200多人死亡，4000多人受伤。还比如，1995年伤亡的急剧增加则与该年日本奥姆真理教对东京地铁发动的沙林毒气攻击有紧密关系，该事件共造成了12人死亡，5000多人受伤。

因此，对于恐怖主义考察和应对，在注意其整体趋势与平均特征的同时，还必需注意恐怖主义中存在的不确定性，必需注意特殊案例的意义，注意那些容易被平均或总体趋势淹没的极端性。恐怖主义的特征与演变，不仅是由整体趋势或平均特征所刻画，还由那些极端性和如“9·11”袭击这样的特殊案例所刻画；而对于这些极端性和特殊案例的意义，仅仅靠统计归纳等还是不够的，还需要智力上的深入分析；仅靠统计分析，是很难预见到“9·11”这样的袭击的。

事实上，单纯从伤亡上看，现有的统计数据也反映出那些造成大规模伤亡的极端袭击案例在增加。在这里，如果以造成死亡超过10人或受伤超过50人的案例（当然，这个标准是作者主观设定的）为极端案例的话，那么，相关数据也可以反映出这样一些大规模伤亡案例的增加及其对于整个恐怖主义威胁的重要影响。

在这里主要考察这些袭击的数量、造成的伤亡和这些袭击在所有袭击中所占的比重等这几个方面。有关数据方面，因为美国国务院在《全球恐怖主义报告》中所提供的数据无法提取出相关数据，因此，在这个方面缺失对其数据的分析；但在其报告中对年度恐怖主义袭击进行分析时，对于恐怖袭击造成伤亡情况的变化，其经常提到这些极端案例的影响。另外，全球恐怖主义数据库，因为1993年数据意外丢失，虽后来有所恢复，但截至本书作者检索该数据库的最近时间，这种恢复仍然是部分的，无法提取到完整的数据；因此，在对全球恐怖主义数据的分析中，不含有1993年数据，特此提醒读者注意。此外，读者也还需注意，兰德公司2009年数据和美国反恐中心2010年数据，正如前文所说明的那样，只是部分的，而这也会对图表当年的显示产生影响。

从造成死亡大于10人或造成受伤大于50人的恐怖主义袭击数量上看，除了美国国家反恐中心的数据因统计时期有限（见图表5—19），难以可靠反映出长期趋势外（虽然单纯从图片来看，似乎有轻微下降趋势，但考虑到2010年该统计数据只更新到10月1日之前，因此，这种趋势是非常不确定的），兰德公司（见图表5—17）和全球恐怖主义数据库（见图表5—18）的数据则都显示，这类袭击在数量上呈现出明显的增长势头。

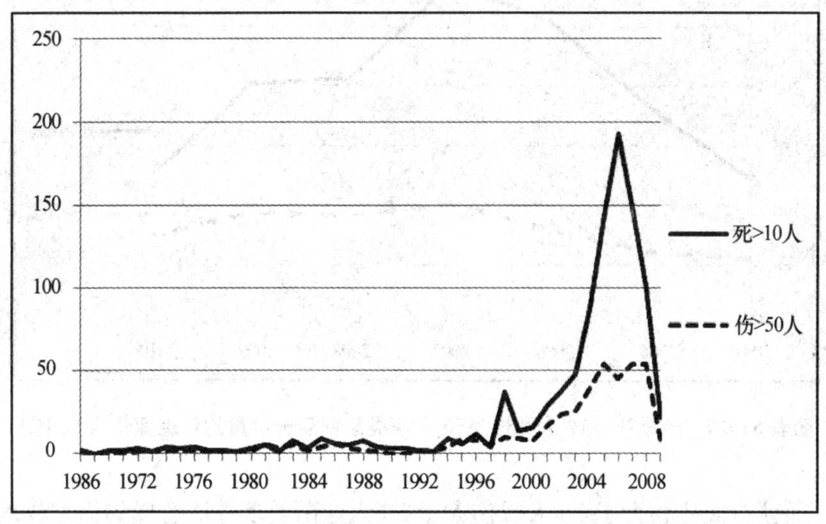

图表5—17　造成死＞10人和伤＞50人两类恐怖袭击数量的年度变化（兰德公司）

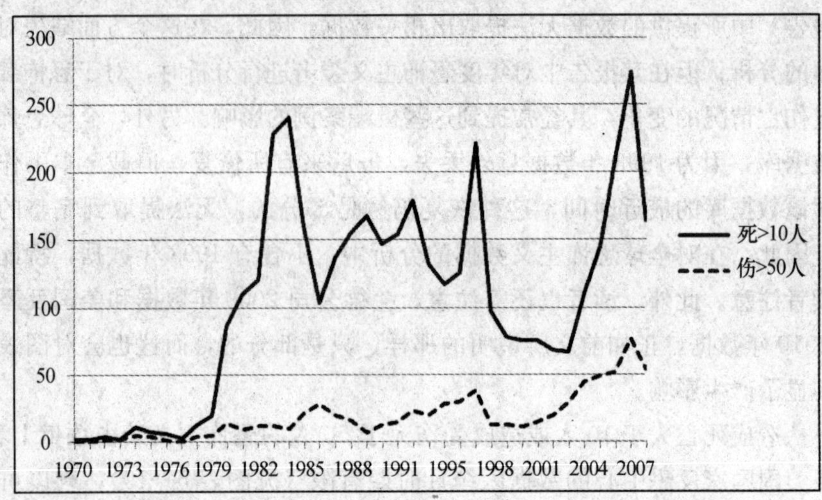

图表 5—18　造成死＞10 人和伤＞50 人两类恐怖袭击数量的年度变化（GTD）

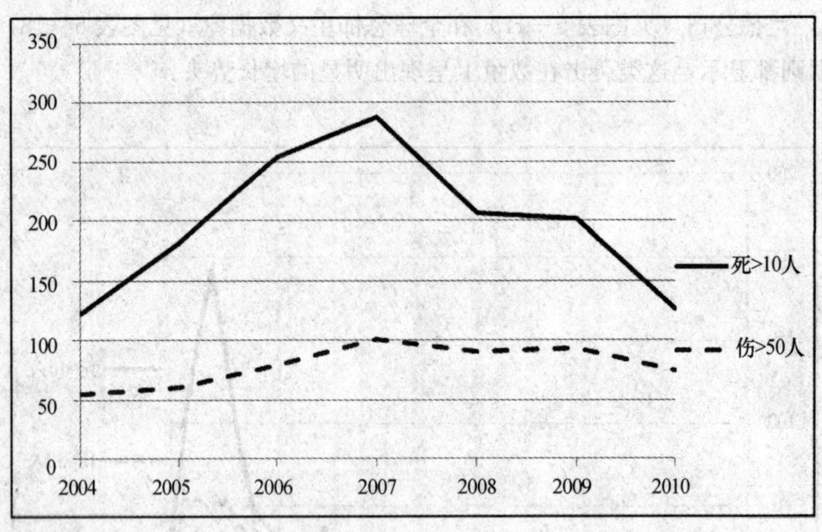

图表 5—19　造成死＞10 人和伤＞50 人两类恐怖袭击数量的年度变化（NCTC）

而就造成死亡大于 10 人或伤大于 50 人这两类事件所造成的伤亡数量上看，除了美国国家反恐中心的统计以外（见图表 5—22），兰德公司（见图表 5—20）和全球恐怖主义数据库（见图表 5—21）的统计都显示，死亡＞10 人和伤＞50 人这两类事件所造成的死亡和伤亡，在数量上也都整体呈现出明显的增长趋势（见图表 5—21）。

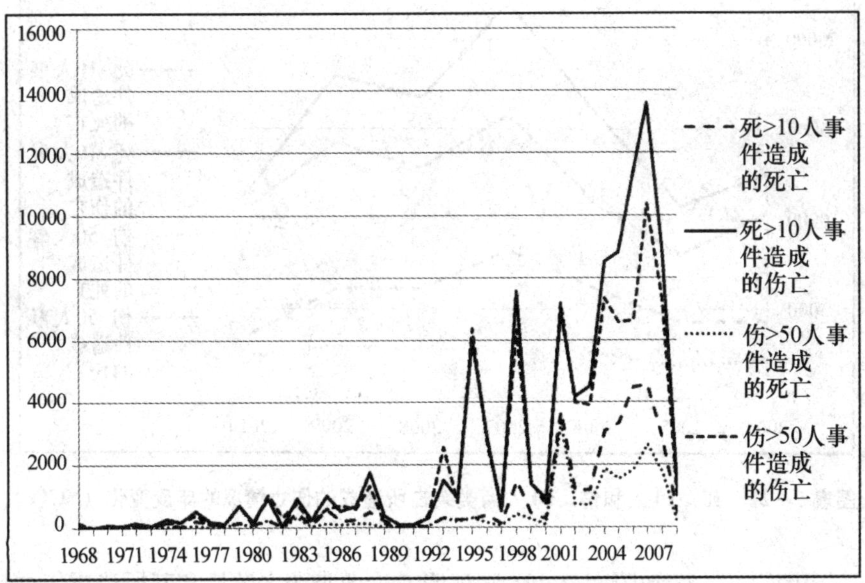

图表 5—20　死＞10 人和伤＞50 人两类袭击所造成的伤亡的年度变化（兰德公司）

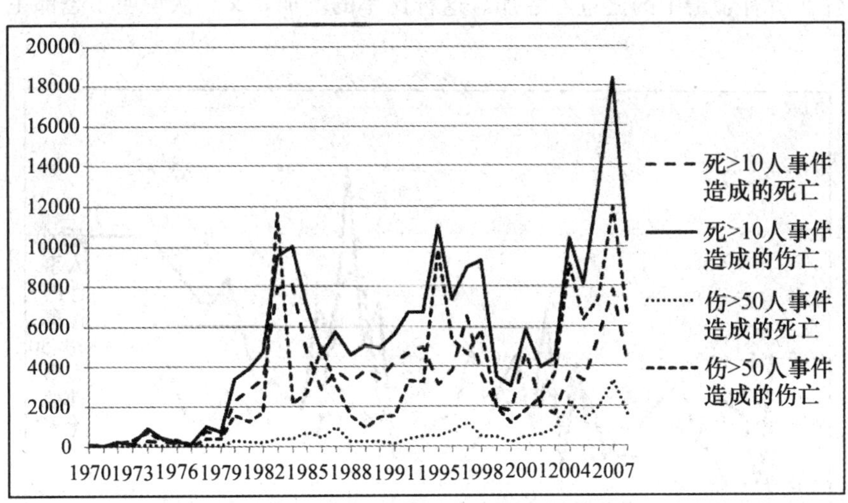

图表 5—21　死＞10 人和伤＞50 人两类袭击所造成的伤亡情况的年度变化（GTD）

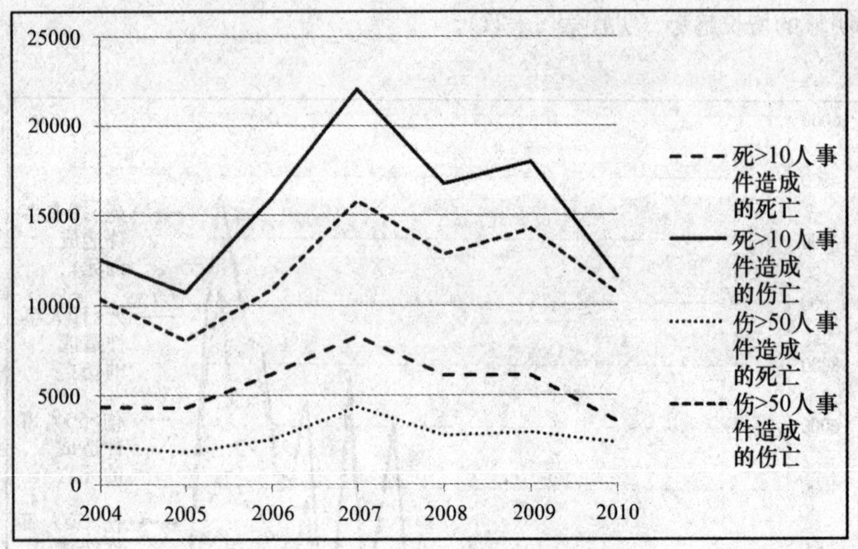

图表 5—22　死＞10 人和伤＞50 人两类袭击所造成的伤亡情况的年度变化（NCTC）

而图表 5—23 和图表 5—24 则证明，这两类袭击数量和其所造成伤亡数量的增加，并不仅仅是因为所有恐怖主义袭击数量的增加，还是因为这两类事件在所有袭击中的比重的增加。这种比率的增加，又一次说明了恐怖主义

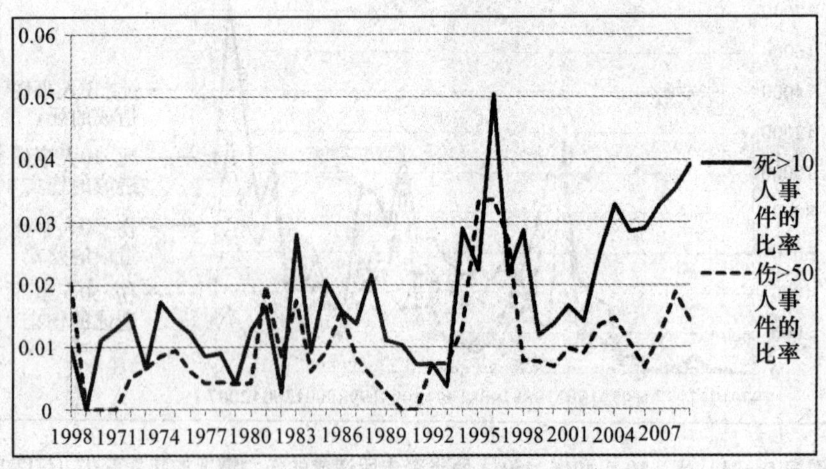

图表 5—23　死＞10 人和伤＞50 人这两类袭击在总体事件中的比率的年度变化（兰德公司）

威胁的增长趋势。同样，美国反恐中心的数据因为统计时间较短的缘故，仍然无法可靠反映出某种明显的趋势（见图表 5—25），仅供参考。

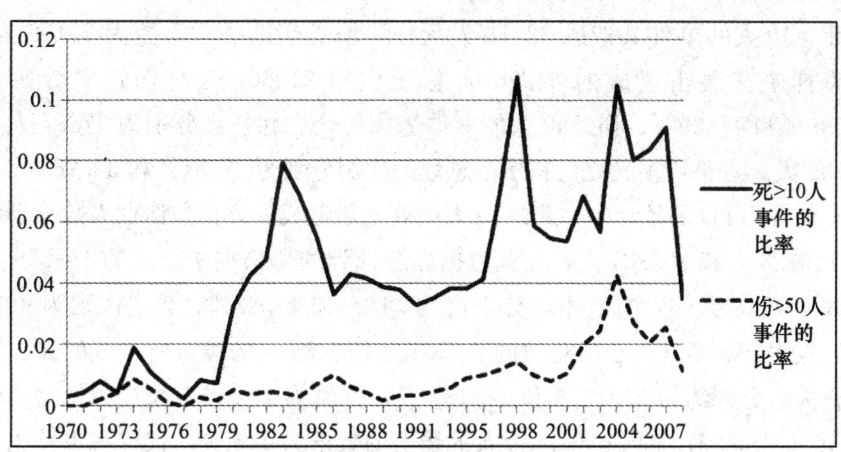

图表 5—24 死>10 人和伤>50 人这两类袭击在总体事件中的比率的年度变化（GTD）

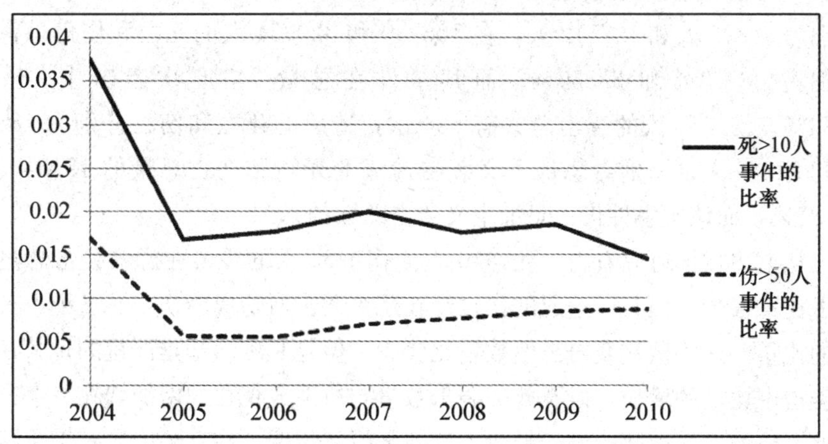

图表 5—25 死>10 人和伤>50 人这两类袭击在总体事件中的比率的年度变化（NCTC）

此外，从这两类事件在所有事件中所占的比例，与其所造成的伤亡在恐怖主义造成的所有伤亡中所占比例之间的不对称性，也可以看出这些极端恐怖主义案例的影响。

根据在兰德公司的统计中，死>10 人的事件总数为 994 次，伤>50 人的事件总数为 424 次，分别在总数 40129 次袭击中约占 2.48%和 1.06%。而死>10 人的事件共造成 32113 人死亡，加受伤即伤亡人数为 99178 人；在恐怖主义袭击造成的 64236 人总死亡和 210601 人总伤亡中分别占 49.99%和 47.09%。伤>50 人的事件造成的死亡和伤亡分别为 17867 人和 83735 人，占恐怖主义死亡和伤亡总数的比例分别为 27.81%和 39.76%。

而在 GTD 的统计中，死>10 人的袭击所造成的死亡和伤亡人数分别约为 116338 人和 203881 人，在其数据库统计到的恐怖主义造成的 199078 人死和 444918 人伤亡总数中，分别占 58.44%和 45.82%；袭击次数为 4021 次，仅占其 87710 次袭击总数的 4.58%。伤>50 人的袭击所造成的死亡和伤亡人数分别约为 21211 人和 121437 人，占恐怖主义袭击死亡和伤亡总数的 10.65%和 27.29%；伤>50 人的袭击的数量为 716 次，仅约占恐怖主义袭击总量的 0.82%（此段中的计算皆已排除 1993 年数据）。

美国国家反恐中心的统计也同样反映了这种不对称性。在其统计中，共有 1379 次恐怖主义袭击造成的死亡超过 10 人，这类事件造成的死亡和伤亡分别为 38893 人和 107512 人，在 105750 和 320954 人的死亡和伤亡总量中分别占 36.78% 和 33.50%；而其事件在总量 74306 次袭击中，只占 1.86%。伤>50 人的袭击总共有 554 次，造成的死亡和伤亡分别为 18861 人和 82826 人，分别占恐怖主义袭击造成的死亡和伤亡总量的 17.84%和 25.81%，而该类事件仅占恐怖主义袭击总数的 0.75%。

从上述数据可以看出，死>10 人或伤>50 人的袭击在恐怖袭击总量中所占比重很少，但其所造成的伤亡却在恐怖袭击所造成的伤亡总量中占有很大的比重。这些极端袭击虽然数量比较少，但是其威胁却是严重的；其在恐怖袭击中比重的增加，以及此类袭击数量与所造成伤亡的增加，在一个方面反映了恐怖主义威胁的增长趋势。这些数据还说明，在反恐中尤其需要警惕这种大规模杀伤性的恐怖袭击；这种袭击可能发生的概率相对较低，但是一旦发生，往往带来严重后果。怎样防范这种袭击对于反恐来说，构成了严重的挑战。

综上所述，无论是从袭击数量、袭击造成的人员伤亡总量，还是从袭击的死亡率和伤亡率、极端案例的变化等，现有的几个方面的数据大多也都显示出恐怖主义威胁逐渐增加的整体趋势。虽然不能肯定这种增长趋势会无限期保持下去；也有可能，在未来恐怖主义威胁可能会经历一个逐渐降低的趋势，但是，仍然可以说今天的恐怖主义威胁比过去的威胁要严重得多。基于前面对于全球化、现代技术的发展和现代社会的发展等的分析，有理由预期，即使未来恐怖主义威胁可能会有所降低，但不会消失。极端恐怖袭击的威胁仍然会存在，“9·11”这样的袭击再次发生仍然有现实的可能性。这种可能性，也凸显了恐怖主义威胁的某种不确定性。在兰德公司、全球恐怖主义数据库和美国国务院上述数据图表中，反应恐怖主义的年度伤亡总量与年度的伤亡率曲线的剧烈起伏，就是这种不确定性的最直接表现。

四、恐怖主义袭击方式

在媒体中，人们可以看到或读到各种各样的恐怖主义事件；在这些事件中，恐怖主义行为体往往采取了不同的方法和行为。而上述的几个数据来源中，也专门就恐怖主义袭击的方式或方法进行了统计。虽然这些数据对袭击方式或方法的分类有差别，但仍存在很多一致之处，这使对这些数据进行相互比较、参照提供了可能。下面将主要考察不同袭击方式各占的比重、不同袭击方式比重的年度变化、不同袭击方式所造成的伤亡情况等。

为了读者更好的理解，需要对一些可能引起混乱或误解的地方或概念先做简要的解释；而其他详细信息，读者则可以参看数据库本身自带的说明。首先，细心的读者可能会在下面的图表中发现，在美国国家反恐中心的数据中，不同方式数量加总后得出的值超出了其统计的恐怖主义袭击次数总量。出现这种情况不是因为作者的计算失误，而是因为在美国国家反恐中心的统计中，不同袭击方式分类不是互斥的，即一个袭击可能被同时归类为几种不同袭击方式。因此，如果按照单个方式计算，一个事件可能会被计算多次，这样，最后不同方式加总的数值肯定会超过袭击次数。而兰德公司的数据中，不同方式数量加总会少于袭击数量，这是因为其中一些袭击的袭击方式方面数据原本就缺失或未知的，而这些袭击在此没有被计入。其次，全球恐怖主义数据库的数据不包括 1993 年数据；兰德公司数据不包括 2009 年数据。而美国国务院方面的统计，在此使用的数据时间上只包括 1998 年、1999 年、2001 年和 2002 年这四年，数据来源分别为这些年份当年度的《全球恐怖主义模式》报告。只取这四年，一个方面是因为，有些年份的数据无法获得，另一个方面是因为，其他三个来源的数据已经比较一致反映，各种袭击方式所占比例是相对稳定的。因此，可以推测，在一定程度上，这四个年份也能较好地反映出国际恐怖主义袭击方式的情况。而且，比如不同袭击方式比例的年度变化，提取这方面连续年份数据相对困难。第三，恐怖主义袭击方式中，暴力攻击（assault）和武装攻击（armed attack）的不同在于前者通常是指使用比较原始的工具对人身施加的暴力；武装攻击则是指使用枪支弹药——包括导弹、大炮、火箭筒等——发动的攻击；劫持人质和绑架的区别在于，劫持人质中，人质往往是被限制在案发现场，而绑架则将人质转移、藏匿到其他地点；CBRN 攻击，是指使用化学、生物、核及放射性武器或物质进行的攻击。最后，各种恐怖袭击方式的比例，是该种方式的加总次数除以所有方式加总的次数，而不是该种方式的加总次数除以恐怖主义袭击的总数。

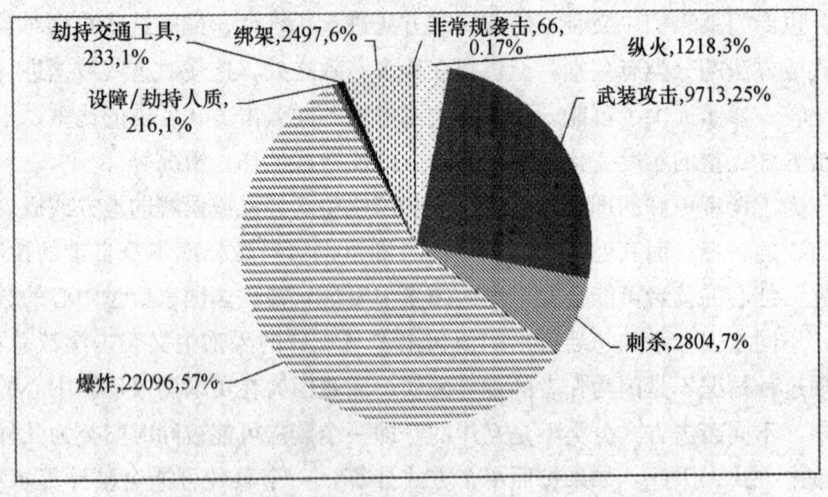

图表 5—26　不同袭击方式数量及其比例（兰德公司）

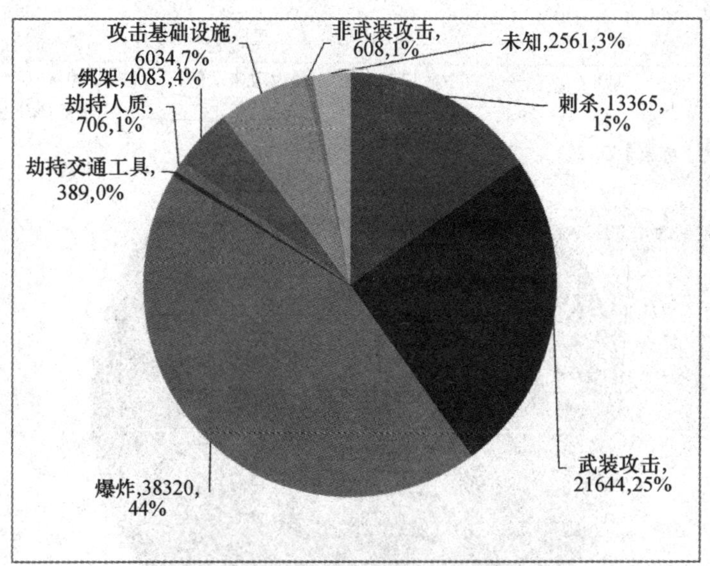

图表 5—27 不同袭击方式数量及其比例（GTD）

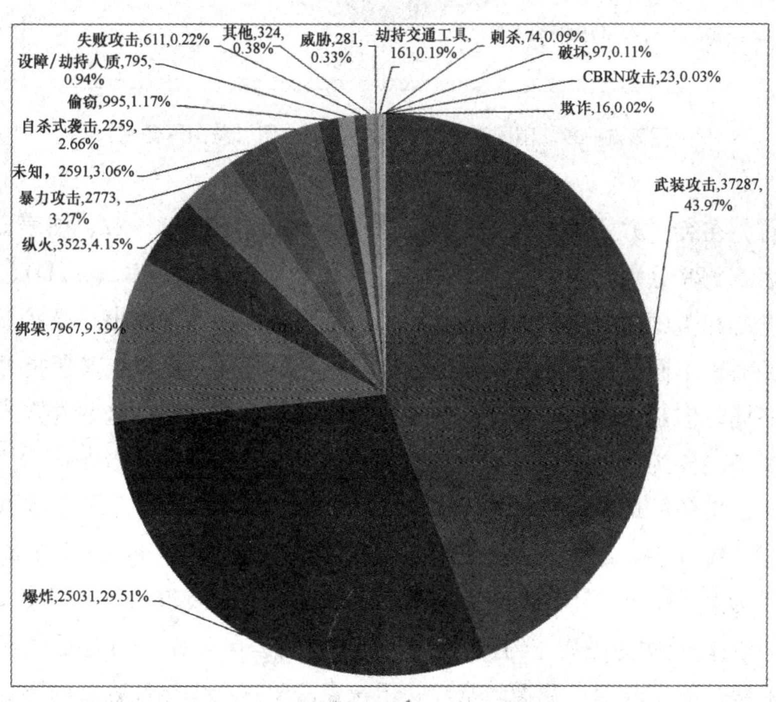

图表 5—28 不同袭击方式数量及其比例（NCTC）

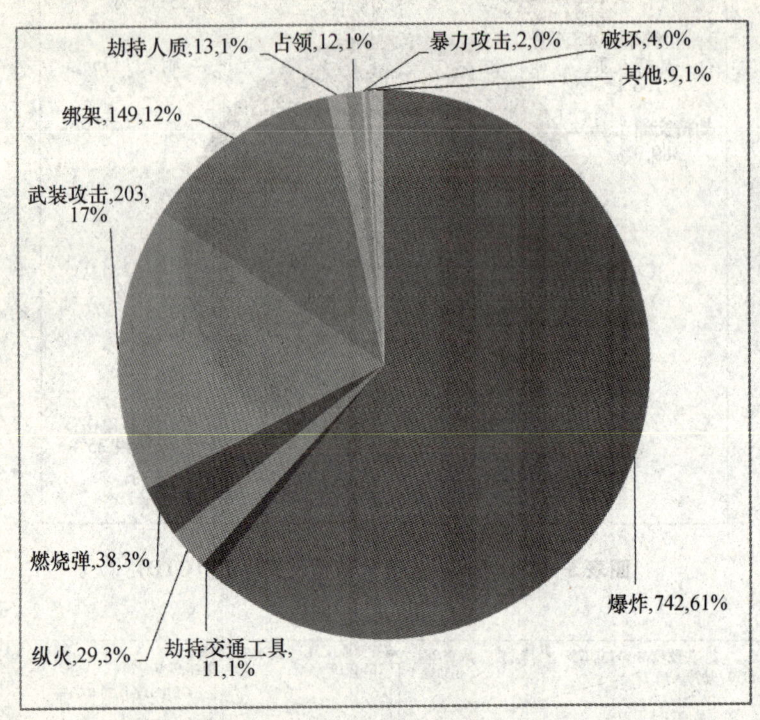

图表 5—29　不同袭击方式数量及其比例（美国国务院）

首先在袭击方式数量与比例上，图表 5—26、图表 5—27、图表 5—28 和图表 5—29 分别反映的是兰德公司、全球恐怖主义数据库（GTD）、美国反恐中心和美国国务院四方的统计结果。从上述四图可以看出，虽然不同数据来源对于不同袭击方式有不同的分类，甚至即使同一概念，其所指可能也有所不同，但是，其仍一致、明确地反映出武装攻击和爆炸这两种方式是恐怖主义最主要的袭击方式；其次是像刺杀、绑架等这样的攻击方式。兰德公司和美国国务院的统计中，爆炸所占的比例最大，约 60%；而全球恐怖主义数据的统计中，爆炸所占的比例仍是最大的，约为 44%，其次是武装攻击，约为 25%。而美国国家中心的统计则显示，武装攻击所占比例最大，约为 44%，其次为爆炸，约占 30%。对于这种差异，尚不清楚是因美国反恐中心统计时期较短，受像阿富汗、伊拉克战争这种偶然性因素的影响更大的缘故，还是因为统计方法等方面的不同等造成的。

而且，这些袭击方式的比例实际是相对稳定的，特别是像爆炸和武装攻击这两种方式。图表 5—30、图表 5—31 和图表 5—32 分别代表兰德公司、全球恐怖主义数据库和美国国家反恐中心数据所反映的不同袭击方式数量比例在年度间的变化（三个图表中自下到上各折线与示例中自下而上图例形成一一对应关系）。这些图中，相邻两条折线之间垂直于 Y 轴的距离（最下面一条折线，则是与 X 轴之间的距离），反映上面一条折线所代表的袭击方式数量在各种袭击方式总数中所占的比例。这些图表显示，各种袭击方式所占的比例大体上是比较稳定的，特别是像爆炸、武装攻击这两种主要攻击方式，其所占比例，并没有随着时间的变化而发生根本改变。

之所以爆炸和武装攻击为恐怖主义的主要袭击方式，大概是因为这两种方式所需要的相关武器或材料容易获得；成本相对低，而又能产生较大的后果或影响，且容易实施成功。而且，如果恐怖主义行为体还同时进行其他形式的暴力活动，如常规或非常规战争，那么，使用这些武器或爆炸物进行恐怖袭击，对于他们来说也是一个很自然的选择，因为这些东西对他们来说是现成的，且他们也有使用经验和习惯。

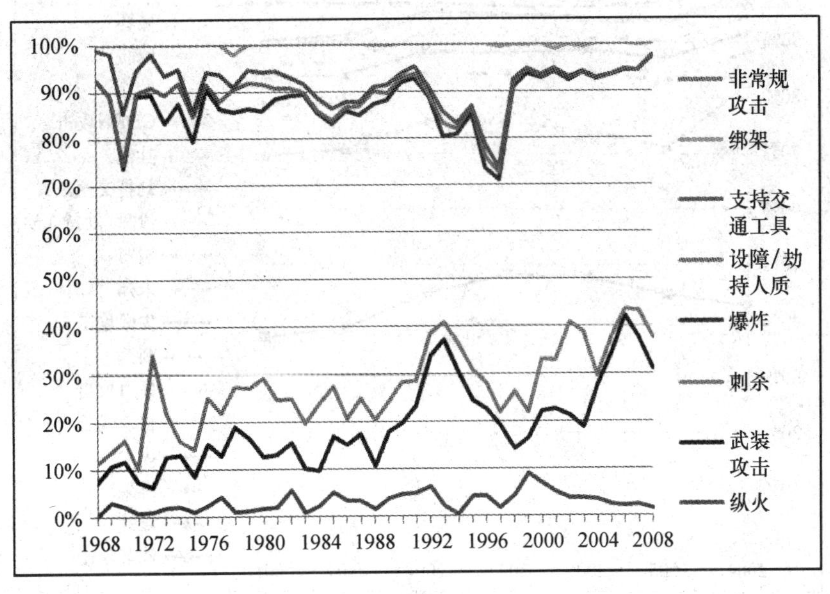

图表 5—30　不同恐怖主义袭击方式数量比例的年度变化（兰德公司）

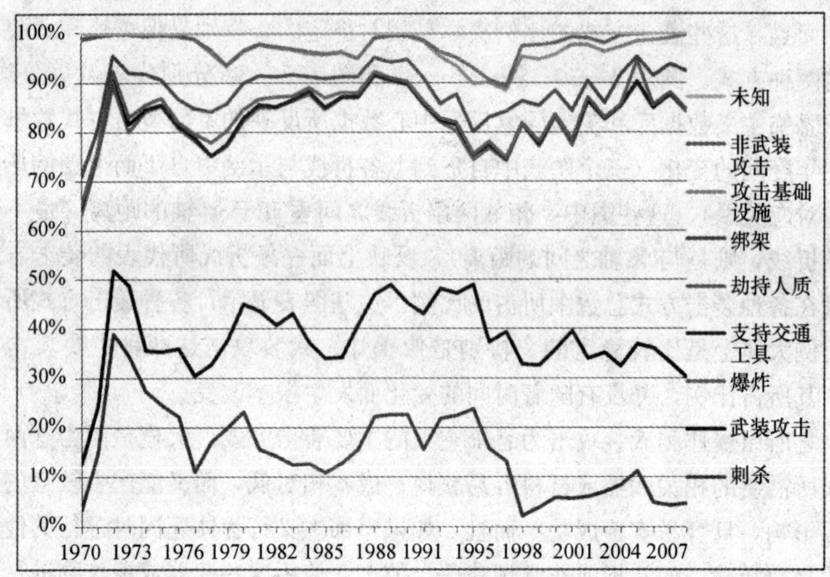

图表 5—31 不同恐怖主义袭击方式数量比例的年度变化（GTD）

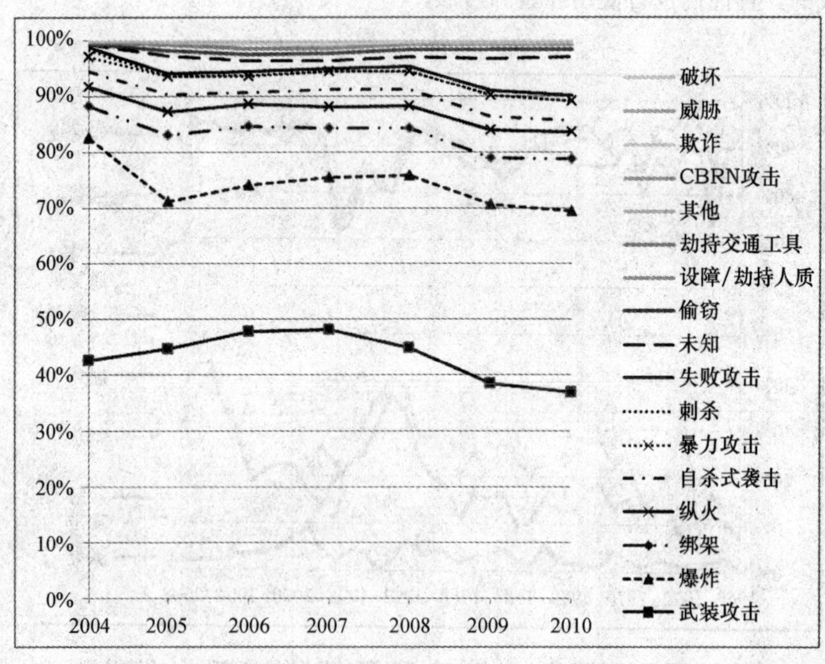

图表 5—32 不同恐怖主义袭击方式数量比例的年度变化（NCTC）

在不同方式造成的伤亡上，图表 5—33、图表 5—34、图表 5—35 分别是兰德公司、全球恐怖主义数据库和美国反恐中心三个来源数据反映的不同袭击方式造成的死亡及比例；而图表 5—36、图表 5—37、图表 5—38 则是反映不同袭击方式造成的伤亡及比例。一种袭击方式的死亡或伤亡，即统计数据库中，采用该种袭击方式的所有袭击造成的死亡或伤亡总和；而其比例则是该袭击方式作造成的死亡或伤亡综合除以采用该方式的恐怖袭击次数总和。同样需要指出的是，因为一些恐怖主义袭击的袭击方式方面的数据缺失，从而没有被计算，可能使各种恐怖袭击方式所造成的死亡或伤亡总量少于所有恐怖主义袭击造成的死亡或伤亡总量，如兰德公司来源的数据；也可能是因为一次袭击可能被归类为多种袭击方式，造成重复计算，从而使各种袭击方式造成的死亡或伤亡总量超过所有恐怖主义袭击造成的死亡或伤亡总量，如美国国家反恐中心的数据。

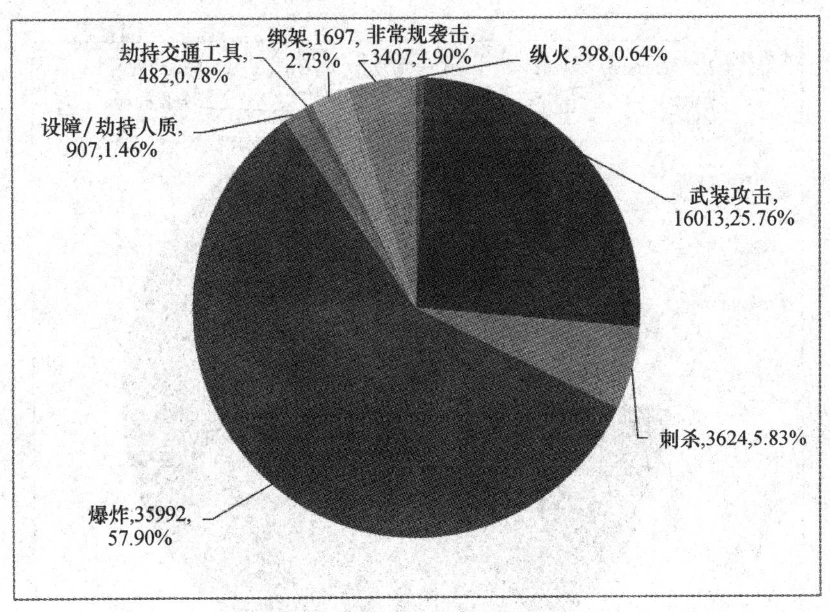

图表 5—33　不同恐怖袭击方式造成的死亡及其比例（兰德公司）

这些不同来源的数据虽然反映的情况有不一致之处，比如，根据兰德公司的数据，爆炸造成的死亡最多，约占各种袭击方式所造成死亡总数的近 60%，武装攻击只占 26%左右；而根据全球恐怖主义数据库的数据，武装

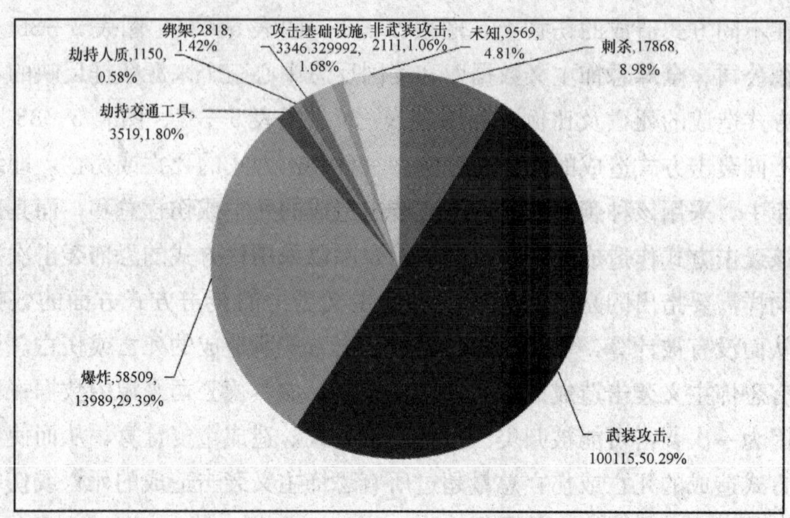

图表 5—34　不同恐怖袭击方式造成的死亡及其比例（GTD）

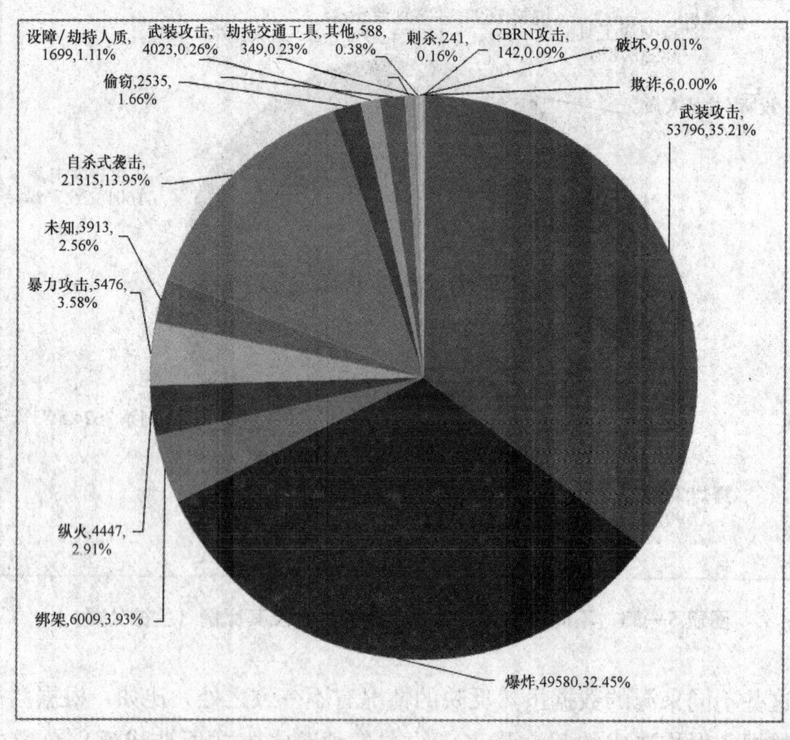

图表 5—35　不同恐怖袭击方式造成的死亡及其比例（NCTC）

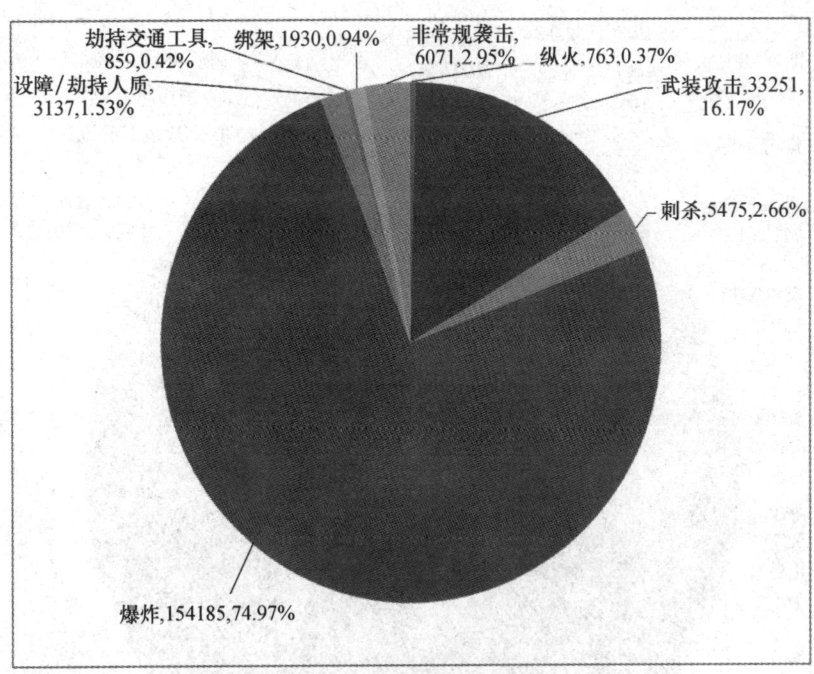

图表 5—36　不同恐怖袭击方式造成的伤亡及其比例（兰德公司）

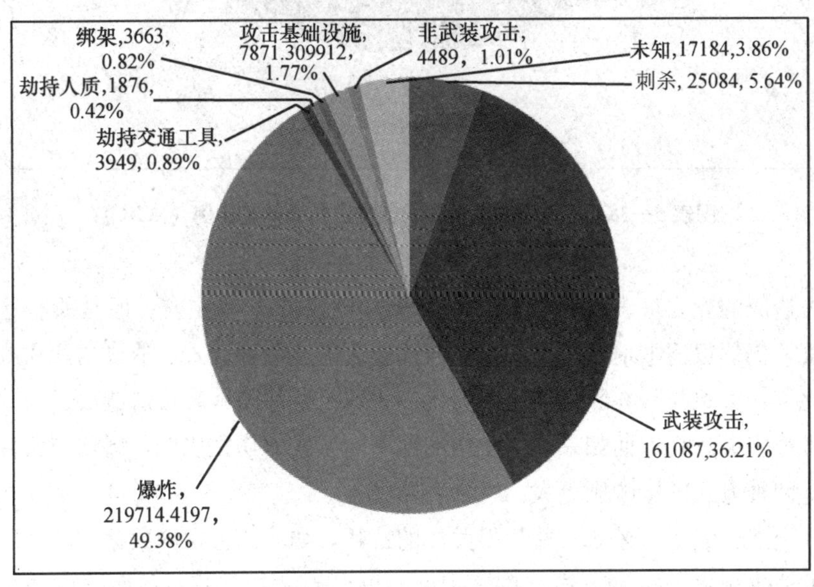

图表 5—37　不同恐怖袭击方式造成的伤亡及其比例（GTD）

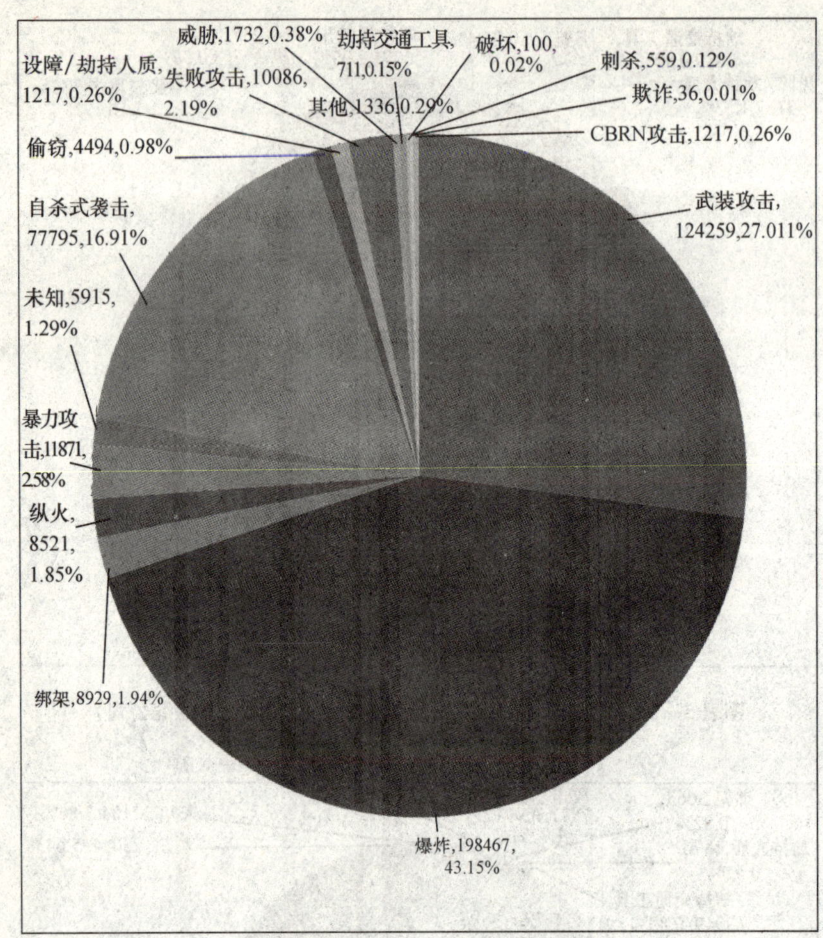

图表5—38 不同恐怖袭击方式造成的伤亡及其比例（NCTC）

攻击造成的死亡最多，约占50%，而爆炸则仅占30%左右。但是所有这些图表，仍然很清晰地显示出，爆炸与武装袭击这两种方式所造成的死亡或伤亡比例，大致与其在数量上所占的比例一致；爆炸与武装攻击造成了大部分的恐怖主义死亡；而如果加上受伤的即不同方式的伤亡比例，爆炸与武装攻击这两种方式的影响则更大。

上述图表中，还有一些值得关注的特征，如兰德公司的数据中，其所统计的非常规攻击这种方式，数量比重上很小，仅占0.17%，而造成的死亡和伤亡比例却分别占到4.90%和2.95%。此外，在美国反恐中心的数据中，也可以看到具有这种不对称性的袭击方式，如自杀式袭击，在数量上仅占2.66%，其造成的死亡和伤亡却分别占13.95%和16.91%。

图表5—39、图表5—40和图表5—41显示了不同袭击方式的杀伤性；其死亡率和伤亡率分别是一种袭击方式所造成的死亡和伤亡除以该种袭击方式的数量得出的。图表5—39和图表5—41中，为了更清晰地显示不同袭击方式的死亡率与伤亡率，对Y轴的刻度进行了调整；其中一些列柱超过刻度范围的，则在其柱上标出其数值。这三个图表显示，不同的统计数据在不同袭击方式的死亡率与伤亡率上，仍然存在着不一致；不过，三个图表都显示，爆炸和武装攻击这两种最常见的方式，其死亡率与伤亡率却并不是最高的，特别是其死亡率。这三个图表中还显示有一些现象需要注意。比如，兰德公司的数据显示，其划分的非常规袭击这种方式具有最高的死亡率和伤亡率，远远超过其他方式。而根据美国国家反恐中心的数据，其划分的自杀式袭击拥有最高的死亡率，而伤亡率也是次高；伤亡率最高的则是CBRN攻击，而CBRN袭击的死亡率则是次高。

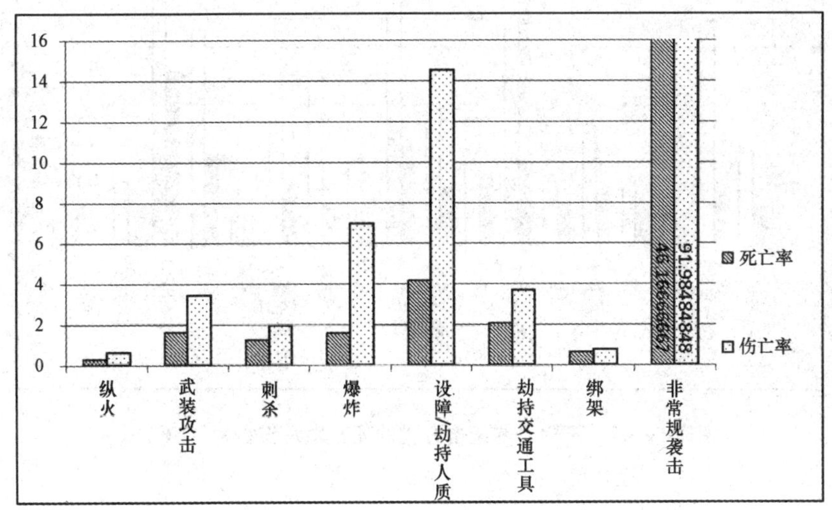

图表5—39　不同恐怖袭击方式的死亡率及伤亡率（兰德公司）

此外，仔细观察上述图表中各类袭击方式的死亡率与伤亡率之间的差距，也可以发现，其大体符合人们对于该种方式的常识性认知，比如爆炸，其通常造成人员死亡的同时，还往往造成大量人员受伤，因此其伤亡率要高

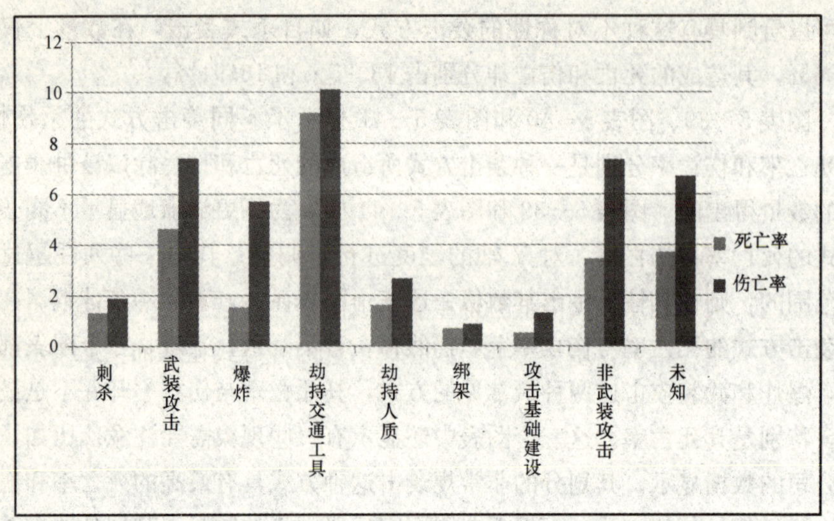

图表 5—40　不同恐怖袭击方式的死亡率及伤亡率（GTD）

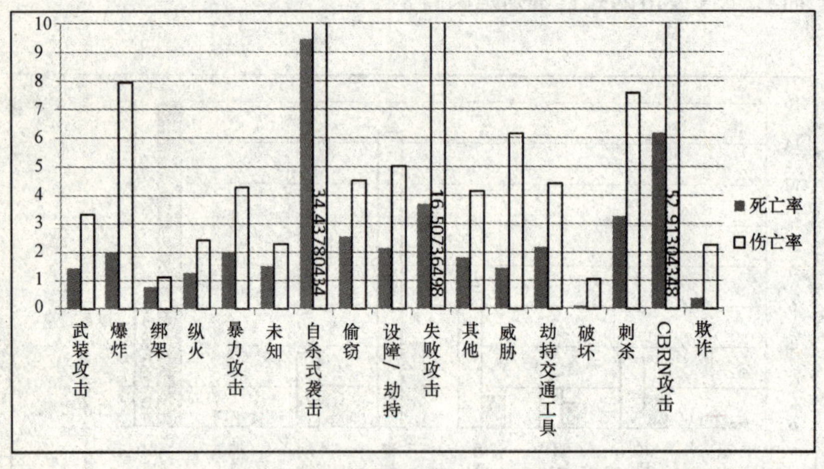

图表 5—41　不同恐怖袭击方式的死亡率及伤亡率（NCTC）

出其死亡率一大截。而如绑架这样的方式，则死亡率与伤亡率之间差距很小。这是因为人质在被绑架状态下，其生死往往完全被绑架者所控制，因此，往往要么被处死要么被释放，或人质被强力营救出或自己逃跑，因此，在多数情况下其要么是生要么是死，受伤的相对较少；因此，这种袭击方式中的死亡率和伤亡率之间的差距就比较小。

综合上述有关恐怖主义袭击方式的数据分析，大体上可以得出下列的结论或启示。

首先，大部分的恐怖主义袭击仍然采用常见的方式，爆炸和武装攻击这两种方式占到了大部分，而如非常规攻击、CBRN 攻击等方式的比例仍然是非常低。其次，爆炸和武装攻击这两种方式所造成的死亡和伤亡也占到恐怖主义总死亡或总伤亡的七成左右。第三，因此，如果能够有效遏制这两种方式，那么，将有利于大大降低恐怖主义造成的伤亡，甚至会大大降低恐怖主义的袭击数量。第四，基于爆炸与武装攻击这两种方式在恐怖主义袭击数量和所造成人员伤亡方面的重要影响，可以推断，对于爆炸物和枪支弹药等物资或设备的有效控制与管理，将是一个非常有效的反恐措施。第五，需要关注如 CBRN、自杀式袭击等比较极端方式的袭击，因为，这些袭击往往有造成超乎寻常多的人员死亡或受伤的可能性，其对社会的冲击也往往更大。

此外，兰德公司数据库和全球恐怖主义数据库（GTD）还统计了恐怖主义袭击是否有团体宣布对其承担责任（即由其实施的）。兰德公司数据显示出恐怖主义行为体对袭击宣布承担责任的比率整体上呈下降的趋势（见图表 5—42，兰德公司的数据中不包括 2009 年数据）。而全球恐怖主义数据库因其统计中，1998 年之前对恐怖主义组织是否宣布承担责任，绝大部分时候数据空缺，因此，只取用其 1998 年及其后的数据；这也使图表 5—43 显

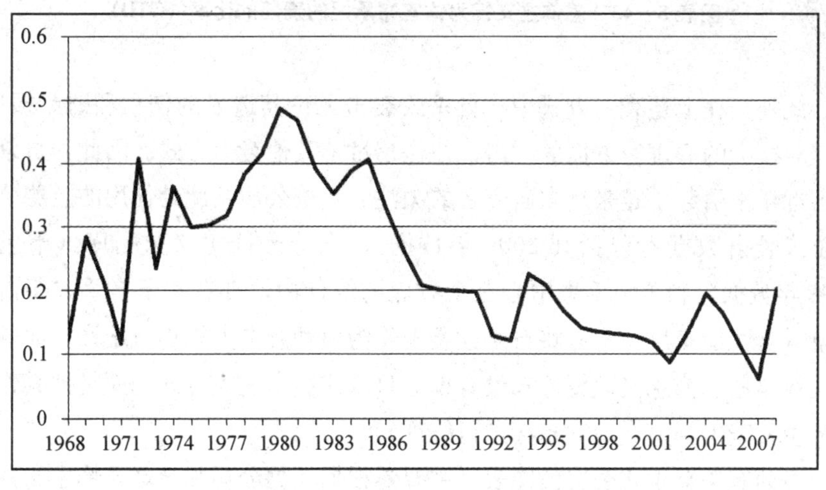

图表 5—42　恐怖主义行为体宣布承担责任的袭击的比率（兰德公司）

示的趋势不那么明显和确定，只能说是有非常微弱和不确定的下降趋势。不过，在一定程度上可以说，这两个来源的数据大体上反映了恐怖主义行为体行为特征的一个变化。这个方面的统计结果，结合恐怖主义袭击的死亡率或伤亡率逐渐上升的趋势，也确实印证了一些研究者所说的，恐怖主义越来越显现出从“想让人看，而不想让人死”向“恐怖主义不仅想让人看还想让人死”的转变趋势。

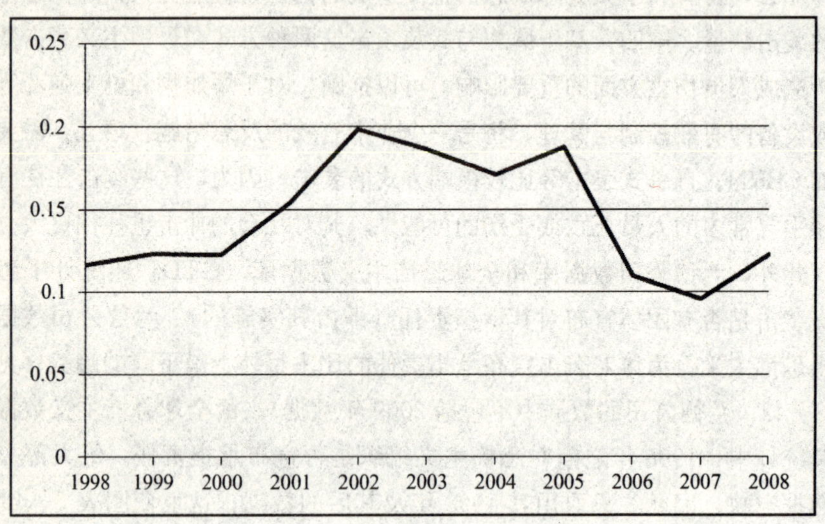

图表 5—43 恐怖主义行为体宣布承担的责任的比率（GTD）

此外，在上述袭击方式中，自杀式袭击无论其造成的伤亡和财产损失，还是对社会的心理等方面的冲击，往往超过了其他袭击方式。因此，自杀式袭击近年来引起了越来越多研究者的关注。兰德公司（此处使用的兰德公司自杀式袭击数据不包括其 2009 年数据）、全球恐怖主义数据库（不包括 1993 年数据）和美国反恐中心三个方面的统计中，都有关于自杀式袭击的记录（美国国家反恐中心将自杀式袭击作为一种袭击方式进行统计；而兰德公司和全球恐怖主义数据库却没有设立自杀式袭击这类方式，而是把其作为恐怖主义袭击的一个独立指标进行统计）。

下面有关自杀式袭击的图表，主要是根据兰德公司和全球恐怖主义数据库的数据制作的。美国反恐中心虽然也有相关数据，不过，因为其将自杀式袭击作为一种袭击方式，因此，其在有关恐怖主义袭击方式的统计数据中，已经反映出来；读者可以参看前面相关图表；而且，因美国反恐中心统计时间较短，难以反映出明确、可靠的变化趋势。因此，在此不再重复，并没有根据美国反恐中心数据制作反映自杀式袭击数量、伤亡等的年度变化和自杀式袭击在恐怖袭击中所占比例等的图表。

图表5—44显示的是兰德公司数据所反映的自杀式袭击数量的年度变化，而图表5—55则显示的是全球恐怖主义数据库的统计。这两个图表清楚地显示出自杀式袭击逐年增加的发展趋势；而且，图表显示出，对于自杀式袭击的年度数量与走势，兰德公司的数据和全球恐怖主义数据库的数据有比较高的一致性。这两个图表还显示，自杀式袭击主要出现于20世纪80年代初，但是实质性的增长，则是出现在冷战后，特别是在2001年之后，增长势头尤为迅猛。自杀式袭击从无到有，再到非常快速的增长，在一定程度上或许是一些恐怖主义组织或恐怖主义分子相互模仿的结果。而且，随着这类袭击的增多，恐怖主义分子在自杀式袭击上的意识形态或伦理规范上的顾虑和限制也会衰减。当然，这类袭击的增多还可能与恐怖主义行为体的变换、恐怖主义行为体战略的转变、恐怖主义涉及的相关矛盾和冲突形式的变化等因素有关。比如，传统上，西欧是恐怖主义事件发生比较频繁的一个地区，但是，其本土的恐怖主义分子发动的袭击往往是有克制的，其往往并不蓄意追求大规模人员伤亡；相反，其甚至是有意限制袭击造成的伤亡。比如，其使用的爆炸物当量有限，其往往在袭击发生前，给出警告或通知等。但是，20世纪90年代后，西欧的恐怖主义袭击数量降低。相反，而因尖锐或激烈的矛盾与冲突而引发的恐怖主义袭击在这个时期则增加，比如与车臣战争、斯里兰卡内战等相关的恐怖主义。而巴以矛盾在20世纪90年代末期的重新激化也使相关的恐怖主义袭击增加和激化。这些冲突中不仅涉及的矛盾比较尖锐、激烈，而且，往往有较强的极端宗教思想或意识形态背景，这使其中涉及的行为体倾向于采取自杀式袭击等极端方式。而2001年之后自杀式袭击的迅速增加，则与美国人侵阿富汗和伊拉克所引发的冲突与混乱局面有直接关系；这种聚集了上述特征的冲突很快成为许多自杀式袭击的源泉。

而兰德公司数据（见图表5—46）和全球恐怖主义数据库数据（见图表5—47）都显示，自杀式袭击所造成的死亡和伤亡也随着自杀式袭击数量的增加，呈现出同步增加的趋势。

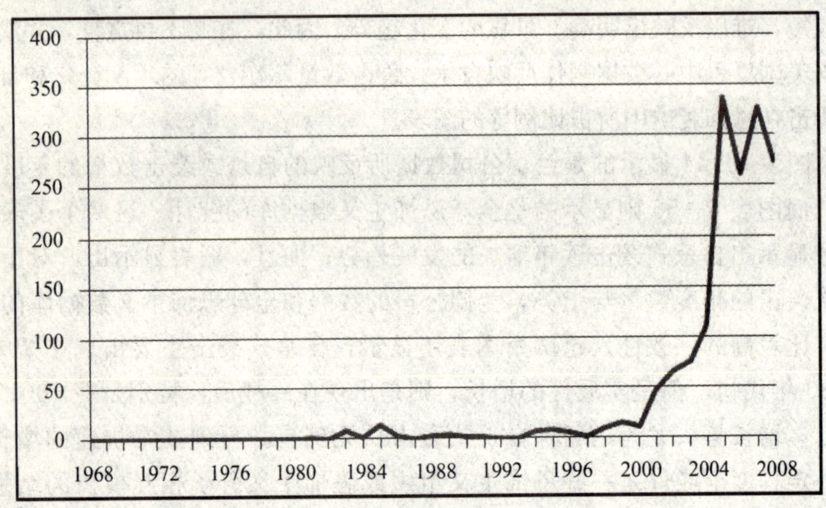

图表 5—44　自杀式袭击数量年度变化（兰德公司）

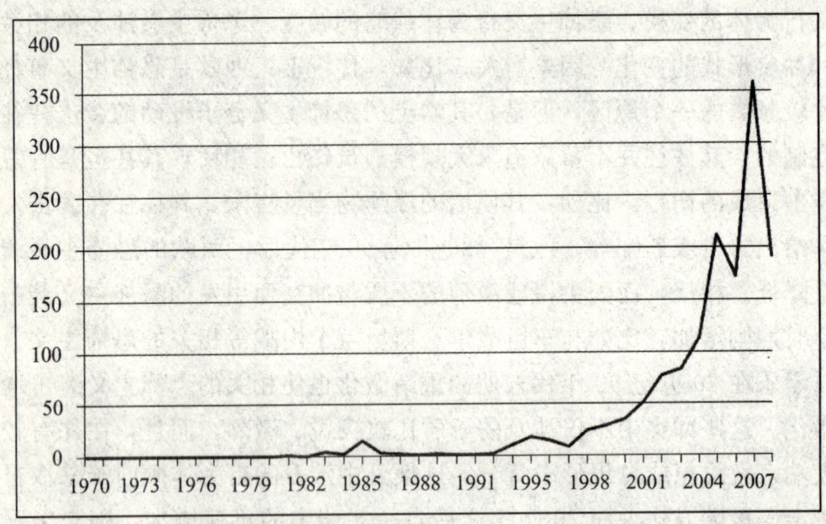

图 5—45　自杀式袭击数量年度变化（GTD）

这两个方面的数据还显示（见图表 5—48 和图表 5—49），自杀式袭击在恐怖主义袭击中所占的比重越来越大。这证明自杀式袭击数量增加并不单纯是所有恐怖主义袭击总量增加的结果，还确实是因为越来越多的行为体选择这种袭击方式的结果。这在一定程度上，也反映出恐怖主义有向极端化发展的趋势，也在某个方面再次证明恐怖主义威胁逐渐增加的趋势。

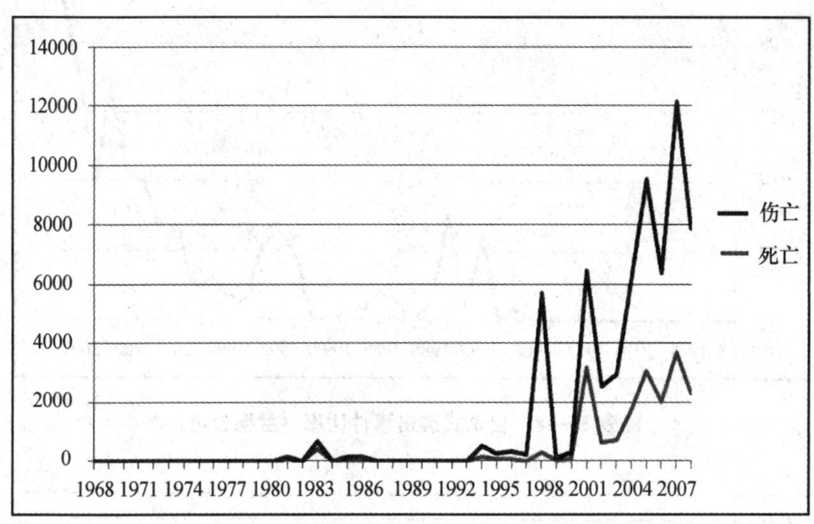

图表 5—46　自杀式袭击死亡和伤亡年度变化（兰德公司）

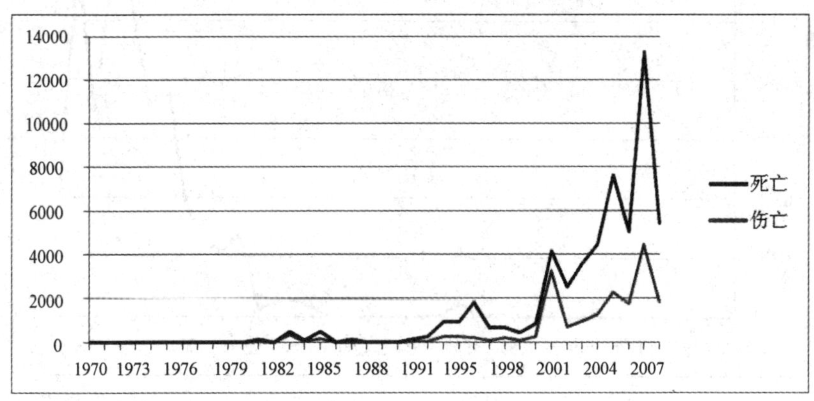

图 5—47　自杀式袭击死亡和伤亡年度变化（GTD）

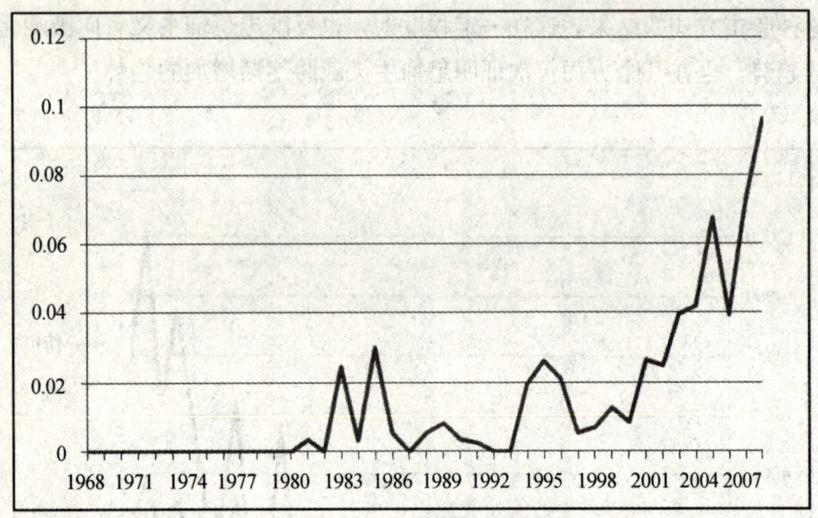

图表 5—48 自杀式袭击事件比率（兰德公司）

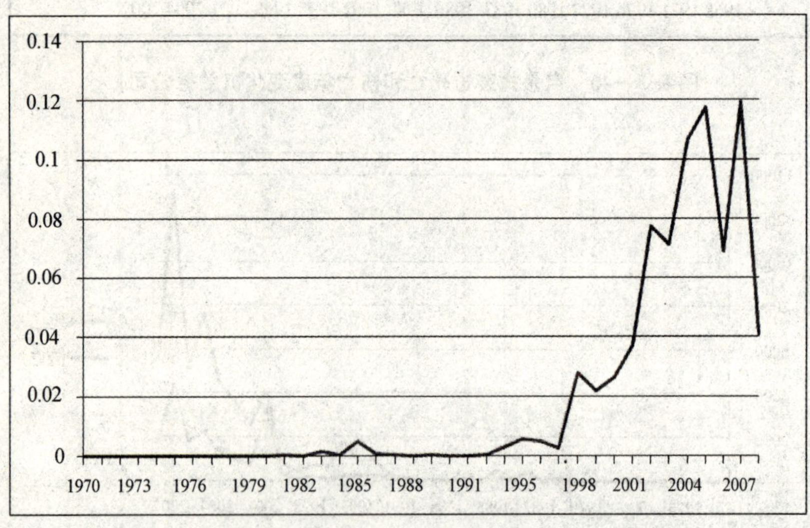

图 5—49 自杀式袭击事件比率（GTD）

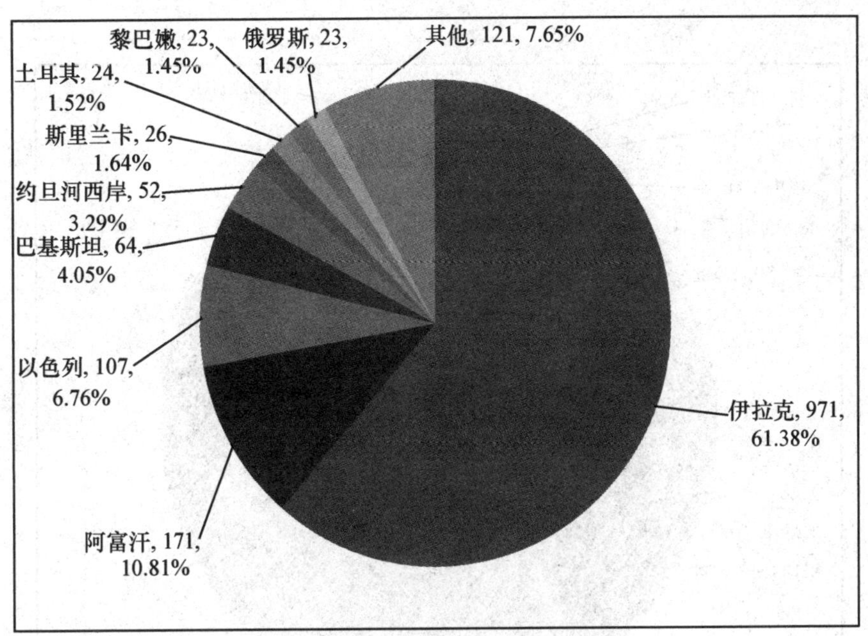

图 5—50　自杀式袭击的国家分布（兰德公司）

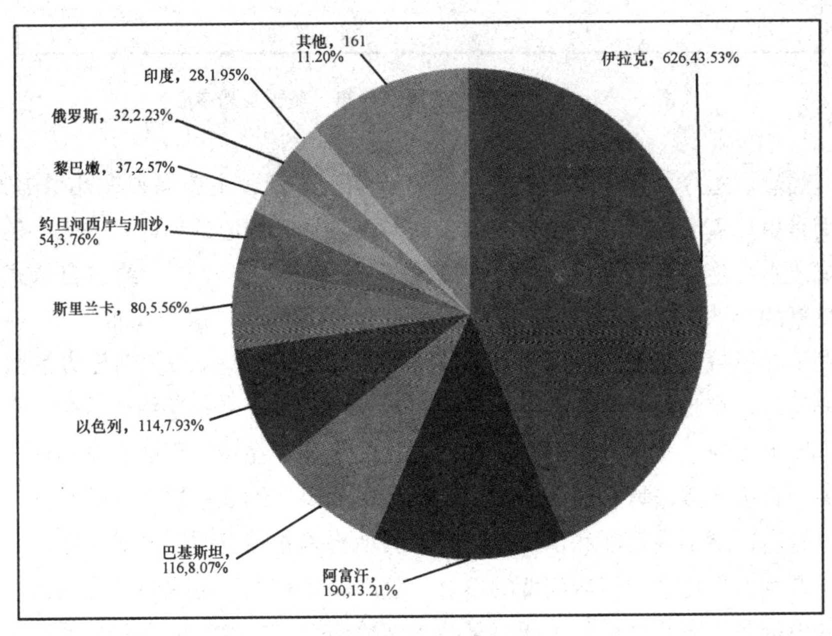

图 5—51　自杀式袭击的国家分布（GTD）

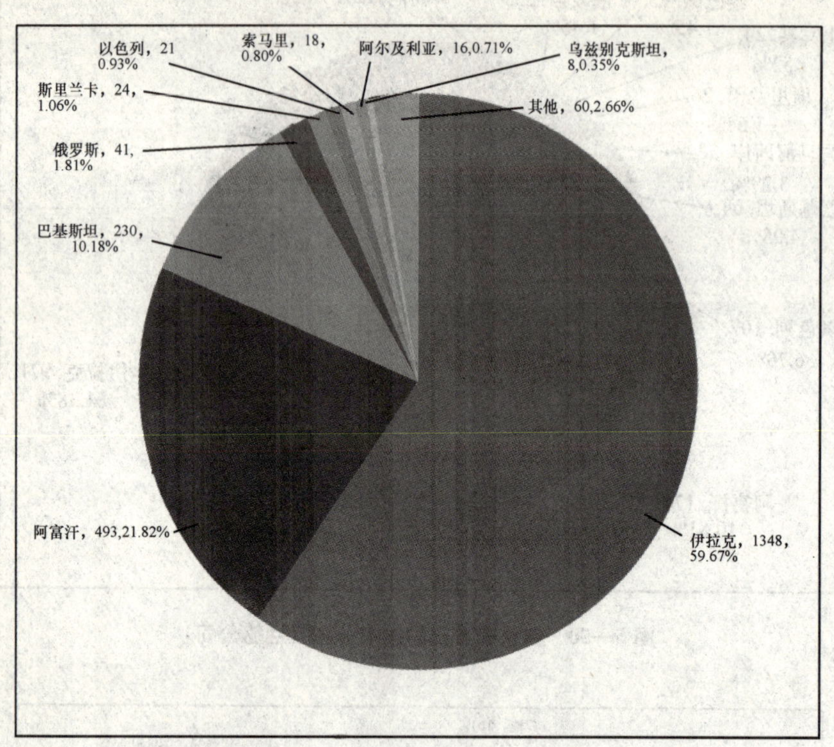

图5—52　自杀式袭击的国家分布（美国反恐中心）

当然，迄今而言，自杀式袭击分布非常不平衡，主要集中在几个国家，特别是伊拉克和阿富汗。根据兰德公司与美国反恐中心的统计，一大半的自杀式袭击发生在伊拉克（分别见图表5—50和图表5—52），约占自杀式袭击总量的60%；而全球恐怖主义数据库的数据显示，这个比重要少一些，但发生在伊拉克的自杀袭击也超过了40%（见图表5—51）。而三方的数据也都显示，在自杀式袭击数量上，阿富汗仅次于伊拉克。这种不平衡，在很大程度上反映了美国入侵阿富汗和伊拉克的影响，在一定程度上也印证了前文关于自杀式袭击增长原因的推测。当然，如果仔细观察这三方的数据，则可以看出，除了阿富汗和伊拉克以外，其他自杀式高发的国家或地区，与极端伊斯兰思想传播的区域高度的重合。这在一定程度上也说明，当前自杀式这种极端袭击方式增长，可能与某些极端伊斯兰思想的影响有些关系。这些极端伊斯兰组织或思想在一定程度上把自杀式袭击作为一种有效的斗争方式，加以鼓吹与应用，即使自杀式袭击不是极端伊斯兰分子或组织首创的，也非某种极端思想或意识形态所特有的袭击方式。

综合上述图表，对于自杀式袭击可以得出如下的推论或启示。首先，自杀式袭击的威胁在增加。其次，自杀式袭击威胁的增加，在一定程度上还反映了恐怖主义的极端化趋势加剧，反映了恐怖主义威胁的增加。第三，自杀式袭击的增长，可能会对反恐构成严峻挑战。在一定程度上，这种袭击显示了恐怖主义行为体决意使用任何手段、打败与摧毁对手的目的；这使他们的行动可能更无限制地追求大规模伤亡。而且，因为袭击者往往不惧自身的得失与安危，这使对于这类行动也难以有效的威慑，防御等应对难度也加大。第四，就目前而言，自杀式袭击仍然不是像爆炸、武装攻击等那样，被绝大部分地区的恐怖主义组织所广泛使用，而是局限于某些国家和地区；而且，使用这种方式的组织，大多有某种极端伊斯兰思想。但是，自杀式袭击不是某种极端宗教思想或意识形态的特有特征。一个行为体是否选择自杀式袭击，受到多种因素的影响；即使世俗的行为体也可能选择自杀式袭击。例如根据美国反恐中心的统计，在2259次自杀式袭击中，涉及到2325个行为体，其中1348次是有极端伊斯兰背景的行为体，但也有52次是世俗的袭击者，而且，其中有925次行为体是未知的。

五、恐怖主义袭击的地区与国家差异

在全球化的今天，任何一个国家或地区都不可能绝对享有免遭恐怖主义袭击的安全，但是，在某些地区，恐怖主义确实可能比在另一些地区更为高发。恐怖主义袭击在地区与国家的分布上存在着很大差异，而且，这种差异不仅体现在袭击数量上，还体现在袭击的杀伤性上。

下面将比较恐怖主义袭击在袭击数量、造成的伤亡等方面在地区与国家分布上的差异。所利用的数据中，兰德公司的数据不包括2009年。全球恐怖主义数据库的数据不包括1993年，此外，因其编号（id）为19710604000的记录中地区数据为空，而未被计入，因此，各地区数据加总后会比总记录少一个。这里还提供了美国国务院有关国际恐怖主义的地区分布的部分数据以供参考，数据来源是2003年《全球恐怖主义模式》报告。此外，读者还需要注意的是，这些不同来源的调查对于地区的划分也存在着差异的。除了几个分类容易引起混乱或误解以外，读者们在一眼看到大多数这些地区分类时，还是大致能够知道其所指的区域的。因此，这里就不再把各个数据统计中有关地区分类的说明一一列出，只是需要说明几个容易引起误解的分类。在全球恐怖主义数据库的分类中，俄罗斯及新独立国家，主要是指前苏联即其解体后分裂成的那些国家，从前苏联独立出来的中亚几国则被单独划分为一个地区，不包括在俄及新独立国家这一类之内。① 在美国国家反恐中心和国务院的统计中，欧亚的分类主要指前苏联地区。

首先，在袭击数量上看，兰德公司和全球恐怖主义数据库的统计（分别见图表5—53和图表5—54），显示中东、南美和南亚、西欧是恐怖主义的高发地区。当然，这两方面的统计也存在着差异。比如，在兰德公司的统计中可以看到，恐怖主义袭击最高发的地区是中东/波斯湾，占到世界恐怖袭击的43%；拉美地区占9%。而在全球恐怖主义数据库（GTD）的统计中，恐怖主义最高发的地区是南美，该地区发生的恐怖袭击约占世界总数的20%，如果加上中美洲与加勒比地区的12%，在地理范围上与兰德公司划分的拉美地区一致，总共占到32%；这与兰德公司的拉美占9%的比例还是有挺大的差距的。而且，虽然兰德公司和全球恐怖主义数据库在中东恐怖袭击的比例上存在着较大差距，但在中东恐怖袭击的数量上则没有根本性的差距；关于在拉美恐怖袭击的次数，两个统计也存在着极大的差距。这除了统计方法、范围等不同的原因外，还可能因为拉美地区的许多恐怖袭击伴生于拉美诸国普遍出现的反政府暴力斗争中，其与叛乱、游击战、政府镇压混在一起，对于其认定的不同，可能会导致统计结果出现很大的差异。

图表5—55显示的是美国国家反恐中心的统计结果，从图表来看，中东与南亚是恐怖袭击最为高发的地区，分别占到总数的41%和35%。这与兰德公司和全球恐怖主义数据库的统计排序大体相符；不过，可以看

① 很奇怪，其分类的中亚地区中没有包括土库曼斯坦。事实上，整个数据库中根本就没有土库曼斯坦的数据，甚至对其都没有编码；这种缺失不知是因为统计疏失，还是因为这个国家在其统计中没有恐怖袭击方面的记录，所以就没有编码。

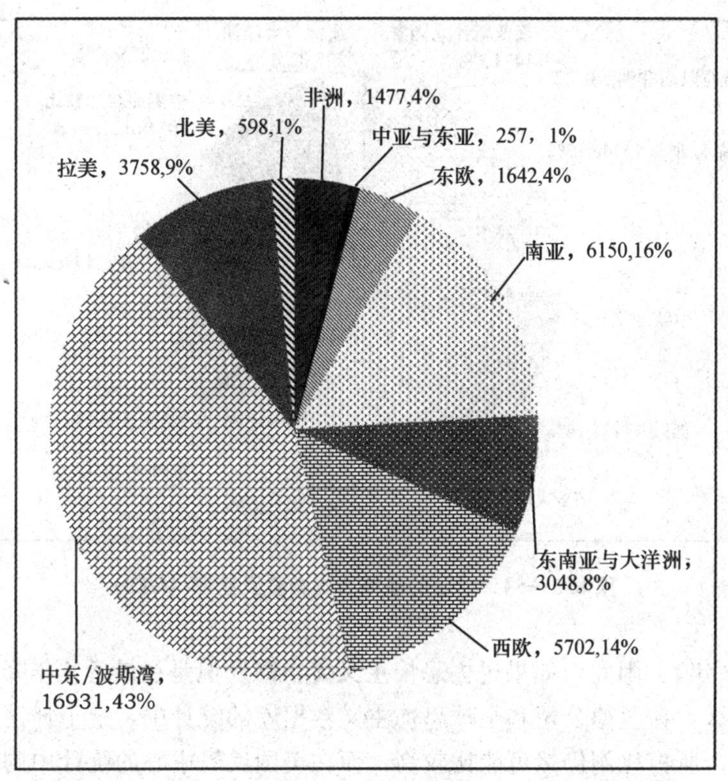

图表 5—53 地区的恐怖袭击数量及比例（兰德公司）

到，其中美国反恐中心统计的南亚恐怖袭击所占的比例，无论与兰德公司的数据还是全球恐怖主义数据库的数据相比，都要多许多。而在欧洲与中南美这两个地区上，可以看到美国反恐中心统计的比例相比较于兰德公司和全球恐怖主义的数据，有很大的下降。就像兰德公司的数据与全球恐怖主义的数据，虽然其统计的时期大体一致，但仍经常存在着很大的差距，其中统计方法、标准等可能是这种差距的重要原因。这些原因也可能造成美国反恐中心的数据与其他统计数据存在很大差别，其中包括地区恐怖袭击比例的差异。但是，对于各地区恐怖袭击比例，美国反恐中心统计数据与兰德公司和全球恐怖主义数据库的数据的巨大差距，更重要的原因可能是因为统计时间的问题。即美国国家反恐中心统计的时间是从 2004 年至 2010 年，而兰德公司和全球恐怖主义数据库的统计时间分别是 1968 年至 2008 年（包括起止年份）和 1970 年至 2008 年（包括起止年份，但不包

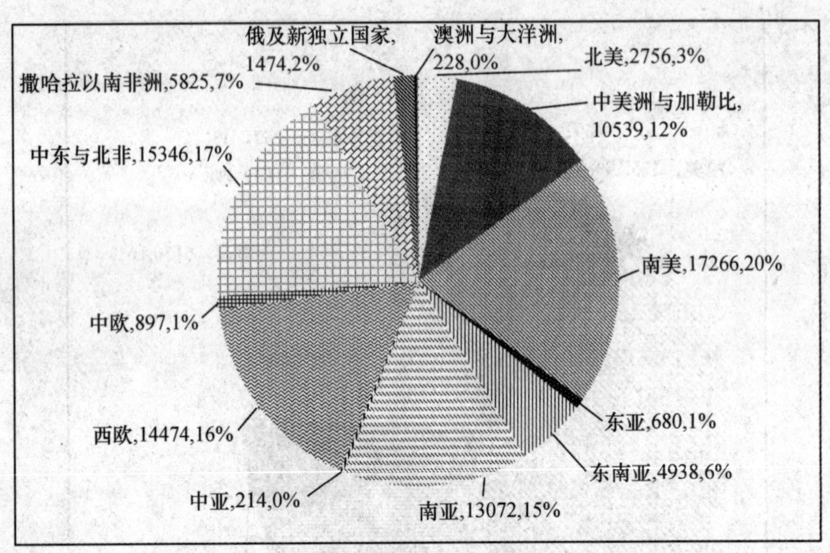

图表 5—54　地区的恐怖袭击数量及比例（GTD）

括 1993 年)。因此，如果过去恐怖主义袭击高发但是在最近几年降低的地区，那么，在兰德公司和全球恐怖主义数据库的统计中，这个地区的恐怖主义袭击所占比例仍然可能比较高，而在美国反恐中心的统计中则可能比较低；当然，反过来，如果之前恐怖袭击数量低，而最近袭击数量增加的，那么，根据兰德公司和全球恐怖主义数据库统计所计算出来的比例，则可能要比美国反恐中心的数据低。因此，相比较于其他两方面统计数据，美国反恐中心统计的欧洲、拉美恐怖袭击比例要低得多，更重要原因可能是这些地区近年来恐怖主义袭击次数有大幅度下降。

事实上分析考察兰德公司和全球恐怖主义数据库的数据确实都可以发现（见图表 5—57、图表 5—58（a）和图表 5—58（b）），欧洲和拉美地区的恐怖袭击数在进入 21 世纪后，呈现出明显的下降趋势（全球恐怖主义数据库地区恐怖主义袭击数年度变化图，因为地区之间差异比较大，而且划分的地区也相对较多，因此，拆分成两个图表，以便更清晰显示各地区的变化）；这与其他大部分地区恐怖袭击次数整体上呈现出的增长趋势恰恰相反。甚至美国国务院统计的国际恐怖主义袭击情况（见图表 5—56），也显示欧洲与拉美这两个地区在 20 世纪末和 21 世纪初恐怖袭击呈现出下降趋势（当然，这里使用的美国国务院地区恐怖袭击数据所涵盖的年份有限，而且，其统计到的国际恐怖主义袭击数量有限，因此，其对于反映真实的地区恐怖主义袭击状况，价值是有限的）。

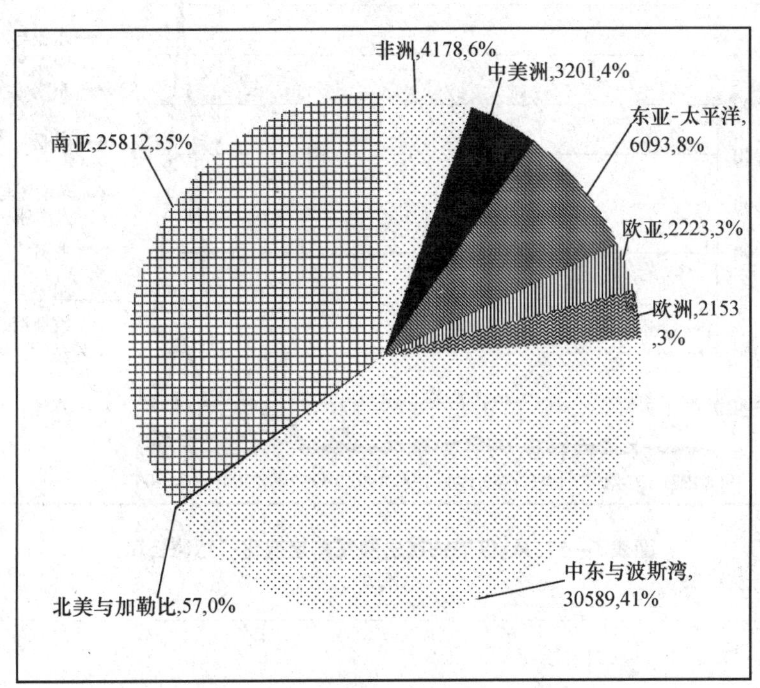

图表 5—55　地区的恐怖袭击数量及比例（NCTC）

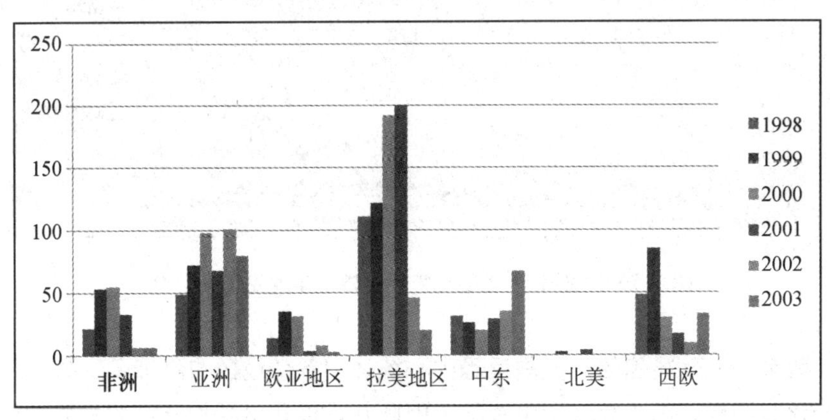

图表 5—56　地区的国际恐怖主义袭击数量及年度变化（美国国务院）

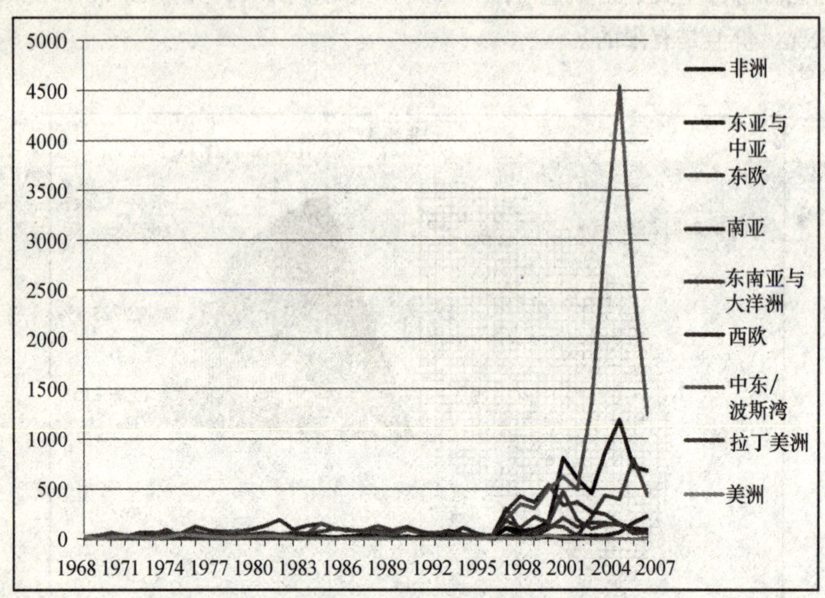

图表 5—57 地区恐怖袭击数量年度变化（兰德公司）

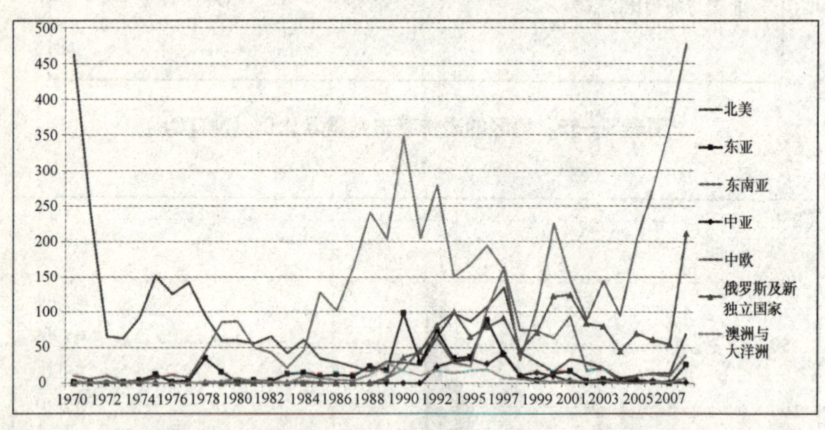

图表 5—58（a） 地区恐怖袭击数量年度变化（GTD）

图表 5—59 显示的是美国反恐中心统计中各个地区的恐怖袭击数量及年度变化。同样，因为统计年份有限，因此其难以看出某种稳定的趋势，仅供参考。其中最显著的变化大概就是中东地区在 2007 年后显示出一个大幅下

降的趋势，这可能主要是因为伊拉克局势某种程度的改善所致。

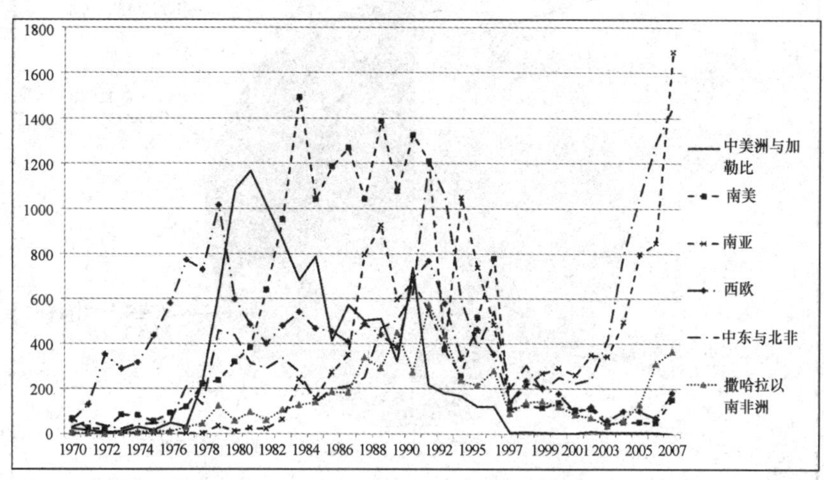

图表 5—58（b） 地区恐怖袭击数量年度变化（GTD）

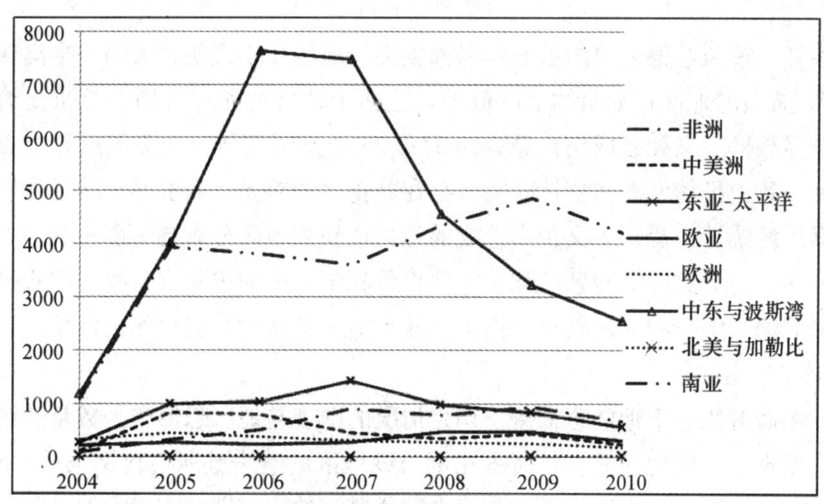

图表 5—59 地区恐怖袭击数量年度变化（NCTC）

图表 5—60 至图表 5—65 反映的是兰德公司、全球恐怖主义数据库和美国反恐中心所统计的恐怖主义袭击在各个地区造成的伤亡情况以及各个地区所占的比例。图表 5—66 则是根据美国国务院的数据制作的，列在这里供读

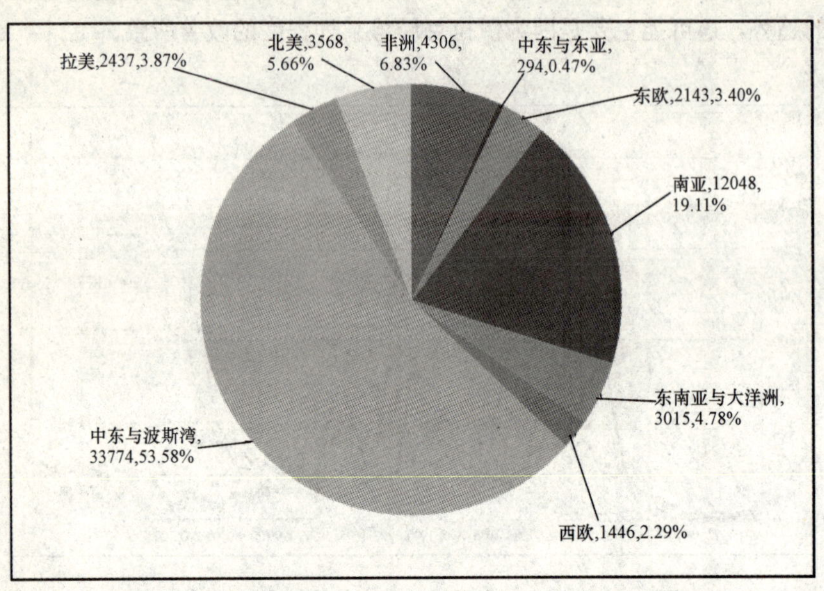

图表 5—60　地区恐怖袭击死亡总量及比例（兰德公司）

者参考。按照兰德公司的数据，恐怖主义造成的死亡或伤亡大约一半出现在中东/波斯湾地区；如果加上南亚的，这两个地区的死亡或伤亡总数则约占到世界恐怖主义死亡或伤亡总数的 3/4。这个比例大体上与美国反恐中心的数据一致，虽然两者在统计时间上存在着很大的差异。而根据全球恐怖主义数据库的统计，恐怖主义袭击造成的死亡或伤亡地区分布要平衡一些。中东与北非、南亚这两个地区的死亡与伤亡数相当，都约占两成多些；而撒哈拉以南非洲、中美洲与加勒比、南美这几个地区的死亡与伤亡数大体相当，各占 10%左右。

稍微对比一下地区恐怖袭击伤亡情况的图表与地区恐怖袭击数量的图表就会发现，一些地区的伤亡所占比例与该地区的袭击数所占比例大体一致，而在一些地区，伤亡所占比例与袭击数量所占的比例则存在很大的差距。比如，在西欧，根据兰德公司和全球恐怖主义数据库的统计，其恐怖袭击总数占世界恐怖袭击总数的比例分别约为 14%和 16%。根据这两者的统计，西欧恐怖袭击所造成的死亡在世界恐怖袭击死亡总量中分别是 2.3%和 3.1%左右，伤亡分别是 3%和 5%左右。

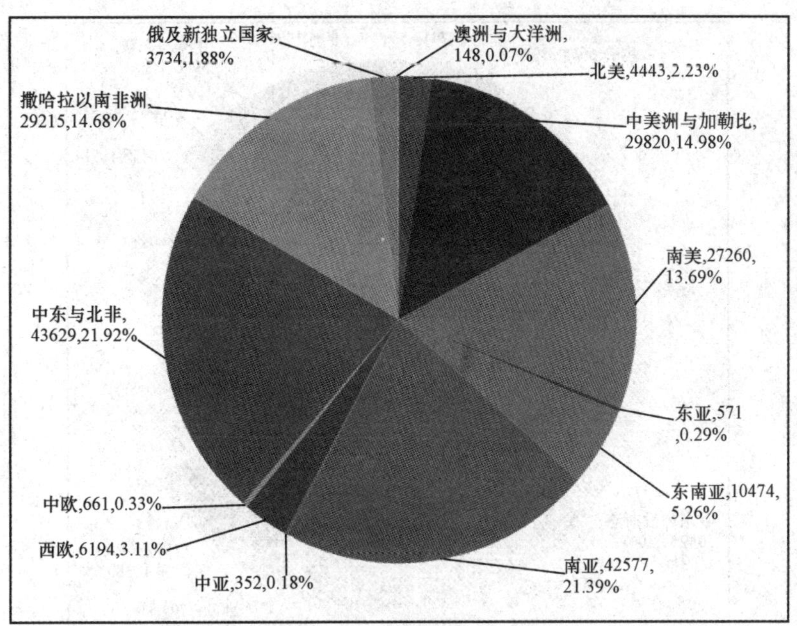

图表 5—61 地区恐怖袭击死亡总量及比例（GTD）

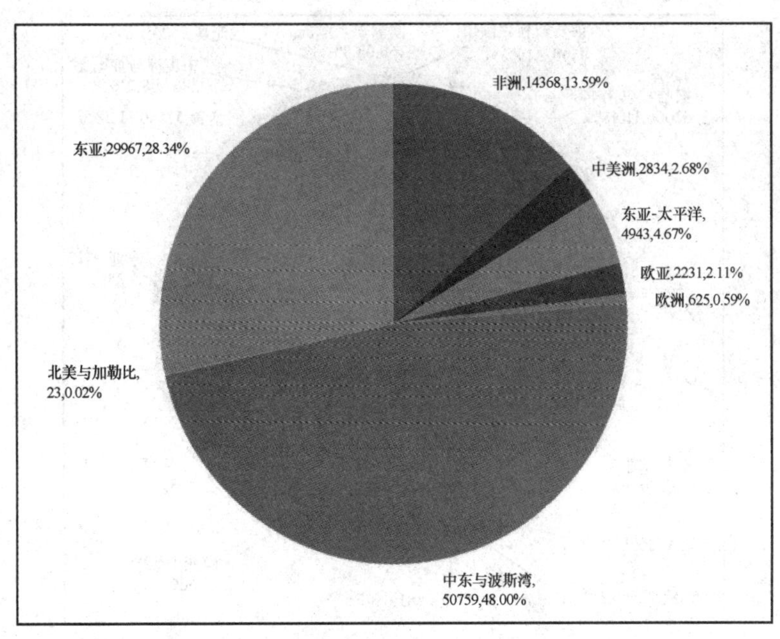

图表 5—62 地区恐怖袭击死亡总量及比例（NCTC）

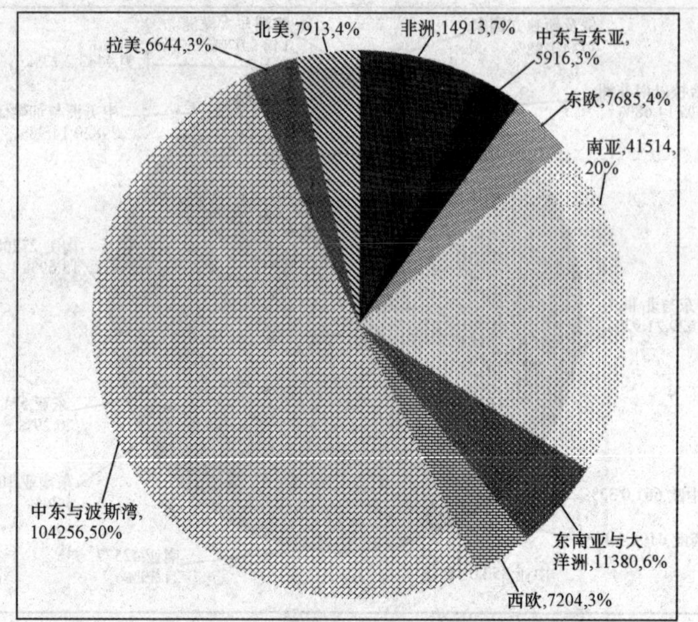

图表 5—63 地区恐怖袭击伤亡总量及比例（兰德公司）

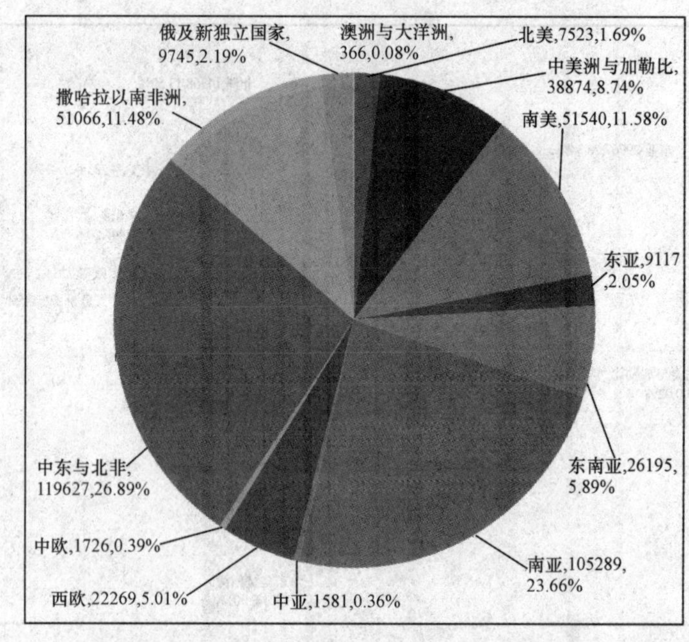

图表 5—64 地区恐怖袭击伤亡总量及比例（GTD）

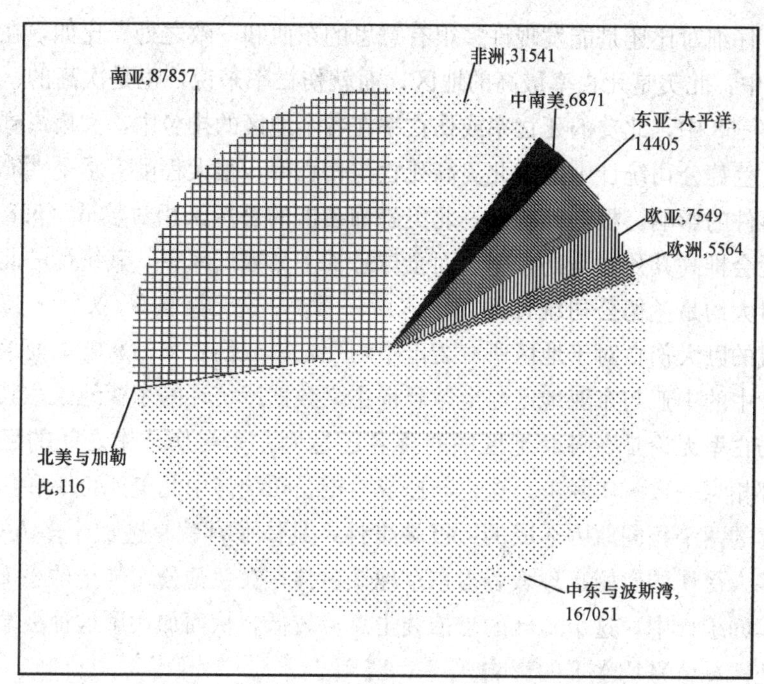

图表 5—65 地区恐怖袭击伤亡总量及比例（NCTC）

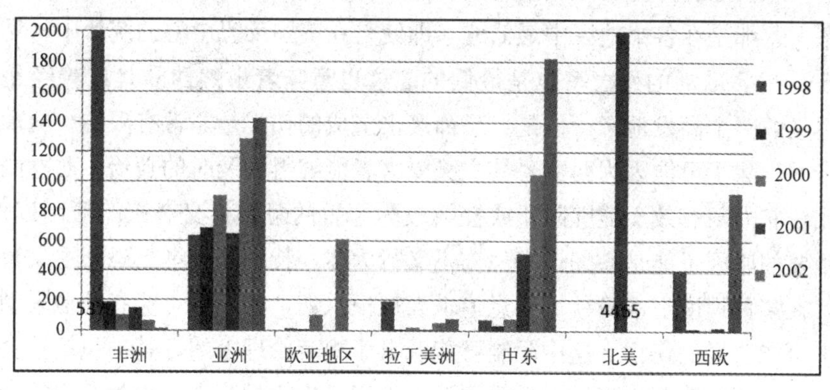

图表 5—66 地区国际恐怖袭击伤亡及年度变化（美国国务院）

这种不一致说明，各个地区在恐怖袭击死亡率或伤亡率上也是不同的。图表 5—67 至图表 5—69 反映了各个地区的恐怖袭击的死亡率和伤亡率的差别。就兰德公司和全球恐怖主义数据库的数据来看，虽然存在很大的不同，但是，仔细对比还是能发现许多很有意思的东西和一致之处。比如，在图表5—67中，北美是死亡率最高的地区，而就伤亡率来说，也是次高的；而在图表5—68中，北美的死亡率或伤亡率在各个地区的排名中，大概占到中间位置。兰德公司统计中的中北美高死亡与伤亡率，很大程度上是受“9·11”袭击事件的影响。根据其统计，北美恐怖袭击的总量又相对较低（598次），这无疑会推高其死亡与伤亡率。而全球恐怖主义数据库中，其统计的北美袭击总量大约是兰德公司统计的四倍（2756次），这无疑会降低“9·11”袭击造成的巨大伤亡对于地区所有袭击平均死亡率或伤亡率的影响。而兰德公司统计中的中亚与东亚地区与全球恐怖主义数据库统计的东亚地区，其死亡率与伤亡率无论是在各个地区中的排名还是死亡率与伤亡率之间的巨大差距，都相当一致。实际上，这也与造成兰德公司统计中北美死亡率和伤亡率相当高的两个相同原因造成的：极端事件，具体而言就是造成十多人死亡、五千多人受伤的奥姆真理教袭击东京地铁事件；在兰德公司与全球恐怖主义数据库的统计中，这个地区的恐怖袭击总量较低，从而加大了这种极端事件对于地区总体平均水平的影响。

而对于那些袭击数量比较多的地区，首先是西欧地区令人印象深刻。兰德公司和全球恐怖主义数据库的图表都显示，西欧无论是在死亡率还是在伤亡率上，都是在各个地区中最低的，即使是在美国反恐中心的统计中（见图表5—69），欧洲的死亡率也是最低的。这也意味着虽然西欧是或曾经是恐怖主义的一个高发地区，但是，恐怖袭击造成的伤亡是非常有限的。出现这种情况，除了可能因为西欧恐怖主义受害者能够得到及时的救治，西欧的反恐比较有力与有效、能够阻止或挫败较为严重的恐怖主义袭击等原因以外，更重要的原因可能是欧洲许多恐怖主义行为体，特别是其本土恐怖主义行为体，在某种程度上本身就不刻意追求大规模杀伤，相反，可能有意地限制其袭击可能造成的伤亡。这中限制可能源自于规范伦理上的，其中包括社会的规范伦理可能不利于恐怖主义采取造成大规模伤亡的袭击，因为这样的袭击可能会使社会舆论更不利于恐怖主义分子所追求的事业；这种限制，还包括来自恐怖主义组织或分子自身的规范伦理或意识形态，其意识形态和伦理可能使蓄意造成大规模伤亡的袭击不容易被接受。当然，恐怖袭击中所涉及的冲突与争端的性质也可能是一个原因，因为，相对于你死我活、充满仇恨的冲突可能更容易驱使冲突双方采取极端措施去彻底消灭对手。相反，欧洲引发冲突的很多矛盾尚未激化到这个地步。

此外，还可以发现兰德公司与美国反恐中心图表中的非洲或全球恐怖主义数据库中的撒哈拉以南非洲的死亡率和伤亡率都是非常高的。在兰德公司的统计中，其死亡率和伤亡率分居第二和第三高；在美国反恐中心的统计中，则都是最高的；而在全球恐怖主义数据库的统计中，其死亡率也是最高的，伤亡率也仅次于中亚与东亚这个地区。因此，无论是从袭击数量还是恐怖袭击的死亡率或伤亡率看，非洲都是一个受到恐怖主义威胁非常严重的地区。在西方媒体垄断话语权的情况下，非洲所受到的恐怖主义威胁往往被忽视了，相反，实际上西方面临的相对较低的恐怖威胁却被夸大和吸引了广泛的关注。非洲的这种恐怖威胁的严重性，一方面可能与非洲广泛存在的内战、部族冲突、教派冲突等有紧密关系；另一方面，可能与非洲国家应对恐怖威胁能力方面的缺失与对内治理方面的低效也有紧密关系。

而兰德公司、全球恐怖主义数据库和美国反恐中心三方的统计中，死亡率与伤亡率排在非洲之后，相对较高的就是中东（或中东/波斯湾）地区和南亚地区。这个地区恐怖主义袭击的高发和高死亡率与伤亡率，相对而言，比较容易理解。因为在这两个地区存在着持久、广泛、激烈的地区矛盾与冲突，其中既包括领土、民族、政治权力斗争等方面的矛盾与冲突，也包括不同教派之间的争端。

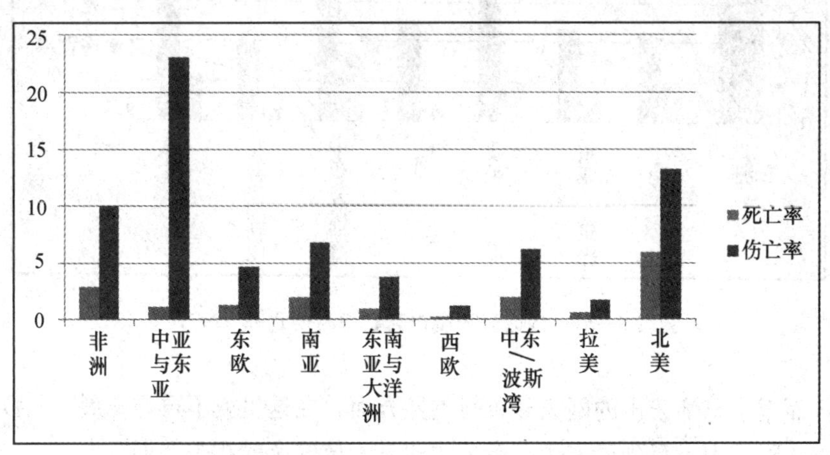

图表 5—67　地区恐怖袭击死亡率与伤亡率（兰德公司）

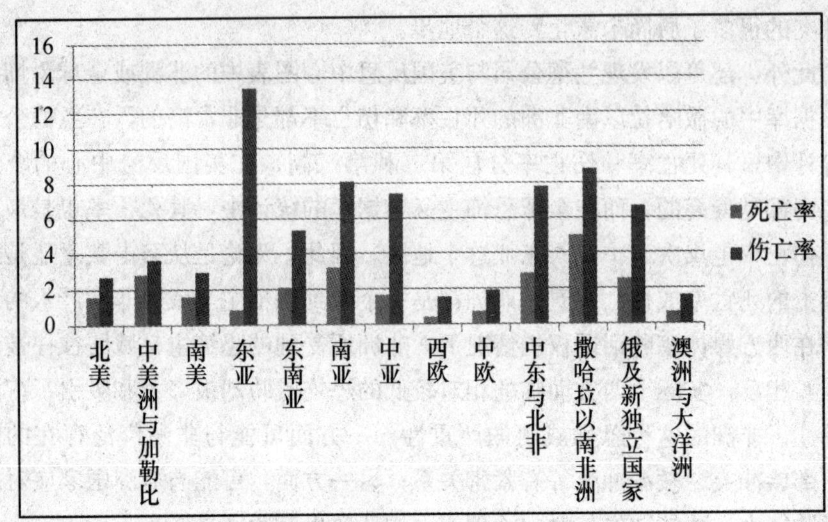

图表 5—68　地区恐怖袭击死亡率与伤亡率（GTD）

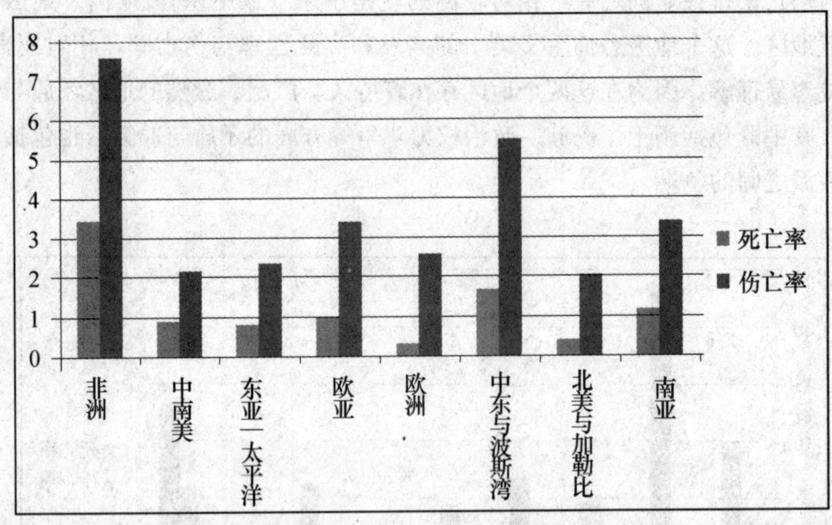

图表 5—69　地区恐怖袭击死亡率与伤亡率（NCTC）

而至于恐怖袭击的国家分布与差异方面，在这里就不再详细展示，读者可以在附录中查看到恐怖袭击最多的前五十位国家的相关数据。

恐怖主义袭击在数量、伤亡等方面的地区不平衡性，同样出现于国家之间，实际上，国家之间的这种不平衡性甚至更为明显。比如，根据兰德公司的数据统计，1968—2008 年（包括起止年份）单单发生在伊拉克的恐怖袭击就占到世界恐怖袭击总数的 1/4 还多，而其中绝大部分是发生在 2001 年之后。而根据美国反恐中心的统计，发生在伊拉克的恐怖袭击占世界恐怖袭击总量的三成多。而在全球恐怖主义数据库的统计中，发生恐怖袭击次数最多的前三位国家分别是哥伦比亚、秘鲁和萨尔瓦多，这三个国家恐怖袭击总数占到其统计的世界恐怖袭击总量的两成左右。而在伤亡上，同样也存在着不平衡，不同国家在恐怖袭击造成死亡或伤亡总量和恐怖袭击的死亡率或伤亡率等方面也存在着极大的差异。如兰德公司、全球恐怖主义数据库和美国反恐中心的统计都显示，法国和希腊是恐怖袭击次数相对较高的国家，但是，这些袭击所造成的伤亡相对而言都是非常低的。

总的来说，通过上述有关恐怖主义袭击的地区与国家数据分析，可以得出如下推论：

（1）恐怖主义袭击数量在地区与国家分布上非常不平衡；

（2）恐怖主义袭击所造成伤亡方面，地区与国家间也存在很大的不平衡，无论是在伤亡总量上，还是平均单次恐怖袭击所造成伤亡上即恐怖袭击的死亡率或伤亡率上，都是如此；

（3）可以看到，恐怖主义的发生与一个地区或国家是否存在着持续的内战或激烈的领土、民族（部族）、教派等方面的矛盾与冲突有某种程度的关系；相对而言，一个地区或国家如果存在着这些矛盾与冲突，那么，这个地区发生恐怖主义袭击的可能性就相对比较高。这些因素大多属于第三章所言的恐怖主义发生的结构性因素，而且，就这些国家或地区发生的恐怖主义类型而言，大多属于规模型恐怖主义；

（4）但是，（3）中所述的这种关系又不是绝对的、必然的，可以看到西欧如法国等与其他地区或国家相比，上述矛盾与冲突都相对要缓和许多，但仍然是一个恐怖袭击高发的地区或国家；

（5）此外，恐怖主义袭击与地区或国家的经济发展水平、政治体制、政府治理能力等因素之间的关系似乎更为不明显和复杂，有待进一步的分析和经验；

（6）不过，极少有地区或国家可以免遭恐怖主义威胁。虽然一些地区或国家发生恐怖袭击的概率比其他地区或国家可能要低一些，但是，这并不能保证其不发生恐怖袭击，而且，也不能保证这种袭击不会是那种将造成大规模伤亡的袭击；

（7）一个地区或国家发生恐怖主义袭击的次数与其恐怖袭击的死亡率或伤亡率没有必然联系。一个地区或国家可能发生多次恐怖袭击，其所造成的伤亡却可能相对有限，反过来也是如此，即一个国家发生的恐怖袭击的数量可能很少，但却可能造成很大的伤亡。这一点，以及（4）、（6），在一定程度上反映出恐怖主义威胁所具有的不确定性。

六、恐怖主义行为体

在兰德公司、全球恐怖主义数据库和美国国家反恐中心的统计中还包含了恐怖主义组织或团体的信息。不过，这些信息仍然是有限的，或大规模提取其中有用信息很困难，从而难以根据其对恐怖主义行为体的一些特征，如组织结构、规模大小、意识形态、目标等进行分析，而大多仅能被用来分析各个行为体所发动的恐怖袭击数量以及造成伤亡的情况。而且，由于恐怖主义行为体的数量众多，前述对于恐怖主义袭击的行动方式、地区国家分布等那样的分析与展示，并不适用。因此，关于恐怖主义行为体特征能进行的分析非常有限。有关一些恐怖主义行为体发动的袭击次数、造成的伤亡等数据，列在附录中供读者参考。

不过，美国国家反恐中心统计中对其所记录的恐怖袭击行为体的分类，却提供了一些有趣的信息，因此，在此列出供读者参考（见图表5—70）。从图表上可以看出，除去未知的，兰德公司统计的数据中显示，约40%的恐怖主义行为体有极端伊斯兰的思想背景。可能也恰恰因为这种较高的比例，极端伊斯兰思想往往被与恐怖主义等同起来。在某种程度上，一些极端伊斯兰思想确实鼓励、鼓吹恐怖主义，或至少与恐怖主义存在着某种契合。这也毋庸讳言。但是，图表5—70确实也显示，其他的宗教思想背景的行为体同样也可能会选择恐怖主义这种方式，而无宗教思想背景的行为体也同样可能会选择恐怖主义这种手段。而且，需要注意的是，极端伊斯兰思想的这种高比例，从根本上讲，可能不是因为宗教思想，而是因为信奉伊斯兰地区持续和广泛存在的各种矛盾与冲突。比如，在美国反恐中心统计的恐怖主义袭击中，有三成左右发生在伊拉克和阿富汗。鉴于这些地区的宗教信仰，发动恐怖袭击的行为体普遍具有极端伊斯兰背景几乎可以说不可避免。而在根据兰德公司和全球恐怖主义数据库的统计，“9·11”袭击之前，这两个国家发生恐怖袭击的数量是相当低的。

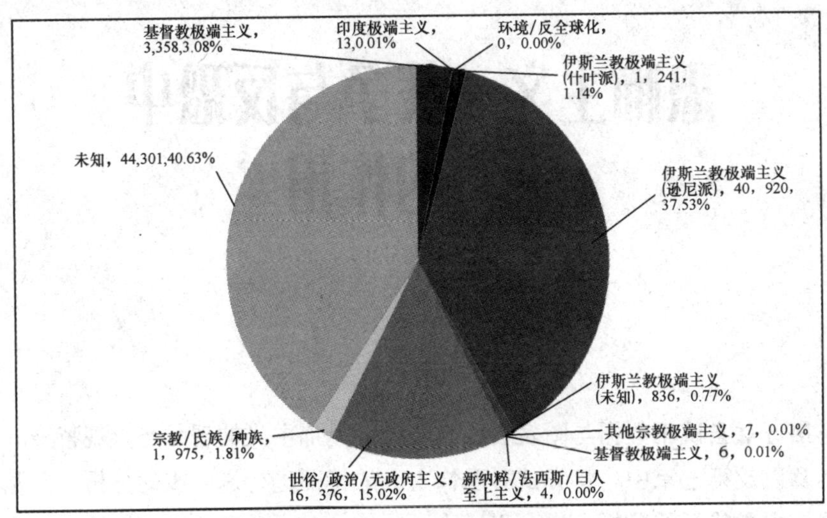

图表 5—70　恐怖主义袭击者的类型

第六章

恐怖主义、战争与反恐中武力的作用

第五章尝试用数据与图表展示当今世界恐怖主义的现状与直观特征。而在本章以及第七章中，将尝试对恐怖主义的特征进行深一步的分析，并基于对恐怖主义特征的分析，进一步讨论这些特征对于反恐一方的启示或意义。

恐怖主义首先是一种暴力，因此，本章将围绕这个展开讨论。在与暴力、政治性这两个因素的紧密关系上，恐怖主义与战争（武装冲突）具有一致性，而这使其与战争的关系，以及战争或武力作为一种手段应对恐怖主义中的作用，在学术与政策领域都引起广泛的争论。

一、恐怖主义与战争的区别

本书第二章有关恐怖主义的界定和第三章中对各种形式非国家行为体暴力（常规战争、游击战与恐怖主义）的分析，实际上已经对恐怖主义与战争之间的区别有所涉及。在这里，本书将再次进行深入讨论。

稍微需要说明一下的是，实际上更准确表述问题的语言应该是恐怖主义是否属于一种武装冲突行为。因为在正式使用中，战争不仅是对武装冲突事实的描述，还包含对现实状况的一种法律上的确认。不过，在日常使用中，战争这个概念往往并不含有国际法中战争所具有的那种法律涵义。而且，"9·11"事件后，反恐战争这个概念盛行，在恐怖主义问题讨论中，战争这个概念也被广泛使用。因此，虽然对于本书而言更准确的概念应该是武装冲突，但本书仍使用战争这个词。

正如前文所言，恐怖主义与战争在暴力、政治性方面的一致性，及在现实中恐怖主义的发生也往往伴随于常规战争或非常规战争发生，因此，与战争一样，恐怖主义往往同样会引起如愤怒、仇恨等激烈的情绪与冲动。在一定程度上，把恐怖主义与战争等同起来，可以说是一种自然而然的认识与反应。很早就有媒体、学者或国家宣布恐怖主义是一种战争行为，或宣布要发动反恐战争。比如，里根政府就曾公开宣布"恐怖主义是一种战争行为，而历史告诉我们，要遏制战争，就必须能够进行坚决回击或采取先发制人行动"。[①]

真正将恐怖主义与战争紧密联系起来，对现实世界产生重大影响，并从而激起关于恐怖主义与战争关系的深入、广泛辩论的，则非美国小布什政府莫属。"9·11"袭击后，小布什迅即宣布美国处于战争状态，要进行全球反恐战争，并以此名义发动了入侵阿富汗和伊拉克的战争。自此，不仅恐怖主义行动被视作战争行为，而反恐行动也变成了一种名副其实的战争。

虽然随着小布什的下台，以及所谓全球反恐战争带来的种种不良后果，使反恐战争引起了越来越多的质疑与批评声音。有关国家——其中包括美国——公开或悄悄地逐渐放弃反恐战争这个概念。如英国从 2006 年开始，就在政府内部避免使用反恐战争这个称呼；而在 2009 年 1 月，英国外交大臣米利班德（David Miliband）在印度的一次演讲中更尖锐地批评说，这个称呼是"具有误导性和错误的"。[②] 美国在奥巴马政府上台之初，也悄悄放弃了"反恐战争"这个称呼，而代之以"海外特别行动"（Overseas Contin-

---

① David C. Wills, *The First War on Terrorism: Counter-Terrorism Policy during the Reagan Administration*, New York: Rowman & Littlefield Publishers, Inc., 2003, p. 4.

② "UK: 'War on terror' phrase did harm", 〈http://edition.cnn.com/2009/WORLD/europe/01/15/britain.war.on.terror/index.html〉.

gency Operation）等名称；[①] 而在其 2010 年 5 月正式发布的《国家安全战略》中更没有“反恐战争”这个概念。虽然该文件中，确实提到了对“基地”组织等的战争，却也明确指出，“这不是一场针对一种战术——恐怖主义，或针对一种宗教——伊斯兰——的全球战争”。[②]

无论如何，所谓的反恐战争对世界的影响仍在持续中，而且有关恐怖主义与战争关系的争论也将持续。对于恐怖主义与战争之间关系进行反思，仍是有益的。表面上看，恐怖主义是否是战争行为似乎只是一个学究式的形而上学问题，实质上不然。恐怖主义是否是战争，不仅关系到对恐怖主义客观特征的基本判断，还关系到应该采取何种方式应对恐怖主义威胁，并涉及到一系列法律方面的问题。因此，其不仅是一个学术问题，还是一个政策性问题。

对于恐怖主义是否属于战争行为，相关看法大体上可以分为两个阵营。一个阵营认为恐怖主义是战争，虽然他们有时承认，恐怖主义可能不同于以往的战争，是一种新型战争。另一个阵营，则认为恐怖主义不是战争，或者说，不应把其看作是战争。下面将对这两种看法进行讨论。

认为恐怖主义是一种战争行为的，大多是有军事方面经历或知识背景的学者或分析人员。恐怖主义被他们当然地视为一种战争。

就 1968 年以来新一波国际恐怖主义浪潮而言，恐怖主义似乎从最初就与战争紧密联系起来。在 20 世纪六七十年代，恐怖主义往往还有另一个名称——城市游击战，而且在当时被誉为城市游击战之父的马里赫拉看来，恐怖主义只不过是一种不同于以往农村游击战的一种新的武装斗争方式。[③] 不过，当代把恐怖主义视为是一种战争的观点的更重要源头则与 20 世纪 90 年代左右有关军事革命的思考有关。

当时，新的技术与装备、海湾战争以及新的国际局势等引发的新一波军事革命和相关的思考与讨论中，学者们或军事分析人员努力探讨未来新的暴

---

① “‘Global War On Terror’ Is Given New Name”，〈http：//www.washingtonpost.com/wp-dyn/content/article/2009/03/24/AR2009032402818.html〉.

② “National Security Strategy（2010）”，〈http：//www.whitehouse.gov/sites/default/files/rss_viewer/national_security_strategy.pdf〉.

③ Carlos Marighella，“Minimanual of the Urban Guerrilla”，〈http：//www.marxists.org/archive/marighella-carlos/1969/06/minimanual-urban-guerrilla/index.htm〉.

力冲突形式、作战方法等。他们提出了各种各样的概念、各种各样的观点。如托夫勒的第三波战争理论,[①] 威廉·林德（William S. Lind）的第四代战争（Fourth Generation）理论,[②] 罗伯特·邦克（Robert J. Bunker）的第四世代战争（Fourth-Epoch War）与五维作战（Five-Dimensional Warfighting）理论,[③] 非对称作战理论,[④] 超限战理论,[⑤] 等等。这些理论有一个共同之处，即非国家行为体暴力被置于了很显著的位置。事实上，一些学者如约翰·米勒（John Muller）认为传统国家之间的战争，特别是大国间战争已经开始消亡。[⑥] 而著名军事史学家马丁·克莱沃德（Martin van Creveld）同样认为，国家之间常规战争将消亡；克劳塞维茨模式的战争将消失，即暴力冲突将越来越向原始状态回归，战争或暴力冲突成为一种生活方式，一种目的本身，军队与平民、战争与犯罪之间的区别将模糊。[⑦] 在这些讨论中，恐怖主义无论是被纳入如游击战、叛乱与反叛乱作战、内战、革命战争、低烈度冲突（LIC）、暴乱、小型战争、后现代战争、非对称战争或非常规战争等诸多范畴之内，还是作为一种独立的战争形式，都成为这些理论或分析关注的中心之一。

---

① 阿尔文·托夫勒：《未来的战争》，阿迪、马秀芳译，北京：新华出版社，1996年版。

② William S. Lind, et al., "The Changing Face of War: Into the Fourth Generation", *Marine Corps Gazette*, October 1989, pp. 22—26.

③ Robert J. Bunker, "Generations, Waves, and Epochs: Modes of Warfare and RPMA", *Airpower Journal*, Spring 1996, pp. 18—28; Robert J. Bunker, "Higher-dimensional Warfighting", *Military Review*, September/October 1999, Vol. 79, Iss. 5, pp. 53—52.

④ Steven Metz, "Asymmetric warfare: Strategic asymmetry", *Military Review*, Jul/Aug 2001. Vol. 81, Iss. 4, pp. 22—31.

⑤ 乔良、王湘穗：《超限战：对全球化时代战争与战法的想定》，北京：解放军文艺出版社，1999年版。

⑥ John E. Mueller, *Retreat From Doomsday: The Obsolescence Of Major War*, New York: Basic Books, 1989.

⑦ Martin van Creveld, *The Transformation of War*, New York: The Free Press, 1991.

大部分军事方面的学者或分析人员把恐怖主义当然地视为是一种战争。[①] 他们更关注于恐怖主义作为一种新的战争形式或作为一种传统暴力形式在全球化、高科技发展迅猛等环境下，与常规战争有什么不同，对于作战提出了什么新的挑战；而不关注恐怖主义为什么是一种战争行为。事实上，很多研究恐怖主义的学者，如伯瑞安·詹金斯（Brian Jenkins）等也都是从最初研究游击战、反叛乱作战等非常规战争，转行而来的。[②]

而实践中一些国家的政策取向在很大程度上，也增强了把恐怖主义当然地作为一种战争行为的看法。比如，美国政府，特别是从里根政府开始，就倾向于把国际恐怖主义纳入国家安全考虑范围内；而且，很早就把军事手段作为应对恐怖主义的一种选择。比如，1985 年，美国动用军事力量拦截载有劫持"阿奇利·劳拉（Achille Lauro)"渡轮的巴勒斯坦解放阵线成员的从埃及飞突尼斯的客机，以逮捕这些人；1986 年为了报复利比亚对美国及西方目标的袭击，而对其发动的外科手术式军事打击。[③] 冷战结束后，美国也曾采用军事手段来应对恐怖主义袭击，如 1993 年，为了报复伊拉克试图在前总统老布什访问科威特时将其刺杀的阴谋，美国对伊拉克发动了导弹袭击；1998 年，为了报复美国驻肯尼亚与坦桑尼亚使馆遭袭，对苏丹与阿富汗发动了导弹袭击。[④] 这些毫无疑问很容易使人把恐怖主义与战争自然地联系起来。而"9·11"袭击以及其后美国的全球反恐战争，更加强了恐怖主义是一种战争行为的观念（当然，也激起了对这种观点的反思与批判)。

大体上而言，支持这种观点的理由可分为两类：

一类理由是，恐怖主义行为本身所具有的客观特征，与战争本质上相同。一方面，绝大多数恐怖主义行动具有政治动机，目的是迫使政府或其他

---

① 当然，并不是所有的军事人员都是这样看。比如，2006 年美国参谋长联席会议战略规划中心主任 Gary Check 提出，可能需要放弃全球反恐战争的提法，不把恐怖主义看作是战争，而是将其看作为犯罪行为。Pamela Hess，"Analysis：Terror War May Need Name Change"，*UPI Security & Terrorism*，September 5，2006。

② Austin Long，*On "Other War"：Lessons from Five Decades of RAND Counterinsurgency Research*，〈http：//www. rand. org/pubs/monographs/2006/RAND _ MG482. pdf〉.

③ David C. Wills，*The First War on Terrorism*，p. 10.

④ Laura K. Donohue，"In the Name of National Security：Us Counterterrorist Measures，1960－2000"，*Terrorism & Political Violence*，Vol. 13，No. 3 (2001)，pp. 15－60.

对手屈服，且使用暴力。因此，其完全符合克劳塞维茨对战争的经典描述，即“战争是政治通过另一种手段的继续”，“是迫使敌人服从我们意志的一种暴力行为”。另一方面，现代社会、技术等发展，已经使恐怖主义行为体能够发动造成大量人员伤亡与财产损失的袭击，这种后果甚至超过了一些战争所造成的损失与伤亡。“9·11”袭击就是最好的例证。因此，如果说以前恐怖主义尚可被视为是一般的社会治安事件，而现在，则崛起了“战争范式”的恐怖主义；① 其必需被视为是一种战争行为。而且，就现实来看，确实很多时候，恐怖主义与其他形式的暴力冲突如游击战、叛乱或常规战争等相伴而生。冲突的双方或一方，可能既采用游击战、常规战争等形式，同时可能采用恐怖主义的方式。也就是说，恐怖主义与常规战争、游击战等武装冲突的行为体可能是一致的，行动的目的可能也是一致的。

支持恐怖主义是一种战争行为的另一个理由则是出于实用主义考虑，即把恐怖主义视为战争将有利于应对恐怖主义威胁。这些好处可能包括：（1）有利于舆论、人员、资源等的动员，并增加全民凝聚力；②（2）使军事打击恐怖主义具有合法性，并使之成为一种紧迫与必要的选择；（3）有利于摆脱惯常的法律、程序、舆论等诸多方面的限制，有利于增加政府反恐权力，使之能够更有效、更强硬、更迅速地打击恐怖主义③。

而在反对将恐怖主义视为战争的方面，在“9·11”之前，反对论者的声音并不明显。这倒不是因为没有学者持有这种看法，而是因为这个问题似乎与现实关系并不紧密。但小布什的反恐战争则很大程度上改变了这种状况。因此，在很大程度上可以说，反对将恐怖主义视为战争的阵营，起源于对布什政府的全球反恐战争的不满与反对。随着美国领导的全球反恐战争行动给世界带来的消极后果越来越明显，其战略失败也越来越明显的时候，这种观点也越来越具有吸引力，其声音也越来越大。当然，这一个阵营往往把更多精力放在论述布什反恐战争中的错误与带来的消极后果上，而不是直接

---

① 伊恩·赖塞等著：《反新恐怖主义》，程克雄译，北京：新华出版社，2002 年版，第 55—122 页。

② 李晓岗：“美国的‘爱国主义’与反恐战争”，《太平洋学报》，2004 年第 9 期，第 42—55 页。

③ 钱文荣：“国际反恐斗争中的若干国际法问题”，《和平与发展》，2002 年第 2 期，第 48—52 页。

放在为什么恐怖主义不是战争这个问题上。

一般而言，反对将恐怖主义视为战争的学者在论述中，往往会提到下面三类理由或其中之一：

第一类理由认为，从恐怖主义所造成的实际伤亡或损失来看，恐怖主义的威胁非常有限，其根本算不上什么严重的国家安全威胁；虽然，恐怖主义可能给人们的生活与社会秩序带来一些影响与冲击，使人感到不快，却只不过是一些小麻烦罢了，无妨大碍。因此，人们对其恐慌与反应往往是小题大作、自我恐吓的；而且，这种过度恐慌与反应往往恰恰落入恐怖主义分子的圈套中。

这种观点在“9·11”事件之前就有，一些著名的恐怖主义分析人员如沃尔特·拉奎尔（Walter Laqueur）等都持有这种看法。[①] “9·11”袭击则使这种观点似乎不那么令人信服。但仍有一些学者认为人们通常夸大了恐怖主义威胁。比如，约翰·米勒甚至形象地对比说，对于很多国家来说，每年淹死在浴缸中或吃饼干噎死的人，可能都要远多于死于恐怖主义袭击的人。[②]

第二类理由认为，主要是恐怖主义就其本身的特征而言，不属于战争范畴。对于这类理由的讨论，大多集中于国际法学者的分析中。他们主要讨论国际人道主义法对于恐怖主义与全球反恐战争的适用性问题，以及美国反恐战争对国际法的挑战。[③]

一些学者，特别是有军事知识背景的学者，认为恐怖主义属于武装冲突中的行为，虽然其违反了国际人道主义法。[④] 不过，大部分学者认为即使不能排除国际人道主义法中有关非国际武装冲突部分适用于恐怖主义与反恐战

---

① Walter Laqueur, *The Age of Terrorism*, Boston: Little, Brown and Company, 1987, pp. 1—23, 298—322.

② John Mueller, “Is There Still a Terrorist Threat?” *Foreign Affairs*, September/October 2006, Vol. 85, Iss. 5, pp. 2－8; John Mueller, “A False Sense Of Security?”, *Regulation*, Fall 2004, pp. 42－46.

③ 王孔祥：“反恐‘战争’中的国际法问题”，《国际关系学院学报》，2005 年第 4 期，第 40—45 页；钟振明：“美国政府‘反恐战’政策对国际法的消极影响”，《社会科学》，2008 年第 5 期，第 21—26 页。

④ Lisa Ferris, “Terrorism: Application of a Law of Armed Conflict Framework”, *New Zealand Armed Forces Law Review* (2003), pp. 27－35.

争的可能性，但这种适用也将存在着许多问题，可能需要对国际人道主义法进行新的诠释或调整。而在他们看来，如果说确实有些恐怖主义等同于武装冲突，那么，绝大多数恐怖主义袭击并没有上升到武装冲突的程度。他们认为现有的国际人道主义法虽然没有关于武装冲突的明确、直接的界定，但是，关于条约与附加议定书适用范围的日内瓦四公约中的共同条款第3条与附加议定书II中的条款第1条，以及国际红十字会对相关条款的注释说明中，确实给出了一定的认定武装冲突的标准。而单纯从恐怖主义所表现出来的客观特征来说，恐怖主义并不符合这些标准。①

第三类理由，同样出于实用主义考虑，但与认为应把恐怖主义视作为战争并要求用战争来回应的观点相反，反对将恐怖主义视作为战争的人认为，将恐怖主义界定为战争，或依赖于军事力量来打击恐怖主义，不利于打击、应对恐怖主义，相反，会带来诸多消极后果。

英国历史学家迈克尔·霍华德（Michael Howard）的观点非常有代表性和影响力。他认为美国宣布与恐怖主义处于战争状态，是犯了“一个自然却可怕并无可挽回的错误”。这将授予恐怖主义分子所期望的战士地位，增加其合法性，并使其处于相关国际法的保护之下。而且，把恐怖主义界定为战争，使发动军事打击与战争成为应对恐怖主义的首要、紧迫的要求，而其他更有效、更细致的战略无法被考虑；而成功应对恐怖主义的关键是赢得人心，反恐战争却有损于此。② 随着美国反恐战争陷入越来越深的泥淖，其造成的问题越来越多，这种观点也获得越来越多人的赞同。而且，就美国反恐战争而言，很多学者认为，单纯就形式来说，其本身就是荒唐的；恐怖主义并不是像国家这样的实体，甚至也不是某种意识形态，相反，它是一种手段、一种战术，那么，又如何能和一种战术进行战争呢?③

---

① Gabor Rona, “Interesting Times for International Humanitarian Law: Challenges from the ‘War on Terror’”, *Terrorism & Political Violence*, 2005, Vol. 17, No. 1/2, pp. 157—173; Sébastien Jodoin, “Terrorism as a War Crime”, *International Criminal Law Review*, 2007 Vol. 7, pp. 77—115.

② Michael Howard, “What's in a Name?”, *Foreign Affairs*, Janaury/February 2002, Vol. 81, No. 1, pp. 8—13.

③ Michael J. Boyle, “The War on Terror in American Grand Strategy”, *International Affairs*, 2008, Vol. 84, pp. 191—209.

对于恐怖主义是否属于战争行为，本书认为，无论是就恐怖主义自身客观特征而言，还是从应对恐怖主义的政策需要方面考虑，恐怖主义都不属于或将其视为战争行为；而且，战争也不应成为反恐依赖的主要手段。但是，在支持论者与反对论者对恐怖主义与战争之间关系的认识中，都存在着一些潜在的认识误区。这些误区会妨碍对恐怖主义威胁的准确判断与反应，需要得到澄清。

首先，从日内瓦公约及其附加议定书所包含的对于武装冲突含义的规定来看，恐怖主义不符合这些标准。

如《关于保护非国际性武装冲突受难者的附加议定书（第二议定书）》中规定：

> 第一条　对事物的适用范围
>
> 一、本议定书……应适用于……第一议定书所未包括、而在缔约一方领土内发生的该方武装部队和在负责统率下对该方一部分领土行使控制权，从而使其能进行持久而协调的军事行动并执行本议定书的持不同政见的武装部队或其他有组织的武装集团之间的一切武装冲突。
>
> 二、本议定书不应适用于非武装冲突的内部动乱和紧张局势，如暴动、孤立而不时发生的暴力行为和其他类似性质的行为。①

在《关于战俘待遇之日内瓦公约》第 4 条款规定战俘资格的部分条文，也能间接说明恐怖主义与武装冲突之间的区别。

> 本公约所称之战俘系指落于敌方权力之下列各类人员之一种：
>
> （一）冲突之一方之武装部队人员及构成此种武装部队一部之民兵与志愿部队人员。
>
> （二）冲突之一方所属之其他民兵及其他志愿部队人员，包括有组织之抵抗运动人员之在其本国领土内外活动者，即使此项领土

① 《关于保护非国际性武装冲突受难者的附加议定书（第二议定书）》，〈http://www.un.org/chinese/hr/issue/docs/94.PDF〉。

已被占领，但须此项民兵或志愿部队，包括有组织之抵抗运动人员，合乎下列条件：

（甲）有一为其部下负责之人统率；

（乙）备有可从远处识别之固定的特殊标志；

（丙）公开携带武器；

（丁）遵守战争法规及惯例进行战斗。

……①

从上面这些条文可以看出，非国家行为体可以是武装冲突的主体，但其从事的暴力行动，要能成为适用国际人道主义法的武装冲突，则其应能有效控制某一片领土；能够有效控制其战斗人员；从而能够开展持续而有组织的军事行动；而其战斗人员应该是可辨认的，公开携带武器或其他表明其身份的标志，并遵守相关国际法的要求。相反，如果该行为体是不确定的，其人员没有公开携带武器，并且，其行动是非持续的，成员行动也没有一个组织或权威进行控制、指挥。那么，其就不属于武装冲突主体；其行为也不在国际人道主义法适用范围内，即其行为不属于武装冲突范畴。因此，议定书Ⅱ中明确说明其不适用于“孤立而不时发生的暴力行为”。

恐怖主义的客观特征不同于武装冲突，而更近于“孤立而不时发生的暴力行为”。恐怖主义分子在行动中，不明确标明其身份，如配戴能够标明其身份的标志，公开携带武器等；事实上，在任何一次恐怖主义袭击之前，国家都不知道袭击者是谁，甚至在袭击后，都可能永远不知道。而且，恐怖主义袭击的不是军事目标，或在袭击中没有对军事目标与非军事目标作出区分，而事实上通常蓄意的指向非军事目标。因为如此，就各个恐怖主义袭击来看，恐怖主义行为只是孤立而零星的行动，可能在任何地点、时间出现，针对任何对象，其中只有单方面的破坏与杀戮，并没有冲突，没有持续的武装行动。因此，恐怖主义不仅仅与国家之间的常规战争有着截然的区别，即使与一些所谓的非常规战争如游击战等，也存在着“本质性的区别”，虽然

① 《1948年8月12日关于战俘待遇之日内瓦公约》，〈http：//www.un.org/chinese/hr/issue/docs/91.PDF〉。

其曾有过城市游击战这个名号。①

可能有人会争辩说，有些被称为恐怖主义组织的非国家行为体确实控制着一定的领土，有严密的指挥与控制体系，甚至有强大的武装部队，而且这些组织确实有战争行为，甚至是像国家之间的常规战争那样的行为。如泰米尔猛虎组织，确曾有效控制着一定的领土；并且，其有许多恐怖主义行动确实是其精心策划与严密指挥控制的结果。而且，其确实在斗争中，既采用了恐怖主义手段，也采用了游击战方式，甚至与政府之间爆发直接的较大规模常规战争。理查德·鲁本斯坦（Richard E. Rubenstein）就认为，把恐怖主义视作为战争的观点的合理性正是认识到了恐怖主义与战争的这种联系性及其向大规模暴力转变的可能性。②

在这种情况下，恐怖主义仍然不属于武装冲突吗？或者既然“泰米尔猛虎”组织是恐怖主义组织，其行为不应都属于恐怖主义吗？本书认为，答案仍然是否定的。像“泰米尔猛虎”这样的组织确实可以被称为恐怖主义组织，但是，其不仅仅是一个恐怖主义组织。其恐怖主义行为不要求其一定控制某些领土。事实上，大部分恐怖主义个人或组织都不是基于一定领土的行为体，控制一定的领土既不是其恐怖主义行为追求的目标，也不是其运作的必要条件；通常大部分恐怖主义行为体确实也不控制着一定的领土。如“泰米尔猛虎”组织这样的行为体，可能采取多种行为，其中既可以包括常规战争、游击战、恐怖主义等这样的暴力行动，也可以包括政治、外交行动等非暴力活动。毫无疑问，虽然这些行为都是处于同一目的、同一个行为体，且紧密联系在一起，但这决不意味着这些行动是相同的。一个行为体同时采取多种不同的手段、行为，这并不矛盾，也非例外。相反，许多反政府组织或抵抗组织通常同时使用多种不同手段、方式来达到其目的。如阿尔及利亚人在殖民解放斗争中，就既采用了恐怖主义手段，又采用了其他暴力手段、政治手段等。③

---

① Walter Laqueur, *The Age of Terrorism*, Boston: Little, Brown and Company, 1987, p. 5.

② Richard E. Rubenstein, *Alchemists of Revolution: Terrorism in the Modern World*, New York: Basic Books, Inc., 1987, p. 33.

③ Martha Crenshaw, *Revolutionary Terrorism: The FLN in Algeria, 1954 - 1962*, California: Hoover Institution Press, 1978.

因此，像“猛虎”组织这样的行为体在斗争中，其游击战、常规战争等武装斗争行为，可能与其恐怖主义行为紧密相关；而政府与猛虎组织的战争与其打击恐怖主义行动也紧密相关。但这些都并不能说明，恐怖主义就是武装冲突行为，或政府的军事行动只是反恐行动；事实上，这些战争可能首先不是关于恐怖主义的。因此，英国在最新版的反恐战略中，就明确认为，阿富汗等地进行的所谓叛乱与反叛乱作战虽然与反恐紧密相关，但其本身并不是恐怖或反恐怖活动。①

需要指出的是，恐怖主义与武装冲突之间的区别，并不仅仅是法律或语言上的辨析问题，而是不仅关系到现有相关法律的适用、调整，而且关系到对恐怖主义特征的客观分析、判断。而这种对恐怖主义的认识将直接影响着对恐怖主义采取怎样的态度、采取怎样的应对之策。

其次，在辩论中，支持或反对恐怖主义属于战争的学者，往往把恐怖主义威胁的严重性作为其观点的证据。毫无疑问，面临的都是相同的恐怖主义威胁，但却有两种截然相反的结论，关键是观察角度的问题。正如第五章数据所显示的，如果从总量上来说，恐怖主义袭击造成的死亡人数，可能是比较严重的威胁。而且，“9·11”事件这样的袭击可能造成的损失确实远超过了一些战争的损失。但如果从每次袭击平均造成的伤亡来看，则恐怖主义袭击确实算不上什么严重威胁；而且，如果与交通事故、自然灾难、饥荒等来比较，即使从总量上看，恐怖主义所造成的伤亡也算不上什么。从这个角度而言，反对者确实也有理由说，恐怖主义仍然不构成严重威胁。

但是对于恐怖主义威胁的严重性，支持论者与反对论者在这里都可能犯了错误。支持论者可能过分夸大了恐怖主义威胁，把所有的恐怖主义袭击都想像成如“9·11”袭击那样的。而反对者，则可能过分忽视了大规模杀伤性恐怖主义袭击发生的可能性，而且，他们仅仅从恐怖主义造成的直接伤亡、损失来看待恐怖主义的影响，而忽视了恐怖主义对整个社会的冲击。

不过，在恐怖主义是否属于战争行为这个中心问题上，支持论者与反对论者在辩论中反映出了一个潜在的、共同的认识误区。即如果恐怖主义造成

---

① “The United Kingdom's Strategy for Countering International Terrorism”，〈http：//security. homeoffice. gov. uk/news-publications/publication-search/general/HO_Contest_strategy. pdf？view=Binary〉.

巨大伤亡与损失，其就应该属于战争范畴，就是对国家安全的严重威胁；而如果恐怖主义不造成严重伤亡与损失，则就不属于战争行为，而如果恐怖主义不属于战争行为，其也就不对国家安全构成严重威胁。

作者认为，虽然战争往往与大规模伤亡、损失联系在一起，但是，战争绝不仅仅等同于大规模伤亡与损失。有一些战争造成的伤亡、损失可能非常有限；而很多造成大规模伤亡、损失的现象却绝不是战争。因此，即使恐怖主义能够造成大规模伤亡与损失，也并不一定表明其是战争或应被视为是战争；反过来，即使恐怖主义造成的伤亡、损失有限，也并不能说明其就不属于战争行为。而且，把是否属于战争行为，作为一个行为或现象是否构成国家安全威胁的标准，把国家安全威胁与战争简单地等同起来，实际上是传统国家安全思维的反映；而没有认识到在新环境下，威胁的来源、形式越来越多样化，像国家这样拥有大量资源的行为体不再是威胁的唯一来源，而战争也不再是威胁的唯一最终形式。

最后，在把恐怖主义界定为战争对于反恐实践的利弊的争论中，辩论双方在认识上也存在着一些误区。

支持论者认为即使恐怖主义客观上确实不同于既往的战争形式，但这并不妨碍把其视作为战争；把恐怖主义界定为战争，将有利于更有效的打击、应对恐怖主义。其好处包括：有利于舆论动员，形成对恐怖主义人人喊打的局面；有利于人员、资源等方面的全民动员；有利于使用军事手段打击恐怖主义；有利于避免正常司法程序的约束、限制；有利于震慑恐怖主义分子，等等。

而反对论者则认为，将恐怖主义界定为战争，则包括诸多危险与消极后果。例如，界定恐怖主义为战争，则往往使国家发动战争以应对恐怖主义成为一种自然、首要的选择，而事实上，战争对于反恐往往是无效、有害的；使反恐陷入以暴制暴的境地；使恐怖主义产生的原因被忽视，而且，粗暴的反恐措施还会激起更多恐怖主义与不满；使恐怖主义威胁被过分夸大，其他威胁或问题则容易被忽视；而且，在反恐上导致资源投入的无节制，结果却出现越反越恐的恶性循环；① 国家权力往往以反恐名义逃脱监督与牵制，自

① Frank P. Harvey，"The Homeland Security Dilemma：The Imaginations of Failure and the Escalating Costs of Perfecting Security"，*Canadian Journal of Political Science*，June 2007，Vol. 4，Iss. 02，pp. 283－316.

由与人权受到侵害，国际、国内法治权威被破坏；[①] 提高了恐怖主义分子及其行动的合法性等等。

对于将恐怖主义视作为战争可能带来的利弊，本书相对赞同反对论者的观点。从短期来看，将恐怖主义界定为战争，并以战争作为反恐的主导模式，确实可能会带来支持论者所提到的那些好处。但是，这完全是短视、急功近利的做法，从长期来看，无异于饮鸩止渴。这些所谓的好处本身就隐藏着巨大的风险与消极后果。

在辩论中，涉及到一个很重要的问题，即反恐战争是否是反恐的最优战略。如果战争是应对恐怖主义的最优选择，那么，将恐怖主义界定为战争就是非常有用且必要的；相反，如果战争不是反恐的最优战略，甚至是有害的，那么，把恐怖主义界定为战争，则是非常危险的。如果将恐怖主义界定为战争行为，那么，在现实中对于国家来说，以战争来应对几乎是必然的选择。本文认为，以战争作为应对恐怖主义的主要手段，并不是反恐的最优选择，相反，是一个非常危险、有害的选择；就应对恐怖主义本身来说，战争永远不应成为反恐的主导模式。美国所谓的反恐战争所带来的种种恶果与遇到的种种麻烦，正在成为将恐怖主义界定为战争、并匆忙以战争来反恐所蕴藏的危险的生动证据。[②] 需要强调的是，战争方式不应成为反恐中的优先或主导性选择，并不意味着战争对于反恐在任何情况下都是没有用的，更不意味着军事力量在反恐中毫无作用。反对论者往往忽视了这一点。

在辩论中，无论是反对论者还是支持论者，往往受到一种相同的潜在的思维定势的影响。即如果恐怖主义是战争，就必需以战争来应对；如果恐怖主义不是战争，就不能以战争或军事力量来应对。支持论者强调前者，即应将恐怖主义界定为战争，是因为需要以战争来应对恐怖主义。反对论者强调

---

① Kenneth Roth, "The Law of War in the War on Terror", *Foreign Affairs*, Vol. 83, 2004, No. 1, pp. 2—7.

② 中国学者对美国反恐战争的质疑与批判。参见李伟："反恐实际上不是一场战争"，《世界知识》2003 年第 17 期，第 25 页；李伟："国际恐怖与反恐怖斗争的'错位'"，《现代国际关系》2006 年第 9 期，第 23—24 页；王存刚："当前反恐战争的困境及其原因分析"，《东南亚研究》2005 年第 4 期，第 51—54 页；高志虎："美国'反恐'战争化的思考"，《当代世界》2008 年第 11 期，第 51—53 页；宋兴无："打击恐怖主义战争与美国的全球战略——全球化的视角"，《当代亚太》2008 年第 1 期，第 71—87 页。

后者，不应将恐怖主义界定为战争，是因为以战争应对恐怖主义是错误的与有害的。而且，反对论者由于往往把其焦点放在对美国反恐战争的批判上，放在强调战争作为反恐战略的无效性与危险性上，容易给人造成一种印象，即战争对于反恐没有任何帮助，武装力量在反恐中毫无用处。

这种认识误区，对于国家反恐来说，严重限制了国家在反恐中的选择，使国家在反恐决策中陷入军事力量要么是主要的、甚至是唯一的有效应对手段，要么是完全无效的非此即彼的状况。

不过现实中，特别是对于国家应对恐怖主义来说，如果恐怖主义是战争行为，那么，正如前文所说，国家以战争来应对就往往是现实中一个很自然的反恐选择，虽然更明智的做法应该是考虑包括战争在内的所有选项的。但无论如何，反过来，如果恐怖主义不是战争，绝不意味着国家就不能选择战争来应对或军事力量在反恐中毫无用处（姑且不论这些选择的优劣）。

因此，如果说支持论者过分夸大了恐怖主义的威胁，过分夸大了战争在反恐中的作用，那么，反对论者则忽视在特殊情况下，战争对于反恐可能具有的辅助性作用，忽视了武装力量在反恐中的作用。事实上，即使恐怖主义不是战争行为，即使战争作为一种反恐战略是有害的、危险的。但在反恐中，战争在某些时候对于反恐来说，仍具有重要的辅助作用，而武装部队的许多非战争军事行动（military operations other than war）对于反恐则能发挥直接的重要作用。

例如，对于像“泰米尔猛虎”组织这样的行为体，政府发动战争将其彻底打败、消灭，毫无疑问对于减少、消除其恐怖主义威胁具有重要作用（当然，对于斯里兰卡政府来说，“猛虎”组织的最大威胁可能并不是其恐怖主义行为，而政府发动战争的首要目的也不是为了应对其恐怖主义威胁）。此外，在某些特定情况下，使用军事打击可能对于遏制、打击恐怖主义行为也是有帮助的。比如，美国在1986年对利比亚的军事打击，1998年对阿富汗、苏丹的导弹打击；美国使用无人机在也门、阿富汗等对所谓恐怖主义分子的打击；以色列1976年为解救被恐怖主义分子劫持的人质对乌干达恩德培机场的突袭，以及所谓的定点清除行动。①

① 潘光、王震：“以色列反恐战略研究”，《现代国际关系》，2007年第8期，第32—36页。

本书作者认为，怎样强调孙子“兵者，国之大事，死生之地，存亡之道，不可不察也”这句话中所体现出来的对使用武力的谨慎与节制都不为过；而且，战争本身中就充满着不确定性与破坏性，使战争作为一种手段本身就充满了很多危险与消极后果。但是，战争从来就是国家保卫其自身安全、实现其目的的重要手段之一；同样，反恐中，这种手段在某些特定情况下，仍然可能是有所助益的，虽然恐怖主义的特征使其不应成为主要的应对手段。此外，武装力量在某些特定情况下，也可直接参与反恐行动。比如，执行如反劫机、反劫持等这样特殊任务；处理核生化等恐怖袭击；对重要人物、重要设施、重要场合等的护卫。还比如，武装部队还可在灾难救助、维持社会秩序等发挥重要作用。毫无疑问，这些都是反恐行动的重要部分。事实上，这些非战争性军事行动，在现代越来越成为武装力量使用的重要方式之一。

总而言之，虽然恐怖主义在政治性、暴力性与造成的伤亡等方面，与战争、特别是与游击战等这样的非常规战争，具有相似性，但是在行为方式上，恐怖主义具有与战争完全不同的特征。因此，恐怖主义是一种完全不同于战争的行为方式与现象。而且，即使从反恐的实际需要来说，将恐怖主义界定为战争，所带来的危险与麻烦，也远远大于其好处。

在有关恐怖主义是否属于战争行为的争论中，支持论者与反对论者往往容易陷入同样的认识误区。这些误区实际上是人们对国家安全传统认识的惯性所致。即把对国家安全的威胁与战争等同起来，认为一个行为或现象如果是战争，就是对国家安全的威胁，就必需以战争来应对；但如果一个行为或现象不是战争行为，就不会构成对国家安全的严重威胁，那么，战争或军事力量就是无用的，不应以战争或军事力量来应对。

毫无疑问，在国家面临的威胁越来越多样化、越来越充满不确定性的情况下，这种产生于传统安全环境下的思维方式将难以有效应对现实。在面临恐怖主义威胁中，这种思维方式导致要么过分夸大威胁，并在应对这种威胁中，过分地依赖于军事力量的作用，并往往使战争成为唯一的应对手段；要么，过分轻视恐怖主义威胁，并在反恐中忽视军事力量在其中可能发挥的有益作用。

在新的安全环境下，人们对于各种各样的威胁，必需有新的视角，必需对现实的变化有敏锐的认识，而不应局限于传统国家安全威胁中的战争视角。在应对这些新威胁中，既需要考虑战争与军事等这样的传统应对选择与手段，又要考虑其他的应对手段。并且，需要意识到，这些手段与选择通常并不是非此即彼的关系，相反，往往需要把这些手段与选择灵活地结合起来，相互配合，才能有效应对新的复杂的安全环境。

而要做到这些，就需要分析恐怖主义威胁的特征，分析其与传统国家安全威胁的不同，分析各种应对国家安全问题的思路、方法或力量对于应对恐怖主义威胁的适用性。

二、传统国家安全威胁与武力的作用

（一）传统国家安全威胁特征与应对方法

传统上，国家安全的威胁首先来自于其同类，即占有一块固定的领土、独立决定其对内对外政策的国家。这种威胁的最严重也是最终表现形式就是另一个国家或国家集团的武力威胁或实际的战争。

如果不去专门详细研究战争的原因，那么，一个国家对另一国发出武力威胁或武力攻击，实际上无外乎两种情况：

一是战争或武力威胁是双方或一方蓄意追求的结果。其中，至少有一方有进攻意图。在这里，双方或一方可能是出于贪欲，如试图控制某块领土，获得某种资源或其他财富，增加自己的声望，达到某种政治目的如转移国内矛盾，影响或改变对方或其他国家的行为，等等。

二是战争或武力威胁并不是双方蓄意追求的结果，而是起源于双方相互不信任，信息沟通不畅，或者由于危机互动升级等。其中，任何一方在最初都没有进攻性目的。

当然，在缺乏中央权威、各国首先依靠自助来决定自己命运的无政府性国际体系下，[①] 更多时候，导致战争发生的这两个种情况的区分并不十分明

---

① Kenneth N. Waltz, *Theory of International Politics*, New York: Random House, 1979, pp. 79—101.

显。实际上，进攻性目的与防御性目的之间也并不存在截然相反、不可逾越的对立。一个国家即使去蓄意攻击另一国家，也可能是出于某种防御性目的，比如，传统上所谓的预防性防御就是这种情况；国家为了自卫目的而增加的实力，也是可能被用于进攻性目的的。现实主义强调的安全困境问题有力地揭示了这一点。[①]

面对这种威胁，国家有多种方式来维护自己的安全。

一种方式是在国家之间建立某种规则或规范来限制或禁止战争，并集体保证这种规范有效，即保证这些规范被执行与遵守。比如，在国际法（《非战公约》）上规定战争不得作为国家执行对外政策的工具。在一定程度上，这意味着所有国家通过相互帮助来应对可能的威胁。这最理想的设想就体现于集体安全的思想与设计中。

但是，这种方式并不十分可靠，历史也一再证明了这一点。姑且不论各国通过相互协商、谈判建立这样的规则中存在的难度，即使是在这些规则或规范成功建立后，在实际应用中，各国对于规则的解释也肯定会存在着差异。而即使各国对规则的理解与解释是一致的，在行动的最终权力掌握在各个国家手中的情况下，规则也很难保证被遵守。在不存在更高权威的情况下，单单依靠观念、利益等各异的各个国家的自主行动，很难有效、可靠地进行集体合作，去遵守规则、维护规则的实施，惩罚违规者，扶助受侵害者。因此，汉斯·摩根索认为“国际法是一种原始型的法律……它是一种几乎完全分散型的法律”。这些法律规范是否会被遵守、执行，“取决于一项具体事例中的政治考虑和强权的实际分配”。[②] 正因为如此，虽然今天存在着比较完善的国际法规，存在着联合国这样的集体安全机制，但是，其作用仍然是非常有限的。大部分国家并不把其安全寄托在这些法规与如联合国等这样的安排身上。

另一种维护国家安全的方式，是针对国家之间存在着由于信息沟通不善

---

① 不过，罗伯特·杰维斯认为有进攻意图、蓄意挑起的战争与相互不信任升级引起的战争是不同的。他倾向于认为安全困境问题不是属于蓄意进攻引发的战争的发生原因。见 Robert Jervis, “Cooperation Under the Security Dilemma”, *World Politics*, January 1978, Vol. 30, No. 2, pp. 167－214。

② 汉斯·摩根索：《国际纵横策论》，卢明华等译，上海：上海译文出版社，1995 年版，第 351、371 页。

等而导致的相互不信任或危机升级、失控，而采取的增加国家之间的信息沟通和公开化、加强相互的信任、加强对危机的管理与处置等措施。这些措施可能包括公布国家军事力量及相关政策等信息，建立领导人之间热线，加强人员互访与交流，建立争端解决与危机管理机制，采取军备控制措施，等等。这些措施在现实中，有时确实可以缓和两个国家之间的关系，并能够减少国家之间因误判、意外事故等而引发的冲突。但是，这些措施的作用也是有限的，只能说其在一定程度上，缓解了国际体系中存在的不确定性所造成的不信任与安全困境，而无法彻底根除这种不信任与安全困境。因为，在无政府性国际体系中，无法确定意图与无法确定未来，这两个问题并不会因为这些措施而被彻底消除。因此，国家也不可能完全依靠这些措施来保护自己的安全。

在无政府性国际体系中，国家是自助的。[①] 同样，对于安全，国家也首先需要通过自助方式来保证自己的安全。在一个“强者肆意，弱者吞声”的世界中，实力（权力）才是国家安全最好的保障了；而应付来自其他国家的战争威胁的最可靠、最有效的工具，也就是要有足够强大的军事力量和进行战争的能力。国家与其他国家的这种实力的对比，决定了国家的地位与安危。国家通过各种手段来使这种实力对比对自己更有利，无论是通过内部励志革新、扩军备战，还是在外部寻求同伙、建立联盟或试图瓦解、孤立对手。国家在一定程度上可以期望那些加强相互信任、军备控制等措施，能够使自己掌握对方国家的行动，使这些国家不再威胁、进攻自己；国家在一定程度上还可以期望，在自己遭到进攻、侵略的时候，其他国家会对侵略国违反国际法的不正义行动加以反对、阻止、惩罚，并援助被侵略国。但是，这些对国家安全的保障，都不是最可靠的；只有国家自身拥有的实力才是保障国家安全的最终、最根本的依靠。

总而言之，在传统安全领域，国家可以通过建立国际法，建立维护和平的国际组织，增加国家的相互交流与信任，进行裁军和军备控制，进行谈判与妥协等措施，来缓和与化解相互之间的矛盾和冲突，遏制威胁，维护自己的国家安全。但是，当这些措施都最终失效，当国家之间的争端无法解决而

---

① Kenneth N. Waltz，*Theory of International Politics*，New York：Random House，1979，pp. 91－118.

且不断激化的情况下，暴力往往就会成为最后的依靠与选择。因此，战争一直是国家安全乃至整个国际关系研究的核心问题。来自另一个国家的武力威胁或实际的武力攻击即战争，是国家安全面临的最严重威胁，是国家安全威胁的最重要形式。

（二）武力在应对传统国家安全威胁中的作用

当面临来自另一个国家的武力威胁，国家最基本、最可靠的手段就是国家自己所掌握的武力。因为要使一个国家改变行为或放弃某些利益，如果不是靠其自愿，则需要受到来自外部的压力。而这种压力如果要有效，特别是在违背该国意志的情况下，则需要这种压力要么采取直接暴力的形式，要么采取暴力威胁的形式。而对于受到这种压力的国家来说，也只有拥有同样的暴力才是其可免受这种强制的最终依靠。

因此，武装部队担负着保护国家免遭其他国家战争威胁的最核心、最基本的任务；武力的使用，决定着国家安全状况。同时，如果从威胁的角度来说，另一个国家的武力使用情况，也决定了国家面临的威胁的特征，以及国家可以采用的应对措施。武力的使用对传统国家安全具有至关重要的影响。因此，有的学者认为“军事力量已成了拥有主权、领土的现代民族国家发展和制度形式的基础。通过军事手段独立地来保卫国家领土的能力是现代主权国家制度概念的核心”。①

那么，在国际关系中，或者说为了维护传统国家安全，武力有几种使用方式呢？对于武力在国家互动与传统国家安全事务中的作用等，已有大量的著作进行论述。此处关于武力在传统国家安全事务和国际关系中的作用，采用罗伯特·阿特（Robert Art）的分类和分析。阿特有关武力作用的划分不仅符合分类所要求的穷尽性与互斥性标准，即阿特的四类武力使用大体上涵盖了所有的武力使用状况，不同类型之间没有重叠之处。而且，其对各种类型的武力使用的界定也更为简洁、清晰。当然，阿特的文章发表于1980年，

---

① 戴维·赫尔德、安东尼·麦格劳：“全球化及旧秩序的终结”，载提莫·邓恩、密切尔·考克斯、肯·布斯主编：《八十年危机：1919—1999年的国际关系》，周丕启译，北京：新华出版社，2003年版，第351页。

其观点产生于冷战背景下，主要是针对国家间关系中武力使用，而相对少考虑非国家行为体的暴力行为。不过，即使在冷战后，国家大部分的武力使用，仍然属于阿特所划分的四种类型。而且，这四种类型的武力使用，对于维护国家安全、保卫国家利益、实现国家目标仍然至关重要，仍然是武力的主要职能。

阿特认为，在国际关系中，武力有四种不同性质的使用，即防御性使用（defensive use）、威慑性使用（deterrent use）、驱迫性使用（compellent use）和炫耀性使用（swaggering use）。[①] 需要注意的是，所谓使用，包括武力的实际使用（physical use）和武力的和平使用（peaceful use）。实际使用，是指战争真正爆发；而武力的和平使用，则意味着在没有发生战争的状态下武力的使用，如发出将使用这种暴力的威胁。武力没有被实际使用，并不意味着武力没有发挥作用，正如不能认为在和平时期，没有打仗，武装力量就是没有用的。由于炫耀性使用并无特定目的与针对对象，这种使用对于国家安全并无直接影响，因此，在此不予以考察。

所谓武力的防御性运用，是“为防止被进攻和一旦被进攻则使损失减少到最小而进行的武力部署运用”。在其中，有争议的是，在预知对手将对自己发起攻击，而首先发起进攻的情况。这其中根据对手的这种威胁的紧迫性，又可分为先发制人式打击和预防性打击。如果对手将发起攻击这种威胁是迫在眉睫、真实可靠的，那么，就属于先发制人式打击。而如果对手的威胁并不紧迫，只是对手在未来可能获得某种更有利的形势后可能威胁自己，而己方为了利用目前所拥有的优势和避免未来可能的不利局面而发起的攻击，则属于预防性打击。一般来说，先发制人式打击可以纳入武力的防御性使用中，因为在明知对手就将发起攻击的情况下，任何国家都不大可能仅仅坐以待毙。而对于预防性打击，则不具有合理性，国家很容易用此作为进攻性目的的掩饰，因此，不应被纳入武力的防御性运用中。最近，有关联合国改革的高级别名人小组发表的报告，也倾向于认为先发制人式打击应被视为

① Robert J. Art, “To What Ends Military Power?”, *International Security*, Spring 1980, Vol. 4, No. 4, pp. 3—35.

属于国家自卫的范畴内，但预防性打击则不具有合法性。[①] 在防御性使用中，包括武力的实际使用与和平使用这两种情况。

所谓武力的威慑性使用，是“一国（甲）通过威胁将给与对手（乙）难以承受的惩罚，以防止对手（乙）做该国（甲）不想让它（乙）做的事；而如果没有这种惩罚的威胁，其对手（乙）则可能受诱惑做该国（甲）所不期望的事”。在威慑中，武力是和平使用；如果所发出的惩罚威胁被真正付诸实施，即武力实际使用，则往往意味着威慑已经失败。[②]

所谓武力的驱迫性使用，是“为了使对手停止做其已经做的事，或使对手做其还没有做的事而进行武力的使用”。在其中，包括武力的实际使用与和平使用这两种形式。

其中，威慑与防御属于武力的消极性使用，即要求对手不要改变现有行为方式即可；而驱迫则属于积极性使用，即要求对手改变行为方式。不过，防御与威慑虽然都是武力的消极性使用，并都可能采取和平使用形式。但防御主要是通过阻止对手的武力进攻从而挫败其进攻目的，或降低对手进攻给自己造成的损失来发挥作用的；而威慑，则主要依靠对对手可能采取的某种行为进行极其严厉的惩罚，从而防止对手采取该种行为。理论上，一个国家可以有防御力量而无威慑力量，即可以有效地防范和挫败对手的进攻，却没有能力对对手的进攻行为进行惩罚。理论上，一个国家也可以有威慑力量而无防御力量，即国家面对进攻，可能并无法防范和阻止，却可以给对手施加严厉的惩罚。这种只有威慑而无防御的情况如，一国（甲）只有战略核武器，却没有常规军队等，那么其（甲）对别国（乙）的攻击并无法防御，但其（甲）却可以用战略核武器来惩罚进攻国（乙）。实际上，国家实行威慑的首要条件就是要具有向对手施加让其难以承受的惩罚的能力。在二战后，这种能力主要是指核武力。威慑战略实际上就是随着核武器的出现与发展才

---

① 联合国威胁、挑战和改革问题高级别小组的报告：《一个更安全的世界：我们的共同责任》，第 51—56 页。

② 关于威慑的界定很多。大多数界定都强调武力的和平使用；而且，这些界定在一定程度上都强调威慑通过改变对手的预期而发挥作用。比如托马斯·谢林就强调，威慑“是通过影响对手将做什么的预期来发挥作用的”。Thomas C. Schelling，*The Strategy of Conflict*，Cambridge：Harvard University，1960，p. 13。

兴起与成熟起来的。[①]

在应对国家威胁的时候，这三种武力的使用，都可能出现，虽然防御可能是绝大多数国家武力使用的最基本、最常见的方式。不同的国家，根据其自身面临的局势，根据自身武装力量的情况，根据不同的事件，选择防御、威慑、驱迫不同的组合使用，来维护国家安全。

传统上，为维护国家安全，国家在武力所有的这些使用中，都直接或间接指向国外的对象。威胁被认为来自于国界之外，而武力首要任务就是要保证国界之内的领土不受侵犯，生活在这块领土上的人们与财物不受侵害，国家的主权不受强制。有的时候，国家有明确的敌人；有的时候，国家可能并没有明确的敌人。但无论如何，国家都会保持着警惕，以保证在威胁出现的时候能够有效地应对。在现实中，国家事实上可能并不需要关注着所有其他国家的一举一动；国家往往可以比较容易地确定出可能对其造成威胁的大致的那几个国家。因为，在某一个特定时期，可能威胁其的国家并不会很多，主要是那些与自己存在着重要利害冲突的国家，那些野心勃勃试图扩张的国家；当然，这些潜在或现实的威胁者往往还是那些在实力上与自己相当或强于自己的国家。因此，在现实中国家发展自己的军事力量以及其武力的使用，主要是根据现实或潜在的那几个对手的情况做出规划和调整的。

在大部分时候，国家可能并不需要实际使用武力。其自身拥有武装力量这个事实本身，就可阻止其对手采取入侵等威胁它的行为。因为其所拥有的武力可以挫败对手的进攻或者使其得不偿失，甚至可以对进攻者进行报复。即使在武力的驱迫性使用中，很多时候，国家也只要向其对手发出如果不改变行为就要使用武力的有效威胁，就可以达到目的，而不需要真正动武。

但是，当武力的和平使用失效的时候，国家就必须做出决择，要么战争，要么接受巨大的退让、屈辱和损失甚至灭亡。国家将在战场上较量各自的意志与实力，在战场上决定胜负，从而也决定自己的兴衰荣辱、成败得失。因此，国家进行战争的能力对于国家安全至关重要。实际上，国家进行战争的能力，不仅决定国家在实际战争中的命运，也决定了在和平时期，国家武力和平使用的有效性。也正是因为如此，有的学者认为“在国际政治

① 巴里·布赞、埃里克·海凌：《世界政治中的军备动力》，薛利涛、孙晓春等译，长春：吉林人民出版社，2001年版，第214页。

中，一国的有效权力是指它的军事力量所能发挥的最大作用，以及与对手的军事力量对比的情况”。[①] 即国家实力（权力）中，国家进行战争的能力被认为是国家实力（权力）中至关重要的部分，国家进行战争的能力对于其国家安全至关重要。

虽然决定国家战争能力的因素有很多，既包括国家经济实力、军队数量等较容易衡量的客观因素，也包括领导人的统帅能力、民族精神、战略等难以衡量、确定的主观因素。但一般而言，对于国家安全，对于战争的结果，数量原则仍是其中的决定性原则。即在同等条件下，国家拥有越多的资源，领土面积越大，武装部队人数和武器越多，等等，就意味着国家进行战争的能力越大，国家就越有可能赢得战争的胜利，越有可能防止他国的武力威胁与进攻，越可以保卫自己的安全。虽然国家可能永远无法确定其究竟要拥有多大的实力与多强的战争能力，才一定不会遭到其他国家的进攻威胁，才能在战争发生的时候一定会取得战争的胜利，但是，总体上来说，下面这条规律是适用的，即“力量确保安全，最大的力量确保最大程度的安全”。[②] 当然，在同等条件下，该国对于其他国家而言，也就意味着是更大的（潜在）威胁。即使在战场上，这种数量原则也依然适用。迄今而言，无论战争的形态发生了如何的演变，在战场上，集中优势兵力仍然被战争指挥人员奉为克敌制胜的首要法则。

因此，总的来说，对于传统国家安全威胁，即来自于其他国家的威胁，国家主要是依靠自己的实力和战争能力，通过武力的防御、威慑、驱迫性使用等来维护自己的安全。国家尽力增加自己的实力与战争能力，因为，这往往就意味着更大的安全。当然，国家还可以通过外交谈判、相互交往、国际组织、国际法规等来为自己创造一个相对安全的环境，应对可能或已经出现的威胁，从而避免战争或武力威胁真正的发生。国家在应对传统国家安全威胁的过程中，这些非武力的方式都可能会使用，并可能发挥重要的作用。但是，国家是首先将其国家安全建立在自己的实力与武力

---

① 约翰·米尔斯海默：《大国政治的悲剧》，王义桅、唐小松译，上海：上海人民出版社，2003 年版，英文版前言，第 41 页。

② 约翰·米尔斯海默：《大国政治的悲剧》，王义桅、唐小松译，上海：上海人民出版社，2003 年版，英文版前言，第 79 页。

的基础上，而且，这些非武力的方式，往往也只有在实力与武力的基础上才能发挥重要作用。

但是，上述讨论的传统国家安全威胁情况与国家在应对这些威胁时的做法与经验，对于恐怖主义的威胁，是否还适宜呢？

三、恐怖主义威胁特征的初步分析

恐怖主义所造成的直接伤亡与财产损失，在今天看来仍然是非常有限的。第五章的数据已经显示，虽然不同数据来源的统计结果存在着差异，但是，无论哪个统计，其数据都显示，就恐怖主义所造成的伤亡来说，无论是就总量还是平均单次袭击造成的伤亡来说，都难以比得上一场严重的国家间战争。因此，那种认为恐怖主义不过是一个小麻烦，威胁有限，不需要小题大做的看法，[①] 也并非完全无道理。

不过，这种简单地把恐怖主义袭击所造成的人员伤亡与物质损失、与意外事故等引起的伤亡与损失进行比较，以此认为恐怖主义不构成对国家的安全威胁，并不需要予以特别关注，却是荒谬的。事实上，在当今，在大部分国家，意外事件、刑事犯罪、疾病等造成的人员伤亡或物质损失，在大部分时候，都可能要远远超过其与别国进行的战争而造成的伤亡与损失。但是，毫无疑问并不能因此认为，交通事故等对于国家安全的威胁要远远超过其他国家发动战争的威胁。交通事故等造成的伤亡与损失可能确实很大，却与国家间战争可能造成的伤亡与损失是不同的问题。同样，并不能仅仅因为在当前，恐怖主义造成的伤亡与损失很有限，就简单地认为，恐怖主义不构成对国家安全的威胁。这种看法，在一定程度上，也把恐怖主义造成的影响简单地等同于恐怖主义造成的人员伤亡与物质损失；并且，这种看法用眼前现实僵硬地来推断未来，忽视了由于大规模杀伤性机会的扩散，使恐怖主义造成

① John Mueller, "Is There Still a Terrorist Threat?", *Foreign Affairs*, New York: September/October 2006, Vol. 85, Iss. 5; John Mueller, "A False Sense Of Security?", *Regulation*, Fall 2004, pp. 42－46.

大规模伤亡与损失的危险正在增加。[①]

下面将对恐怖主义威胁进行初步分析，说明恐怖主义威胁在后果、袭击行动、行为体等方面所具有的特征。

就恐怖主义袭击的后果来看：

迄今而言，就像前面的数据所显示的那样，恐怖主义袭击所造成的伤亡是有限的；实际上，很多恐怖主义袭击可能没有造成任何人的伤亡。至于恐怖主义袭击造成的物质损失，则缺乏比较客观、系统的统计；但是，从现实来看，许多恐怖主义袭击造成的直接损失，即如爆炸造成的建筑、设施等毁坏，也是有限的。对恐怖主义袭击直接造成的人员伤亡与物质损失的这种判断，无论就单次袭击来看，还是就所有恐怖主义袭击来说，可能都是如此。不过，恐怖主义造成的损失不仅包括袭击直接造成的人员伤亡与物质损毁，还包括因袭击的影响而造成的损失。当然，要想判断究竟造成了哪些影响可能确实有些困难，但是，很多损失显然是恐怖主义袭击造成的。如对一国旅游场所、游客的袭击，虽然可能没有直接造成什么人员伤亡与设施的损失，但这种袭击可能导致游客锐减、旅游场所关闭等，从而造成严重的经济损失。还比如，对飞机航班的袭击可能使航空业蒙受巨大损失。还比如，对供水系统、食品等投毒，使用脏弹或其他放射性物质进行袭击等从而污染大片区域，传播某种对动植物、人类等可致病或致命的物质，等等。此外，恐怖主义还有一个典型特征，就是可能会造成社会的恐慌与混乱，破坏人们正常的生活秩序。

因此，即使恐怖主义袭击直接造成的伤亡与损失相对有限，国家也需要对这类事件做出及时而恰当的反应。这是因为，恐怖主义袭击所具有的暴力、流血、突然性等这些因素使其作为一种突发或危机事件，天生就具有成为头条新闻的品质。因此，这种袭击事件的有关消息往往迅速地广泛传播，成为公众关注的焦点，并对人们的心理与生活产生巨大冲击，甚至使国家内部存在的一些问题激化或变得更难以处理。在这种情况下，政府必然要对这

---

① 在“9·11”事件之前，对恐怖主义威胁就存在争论，其中一方认为恐怖主义威胁被小题大做了；恐怖主义威胁被夸大了，恐怖主义袭击使用大规模杀伤性武器的威胁被夸大了。见 Laura K. Egendorf, *Terrorism: Opposing Viewpoints*, San Diego: Greenhaven Press, Inc., 2000。毫无疑问，现实的发展在一定程度上越来越支持那些强调恐怖主义构成严重威胁的人。

种事件做出反应；而且，政府是否能够有效地处理这种袭击事件，往往关系到政府的权威与民众对其信任的问题，乃至整个国家的稳定。从这种情况来看，恐怖主义袭击具有造成某种不对称影响的能力。这使那些即使直接造成的伤亡与损失有限的恐怖主义袭击，也往往引起民众、政府的强烈反应，对国家的整个政治议程与大众的生活带来巨大影响。

而且，恐怖主义袭击的后果，并不仅仅取决于恐怖主义袭击本身，还取决于被袭击者的反应，恐怖主义袭击的后果并不是固定不变的。这种特征，被很多恐怖主义研究人员所强调，他们认为恐怖主义就像柔道一样，恐怖主义分子关键是要借助对手的反应来发挥作用的，其中国家对恐怖主义的反应至关重要。而且，很多恐怖主义分子在发动袭击时，确实有“反抗——镇压——更多反抗”这样的预期。虽然本书认为这种说法不应被过分地夸大，以至于认为只要国家做出恰当反应，恐怖主义就不会构成什么威胁。但是，及时、恰当的反应，确实可以大大降低其破坏性，并降低其对整个社会的影响；相反，糟糕的反应，可能放大其破坏性与消极影响，甚至激化社会内的各种矛盾，使整个国家处于动荡不安之中。比如，在遭受传染性生物武器袭击后，如果政府能够及时发现，隔离感染人群，开展特定人群免疫，安抚民众的情绪，则可能使这种袭击的破坏性后果降到最低；而如果没有及时、正确的反应，则可能造成致命微生物等四处传播，社会陷入恐慌与混乱，从而可能导致人员伤亡与经济损失要远远超过袭击直接造成的伤亡与损失。还比如，一个民族分裂主义组织实施恐怖主义袭击，如果国家不能有效处置，而是放任这种袭击激起的民族之间敌视与仇恨滋长，或一味强调镇压而不关注引起引发暴力活动的深层次原因，等等，就可能导致现有国内矛盾迅速升级，造成更大规模的动荡不安或冲突，国家甚至可能因此陷入混乱或分裂之中。在现实中就有这样的例子。20 世纪 60 年代起，西班牙的巴斯克分离活动逐渐转向暴力，对于当时的弗朗哥政权，“加强镇压便成了政府做出的选择”。然而，“尽管镇压措施是由巴斯克恐怖主义引起的，但镇压却不仅产生了政府与巴斯克地区疏离的影响，而且产生了使它与劳工、教会、政治反对派、其他地区的少数民族以及原本更愿意以经济的方式来解决工业纠纷的一些重要工业家相互疏离的影响。它还使西班牙与欧洲相互隔绝”。而且，镇压并未能遏制埃塔的恐怖暴力活动，而是激起了更广泛的抗议活动。①

恐怖主义袭击，作为一个会引起公众广泛关注的事件，作为可能导致严重后果的危机事件，要求国家必须对这种事件做出迅速的反应。因此，恐怖主义袭击在一定程度上，还对国家正常的政策议程构成干扰，甚至是会迫使国家改变政策。而实际上，很多恐怖主义行为体还经常利用恐怖主义刺激起来的大众的关注与恐慌等心理，迫使国家做其本不想做的事情，在一定程度上，对国家构成一种暴力的强制。而国家在这种压力下，可能处于一种尴尬的境地：如果顶住压力不改变行为，则可能引起大众的不满，并被认为其要为恐怖主义暴力承担责任；而如果国家改变行为，则往往意味着恐怖主义行为体成功地讹诈了国家，并可能刺激更多的袭击发生。比如，西班牙“3·11”马德里爆炸案和一名菲律宾人在伊拉克被绑架，在分别促使西班牙与菲律宾从伊拉克撤军方面所发挥的作用，就显示了恐怖主义的这种影响。还比如，1995 年 6 月的俄罗斯布琼诺夫斯克医院劫持案中，恐怖主义分子成功迫使俄罗斯在车臣停止军事行动。

有一些学者认为恐怖主义的作用寥寥，恐怖主义是一个无效的战略。他们认为，恐怖主义总是无法实现其行为体的目的，而且，恐怖主义所带来的后果，甚至可能损害其目的实现。这种说法有一定的道理。但是，对于国家来说，其并不能站在恐怖主义行为体的立场来评估恐怖主义的后果。无论恐怖主义行为体是否能够通过袭击实现其目的，也不论恐怖主义行为体是否为其行动付出了高昂的代价或遭到了严厉的惩罚，只要恐怖主义袭击发生，都意味着对国家造成伤害。因此，恐怖主义袭击一旦发生，对国家而言都意味着某种损失与失败。事实上，从恐怖主义行为体所拥有的资源和袭击所带来的影响二者相对比的角度来看，恐怖主义在很多时候确实是有效的，甚至可以说是高效的。而且，单纯就其后果来看，很多恐怖主义袭击确实能迫使国家改变行为。而且，在与其他因素相互作用下，一些恐怖主义行动确实可能促使一个统治秩序的瓦解，甚至使一个国家崩溃；特别是当这个政权或国家本来就已经比较脆弱、深受各种矛盾的困扰的时候。看看美国攻占阿富汗和伊拉克后这两国面临的危险，就知道恐怖主义在这两个方面所具有的影响

---

① 道格·麦克亚当、西德尼·塔罗、查尔斯·蒂利：《斗争的动力》，李义中、屈平译，南京：译林出版社，2006 年版，第 235—239 页。

了。还比如，在以色列争取建国的过程中，在阿尔及利亚人推翻法国人的殖民统治过程中，都可以看到恐怖主义的重要作用。[①]

当然，如果一个国家遭受的恐怖主义袭击很少，造成的人员伤亡与财物损失也是极其有限的，且恐怖主义也不大可能激起国内大规模的混乱，那么，恐怖主义的影响也可能是非常有限的。但是，正如前面所论证的那样，随着全球化的发展以及大规模杀伤性机会的扩散，使国家越来越容易遭到恐怖主义袭击，且这种袭击越来越可能造成大规模的伤亡与损失。很多国家确实没有发生过像“9·11”事件那样的恐怖主义袭击，不过这并不意味着，国家不需要也不会对这种可能做出反应。国家并不仅仅需要对曾经发生过的现实或正在发生的现实做出反应，而且还需要对未来可能出现的情况作出反应。即使这些情况真正出现的概率可能并不是很高，但只要这种情况有出现的现实可能性，国家就必需对其作出应对。这正如核武器只使用过一次，并不意味着核武器对国家的威胁要比经常使用的枪炮等的威胁要小得多；也不意味着核战争不大可能发生，国家就不会为此殚精竭虑了。而且，在国家遭受大规模杀伤性危险日益增多的情况下，国家没有遭受大规模杀伤性的袭击，可能仅仅意味着这些袭击还没有发生，而绝不意味着不可能发生。在“9·11”袭击发生之前，有些学者也曾认为，那些警告这种袭击危险的人是杞人忧天，对这些大规模杀伤性袭击的预言完全是好莱坞式的想象与虚构。但现实证明，这些威胁并不仅仅是幻想与虚构。从恐怖主义袭击的手段与方式来看，第五章的数据显示，爆炸、武装攻击方式是恐怖主义袭击的主要形式，且这两种形式袭击造成的伤亡也占据了恐怖袭击总伤亡的很大部分。而且，从这些统计数字可以看出，恐怖主义袭击经常使用的方式是有限的。但是这个事实并不代表恐怖主义的袭击方式是固定不变的，或者说仅仅局限于这几种类型。而且，在爆炸、武装攻击等下面，可以存在着各种各样的袭击。比如同样是爆炸，不同的恐怖主义袭击所使用的爆炸装置，袭击的地点与人群，以及其造成的结果，等等，都可能是截然不同的。因此，恐怖主义

① 关于恐怖主义的有效性问题，有的学者认为，在某些情况下，可能比较有效，而在另一些场合下，可能无效。比如，在争取民族独立的斗争中，往往比较有效；而在试图推翻现有政权统治的革命行动中，则无效。见有关阿尔及利亚民族独立情况的著作。Gilles Martin，“War in Algeria：The French Experience”，*Military Review*，July/August 2005. Vol. 85，Iss. 4，pp. 51—57。

可以采用各种各样的方式。在一定程度上可以说，恐怖主义分子在袭击的方式与手段上，不受任何的限制。只要他们掌握这些袭击方式或手段，并认为是有效的，那么，他们就可能采用这些方式。而且，他们可能不断变化其袭击方式，或者采用尚未被人采用过的手段。因此，很难预测下一次恐怖主义袭击，将究竟采取怎样的方式。当然，恐怖主义分子可能并不会刻意寻找新的方式，而更可能采用那些被经常使用且被证明为比较有效的方式；而事实上，恐怖主义袭击的方式与手段等，大部分也是比较容易获得且成本低廉的。但恐怖主义分子确实会根据他们面临的环境，国家对恐怖主义的预防措施等，灵活调整其袭击方式，从而使国家防不胜防。

与恐怖主义袭击的方式一样，恐怖主义袭击所针对的目标往往也不存在着任何的限制。就某一个特定的恐怖主义行为体来说，其袭击的目标可能是相对有限的，集中于特定的人群或特定的地域内；但就恐怖主义作为一个整体来说，或者从国家面临恐怖主义威胁这个角度来说，恐怖主义袭击的目标却是不存在限制的。在一定程度可以说，任何人或设施，在任何地点与任何时间，都可能成为恐怖主义袭击的目标。

恐怖主义袭击在空间与时间上也具有明显的特征。恐怖主义袭击，大部分属于在极短的时间内在某个非常有限的空间内的暴力行动。因此，恐怖主义袭击，具有突然、零散发生的特性。由于恐怖主义分子在采取行动时，其身份并不显示出来，也没有与普通人相区别的标志，没有类似于宣战等这样的声明，袭击工具与手段等也常常被隐藏起来等，因此，恐怖主义袭击在发生前往往没有明显的征兆，即使在恐怖主义袭击地点，也大多不会有什么征兆，直到袭击发生。并且，恐怖主义袭击往往是在极短时间内就结束，因此，一旦袭击发生，这种袭击往往就难以被阻止或中断，往往只能做出事后反应。在空间上，恐怖主义袭击也是在一个极有限的空间内发生的，虽然袭击前的策划、准备等活动可能是在较大空间范围、甚至是在全球范围内展开的。一些恐怖主义分子，可能在一个地点发动一次袭击后，又在另一个完全不同的地方发动下一次袭击，因此，恐怖主义袭击在空间上又往往呈现一种非常零散的点状分布。这些袭击空间点分布很广，点与点之间没有特定的联系，具有很强的跳跃性，而不是连续的。

恐怖主义威胁的特征，还与恐怖主义行为体紧密联系在一起。一般而言，就一个具体的恐怖主义行为体来说，其可能在组织方式、行动方式、理念、人员构成等方面有自己的鲜明特征。但是，站在国家的立场上看，却可以说恐怖主义的行为体不具有任何将其与那些不采取恐怖主义行动的行为体区分开来的特征；或者说，那些采取恐怖主义行动的行为体可能具有各种各样的特征。由于发动恐怖主义袭击所需要的条件很低，因此，正如前文曾提到的，任何个人、组织，只要其打算进行恐怖主义袭击，那么，他们就能够进行这样的袭击。因此，对于国家来说，恐怖主义在行为体上的特征恰恰表现在，大概除了都采用恐怖主义以外，没有任何共同的特定特征。

四、恐怖主义与传统的国家安全威胁的不同

上述恐怖主义威胁的特征，在与传统的国家安全威胁——战争——比较后，将更明显地表现出来，并显示出这些特征对国家应对这种威胁将意味着什么。

（一）恐怖主义威胁特征与传统安全威胁特征的比较

传统国家安全威胁，即另一个国家发起的战争威胁，与恐怖主义威胁，存在着截然的不同。这种不同，使国家传统上适用的消除或减少威胁、保证国家安全的做法，难以有效应对恐怖主义的威胁。

传统的国家间战争威胁与恐怖主义威胁的不同，首先来自于威胁主体的不同。传统国家安全威胁的主体，是另一个国家——自己的同类。虽然各个国家是不同的，具有很大的差异，但是各个国家仍具有很大的相似性，特别是在安全领域方面。国家都建立在一块固定的领土上，国家在其领土上，拥有最终的权威，垄断着暴力的合法使用，对外独立自主地决定自己的行为；国家要保护这块领土上的人们与财物不受到其他国家的侵犯，确保自己的生存。

在现实中，对于一个国家而言，能够威胁它的国家范围更为确定，即对国家构成严重威胁的往往是与其存在着重大利益或情感冲突的国家，并且其

实力超过自己或是与自己相当。因此，国家能够相对容易、准确地确定其在某个时期的对手或敌人。国家面临的这些对手或敌人——即其他国家，往往也是相对稳定的，即构成威胁或潜在威胁的这些国家在较长一段时间内都会存在，都存在于一块固定的领土内。

而恐怖主义威胁的主体的多样性以及相互之间的差异性，要远远超过国家与国家之间的多样性与差异性。实施恐怖主义袭击的行为体，可能是单个个人，也可能是拥有许多资源的较大型组织；可能是来自国内的，也可能来自国外的。这些个人或组织可能是曾经发动过多次袭击或具有某些可疑倾向而正被国家监控或追捕的；也可能是从未引起过国家相关机构注意的，在他们真正发动袭击前，他们往往与普通的个人或组织似乎没有任何的不同。这些个人或组织的目的可能是要推翻政府，也可能只是出于极端宗教思想等疯狂的念头，等等。一个发动恐怖主义袭击的个人或组织被逮捕或消灭后，或者其永远停止恐怖主义袭击后，其他一些人或组织可能又会发动恐怖主义袭击。因此，国家将极其难以确定——甚至可以说是永远无法确定——下一次的恐怖主义袭击将会是哪些人或组织干，甚至确定一个有限的可能发动恐怖主义袭击的个人或组织的范围，可能都是非常困难的。

从暴力表现出的特征来看，国家之间的战争与恐怖主义也是截然不同。

首先在手段上，在战争中国家的行为是受限制的。一方面，现有的比较详细的战争法等规定了哪些行为、手段或方式是被允许的，哪些是被禁止的。而且，除了这些正式的法律规范，国家在战争中的行为，也存在着惯例与道德等方面的限制。另一个方面，在现实中，国家在战争中，在大部分情况下会接受这些限制；无论国家在战争中的这种自我限制，是出于遵守国际法或道德的要求，还是出于如果自己使用违规或一些过分的手段，那么，对方也会使用同样的手段来对付自己的担心。

但是，对于恐怖主义而言，这种限制则不存在。很多恐怖主义行为体的袭击没有任何限制，他们可能使用任何他们可获得的手段；他们往往把目的为手段辩护的逻辑推理到极致，甚至把造成尽可能多的伤亡与损失作为目的本身。当然，也确实有一些恐怖主义行为体可能会对自己的手段与袭击方式进行限制，他们可能采用一些手段，而拒绝另一些手段。这种限制可能是出于目的与手段之间的理性计算，也可能是出于意识形态、道德、心理等方面的考虑。但是，从国家安全的角度来看，其意义并不大。因为，国家不只是面临某一类非国家行为体的恐怖主义威胁。某一个或某一类的非国家行为体在袭击时，可能在某些方面有所限制，而其他恐怖主义行为体，则可能不接受这些限制（虽然其袭击也可能在其他方面有所限制）。因此，对于国家而言，其所面临的恐怖主义威胁仍然可以说是没有限制的；就国家来说，恐怖主义威胁的手段与方式仍然是各式各样的，并无定式与限制。

其次，在暴力针对的目标上，恐怖主义与战争也存在截然的区别。战争首先是在两国的武装力量之间进行的。在国际人道主义法中，核心的原则就是要区分军事目标（包括人员）与非军事目标原则，因此，只能把暴力针对对方的军事目标，并且，要尽量减少这种暴力对于非军事目标造成的附带伤害。当然，由于现代战争往往需要耗费巨大的资源，这些资源是国家进行战争的基础，因此，那些对于国家进行战争至关重要的工业、港口、设施等，在大规模战争中往往也会受到打击。还有，核武器的使用可能也与这种原则相冲突，因为核武器在威慑性使用中往往首先指向城市等这些人口与经济聚集中心。尽管如此，一般而言，在战争中针对军事打击目标上的限制，在大多数情况下仍然是被遵守的。战争仍然首先是在两国的军事力量之间展开，而且，军事力量之间这种较量的结果决定着战争的胜负与国家的安危。

第三，在时间与空间特征上。传统国家安全威胁从来就是与空间因素紧密联系在一起。虽然早期地缘政治学说有关地理空间因素对于国家命运的决定论式看法，在今天可能已经没有太多人信奉了。但是，特定的地理空间因素等，对于国家之间的关系以及国家安全仍然具有至关重要的意义。而对于战争来说，地理空间方面的因素，从来就是影响战争进行与结果的至关重要因素之一，任何一个统帅都必须考虑战场的空间特征。在传统国家安全中，本身就包括保护领空、领海、太空、水下等空间领域免遭侵犯的含义，通常国家需要把威胁挡在其控制的空间的外面。因此，控制某一个航道、某个港口、某片海域、某个城市、某个山头、某片空域，等等，对于国家安全来说可能都是至关重要的。所以，国家往往首先集中力量设防这些重要的空间位置。而且，在战争中双方的武装冲突也首先是在一定空间位置中进行的。在战争中冲突的空间具有连续性，即一般而言，如果在空间上，A 区域与 C 区域点之间隔着 B 区域，那么，如果要从 A 区域进攻 C 区域，则必须经过 B 区域，这使进行武装冲突的战场空间的延伸也是连续的。战争是在特定的区域之内进行的，交战区域与非交战区域、前线与后方往往有清晰的界限。

虽然随着战争技术的发展，人类越来越能够跨越以前不可逾越的高山海洋，战争从陆地延伸到水面、水下、空中、甚至太空，武装冲突可以在多个空间领域中同时进行，并且，冲突开始出现在电子的虚拟空间中。这些发展，大大扩展了战争的空间范围，并使战争在空间上的特征表现得更为复杂，使其在空间上表现出来的这种连续性有所削弱。但是，在可预见的未来，在战场上，这种连续性仍将存在，空间因素仍将对战争有着至关重要的影响。

在时间上，战争，特别是那些重大的战争，往往持续较长的一段时期；并且双方往往投入大量的人员与装备，冲突在广阔的地域上展开。双方都试图尽力实现自己的意图，都试图阻止对手实现其意图，这其中会有多次的各种各样的连续互动。这种互动最后的胜负，在很大程度上，决定着战争的结果与国家的安危。一般来说，单单战争发生，以及战争对一个国家造成伤亡与财产损失，并不意味着该国家的失败，或该国变得更不安全了。关键是看双方这种互动的结果，还要看其对手在战争中的伤亡与损失如何，以及该国通过战争是否实现了自己的目的。如果一个国家能够在战争中击败对手，那么，即使战争给其造成了严重的损失，这个国家也通常被认为其成功地维护了国家安全。

战争当然可能是突发的，历史上有很多被进攻者对于即将到来的攻击往往一无所知的事例。但是，就大部分情况来看，战争的危险是可以被事前感知到的，特别是大规模的战争。因为战争的发生，有一个比较清晰的准备、进行与结束的过程。在进行战争之前，往往需要有大量的部队与装备的调动部署，有大量的后勤准备活动，这些都需要耗费一段时间。而且，在战争爆发之前，往往先有国家之间关系的紧张、恶化。而且战争是一个冲突双方武装力量之间的持续互动，这意味着战争往往持续一段时间，有一个相对清晰的开始、结束；战争时期与和平时期往往也有明确的区分。① 因此可以说，战争的发生在时间上呈现出较清晰、明确的阶段性。这使国家可以在战争发生之前，就可以采取很多措施，来防止与应对敌人的进攻，如进行谈判，进

① Bernard Loo，“The Military and Counter-Terrorism”，*IDSS COMMENTARIES*（*89/2005*）December 8，2005. 〈http：//www. rsis. edu. sg/publications/Perspective/IDSS892005. pdf〉；该文还从军事组织文化角度论述了战争与反恐的不同原理以及战争反恐可能存在的问题。

行扩军备战，寻找盟友，等等。而且，战争爆发后，战争的结果也不是事先确定好的，而是未定的。国家如果能够恰当地运用其力量，并运用外交等手段，可能使战争对自己的伤害降到最低，甚至是赢得战争；或者通过各种手段控制战争的规模、进程等。

而恐怖主义的空间、时间特征截然不同于战争。事实上，空间因素并不是恐怖主义行为体在行动中需要考虑的因素。这一个方面是因为，恐怖主义行为体并不是占有一定领土、领空、领水等特定空间的行为体，因此，恐怖主义行为体在行动中不需要考虑怎样保卫这样的空间。另一个方面是因为，恐怖主义行动本身也并不是以夺取、占领、控制一定的空间或其上的财富、人口等为目的的。而且，在恐怖主义行动中，空间因素也对行动不构成有力障碍。恐怖主义并不需要首先攻破国家控制的坚固防御工事，才能深入到国家内部开展其行动。正如前面所分析的那样，一定程度上可以说恐怖主义行为体可能在国家的任何一个地点发动袭击。对于国家来说，各种恐怖主义袭击并不是在连续的空间中展开的，而是零散地、无特定规律地分布在各个空间点上，具有很大的跳跃性；对于恐怖主义袭击而言，没有交战区与非交战区、前线与后方的区别。这意味着，国家将很难像防范另一个国家的威胁那样，通过固守其占据的空间的边界，把恐怖主义威胁挡在外部，也很难通过固守某个战略要地，来防范恐怖主义袭击。

而在时间上，大部分时候，对于国家而言，恐怖主义袭击是在瞬间完成的。当然，对于恐怖主义分子而言，恐怖主义袭击，也有资金募集、人员招募、行动策划、情报收集、工具准备、实施袭击等阶段。但是，正如在前文中强调的那样，由于恐怖主义行为体的多样性与不确定性，由于这些准备工作的隐蔽性，因此，在袭击发生之前的这些活动，国家往往难以侦测到。很多时候，对于国家而言，恐怖主义行动直到袭击发生，才表现出来。而恐怖主义袭击一旦发生，如武装袭击、爆炸等，往往在极短时间内就结束，这个时间往往也就是爆炸等发生的那个瞬间，而不是一个持续的时间段。因此，恐怖主义袭击一旦发生，就很难被阻止，更难以被逆转；国家采取任何措施往往都无法阻止由此造成的伤害，而不像应对国家之间的战争那样，在战争之前与战争之中，国家都有机会去做出可以扭转战争进程、改变战争结果的反应。而且，对于恐怖主义来说，即使国家能够在袭击发生后找到恐怖主义行为体，并对之进行严厉的惩罚，也不意味能够弥补其袭击给国家造成的伤害。但是，在国家间战争中，虽然国家在其中可能遭受严重伤亡与损失，却可以通过击败、惩罚对手来获得补偿，获得胜利。因此，一定程度上可以说，恐怖主义袭击一旦发生，无论如何，对于国家而言都意味着某种失败。

综上所述，对于国家而言，恐怖主义威胁比国家之间的战争具有更大的不确性。

当然，国家在国际体系也中面临着不确定性。由于信息的缺乏等原因，国家对现实的判断存在着不确定性。国家虽然能确定可能对自己造成威胁的国家的大致范围，但是却不能确定这些国家究竟会不会对其使用武力，也不能确定究竟哪个国家，会在何时，用什么样的方式威胁它。而在战争的过程中，这种不确性也是战争的重要特征。虽然随着战争中信息收集、分析、处理等技术的发展，使战场出现了所谓的“透明化”趋势，但是，由于“战争之雾”不仅仅产生于有关战争的信息的混乱与缺乏，而且产生于战争是双方“自由意志”的对抗、充满了暴烈性和盖然性这一本质。[①] 因此，不确定性仍将是战争的重要特征。

但是，相比较而言，恐怖主义威胁却具有更大的不确定性。

传统国家安全威胁的来源是国家的同类，即另一个或一些国家；而且，在现实中，国家能够把对其可能造成现实威胁的国家范围大大缩小。而恐怖主义的威胁，则是非国家行为体——一些个人或集团。现在，世界上存在着200个左右的国家或类似的政治实体，但是，世界上的个人与集团又有多少呢？正如前文所说的，现实一再证明，出于任何目的、任何意识形态、任何环境下的个人或组织都可能发动恐怖主义袭击。因此，对于恐怖主义威胁而言，国家不能像应对传统国家安全威胁那样，把威胁的来源比较稳定地集中于少数几个国家的身上。国家也不能像对付传统国家安全威胁那样，通过仔细分析数量非常有限的对手的目的、实力、军事部署等，就可比较有效地了解、确定对手大致可能采取的行动。但是，对于一般意义上的恐怖主义威胁，国家很难确定威胁的来源与对手。因为各种各样的个人或组织都可能发动袭击，其袭击的方式也可能完全不同。可能发动恐怖主义袭击的个人或组织，除了不是建立在一块领土的国家以外，很难找出它们之间还有其他共同

---

① 克劳塞维茨：《战争论》（第一卷），中国人民解放军军事科学院译，北京：解放军出版社，2005年版，第23—46页。

之处。

在暴力的袭击目标与手段上，国家面临的传统国家安全威胁的暴力指向目标，有比较明确的限制，即对方的武力打击目标首先是本国的武装部队与军事设施，还可能包括对本国的战争能力至关重要的工业经济目标与基础设施等。当然，反过来，决定一个国家对本国威胁大小，也首先是该国进行战争的能力。因此，本国在防御或反击中，也首先针对对手的武装力量和重要的工业设施等。这种战争中打击目标的限制不仅仅是因为存在着法律或道德上的约束，或是因为担心对方会使用同样的手段进行报复，还是因为进攻国如果要达到其目的，往往需要首先击败被进攻国的武装力量。在该国武装力量被击败或严重削弱之前，进攻国难以实现其占领领土或把意志强加于被进攻国等目的。在使用的武器手段上，在国家间战争中，国家倾向于使用任何可以给其带来优势、有助于实现目的的手段，但是，国家要考虑舆论、道德上的限制，又要考虑对手的报复，因此，并不会毫无节制。① 但对于恐怖主义来说，任何目标都可能成为袭击对象。恐怖主义并不需要首先瘫痪被袭击国的军事力量，或使其警察或执法机构等失去作用，也不必需先攻占其某个港口、据点、设施等，然后才能打击目标。因此，在一定程度上可以说，国家的任何人物、任何设施、任何地点，都可能成为袭击目标。恐怖主义袭击目标，将不存在着空间上的明确顺序。因此，国家的实力，不再是国家防范和打击恐怖主义可以直接依赖的堡垒；国家兵强马壮、高山险堑等不再能够保证国家可以免遭恐怖主义威胁。而在手段上，恐怖主义袭击可能采用任何可以获得的手段，舆论、道德以及惩罚、报复，都不能有力地约束恐怖主义行为体的手段选择，对于这些手段，飞机、坦克、大炮、导弹等可能都无法有效地做出应对。

---

① 《超限战》作者认为未来战争应是“超国家组合”、“超领域组合”、“超手段组合”等；他们确实也提到了拉登等实施的恐怖活动所带来的轰动、震撼效应。见《超限战》第七章。在一定程度上，如果说这些“超限”方法可以被非国家行为体使用，甚至是一种非常高效的做法的话。对于国家而言，这种“超限”的意义却是非常有限的，因为国家不能像非国家行为体那样，可以采取任何其能够采取的行为；一国采取“超限”可能意味着冲突的无限制升级，而且，也意味着对手对其报复的手段也是“超限”的。乔良、王湘穗：《超限战：对全球化时代战争与战法的想定》，北京：解放军文艺出版社，1999 年版。

因此对于国家而言，恐怖主义威胁，完全不同于传统的国家安全威胁。如果说在传统安全世界中，国家还是在相对清晰、可以看清对手行动的空间里，与另一个（一些）国家玩一个相对对等的游戏；而在恐怖主义威胁中，国家则是在一个黑暗的空间里，与一些将对其进行袭击、国家却不知道他们在哪里的个人或组织玩一个不对称的游戏。在后面这个游戏中，游戏双方的地位、力量、目的、行动方式、遵守的规则，等等，都是截然不同的。在这场不对称的游戏中，在一定程度上，国家虽然可以确信恐怖主义袭击肯定将发生，但是不知道袭击将在什么时间、在什么地点出现，又是由何人、通过何种方式发动的，针对哪些目标，将造成哪些严重后果。这正如美国时任副总统切尼在2002年5月所言，“未来将发生袭击…这几乎是确定无疑的。这不是是否会发生袭击的问题，而是什么时候发生的问题”。[①] 而时任美国国防部长的拉姆斯菲尔德在2002年的一次讲话中也指出，“毫无疑问，在未来几年中，我们很可能遭到新的敌人用一种让人意想不到的方式的突然袭击”。[②] 在这场游戏中，国家必须遵守一些规则，必须承担其责任，而袭击者则不需要遵守任何规则，不需要承担任何责任。

（二）应对传统安全方法与手段对恐怖主义威胁的不适用

恐怖主义威胁不同于传统国家安全威胁的那些特征，使国家应对国家间战争威胁、维护传统国家安全的那些做法，无法有效应对恐怖主义的威胁。

在传统国家安全中，国家可以通过相互之间的妥协、谈判，化解相互之间的矛盾与冲突，从而避免战端。国际法也能够遏制国家通过战争来解决相互之间的争端或把战争作为实现国家目的的一种工具。虽然国际法的这种作用并不是非常强大与可靠，但一般而言，这些法规仍然被或多或少地遵守

---

① Charles W. Kegley ed., *The New Global Terrorism: Characteristics, Causes, Controls*, p. 2.

② Donald Rumsfeld, “Secretary Rumsfeld Speaks on ‘21st Century Transformation’ of U.S. Armed Forces”, May 28, 2007, 〈http://www.defenselink.mil/speeches/speech.aspx?speechid=183〉.

着；并且，这些法规还限制了国家在战争中的行为。

国家还可以通过增进相互的沟通与信任来避免因误解、危机的失控等而引发的战争，比如建立军备控制机制，建立热线以及其他的危机处理机制，互派观察员，使军备透明化，等等。

当然，对于国家而言，应对传统的国家间战争威胁、维护安全的最基本、最可靠的手段，仍然是自己的实力，其中最重要的是其进行战争的能力。这往往是其采用其他方式的基础，也是其他方式失败后的最后手段。在一般意义上而言，国家实力大小与国家安全之间存在着相关的关系，越大的实力，意味着国家越能保证自己的生存，越能使自己免于他国的强制。这种关系，在一定程度上，起源于战场上战争能力与战争胜败之间的关系，即国家的战争能力越大，往往越能取得战争的胜利，越能保卫自己的安全。在其他条件相同的情况下，这表现为数量上的简单法则，即国家拥有越多的军队与武器装备越多，越能赢得战争，越安全。在传统国家安全领域，所进行的往往是一种实力的游戏，是一种意志的较量；而战争是国家胜负、成败、生死的最终裁决形式。武力在传统国家安全领域扮演着核心、终极性角色。因此，国家尽力通过自身的努力，或者通过在外部寻求盟友，或尽力削弱对手，来改变自己与对手之间的实力对比关系。国家通过使用武力（包括和平使用），来防御、威慑或驱迫对手，以保障自己的安全。

而对于恐怖主义威胁，国家传统上维护国家安全的这些做法很多将不再适用。比如，国家很难或无法通过与恐怖主义行为体进行沟通、谈判、妥协，达成协议，订立相互的行动规范、建立互信等等措施来约束恐怖主义行为体，或化解与之矛盾，从而缓解或消除恐怖主义威胁。

这首先是因为，对于国家而言，恐怖主义威胁的行为体往往是难以确定的，很多恐怖主义袭击发生之后，都很难弄清是哪些人或组织干的。而如果连恐怖主义行为体都不清楚的话，那么，就更谈不上相互之间进行谈判、妥协或建立互信等互动了。其次，即使对于某一时期内的恐怖主义活动，国家能够确定主要是哪些人与组织实行的，双方之间进行谈判、妥协与建立行动规范等虽然不是不可能，但也将是极其困难的。这种困难首先产生于国家与恐怖主义行为体之间身份上的差异。这种差异本身就将构成双方联系、沟通的严重障碍。因为，与恐怖主义行为体联系与沟通或进行谈判，往往就意味着国家对恐怖主义行为体与其行为的合法性的承认，对于国家而言，这将是一个巨大的让步。并且，国家还会担心，这种让步将不仅不会减少恐怖主义袭击，相反，可能刺激更多的恐怖主义袭击发生。[①] 而且，双方这种身份上的差别，使双方对于现实的认识、对双方各自的利益的看法等方面难以相互理解、达成共识。况且，双方的要求也往往是截然不同的，甚至是完全对立的。因此，即使双方能够进行沟通、谈判，也难以相互达成妥协，而建立相互信任或双方的行为规范则更为困难了。

有人可能会反驳说，确实有许多国家在解决恐怖主义及其相关威胁的时候，曾与有关恐怖主义组织进行过沟通、谈判，甚至成功达成过协议，而且，有些协议也曾被双方遵守、执行过。这是事实，本书并不否认国家与某一个或几个具体的恐怖主义组织进行沟通、谈判的可能性，甚至也不排除这种手段在特定条件下的有效性与价值，但是，需要注意的是，这种沟通与谈判等有赖于对手（恐怖主义组织）是已知、固定的。然而，虽某个时期、某个地域范围内，经常对该国发动袭击的恐怖主义组织可能是已知、稳定的，但对于国家来说，这个或这些已知的恐怖主义组织的威胁无疑并不代表该国面临的所有恐怖主义威胁。因此，即使该恐怖主义组织停止恐怖主义活动，其他行为体，已知或未知的、已有的或潜在的，仍然会进行恐怖主义活动。而对于传统国家威胁，对手（即其他主权国家）的明确性、稳定性要高得多，对手的数量也是非常有限的。这使在现实中，一国如果能够有效确保有限的几个国家（邻国、与自己存在利益争端的几个国家、个别强国等）不对自己构成实际威胁，那么，其就能够相对可靠、有效地保证自己的安全了。因此，虽然对于应对某个具体的恐怖主义行为体的威胁，沟通、谈判等确实在某些时候可能是一个有效的方法，而对于整体恐怖主义威胁而言，这种方法却是不适用的。其不可能发挥像在传统国家安全领域中那样的作用，也不能成为反恐的基本措施或基础。

下面将要重点讨论武力在应对恐怖主义威胁时的适用性。因为，传统上，武力被赋予了维护国家安全的首要责任，被视为是核心的手段和基石，在反恐中也往往首先被考虑到，因此有学者甚至认为“9·11”袭击后，“受

---

① Paul Gilbert, *New Terror*, *New Wars*, Edinburgh: Edinburgh University Press Ltd., 2003, pp. 134—135.

到国际恐怖主义威胁的国家普遍使用军队力量遏制和打击恐怖主义活动”。[①]

大部分人或国家都认识到，恐怖主义是不同于传统国家安全威胁的，即使那些认为恐怖主义同样是一种战争，其也往往强调恐怖主义是不同于以往战争的一种新型战争形式。而基于这种认识，大部分人或国家也都强调需要新的手段或方法来应对恐怖主义威胁。但是，他们往往仍然潜意识地认为，武力在维护传统国家安全中的作用同样适用于反恐。这从他们分析、讨论反恐措施以及武力在反恐中的作用时所使用的那些概念得到清楚的反映，如他们在分析、应对传统国家安全威胁时同样使用“打击”、“进攻”、“防御”、“威慑”、“歼灭”、“战胜”或“打败”等。美国在“9·11”事件后，公开宣布处于战争状态，并发动所谓全球反恐战争；其2003年版《反恐战略》中提出的反恐4D战略中，排在首位的就是“打败”恐怖主义分子与组织；[②]而美国军方的《联合作战纲要》、《反恐战争国家战略行动计划》等文件中，也明确提出对于恐怖主义的“阻退（dissuade)”、“威慑（deter)”、“扰断(disrupt)”、“击败（defeat)”、“胜利（victory)”、“阻止（prevent)”等。[③]还比如，英国在2002年为应对“9·11”事件影响而对其1998年发布的《防务战略评估》进行更新，发布了《防务战略评估：新的一章》，专门阐述恐怖主义威胁下英国军事力量的建设、使用等。对于反恐，其明确提出“军事力量的作用可以包括预防、威慑、强制、阻击和摧毁对手……其既可针对

① 张慧：“国际恐怖主义威胁与军队的新职责”，《中国军事科学》，2008年第3期，第14—18、24页。

② 4D战略，即“Defeat Terrorists and Their Organizations”，“Deny Sponsorship，Support，and Sanctuary to Terrorists”，“Diminish the Underlying Conditions that Terrorists Seek to Exploit”，“Defend U.S. Citizens and Interests at Home and Abroad”。参见 *National Strategy for Combating Terrorism 2003*，〈http：//georgewbush-whitehouse.archives.gov/news/releases/2003/02/counter_terrorism/counter_terrorism_strategy.pdf〉。

③ Joint Chiefs of Staff，*Joint Operations*（JP3－0）（February 2008)，〈http：//www.dtic.mil/doctrine/jel/new_pubs/jp3_0.pdf〉；Joint Chiefs of Staff，*National Military Strategic Plan for the War on Terrorism*（2006)，〈http：//www.defenselink.mil/qdr/docs/2005-01-25-Strategic-Plan.pdf〉.

国际恐怖主义组织，如果必要，也可针对那些支持、主使恐怖主义的国家政权”。①

毫无疑问，这并不仅仅是语言上的概念误用或使用不谨慎问题，而是反映了使用这些语言的人对于武力在反恐中作用的基本认识与判断。无论是因为思维惯性，还是基于对恐怖主义威胁特征的判断，在那些用“威慑”、“战胜”等来规划武力反恐的人看来，武力曾经是一个至关重要的维护国家安全的手段，面对恐怖主义威胁，其仍然是一个至关重要的手段。其曾经以某些方式有效地发挥了作用，面对恐怖主义威胁，这些方式仍将有效。

但本书认为，由于恐怖主义威胁与传统国家安全威胁在特征上存在着上述截然不同的区别，在反恐中，武力在传统国家安全领域中发挥那些作用的基础不再存在，武力在处理传统国家安全事务时的逻辑、角色与作用方式都不再适用于应对恐怖主义威胁。

本书这里主要考察前文罗伯特·阿特分类中威慑对于应对恐怖主义威胁的适用性。之所以选择武力的威慑性使用作为分析对象，一个方面是因为，除了在防御性使用中通过武力抵消、阻止对手的进攻或保护目标，以及在驱迫性使用中用武力从肉体上消灭对手或强制改变其行为外（在这几种情况中，都是武力的实际使用），武力在这三种类型的使用中，实际上都是通过借助武力的使用（和平使用与实际使用）改变对手对收益与代价的理性计算或预期来达到目的的。而这种理性计算的作用在威慑中更为明显、重要。因此，通过分析威慑对于恐怖主义的适用性，将能更好地说明、显示传统国家安全中武力三种性质的使用在应对恐怖主义威胁时存在的问题。另一个方面是因为，国家与恐怖主义行为体在实力对比上，似乎符合实现威慑的要求，即国家似乎能够对发动袭击的恐怖主义行为体施加极其严厉的惩罚，包括从肉体上的彻底消灭。最后，还因为，对于恐怖主义威胁来说，通过改变非国家行为体的理性计算，让其不发动袭击，即不让恐怖主义袭击真正发生，是国家应对恐怖主义的最好结果。因为正如前文所论证的那样，一旦恐怖主义袭击真正发生，就将造成伤亡与损失，在一定程度上就意味着国家反恐的失

① The Strategic Defence Review: A New Chapter, 〈http://www.mod.uk/NR/rdonlyres/79542E9C-1104-4AFA-9A4D-8520F35C5C93/0/sdr_a_new_chapter_cm5566_vol1.pdf〉.

败。在袭击发生后，国家即使能够使用武装力量对袭击者进行打击，甚至是彻底将其消灭，也并不能改变其袭击已经造成的损失与后果。而这种防止袭击真正发生，一旦真正发生，就意味着某种失败的情况，与前文讨论的威慑的情况非常类似。因此，武力的威慑性使用在应对恐怖主义威胁方面的适用性，也将能很好地反映武力的防御、驱迫性使用在应对恐怖主义威胁时的适用性，从而能够说明武力这种维护传统国家安全的核心手段在应对恐怖主义威胁时存在的问题。

如果说核武器与核战略是冷战期间战略研究与安全研究的核心领域的话，那么，威慑问题又是有关核武器与核战略的核心问题。不过，在此并不需要过深地涉及威慑各方面研究的情况，只需要弄清楚，怎样才能够威慑住对手。这个问题实际上是一直萦绕在战略研究人员与政治家心头的重要问题之一，相关的研究也是非常细致、深入。因此，即使对这个问题的讨论，在这里也只是概要式的，能够帮助分析威慑应对恐怖主义威胁的适用性就可以了。

要威慑对手，当然首先需要有威慑能力，即能够给对手施加让其难以承受的惩罚的能力；这种能力是所谓威慑可信度（credibility）的关键因素之一。在冷战期间，这种能力主要是指核武器（当然严格讲，应该是一定数量以上的核武器）；冷战后期曾出现所谓常规威慑，但其含义更接近于防御与驱迫中的武力使用，而不是威慑。而如果对手也有核武器，就形成了相互威慑。在这种情况下，要想威慑稳定，大部分战略家认为，则需要双方核武器都具备第二次打击能力，如果双方都具有第二次核打击能力，这将导致形成相互确保摧毁的核恐怖平衡状态。

其次，威慑要成功，一般而言，要求威慑对象是理性的[①]。简单地说，威慑对象应能够计算各种选项的成本与收益及各个选项的成功概率，并选择其中能够带来最佳效用的那个选项。行为体理性这一条，是大部分威慑研究的核心假设，稍后，将再对这个问题进行讨论。

第三，合理的战略或者说要恰当地使用核武器。所谓合理的战略，当然

---

① 严格的理性界定可参见 Bill Gerrard，“Beyond the Logical Theory of Rational Choice”，in Bill Gerrard ed.，*The Economics of Rationality*，London：T. J. Press，1993，pp. 52—67。

涉及很多繁琐的细节，但仍然可以列出其要点，如发出的威胁和威慑目标要清楚明确，并为对手所知与理解。当然，威慑的目标或者说威慑试图防止对手逾越的底线，还必须划得合理。一个简单的比喻将能很好地说明这个问题。比如，你与邻居不和，你告诫对方不可跨入你家的大门，否则将受到严厉惩罚；在这种情况下，对方可能就不会跨过你家的大门，双方也能相安无事。但是，如果你把线划到对方门前，威胁对方不可迈出他自家大门一步否则将受到严厉惩罚；在这种情况下，即使你可能施加的惩罚威胁再严厉，对方仍然可能会跨过你划的线，即采取威慑所针对的行为。此外，合理的战略，还包括惩罚的威胁具有可信性，即要使对手相信，如果其采取了威慑所防止的行为，那么，你肯定将对其进行严厉的报复，即使这种报复可能因招致对方的反应而使自己也受到毁灭性的打击。当然，所有有关这些的信息，还必须能够传达给威慑对象国家，并为其所理解，即在威慑中，适当的信息沟通是必需的。

考虑到冷战中美苏紧张对峙、对抗却没有爆发直接的大规模武装冲突，可以断言，总的来说，威慑对于美苏来说都是有效的。而迄今，就核大国的情况而言，核武器的威慑性运用还是成功的，除了二战末投在广岛与长崎的两颗核弹外，核武器没有再被实际运用于战争中。这证明，对于国家来说，在拥有威慑能力与合适的战略情况下，可以比较有效地保证自己的生存不受对方的侵犯，特别是可以保证自己不受到对手的核武器胁迫或袭击。

那么，对于恐怖主义来说，威慑是否可以奏效呢？

表面上看，国家与恐怖主义行为体之间也存在着（国家对恐怖主义行为体）威慑适用的条件。比如，从实力上来说，相比较于非国家行为体，特别是相对于绝大多数恐怖主义行为体来说，国家往往拥有更多的资源，其中关键的是，国家还掌握着强大的暴力机器。因此，单纯就实力对比来说，国家有能力对非国家行为体施加极其严厉的惩罚，甚至是从肉体上彻底消灭非国家行为体。在这里，国家并不需要事先确定究竟会是哪个非国家行为体将发动恐怖主义袭击；国家只要公开发出威胁，即如果其遭到某种恐怖主义袭击，就将对袭击者实行严酷报复，并表明其能够在袭击发生后确定袭击者，就可以了，威慑威胁并不必需有具体的目标对象。而对于很多非国家行为体来说，国家与其相比较所具有的力量优势，以及国家可以对其施加严厉惩罚的能力，在大部分时候都是不容置疑的。因此，就威慑的第一个要求，在国家与恐怖主义行为体的关系中似乎可以得到满足。

威慑的第二个条件，即威慑对象需要是理性的。前文有关恐怖主义行为体精神特征的讨论，显示恐怖主义行为主体大多并不是精神上存在着疾病或心理变态的人；他们至少是与平常人一样的理性，甚至是更为理性、沉着。因此，第二个条件似乎也能够满足。

威慑的第三个条件，即可行的战略，在很大程度上也是可以满足的。国家可以公开宣布在遭受什么样的袭击情况下，将对袭击者实行怎样的报复。而且，实际上，国家的这种报复威胁，将比在国与国之间的威慑中的报复威胁更具有可信性。这是因为，国家可以给发动袭击的非国家行为体施加严厉的惩罚与报复，却不用过分担心遭到非国家行为体对这种报复行为的反报复，因为非国家行为体可能已经在报复中被消灭，或者，即使非国家行为体被打击后仍可以进行反报复，但是这种威胁也是相对非常有限的。而在国与国之间的威慑中，在对手拥有第二次核打击能力的情况下，对手即使遭到了核打击等，仍然能进行严重的反报复；这种对反报复的顾虑往往对威慑战略的可信性构成严重损害（这主要集中体现在威慑战略中的理性悖论问题）①。国家公布的这些信息对于恐怖主义行为体来说，理解其含义也并不是什么困难的问题，虽然反过来，即恐怖主义行为体发出的信息被国家所理解可能要困难得多。但是，国家对恐怖主义行为体的威慑是单方向的；这种威慑的成功并不要求非国家行为体也对国家进行威慑。国家只要向恐怖主义行为体清楚地表明，国家在遭到袭击后可以找到袭击者，并必将对其严厉惩罚，就可以了（这也不需要事先确定哪些人将发动袭击；而只要有公开的政策宣示就可以了）。因此，前文所提到的国家与非国家行为体之间的相互沟通、谈判等的困难，并不构成将威慑适用于应对恐怖主义威胁的障碍。

---

① Frank C. Zagare and D. Marc Kilgour, *Perfect Deterrence*, New York: Cambridge University Press, 2000, pp. 3—36。所谓威慑中的理性悖论，是指成功威慑需要双方行为体是理性的；但是，这个条件却又意味着威慑会导向失败。即威慑要成功或具有可信性，就必需使对手相信，一旦对手使用核武器或采取其他威慑所阻止的行为，那么，其就必将兑现其报复威胁。但是，由于这种报复威胁又将引起对手的反报复，从而招致己方相比较于不采取报复做法会造成的更大损失；从而使兑现威慑中的威胁即报复对手，却成为一种不理性的选择。因此，一个理性行为体对于对手采取的威慑所阻止的行动，是不会采取报复。而这无疑将导致威慑失败。

因此，很多研究者认为，国家可以对恐怖主义行为体进行有效的威慑。他们强调在袭击后，应保证袭击现场不被破坏，相关调查机构尽快进行调查，以确保国家能尽快找出袭击者，并对袭击者进行严厉惩罚。有的人甚至认为，恐怖主义之所以盛行，就是因为国家在对付恐怖主义方面太仁慈了，如果国家足够严厉，就可以消除恐怖主义。①

但是，本书认为，对于恐怖主义来说，试图通过对袭击者进行严厉的报复与惩罚，并不能够有效地防范恐怖主义袭击的发生。这种失效的原因，并不在于国家的实力或军事力量不及恐怖主义行为体，也不在于恐怖主义行为体是非理性的。至少就大多数国家来说，国家所拥有的实力即使是最强大的恐怖主义组织也是不可比拟的，而大部分恐怖主义分子也都是心智正常的人，其行动往往经过冷静、仔细的策划与实施。但是在国家之间互动中具有至关重要影响的势力均衡在恐怖主义行为体与国家的互动中并无特别重大的意义，而恐怖主义行为体的理性，对于国家来说也有不同意义。其中的根本原因在于，在恐怖主义威胁中，国家面对的是与其不同类的对手。②

这种身份上的差别，导致了国家与非国家行为体之间理性计算上的巨大差异。具体地说，即国家与非国家行为体对于收益与成本的看法是不同的，用经济学中的语言来表述，即国家与非国家行为体的效用函数是不同的，虽然国家与非国家行为体都遵循理性行为模式。当然，很多人把无法威慑恐怖主义行为体归咎于恐怖主义行为体是疯狂的、难以理喻的、不理性的。这种看法更多属于价值判断，并没有多少经验事实的根据；人们通常喜欢把那些与他们不同的人或他们憎恶的人，排斥为疯子或不理智的、不道德的。

有人会争论说，理性包括工具理性和价值理性；人们往往强调工具理性，但价值理性同样很重要，并且常常被忽视。不过，即便考虑到价值理性，也可以肯定地说，国家并不比恐怖主义行为体表现出更多的理性。国家一再进行毫无益处、只会带来巨大伤亡与损失的战争，国家开发、保持可能使包括自身在内的所有国家灭亡、却几乎没有被使用过的核武器，等等，如

---

① Benjamin Netanyahu, *Fighting Terrorism: How Democracies Can Defeat Domestic and International Terrorists*, New York: Farrar Straus Giroux, 1995.

② 罗伯特·杰维斯认为，对于恐怖主义，防御是优于威慑的选项。参见 Robert Jervis, "Mutual Assured Destruction", *Foreign Policy*, November/December, 2002, No. 133, pp. 40—42。

果从价值理性的角度来看，这些可能都是极其疯狂的举动。因此，国家主要并不是靠其价值理性而可以被威慑的，威慑中的理性主要是指工具理性。同样，说国家或非国家行为体理性，主要是指其行为的工具理性。

因为在本书中不采用博弈论、计量经济学等中使用的那些精确的数学模型来进行推理论证，所以，在这里也无需采用它们对理性所下的非常严格、清晰却有些繁琐的定义。在这里，理性的含义，如在前文中已经指出的，简单地说，即指行为体的行为是追求效用最大化。

国家与恐怖主义的行为体都是理性的，但国家对国家可以进行有效的威慑，而国家对非国家行为体却难以进行有效威慑，这主要是因为，国家与非国家行为体在他们的成本与收益上的看法是不同的。

对于国家，可以假设其也像人一样，有很多各种各样的偏好，比如国家希望增加财富，希望获得安全，又喜欢获得荣耀，等等。这些偏好之间，也像很多人争论的那样，可能存在着相互冲突、不可通约，因此国家这些偏好可能并不能形成一个统一的效用函数（这不满足计量经济学上严格的理性界定要求）。而且即使国家的偏好可以形成一个统一的效用函数，然而，不同国家其效用函数可能也是有差异的，比如，有的国家可能更喜欢荣誉，有的国家则可能更喜欢财富，等等。确实国家之间存在文化、意识形态、政治体制、地理位置、大小、历史经历、经济发展水平等等诸多方面的差异，国家对于现实的看法、追求的目标等方面也存在着很大的不同，但是，所有国家，在其各种各样的偏好中，虽然这些偏好难以完全通约，但这些偏好确实有一个相对明确的优先等级，即国家的生存永远是国家的首要的、最基本的偏好，生存对于国家具有最大的价值。只有国家的生存得到了一定程度上的基本满足，国家才可能追求其他偏好。对于所有国家而言，这都是一样的。因此，如果国家是理性的，那么，当国家采取的某种行为是以其生存作为赌注，那么我们可以断言，这种行为可能获得的收益也必须是非常高的，或者可以说，肯定是有关该国的生存方面的收益；同样，如果一个国家生存面临着严重威胁，国家将不惜巨大投入，来应对这种威胁，这是所有国家都了解的公共知识。

就威慑来看，当国家（甲）向其对手国家（乙）表示，如果其（乙）采取某个行为（如占领或用核武器袭击甲国），其（乙）将面临难以承受的惩罚，甚至是被彻底消灭时，并且对手国家（乙）也知道该国家（甲）有这样的能力与决心，那么，国家（甲）就可以可靠地预期，就像我们也可以很可靠地预期一样，如果其对手国家（乙）是理性的，那么，只要国家（甲）不采取对其（乙）生存会造成严重威胁的行为，其（乙）通常就不会采取那种行为，威慑也就会取得成功。

但是，对于非国家行为体来说，他们偏好上的差异比国家之间的差异要更大，但这并不是问题的关键。关键的是，在所有非国家行为体的偏好中，并不存在着统一的优先等级。对于国家，可以断言，生存是所有国家的首要的、最基本的偏好，是其追求的首要目标，但是，对于非国家行为体，如果也断言生存是非国家行为体的首要的、最基本的偏好，是其追求的首要目标，那么，无疑是以极其平庸、教条的眼光来看待世界。虽然对很多非国家行为体来说，生存是其追求的首要目标，但是，至少也有同样多的非国家行为体并不把其自身的生存放在首要位置。对于许多非国家行为体来说，无论其是个人还是组织或集团，自身的生存并不是第一位的东西，很多时候，他们的自身生命（生存）或其自身的一切只不过被当作实现更高目标的手段，而不是目的本身。这种目的可能是为了民族的独立，为了上帝，为了某种乌托邦式的理想，或者只是为了某种在大部分人看来荒唐、可笑的念头。因此，对于许多非国家行为体来说，有很多东西，其价值要远远超过其自身的生存；可以说，正是因为这些非国家行为体是理性的，他们为了追求这些东西，可以很不在乎地放弃自己的生存。但是对于国家而言，生存就是目的本身，国家不可能为了其他目的去牺牲生存；反过来，国家可以为了生存而牺牲任何其他目的，使用一切的手段。对于国家而言，生存具有最高价值。

如果这些非国家行为体的自身生存并不是目的本身，也就是不具有最高的价值；相反，这些非国家行为体可能只是把自身生存作为追求更高价值的一种手段。对于那些认为“我们奋斗的事业要远比我们的生命重要”的人来说，这使国家根本无法对“这些并不期望从袭击中活下来的那些人发出可信的威胁”。[①] 那么，国家用将惩罚、消灭这些非国家行为体这样的威胁，就并不能可靠、有效地威慑住他们的行动，无论这种惩罚是多么的严厉。

---

① Christoph Reuter, *My Life Is A Weapon: A Modern History of Suicide Bombing*, translated by Helena Ragg-Kirkby, Princeton: Princeton University Press, 2004, p. 3.

国家是否可以通过威胁损害这些非国家行为体所追求的那些更高价值来威慑他们呢？理论上，如果国家可以威胁非国家行为体所追求的重要价值，使恐怖主义袭击成为一个将严重损害其使用者效用的选项，国家将能够威慑住非国家行为体的恐怖主义袭击。但是在现实中，国家做到这一点是极为困难的，因为各种各样非国家行为体的偏好及其效用函数存在着巨大的差异。国家即使能够通过发出威胁，使发动恐怖主义袭击对一些非国家行为体而言是极其不划算的行动，但是，对于许多的其他非国家行为体而言可能并不是如此，这种威胁将是无效的。而且，国家又能怎样对这些非国家行为体追求的重要价值进行威胁呢？国家不许诺给予非国家行为体追求的民族独立，亵渎非国家行为体的信仰，或打击非国家行为体崇尚的并不存在的乌托邦？毫无疑问，非国家行为体所追求的目的，大部分就是尚未实现的，国家无法威胁这些不存在的东西。即使国家确实能够威胁一些非国家行为体所追求的重要价值，难度与代价都可能是比较高昂的，而且，也仅仅是能够威胁到部分非国家行为体的重要价值，而不是全部非国家行为体。事实上，很多时候，一次袭击后，国家甚至都很难确定其实施者是谁。因此，普遍意义而言，国家无法有力、可靠地影响现实或潜在的恐怖主义行为体的理性计算。因此，正如英国的伦敦国际战略研究所在一份报告中所言："这些行为体是不可能被威慑住的，因为他们并不控制会遭到报复的领土，且还拥有自我牺牲精神。"① 而且，非国家行为体对国家采取极端的对抗行动本身就表明，他们往往将袭击针对的国家与其追求的目的或重要价值置于一种无法调和的冲突关系之中。这既使国家难以威慑他们，还使国家难以通过满足他们的要求来使他们停止行动，因为国家如果满足他们的要求就意味着自己遭受重大损失，甚至意味着要放弃自己的生存。

无法有力地影响非国家行为体的成本与利益的计算，那么，即使对方是理性的，即使国家能够给对方施加严厉的惩罚（这种惩罚却不是非国家行为体难以承受的），国家也不能够通过威慑来防范非国家行为体的恐怖主义袭击。用托马斯·谢林的话来说："恐怖主义分子是不可能被威慑的——我们

---

① The International Institute for Strategic Studies, *2002/3 Strategic Survey*, London: Oxford University Press, 2003, pp. 8—9.

不知道他们的价值在哪里，也不知道他们是谁、他们在哪里。”①

同样，对于防御与驱迫来说，如果无法通过武力有力地影响非国家行为体的成本与收益的计算，国家也无法靠武力的和平使用，来防止非国家行为体的进攻或改变其行为。

实际上，国家在面临来自一个国家威胁的时候，国家往往能够比较好地预测到对手的行为。这一个方面是因为，作为同一类，即具有与己大体类似功能与需求的国家，对手具有与其相似的偏好与成本、收益的计算；另一个方面是因为，对手与其类似，是理性的。当然，这种预测仍然是有限的。这种计算可能出现错误，从而使国家无法预期到对手国家的行为。这既可能是因为自己关于对手的偏好与成本、收益的信息有误，也可能是因为对手对于某选项的成本与收益计算出现错误。还有可能是因为，对手的行为并不完全符合理性行为的原则。比如，决策理论中的组织行为模式与官僚政治模式就很好地揭示了国家行为中非理性的一面（注意，这里非理性不等于丧失理智）。② 事实上，现实中政治家们进行对外行为决策的时候，也并不总是考虑国家的利益。国家对对手行动的预测的有限性，还来自于下面这种情况，即在最初，对手可能并没有发动战争的意图，但是由于双方或与其他因素的复杂互动，致使对手最终却采取了武力威胁或进攻的行动。不过，即使如此，国家在预测、应对对手国家的威胁等方面所面临的这些意外或不确定性，与国家在预测非国家行为体行为时所面临的困难相比，仍要小得多。对于国家来说，面对各种各样的非国家行为体，国家很难清楚他们的偏好、成本与收益的计算等，因此，他们的行为将更难预测。当然，国家或许能够期望由于非国家行为体掌握的资源有限，因此，即使非国家行为体的行为很难预测，但其行为可能造成的威胁却可能仍然是有限的。但是，大规模杀伤性机会的扩散，正在使实力有限的非国家行为体掌握可造成大规模伤亡与损失的不对称能力，因此，国家对非国家行为体威胁的这种有限的确定性也正在被侵蚀掉。

---

① Thomas C. Schelling, “The Nuclear Taboo”, *MIT International Review*, Spring 2007, inaugural issue.

② Graham Allison and Philip Zelikow, *Essence of Decision: Explaining the Cuban Missile Crisis*, 2nd edition, New York: Longman, 1999, pp. 143－196, 255－294.

因此，总的来看，除了一些少数、非普遍的情势下，即事先能够准确掌握恐怖主义分子的行动信息，或需要保护的目标数量有限，从而能够使用武装力量加强对这些目标的防护，从物理上阻止恐怖主义分子对其发动袭击；或者能够确定恐怖主义行为体以及其位置，并可以对其进行打击，破坏其袭击计划，甚至物理消灭恐怖主义分子，武力的使用有些类似于其在传统国家安全领域中的防御、驱迫等以外。在大部分时候，武力的防御、驱迫和威慑等在维护传统国家安全中的使用逻辑与作用难以有效适用于应对恐怖主义威胁。而事实上，即使在上述的少数武力传统功能适用于应对恐怖主义的情势下，国家也并不是必需都要使用武装力量才能对付恐怖主义袭击；国家可能依靠警察、保安等就可以有效地应对，而其可能比武力更有效、更灵活、更少副作用。因此，事实上，在大部分时候，国家所拥有的武力及其在传统国家安全事务中的防御、威慑与驱迫等的使用，将难以有效应对恐怖主义威胁。[①]

综上所述，在传统国家安全领域中所进行的是一种实力的游戏，是一种意志的较量；而战争是国家胜负、成败、生死的最终裁决形式。因此，武力在传统国家安全领域扮演着核心、终极性角色。但面对在行为体、行为方式、行动的后果与影响等诸多方面都不同于传统国家安全威胁、往往具有更多不确定性的恐怖主义，传统上国家用来维护国家安全的那些逻辑、方式与手段，将难以继续有效地发挥作用。这其中包括武力的使用。正如前文分析所示，传统国家安全中的武力功能对于恐怖主义威胁，在大部分情况下都是

---

① 当然，需要注意的是，如果一个国家面临的对手，其不仅采取恐怖主义行动，还采取其他方式，如正规战争、游击战等形式，这个对手甚至有自己的政治或政权组织，有大规模正规武装力量，那么，发生于这个国家与其对手之间的互动或冲突，毫无疑问就超越了恐怖主义问题，这个时候，本书这里的观点就不适用于此。在这种情况下，武力的传统功能可能仍然是国家应对这个对手或威胁的非常重要的手段，而且可能也是一个恰当和有效的手段。武力的这种使用，比如直接对对手的武力进行打击，可能会影响对手对于恐怖主义这种方式的选择以及影响其恐怖主义行动，从这个意义上，也可以讲武力对于反恐有用。但在很大程度上，这种威胁已经主要不是恐怖主义威胁的问题，而武力的使用也不再主要和直接针对恐怖主义威胁的；武力行动并不是主要基于反恐的考虑；对于应对恐怖主义威胁的作用，只不过是一种附带、间接的武力使用后果。无疑，不能把这种武力对于其他威胁或问题的作用，主要视作为武力在恐怖主义问题上的功能。

无效或低效的，特别是希望通过武力使用来预防恐怖主义袭击，更是如此。恐怖主义威胁与传统国家安全威胁的不同特征，要求国家采用新的思维、方式与手段来应对这种不同的威胁。

五、武力在反恐中的作用

前文认为恐怖主义是不同于战争的一种行为，武力在传统国家安全领域中的使用逻辑与作用难以适用于应对恐怖主义威胁，但这绝不意味着武装力量在反恐中不能发挥任何作用。

实际上，前文也提到，即使武力的传统作用，在反恐的某些特殊情况下，可能仍然适用。比如，如果能准确确定恐怖主义行为体的方位，在某些情况下武力就可以先发制人攻击这些目标，通过物理上消灭这些目标，避免其构成威胁。还比如，武装部队能通过物理上阻止恐怖主义分子接近某些目标而实现对重要目标与设施的保卫。而且，一些军事行动，也确实可能使一些潜在恐怖主义行为体觉得其行动不大可能成功，或者使其忌惮于遭到严惩，从而放弃行动。这些情况也都在阿特所列的防御、驱迫、甚至是威慑的范畴内。

这些特殊情况存在并不是对前文的反驳。武力传统功能对恐怖主义的适用，是非常有限的，而且受到诸多严格条件或偶然因素的限制。比如，一些恐怖主义行为体确实可能由于害怕遭到军事打击报复而放弃行动，但大部分恐怖主义行为体可能并不是这样，因此，对于国家来说，军事力量的威慑即使对于某些恐怖主义行为体有效，但普遍而言，其仍是不可靠、无效的。而且，即使在某些特定情况下武力的这些传统职能仍有用，但武力也可能不是其时国家所面临的最优选项，比如，对恐怖主义分子直接发动武力打击这种情况。如前文所说，这首先需要对恐怖主义行为体的精确定位；而如果能够对恐怖主义行为体进行精确定位，警察、司法机关等非军事力量就可能足以应对。相反，军事手段可能由于其政治上的敏感性或可能造成的附带伤害，使其并不是一个合适的选择；而且，很多恐怖主义目标并不构成有价值的军事打击目标。①

因此，武力在国家间互动中维护国家安全、实现国家目标的作用，在大部分时候是无法适用的；其不能成为国家反恐的主要选择，国家的反恐努力也不能建立于武力的这些作用之上。而攻城略地、扼守战略位置等武力使用的传统方法也无益于应对此种威胁，而且，历史经验表明，这些使用，单纯就反恐来说，作用可能是适得其反的。这也决定，国家的武装部队不应该成为应对恐怖主义的核心力量。

但是，武力的传统作用不适用于反恐、不应以战争方式来反恐，或者武装力量不应成为反恐的核心力量与选择，并不意味着武力在反恐中没有作用（这一点往往在对全球反恐战争的批判中被忽视了），而是意味着面对恐怖主义威胁，需要对威胁进行仔细的分析，需要对应对威胁的思维、措施与力量进行仔细的反思、检讨、探索。思维僵化、盲目自满或者固守常规而不寻求革新，在传统军事斗争中就是大忌，而在面临新威胁或安全环境不断变化的情况下，尤为如此。同样，面对恐怖主义威胁，需要仔细反思与检讨武力的作用，而不是要么固守传统的武力使用思维，要么完全排斥武力的作用。

事实上，对于恐怖主义，虽然武力的传统作用逻辑与方式无效或不可靠，但其不可能仅仅作为反恐的旁观者。一个方面，因为世界局势发展使大部分国家面临的传统国家安全威胁有很大程度的缓和，而同时，一些新型的威胁突起、复杂化。武装力量作为维护国家安全的核心力量，需要作出调整、变革，以应新的现实，而不能毫无作为。否则，武装力量在现代社会存在的合法性就会受到质疑与削弱。另一个方面，随着军事思想、组织、技术与装备等的发展，世界各国的武装力量积极寻求变革，以适应新环境、应对新挑战。这种变革使武装力量能够应对的挑战更为多样，使用的用途、形式等更为多样，使用与控制也变得更为迅速、灵活与精准。这两个方面的变化，使武装力量在反恐中发挥适当的作用，不仅变得必要，而且成为可能。

---

① Raphael F. Perl, “Terrorism and National Security: Issues and Trends”, (2006). Updated April 21, 2006 CRS Issue Brief for Congress, 〈http: //fpc. state. gov/documents/organization/67848. pdf〉.

因此，各国武装力量都在积极探索传统战争使命以外的武力使用，比如，美军的《联合作战纲要》就军事行动的范围，列出了多种形式的军事行动（见图表6—1）。[①] 而我国在2008年国防白皮书中也明确提出："提高军队应对多种安全威胁、完成多样化军事任务的能力……把非战争军事行动作为国家军事力量运用的重要方式，科学筹划和实施非战争军事行动能力建设。"[②]

图表6—1 多种军事行动

军事行动类型	
主要作战行动	支持反叛行动
国土防卫	打击反叛行动
民事支持	反恐怖主义
打击	撤离非战斗人员行动
突袭	救援行动
武力展示	紧急情况后果管理
执行制裁	国外人道主义援助
船运保护	国家援助
保护航行自由	军备控制与裁军
维和行动	日常军事活动

对于军事力量的反恐（combating terrorism）行动，美军《联合作战纲要》认为其包括两个方面：防恐（antiterrorism）和打恐（counterterrorism）。前者是指针对恐怖主义的防御性措施，其目的在于降低人员与设施等对于恐怖主义威胁的脆弱性，如对基础设施的保护、为民事机构提供特需的

---

① *Joint Operations*（JP 3—0），"Figure 1—2. Types of Military Operations".

② 国务院新闻办公室：《2008年中国的国防》，2009年1月，〈http://www.gov.cn/zwgk/2009—01/20/content_1210224.htm〉。有关非战争军事行动（MOOTW）可参见《中国军事科学》，2008年第3期，其中设立了非战争军事行动专题，集中刊发了多位学者的文章。

专业人员与装备支持等，其中也包括地方军事力量和政府人员的有限反应与遏制行动。为此，美军还制定了专门的防恐行动条令，但并未公开。而打恐则主要指“对恐怖主义采取的防止、威慑、先发制人打击和反应等行动……在美军内，打恐首先由特种部队负责”①。

由此看来，一个方面，美军强调用军事打击、战争反恐，反映出美军潜意识中仍然认为传统的武力使用逻辑同样适用于应对恐怖主义威胁；另一个方面，许多防恐措施与新的军事行动形式说明，美国同时也积极探索武力在反恐中的新作用。

各国的经验不同，各国军事力量在反恐中的作用也有所不同。相对而言，欧洲国家在面对与处理恐怖主义威胁时，即使在“9·11”事件后，对于军事力量的作用，也要谨慎许多。② 像英国、西班牙等基于其长久的反恐经验与教训，在反恐中，对于军事力量的作用都很谨慎、节制，更依赖于警察、司法等力量。③ 在一些国家，对于国内恐怖主义与国际恐怖主义，军事力量的作用也往往有区别。比如，在“9·11”事件之前，美国通常把国际恐怖主义纳入国家安全范畴下，并多次使用或威胁使用武力；而对于国内恐怖主义，则作为犯罪活动处理，由司法、警察机构负主要责任。④ 即使“9·11”事件后，美国大大提高了军事力量在国土安全中的作用，这个区别

---

① *Joint Operations*（JP 3－0）.

② Jonathan Stevenson，“The Role of the Armed Forces of the United Kingdom in Securing the State against Terrorism”，*The Quarterly Journal*，Fall 2005，pp. 121－133.

③ 西班牙情况见 Paddy Woodworth，“The War against Terrorism：The Spanish Experience from Eta to Al-Qaeda”，*International Journal of Iberian Studies*，Vol. 17（2004），pp. 169－182；英国情况见，Stevenson，“The Role of the Armed Forces of the United Kingdom in Securing the State against Terrorism”；Tom Parker，“The Fateful Triangle：Identity Politics，Security Policy and Anglo-Irish Relations”，in R. W. Orttung and A. Makarychev，eds.，*National Counter-Terrorism Strategies*，IOS Press，2006，pp. 79－105。

④ Laura K. Donohue，“In the Name of National Security：Us Counterterrorist Measures，1960－2000”，*Terrorism & Political Violence*，2001，Vol. 13，No. 3，pp. 15－60；Jeffrey D. Brake，“Terrorism and the Military's Role in Domestic Crisis Management：Background and Issues for Congress”，April 19，2001，CRS Report for Congress，〈http：//www. gwu. edu/～nsarchiv/NSAEBB/NSAEBB55/crs20010419. pdf〉.

在某种程度上仍然适用。[①]

综合各国经验，本书认为武力在反恐中的作用应集中在以下几个方面：

1. 在某些特殊情况下直接发动军事打击。如果能够确定恐怖主义人员及设施所在的精确位置，而且，在当时的情况下，没有其他有效手段供选择或替代，那么，就可能需要使用武力直接摧毁恐怖主义行为体或设施。但需要强调的是，武力的这种使用只能取决于特定的条件，是临时性的选择，而不能够成为国家整个反恐战略的基础；使用时还需要考虑其可能引起的其他负面影响。

2. 参与和恐怖主义相关的紧急事态处理，如人员的救护、秩序的维持与恢复等。

3. 支援民事部门或司法力量在反恐中的其他请求，如提供特定装备，技术支持，人员支援与培训，等等。

4. 对某些关键目标、设施、场合的保卫，如对核设施、关键性基础设施的保护。这种保护的关键，不在于威慑，而在于拒止恐怖主义行为体接近目标。

5. 处理特殊类型的恐怖主义威胁，如核生化恐怖主义威胁。由于武装力量拥有处理这些类型威胁的专门装备、技术、情报、人员与经验等，因此，其往往成为应对此类事件的首要选择。还比如，对于一些民事机构或司法力量等无法应对的袭击，如像“9·11”事件这样来自空中的恐怖主义袭击，军事力量可能也是很好的选择。

6. 参与国际反恐合作，如开展军事训练、援助、演习，对有关国家在反恐领域进行军事援助，执行国家间或国际组织的协议等。

最后，再次强调前文曾讨论过的问题，也是反恐中武力使用争论最激烈、也是非常重要的问题，即所谓反恐战争问题——用战争来反恐。在今天的媒体、学术界、政策界，用战争来反恐被许多人当然地接受。这种观点的盛行有多种原因，对恐怖主义性质的判断即恐怖主义被认为是一种新型或非

---

① 美国军事力量的国土防御（Defensive Actions at Home）职责可见“The National Military Strategy of the United States of America”，2004，Unclassified Version，〈http：//www.defenselink.mil/news/Mar2005/d20050318nms.pdf〉。

常规战争，可能是重要原因之一。[①] 但这种观点的盛行，也恰恰反映出了传统国家安全思维的惯性；人们容易把分析传统国家安全威胁的逻辑教条地应用到对恐怖主义的分析中。本书认为，用战争来反恐，正如一些学者所言，好比试图“用机枪消灭一群蚊子”；这样的战争将没有终点，没有退出机制与明确的评估结果的标准。[②]

有的学者认为军事打击不仅仅可以直接打击恐怖主义行为体，还可以为反恐创造有利的政治、外交环境。[③] 但实际上，所谓反恐战争往往名不符实。“9·11”事件后美国发动的反恐战争中，与美国作战的首先不是基地组织、不是恐怖主义分子，而是当时的阿、伊军队以及后来各派反叛武装；推翻或占领阿、伊政府也没有消除美国面临的恐怖主义威胁。这些行动仍然属于武力传统使用范畴，正如英国在其 2009 年发布的反恐战略中所承认的那样，虽然与反恐相关，但其本身并不是反恐行动。[④] 而俄罗斯在车臣所谓的反恐战争，情况同样如此。事实上，这些战争往往另有他图，反恐往往只不过是一个遮掩或可供利用的口号罢了。单从反恐来看，这些战争既不能防御、威慑、驱迫恐怖主义行为体，也无助于减少恐怖主义产生的条件，甚至都难以消灭这些行为体；相反，这些战争所引起的混乱或消极后果，往往容易激起更多的恐怖主义袭击。因此，用战争来反恐，既不可靠、无效，又危险，应尽力避免这种选择。

前述是在技术层面讨论了武力在反恐中的具体使用。下面则将在战略层面讨论反恐中武力使用的问题。本书认为，反恐中的武力使用需要意识到或遵守以下的原则。

---

① 恐怖主义与反叛乱战争之间的区别与相似之处，以及相关争论，参见 Kurt M. Campbell and Richard Weitz, “Non-Military Strategies for Countering Islamist Terrorism: Lessons Learned from Past Counterinsurgencies”, 〈http://www.c4ads.org/files/weitz_campbell_counterinsurgency_princeton06.pdf〉。

② William Greider, “Under the Banner of the ‘War’ on Terror”, *Nation*, June 21, 2004, Vol. 278, pp. 11－18.

③ Mark E. Kosnik, “The Military Response to Terrorism”, 〈http://www.iwar.org.uk/cyberterror/resources/mil-response/response.htm〉.

④ *The United Kingdom's Strategy for Countering International Terrorism*, 〈http://security.homeoffice.gov.uk/news-publications/publication-search/general/HO_Contest_strategy.pdf?view=Binary〉.

首先，武力从来就是国家应对各种挑战、贯彻其意图的一种强有力手段，有的时候甚至是必要的手段，但武力又不是万能的手段。因此，一个方面，面对恐怖主义威胁，既不能因其威胁与传统国家安全威胁不同，从而完全否定武力的作用；相反需要积极探索武力应对恐怖主义威胁的可行性以及新的使用方式与作用，并因此对军事力量进行积极调整。但另一方面，不能用传统国家安全思维教条地看待武力在反恐中的作用，过分夸大武力在反恐中的作用；事实上，武力从来就不是万能的手段，其本身存在很多限制，而且，其使用取决于许多具体条件。因此，国家在使用武力反恐时，一定要注意这些限制与条件。

其次，本书认为武力可以在反恐中发挥重要作用，但其不同于在传统安全领域中的作用。因此，军事力量需要积极寻求调整与变革，以能够更有效地应对恐怖主义等新型威胁。就恐怖主义威胁而言，要求武装力量能够变得更为灵活、精准、迅捷；能够执行多种任务，特别是一些非战争军事行动；能够更好地与其他部门协作、配合。

第三，本书认为武力在反恐中的作用原理完全不同于其在传统安全领域的作用。在传统安全领域，武力是通过摧毁、消灭、战胜对手或展现这种能力来实现己方的意志；暴力或暴力威胁是核心，打败对方武装力量是关键。而反恐中，武装力量使用的基本精髓不是歼灭、战胜恐怖主义行为体，虽然在某些特殊情况下确实可能需要对某些恐怖主义行为体发动武装打击。反恐武力使用的基本精神在于维护、恢复正常的社会秩序与法治，其精髓在于治理；因为，恐怖主义威胁最大的危害部分也恰恰在于对于正常社会秩序的冲击与国家权威的挑战。因此，反恐中武力使用本身应避免对正常社会秩序与法律规范造成破坏，不应使国家转入战争状态。

第四，反恐中武力使用的根本目标是治理，是维护、恢复正常的社会秩序，这就决定了武装力量不应该是反恐的核心力量，国防部与参谋部不应成为反恐的领导部门与机构，而战争更不应成为反恐的主要模式。武装部队在更多时候是民事、司法部门的一种支援性或补充性力量，而且武力使用必须符合法制的严格约束。①

---

① Brake，“Terrorism and the Military’s Role in Domestic Crisis Management：Background and Issues for Congress”.

第五，在反恐中，武力和其他力量与手段之间不是一种替代、二者只能择其一的关系。反恐需要采取多种手段、多种措施；武力与其他手段之间应该相互协调、配合，而不是武力使用后，就意味着其他手段的退场。相反，武力的使用必需接受来自政治领导人的持续监督与控制，接受相关法规的限制；在支援民事机构的情况下，武力可能还需要接受相关民事机构的调配、安排。

最后，在反恐中，武力使用仍需要谨慎、节制。一个方面，国家需要积极探索武装力量在新环境下的作用，丰富其功能与使用形式；另一个方面，武力无论如何，其本身都是一个非常敏感、暗含着巨大风险的手段与力量，无论是从其他国家的反应来看，还是从国内人权、政治等方面考虑，皆是如此。有的时候，武力使用可能可以迅速削弱恐怖主义力量、减少其威胁，但从长远来看，或在反恐之外的领域，会产生许多负面后果。因此，反恐中的武力使用一定要谨慎，需要在战略层次进行全面评估。在一定程度上，武力应是最后的手段这个传统原则对于反恐来说，仍然适用。①

① Krassimir Kuzmanov，“Does NATO Have a Role in the Fight against International Terrorism：Analysis of NATO's Response to September 11”，*Informationa & security*：*An International Journal*，Vol. 19，2006，pp. 61－84.

第七章

恐怖主义与反恐中的战略

在第三章已经提到，有关恐怖主义研究逐渐显示，在大部分时候，恐怖主义是一个经过认真选择的结果，而非一种不理智行动。这也就是说恐怖主义是一种战略选择。那么，作为一种战略恐怖主义有什么特征，其对于反恐有怎样的启示，将是本章讨论的问题。

一、作为一种战略的恐怖主义

在对恐怖主义的各种研究中，战略模式是一种“主导性的范式”①，即恐怖主义不再被视为是疯狂、冲动的结果，而是被认为是一种经过精心策划、组织、实施的行动；恐怖主义被认为是建立在对现实环境、目标以及手段的仔细分析、计算基础上的理性选择。

事实上，无论是在19世纪末20世纪初的无政府主义的恐怖主义袭击中，还是在20世纪60年代兴起的新一波国际恐怖主义浪潮那里，恐怖主义

① Max Abrahms，“What Terrorists Really Want：Terrorist Motives and Counterterrorism Strategy”，*International Security*，2008，Vol. 32，No. 4，pp. 78－105.

大多是被作为一种手段而使用的；并且，这些恐怖主义行为体大多清晰地意识到这一点，并对恐怖主义作为一种手段的使用条件、作用逻辑等有明确的论述。而且，有关恐怖主义的研究也毫无疑问地证明，大多数恐怖主义分子与普通人一样都是些理智的人，如果不说这些人更为理智的话。①

但是，对于恐怖主义的研究却大多停止于“恐怖主义是弱者对抗强者的武器”这样一般认识，而忽视了对恐怖主义作为一种战略的使用条件、作用逻辑和特征的深入分析。而这些方面的认识，对于制定有效、成功的反恐政策无疑是非常有帮助的。此处就尝试从战略选择视角对恐怖主义进行分析，试图回答如下问题，恐怖主义行为体是在怎样的环境或条件下选择恐怖主义这种手段的，恐怖主义这种手段怎样帮助其行为体实现其目的，以及作为一种战略，恐怖主义的特征是什么。

（一）恐怖主义的作用

越来越多的学者意识到，恐怖主义其本身并不是一种独立的意识形态或思想运动，而是一种策略或斗争手段；这种策略或手段，可以被各种各样出于不同动机的行为体所使用。那么，非国家行为体为什么要选择恐怖主义这种手段，这种手段又怎样实现恐怖主义行为体的目的呢？

“恐怖主义是弱者反抗强者的武器”，甚至是唯一、绝望的武器。这样的说法虽然老套，而且，在一定程度上还带有一定的规范性与情感色彩，但是，其仍然指出了非国家行为体在选择恐怖主义这种手段时所面临的基本环境与条件限制。

恐怖主义行为体通常力量弱小。需要注意的是，这种弱小是相对而言的，即恐怖主义行为体在某个环境、某个时段或某个领域中，与其对手即通常是国家或政府相比，在力量上往往处于一种绝对劣势地位。

比如，在19世纪末20世纪初曾经一度震撼整个欧洲的俄国各类无政府

① Rex A. Hudson, “The Sociology and Psychology of Terrorism: Who Becomes a Terrorist and Why?”, A Report Prepared under an Interagency Agreement by the Federal Research Division, Library of Congress, September 1999, 〈http://www.loc.gov/rr/frd/pdf-files/Soc_Psych_of_Terrorism.pdf〉.

主义恐怖主义组织，据估计其全盛时期的核心成员数量也只有几百人；而像20世纪六七十年代同样影响甚广的德国“红军派”等这样的恐怖主义组织的核心成员，也往往不过数十人。即使像20世纪60年代起日盛、拥有深厚民众基础的“临时爱尔兰共和军”(PIRA)成员也往往在一两千人左右。一些人可能会争论说，有些恐怖主义组织可能是非常强大的，如“基地”组织、“泰米尔猛虎”组织等。事实上这种看法经不起深入的分析。就“基地”组织来说，如果把世界上所有与“基地”有联系或打着“基地”旗号的组织或极端分子都算上，那么，“基地”组织可能确实人数比较众多；但是，需要注意的是，并不是在阿富汗、巴基斯坦等国的武装分子都是“基地”组织成员，也不是所有的极端伊斯兰分子都是其成员。事实上，“基地”组织的实力被过分夸大了，而且，即使那些明确打着“基地”旗号的组织或恐怖主义分子，他们之间也不存在着一个统一的指挥控制体系，相反，他们往往有不同目标、行动方案、人员组成。因此，“基地”组织的力量相对于国家来说仍然是非常有限的。而像“泰米尔猛虎”组织，其力量确实比较强大，但是需要注意，“泰米尔猛虎”组织的主要行动是与政府的武装斗争，恐怖主义在很大程度上只是其辅助斗争手段，补充其在与政府斗争的某个阶段或某个方面的不足，或在其力量尚弱小时使用。

恐怖主义行为体力量弱小，控制资源极其有限，这意味着这些行为体可采用的手段可能非常有限。因此，其在短期内，可能无法组织起一支可以与政府军相抗衡的军事力量，无法通过常规手段动员大规模的群众运动，无法组织起一支有影响的政党，甚至都无法引起社会关注该行为体的存在及其主张、要求。

在这种情况下，对于那些要求马上采取行动、立刻对对手进行打击、很快能够看到行动影响与效果的行为体来说，恐怖主义行动就不仅仅是一个有吸引力的选择，而且可能是唯一的选择了。因为，其他手段要么是太危险、太愚蠢，比如寻求与政府军的直接武装冲突；要么即使能够有成效，其也需要长期的努力，短期效果很有限，如长期游击战、大规模教育、发动群众等。

而恐怖主义在成本、行动策划、组织等方面则相对要简单得多。在金钱上，恐怖主义袭击大多花费非常有限，即使像“9·11”恐怖袭击这样的全球性、多人参与的行动，其花费也只在40万至50万美元之间[1]；而优素福1993年针对世贸大楼的袭击所使用的汽车炸弹成本则只需要四百美元左右。[2] 在技术上，大多数恐怖主义袭击所涉及的技术、物资并不复杂，相反都是简单、容易获得的。而在人员需要上的要求也不高，甚至单个个人都可以实施严重的袭击，如1995年俄克拉何马州政府大楼爆炸案，主要就是麦克维一人实施的。就时间上来说，发动恐怖主义袭击，不需要长时期发动群众或长期组织、根据地建设等准备，组织、发动恐怖主义袭击几乎可以说是可马上实施的行动。而且，恐怖主义的效果是直接、明显的；袭击给对手造成的慌乱、破坏、压力，以及袭击后造成的整个社会效应，等等，都是立等可见的。

因此，对一些行为体来说，由于其自身条件的限制，以及恐怖主义作为一种手段的特征，使恐怖主义不仅可能是一个"唯一"的选择，而且还是一个有吸引力的选择。

那么，恐怖主义能够或恐怖主义行为体预期会产生怎样的作用，从而影响对手、实现恐怖主义行为体的目的呢?

本书基于阿瑞·默拉里（Ariel Merari）、安德鲁·凯义德（Andrew H. Kydd）、巴巴拉·沃尔特（Barbara F. Walter）、劳伦斯·费里曼（Lawrence Freedman）等学者的相关分析，认为恐怖主义的作用逻辑，或非国家行为体采取恐怖主义行动时候预期其能够发挥的作用，可概括为如下一种或几种：

宣传，即通过恐怖主义行动及其轰动效应，引起广泛的关注，以宣传自己的主张与要求，教育大众，从而为实现恐怖主义行为体的最终目的创造条件或形势。早在19世纪后半期在欧洲影响盛极一时的无政府主义的恐怖主义组织就清晰、系统地阐述了恐怖主义的这种作用逻辑。他们明确提出"行动宣传"（Propaganda by the Deed）这个概念；他们认为革命形势已经成熟，但是大众往往被反动的国家政权所迷惑，而不能认清其本质，这就需要

---

① The 9—11 Commission，*The "9 · 11" Commission Report*，p. 172，〈http://www.911commission.gov/report/911Report.pdf〉.

② 保罗·皮拉尔著：《恐怖主义与美国外交政策》，王淮海译，北京：中国友谊出版公司，2003年版，第103页。

宣传革命的主张，揭露国家的暴虐本质。因此，其袭击通常选择一些重要、有知名度或影响的人物如政治家、王室成员等作为目标，并通常在集会等公共场合实施，以达到最大影响。在电视等大众媒体日益发达后，恐怖主义行为体往往更强调这一点。在20世纪60年代开始兴起的新一波国际恐怖主义浪潮中，恐怖主义分子往往在行动中长篇宣传自己的主张、要求，并要求媒体加以现场直播或报道。这也正是因为如此，用广为流传的伯瑞安·詹金斯(Brian M. Jenkins)的一句老话来说，恐怖主义经常被认为是“不想人死，而是想人看”①。当然，宣传对于恐怖主义行为体的最终目的来说，是一种辅助性、阶段性手段，其并不排除大规模的群众运动；② 恐怖主义袭击预期的最终结果就是要通过导致广泛的群众革命或国际关注、干预等以实现其目的。

消耗，即通过发动恐怖主义袭击，不断给对手造成破坏，消耗对手资源，折磨对方意志，从而最终使对手崩溃或屈服让步，其实质是“意志的较量”。③ 因此，凯义德和沃尔特认为，恐怖主义的这种策略要凑效，在一定程度上需要恐怖主义行为体与其对手之间在利益、目的、意志上存在着差异，即恐怖主义行为体所追求的目标对于其重要性，是否要远高于恐怖主义行为体对手在这些领域中所涉及的利益的重要性。正因为如此，以争取民族独立的恐怖主义行动被认为往往比试图推翻本国政府的恐怖主义运动更容易取得成功。因为，在前者情况下，斗争的成败对于恐怖主义行为体来说，直接关系着自身生死，关系着民族的存亡；而对于殖民国家来说，是否从殖民地退让大多并不影响其存亡，甚至对其并无至关重要的利益损失。因此，恐怖主义行为体的斗争意志与韧性要远高于其对手。而在一个国家内部试图推翻本国政府的情况下，因为斗争直接关系到该国政府的存亡，因此，该国政府会在此斗争中不断投入力量，不会轻易地屈服。

---

① Brian M. Jenkins, “International Terrorism: The Other World War”, in Charles W. Kegley, Jr. ed., *The New Global Terrorism: Characteristics, Causes, Controls*, Upper Saddle River, New Jersey: Prentice Hall, 2003, p. 22.

② Ariel Merari, “Terrorism as a Strategy of Insurgency”, *Terrorism and Political Violence*, 1993, Vol. 5, No. 4, pp. 213—251.

③ Andrew H. Kydd and Barbara F. Walter, “The Strategies of Terrorism”, *International Security*, Vol. 31, No. 1, pp. 49—80.

激怒，即恐怖主义行为体试图通过发动袭击，引发其对手的大规模反应，特别是滥用暴力的大规模暴虐镇压或征伐。恐怖主义行为体预期这种暴虐反应将教育、激醒大众，引发大规模推翻政府的革命等，或使更多人参加恐怖主义分子所号召的事业中。这也就是许多学者传统上所提到的恐怖主义袭击中的“行动—镇压—再行动”升级逻辑。20 世纪 60 年代曾被当时许多恐怖主义分子奉为恐怖主义作战理论之父的卡洛斯·马里赫拉在《城市游击战》手册中，就对此策略有论述。[①] 实际上，19 世纪末至 20 世纪初欧洲的无政府主义恐怖主义分子也曾论述过恐怖主义的这种作用。出于这种考虑的恐怖主义袭击，并不惧怕政府的大规模镇压，恰恰相反，“其目的就是要引起国家的过度反应，以凸显现有体制是侵略性和罪恶的，而恐怖分子则是自卫性的和无辜的。”[②] 因此，很多学者认为恐怖主义就像柔道一样，需要借力打力；单单恐怖主义分子及其行动本身并不能够实现其目的，而对手或政府怎样反应，往往直接决定着恐怖主义分子是否能够实现其目的。而与恐怖主义宣传作用类似，对于希望袭击能够发挥激怒作用的恐怖主义行为体来说，恐怖主义可能只是实现最终目的的一个初步的、辅助性的手段，而不是唯一的、主导性的手段；他们大多并不否认大规模群众革命等，相反，恐怖主义行为体就是希望引发这种革命或运动的发生。

去合法性，即通过恐怖主义袭击，制造混乱，削弱政府的权威，暴露政府的无能，从而使民众以及原来站在政府一方的势力，对政府不满、不信任，并逐渐疏离甚至对抗政府，从而削弱政府，壮大自己。[③] 毫无疑问，这种策略在那些阶级、宗教、民族、党派等矛盾比较激烈的国家，更容易取得预期目的。

制造混乱，即通过制造社会混乱达到一定的社会目的。比如，20 世纪 70 年代意大利一些极右翼势力制造了包括爆炸在内的一系列恐怖主义袭击；他们“选择的是所谓的‘紧张战略’（Strategy of Tension），即通过使用公

---

① Carlos Marighella，“Minimanual of the Urban Guerrilla”，〈http：//www. marxists. org/archive/marighella-carlos/1969/06/minimanual-urban-guerrilla/index. htm〉.

② Audrey Kurth Cronin，“Chapter One：The Strategies of Terrorism”，*Adelphi Papers*，2007，Vol. 47，No. 394，pp. 11－22.

③ Audrey Kurth Cronin，“Chapter One：The Strategies of Terrorism”，*Adelphi Papers*，2007，Vol. 47，No. 394，pp. 11－22.

开的极端暴力，诱使大众要求恢复‘法律和秩序’”[①]。通过这些袭击制造社会混乱与不安全感，使民众对民主政府失去信心，从而要求成立一个强势、甚至是独裁政府，以实现稳定与安全，这样极右翼就可乘机上台。毫无疑问，极右翼的这种梦想是受到了墨索里尼、希特勒篡权经历的启发。本书认为，今天伊拉克境内的一些恐怖主义袭击也是出于这种战略逻辑的考虑，比如他们经常蓄意发动容易引发宗教、民族矛盾的攻击，在很大程度上就是要制造机会使伊拉克陷入混乱中，以图从中获利。

恐吓与驱迫，即通过恐怖主义袭击或发出这样的威胁，要求其对手或某些群体服从其要求。[②] 比如，恐怖主义行为体可以通过发动袭击或威胁发动袭击，要求政府释放其被捕成员，或者改变某项政策。典型的案例如 2004 年伊拉克恐怖主义分子绑架一名菲律宾司机，要求菲律宾从伊拉克撤军；最终，菲律宾满足其要求，从伊拉克撤军换取了该名司机的释放。需要注意，这种袭击要求服从的对象，不仅可能是政府，也可能是一些民众；恐怖主义行为体可能通过袭击恐吓一般民众服从其要求，比如，要求民众抵制某次选举，要求民众对其提供财物、人力等。

离间战略，即利用恐怖主义袭击破坏恐怖主义行为体对手之间的信任与合作。[③] 比如，在巴以冲突中，一些巴勒斯坦极端组织发动的恐怖主义袭击往往是为了破坏西方、以色列与巴勒斯坦温和派别之间的信任与合作。通过发动恐怖主义袭击，使以色列或西方迁怒于巴勒斯坦温和派，或者使以色列做出报复反应，从而使试图和谈、合作的努力无法实现；甚至可能使以色列与西方增加对温和派的制裁、打击，而这将使巴勒斯坦温和派对西方、以色列的政策变成是失败与无效的。因此，发动恐怖主义袭击，一个方面，可以打击以色列、西方势力，另一方面，也可打击己方阵营中的温和派的势力，且增加自己派别的影响。

---

① Donatella Della Porta，“Institutional Response to Terrorism：The Italian Case”，in Conor Gearty，ed.，*Terrorism*，Aldershot：Dartmouth Publishing Company Limited，1996，pp. 499－519.

② Kydd and Walter，“The Strategies of Terrorism”，*International Security*，Vol. 31，No. 1，Summer 2006，pp. 49－79.

③ Kydd and Walter，“The Strategies of Terrorism”，*International Security*，Vol. 31，No. 1，Summer 2006，pp. 49－79.

竞价，即通过发动恐怖主义袭击，显示恐怖主义行为体所主张、代表的思想、要求、势力，与己方阵营中其他思想、要求、势力等相比，更具有正统性、合法性、先进性，或更具有影响力。[①] 在这种情况下，恐怖主义袭击最后试图打击的往往是“己方”阵营中的与其相竞争或敌对的派别，而不是遭受恐怖主义袭击的那一方。比如，在“己方”阵营有多个势力声称代表这个阵营的时候，那么，发动恐怖主义袭击，则可能显示恐怖主义行为体所代表的那一派，才是这个阵营的真正利益代表，而其他派别则会被认为是虚伪的、软弱的或不够坚定、纯正。另一方面，通过发动袭击，恐怖主义行为体可以展示，与比己方阵营中其他组织、派别等相比，其具有更强的意志与决心、更大打击对手的能力以及更高的知名度，从而有利于其招募成员或获得资金、民意等方面的支持。

加强自身团结，即恐怖主义袭击主要是为了加强恐怖主义行为体的内部团结、认同，即通过袭击，使恐怖主义分子形成对组织的忠诚，强化其对组织的归宿感与依赖，而削弱其对外部世界的认同，并凸现本组织的存在、特征与吸引力。从组织行为角度对恐怖主义发生原因进行的解释中，多见关于恐怖主义这种作用的论述。[②] 在这种情况下，恐怖主义袭击的目的被认为首先是指向其行为体内部的。[③]

报复，即恐怖主义袭击成为表达愤怒、绝望、仇恨等情感的方式，是对对手的一种惩罚、报复。在一定程度上，这种恐怖主义袭击中暴力本身就是行动的目的，而不是为了其他更高的政治目的，有的学者也把这种恐怖主义称为“情感性恐怖主义”（expressive terrorism）[④]，因此，这种恐怖主义最少战略色彩。

---

① Kydd and Walter, “The Strategies of Terrorism”, *International Security*, Vol. 31, No. 1, Summer 2006, pp. 49—79.

② Martha Crenshaw, “Theories of Terrorism: Instrumental and Organizational Approaches”, in David C. Rapoport ed., *Inside Terrorist Organizations*, London: FRANK CASS Publishers, 2001, pp. 13—31.

③ Lawrence Freedman, “Terrorism as a Strategy,” *Government & Opposition*, 2007, Vol. 42, No. 3, pp. 314—339.

④ Merari, “Terrorism as a Strategy of Insurgency”, *Terrorism and Political Violence*, Vol. 5, No. 4, Winter 1993, pp. 231—251.

现实的恐怖主义袭击，更可能同时具有上述作用中的多种，而不是一种。上述的对这些作用区分是为了分析的清晰、深入而作出的。而且，有些作用，恐怖主义行为体在发动袭击的时候，可能并没有清晰意识到，但其袭击仍可能会客观上产生这些效果。总而言之，恐怖主义是一种战略手段，可以有多种作用，可以在多种环境下使用，以实现不同的目的。

需要注意，恐怖主义是一种战略手段这一判断，对于反恐一方的政策来说具有重要的含义。这个判断至少意味着：（1）恐怖主义不是某种意识形态、组织的特有之物，并不存在着所谓的恐怖主义意识形态，相反，出于各种各样意识形态、目的的非国家行为体都可能选择这种手段，因此，消灭现有的恐怖主义组织并不能根除恐怖主义威胁，在一定程度上可以说，恐怖主义是不可根除的；（2）非国家行为体可能采用恐怖主义手段，也可能采取其他手段，当然，也可能多种手段并用，因此，反恐的时候，还需要关注恐怖主义行为体的其他手段；（3）既然是一种手段，其就有选择使用的条件与背景，当这些条件、背景发生变化，以前的恐怖主义行为体可能会放弃恐怖主义这种手段，而却出现一些新的组织、个人选择这种手段，因此，反恐政策必需灵活、变动，注意形势与威胁的变化；（4）恐怖主义作为一种手段，被选择与发挥作用，都需要一定的条件、环境，因此反恐还必需关注对相关环境、条件的治理、控制；（5）如果恐怖主义不是一些个人或组织的内在本质，而只是一种手段，那么，对于一些恐怖主义组织、分子，就并不是只有消灭这一种途径，还存在着谈判、分化、转化的可能。

（二）恐怖主义是一种间接路线战略

恐怖主义是一种暴力，但其与其他暴力手段之间存在着截然不同的区别。这种区别不仅表现在行为体特征、暴力形式等方面；从作为一种战略手段来说，恐怖主义与战争等手段之间也存在着很大的不同。与战争相似，恐怖主义同样是政治的继续，是一种政治工具，其目的是要把己方的意志强加于对手。但战争往往是冲突双方之间的一种直接博弈，其中，双方的暴力都直接指向对方。而恐怖主义的一个典型特征却恰恰是其暴力直接加害的对象却不是其对手，相反，其加害的对象大多是“无辜”的，甚至可能是己方阵营中的人员。比如在恐怖主义的宣传、消耗、离间、制造混乱等策略使用中，都可能出现这种情况。实际上，恐怖主义暴力指向与冲突无直接关系的第三方，构成了恐怖主义区别于其他暴力或手段的一个重要特征。现任以色列总理——同时也是一位恐怖主义方面的权威——内塔利亚胡就曾把这个特征作为判定事件是否属于恐怖主义袭击的标准。他认为恐怖主义暴力袭击对象与其试图影响的对象之间是不同的，当一个暴力行为其袭击对象与其试图影响的目标之间的联系越小，其恐怖主义特征也就越明显。①

而且，"本质上，恐怖主义是一种基于心理影响的战略。"② 恐怖主义单纯靠自身的暴力，往往很难达到其目的；事实上，大部分恐怖主义袭击的暴力规模及其直接造成的伤亡与损失都是有限的。因此，恐怖主义行为体并不是依靠用暴力与对手进行直接对抗而把自己的意志直接强加给对手，相反，其是通过袭击与冲突无直接关系的第三方，使整个社会充满恐惧、恐慌、动荡，并依靠第三方、对手和其他行为体等之间的复杂互动来影响对手，实现自己的意志（见图表 7—1）。

因此，本书认为，从反恐的角度来看，恐怖主义是一种典型的间接路线战略（为了保持此处讨论的连续性，关于间接路线战略和间接战略的简单讨论稍微推后，放到该战略思想对于反恐的启示部分）。美军在其《非传统战争（Irregular Warfare）联合作战概念》中，正是把这种间接性作为包括恐怖主义在内的各种非传统作战的标志性特征，认为"非传统作战尽管可能采用所有类型的军事实力及其他实力，但其偏重于依靠间接、非对称性战略来破坏对手的权力、影响和意志。"③

恐怖主义行为体，因为其力量上的弱势而无法直接强制其对手，就避免与对手的武装力量发生直接冲突，避免公开行动，避免固守某一个固定的地理区域，并拒绝接受一般交战规则的约束。相反，其避强击弱，采取秘密行动，通常把自己隐藏于对手的内部或者袭击目标群体之中，通过发动突然的

① Benjamin Netanyahu, *Fighting Terrorism: How Democracies Can Defeat Domestic and International Terrorists*, New York: Farrar Straus Giroux, 1995, pp. 7—8.

② Merari, "Terrorism as a Strategy of Insurgency", *Terrorism and Political Violence*, Vol. 5, No. 4, Winter 1993, pp. 231—251.

③ "Irregular Warfare (Iw) Joint Operating Concept (Joc)", ed. Department of Defense, 11 September 2007, 〈http: //www. dtic. mil/futurejointwarfare/concepts/iw_joc1_0. pdf〉.

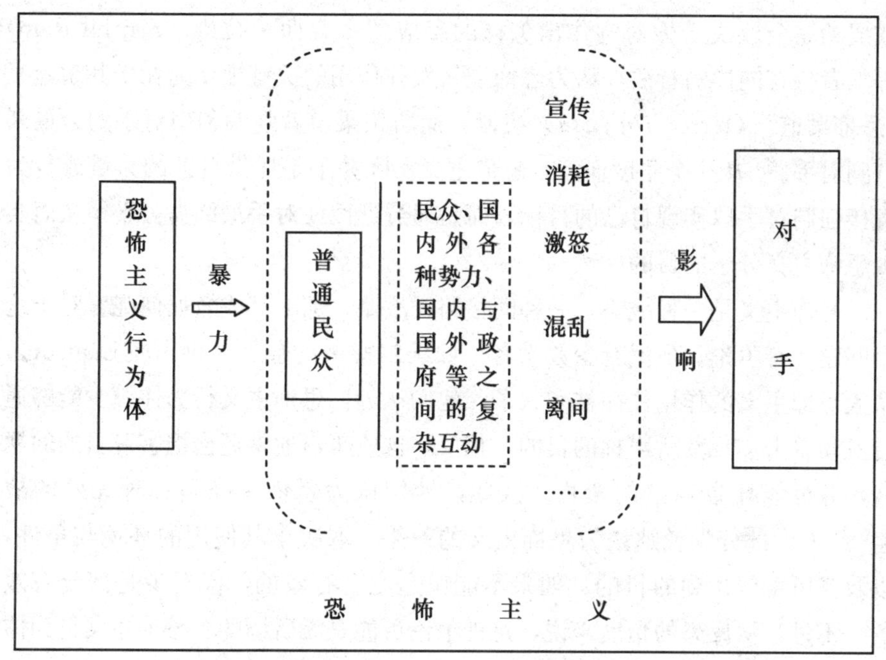

图表 7—1 恐怖主义的作用路径

袭击而使大众充满恐惧，破坏整个社会的心理与秩序，使整个社会陷入动荡不安，从而使恐怖主义行为体可以从中渔利，或使对手屈服。恐怖主义袭击还可通过使对手面临来自大众、其合作者等多方面的压力而陷入恐惧、慌乱、紧张、愤怒、狂暴、冲动、沮丧等多种情绪中，从而做出不明智举动，而这将毫无疑问有助于恐怖主义势力的增长，而削弱恐怖主义行为体对手。恐怖主义行为体在很大程度上，正如最权威的间接路线战略家利德尔—哈特有关该种战略所建议的那样行动："根据自己的手段来选择目标"，"选择一条敌人期待性最小的行动路线"，"沿着一条抵抗力量最小的路线采取行动"，从而"使敌人在心理上和物理上丧失平衡"。① 因此，戴维·弗洛金（David Fromkin）在 20 世纪 70 年代就指出："恐怖主义是一种间接战略，其失败

① 巴兹尔·亨利·利德尔—哈特：《战略论：间接路线战略》，中国人民解放军军事科学院译，北京：战士出版社，1981 年版，第 467—470、13 页。

或成功完全取决于你对它作出怎样的反应。”[1] 森西·拉姆（Senthil Ram）等学者持有同样的看法，认为恐怖主义发挥作用的关键被认为在于其激起了“恐怖柔道”（terror *jiu-jitsu*）机制，而所谓柔道就强调利用对手的力量来打到对手。[2] 从这个角度而言，恐怖主义实际并不是凭借自己的力量或行为直接强制对手以实现自己的目标，而是通过迂回使对手最终失去平衡从而实现恐怖主义分子的目的。

恐怖主义是一种战略，一种间接路线战略，那么其成效如何呢？对于这个问题，有争论。虽然有少数学者，如沃尔特·利奎尔（Walter Liqueur），认为恐怖主义的作用往往被夸大了；他们认为，恐怖主义行为体极少能够通过发动袭击实现其所声称的目的，相反，这些袭击通常还会损害其目的的视线，并可能导致自己的覆亡。因此，他们认为恐怖主义是一种无效的战略。[3] 而大部分学者则认为恐怖主义的效果，取决于其使用的环境与条件，以及其所希望达到的目的；如果不能说是完全有效的，但至少是部分有效的。不过，从反恐的角度来说，这种争论可能是无所谓的。恐怖主义行为体与其对手之间并不一定存在着一方成功即一定意味着另一方失败的绝对对立关系。这也就是说，即使恐怖主义行为体通过袭击没有达到其预期目的，甚至恐怖主义行为体被消灭了，很多时候，也并不意味着其对手取得了成功。比如，即使恐怖主义行为体被消灭、其预期目的没有能够实现，但是，如果其恐怖主义袭击给对手带来严重损失，其中不仅包括恐怖主义袭击直接导致的损失，还包括其对手应对不当而带来的严重损失，那么，反恐一方仍然可以被认为是失败的。反过来，有的时候，即使恐怖主义袭击最后带来的结果确实与恐怖主义行为体所预期目的相近，也并一定意味着反恐一方的失败。本书认为，反恐是否成功，并只不取决于是否最终打败或消灭恐怖主义行为

---

① David Fromkin, “The Strategy of Terrorism”, *Foreign Affairs*, 1975, Vol. 53, No. 4, pp. 683－698.

② Senthil Ram, “Understanding the Indirect Strategy of Terrorism: Insights from Nonviolent Action Research”, in Senthil Ram and Ralph Summy, eds., *Nonviolence: An Alternative for Defeating Global Terror (Ism)*, New York: Nova Science Publishers, 2007, pp. 71－89.

③ Walter Liqueur, “The Futility of Terrorism”, in Charles W. Kegley, Jr., ed., *The New Global Terrorism*, pp. 69－73.

体，不取决于恐怖主义行为体的目标最终是否实现。理解这一点对于反恐来说，特别重要。

总而言之，恐怖主义本身并不是一种意识形态，也不是目的本身，而是一种战略手段。各种各样的非国家行为体都可能选择这种手段，以达到各种各样的目的。恐怖主义作为一种战略手段，在一定程度上具有成本低、收益大、易实施的特点，而且，在有的时候，可能是一些非国家行为体的“唯一”选择。恐怖主义作为一种战略，可以起到宣传自己、消耗、离间、扰乱对手等多种作用。但是，恐怖主义发挥作用的关键是，不在于其暴力对对手的强制，而在于激起公众、政府与其他行为体之间的复杂互动。这是一种通过避强击弱、通过使对手失去平衡来影响对手的一种间接路线战略。对于恐怖主义作为一种战略的作用逻辑和特征的清晰认识，对于成功反恐来说，具有重要意义。

二、反恐与间接路线战略

恐怖主义作为一种战略手段，其战略手段的特征，不仅影响着这种手段怎样被使用，还影响着反恐一方应怎样应对恐怖主义威胁。如果说恐怖主义是一种间接战略或间接路线战略，即恐怖主义通常并不是靠其暴力的直接强制来发挥作用的，而是主要依靠暴力引发的一系列反应间接影响对手的。那么，这对于反恐一方来说，意味着什么呢？对于在这场战略互动中与恐怖主义相对的另一方即政府，间接路线战略或者说间接战略是否也具有某种参考意义？

这个问题长久以来并没有得到关注，直到近来，美国在所谓的全球反恐战争中陷入困境，间接路线战略对于反恐的价值才逐渐受到关注。下面就尝试分析，间接路线战略可能对于反恐一方具有的启示。

（一）间接路线战略与间接战略的概念辨析

首先，需要对间接路线战略等概念进行简要的说明与讨论。在有关恐怖主义以及反恐的研究中，间接路线（或间接路线战略）和间接战略会被不同的研究者所使用；虽概念不同，但在大多数时候其所指的含义却是一致的。不过，这两个概念却有不同的来源。

间接路线战略（indirect approach）——也被译为间接路线，在本书中这两个词通用，这是在战略和战争研究中一个广为熟知和有重大影响的概念与思想。其首先由英国战略家利德尔—哈特在其20世纪20年代末出版的《历史上的决定性战争》中系统提出（该书后更名为《间接路线战略》)。而间接战略（indirect strategy）则是由法国战略家薄富尔在其20世纪60年代出版的《战略绪论》中提出和详细阐述的。

薄富尔提出间接战略这个概念就是为了有别于间接路线。薄富尔认为："间接路线"的精髓就是"不要对敌人作直接的硬攻，必须先使用一种出其不意的手段，以使敌人发生动摇，受到奇袭和丧失平衡之后，再来向他进攻。"① 薄富尔认为这很好，但"间接路线的目的还是为了获得军事胜利，其所谓的间接性只不过是指对此种胜利的准备动作而言。所以，我仍然要把间接路线列入直接战略的分类之中"。而在冷战中东西方核武器相互威慑的情况下，传统上通过军事来追求胜利、实现目的的方法受到了极大限制。因此，他提出西方要重视使用间接战略，"间接战略的特点就是要使用军事胜利以外的方法来达到一种目的"。②

对于薄富尔的这种说法，钮先钟也表示赞同，认为间接路线"只是以战争为界限"，而薄富尔的间接战略却考虑了军事以外的因素。③

但是，薄富尔和钮先钟认为间接路线仅指军事上的战略，因此仅在军事领域有参考意义，这在很大程度上是对间接路线的一种误解。虽然利德尔—哈特确实是根据对历史中重要战争的分析和经验总结提出间接路线思想，因此，也可以认为，最初利德尔—哈特确实是首先考虑间接路线对于指挥作战的意义。从内容上看，《间接路线战略》一书也主要谈论军事问题，用战争案例来说明和验证间接路线思想，但并不能因此认定间接路线主要指军事战

---

① 薄富尔：《战略绪论》，钮先钟译，海拉尔市：内蒙古文化出版社，1997年版，第113页。

② 薄富尔：《战略绪论》，钮先钟译，海拉尔市：内蒙古文化出版社，1997年版，第114页。

③ 钮先钟：《附录：薄富尔的战略思想》，《战略绪论》，第151—168页。

略。利德尔—哈特一再强调从更高的角度来看待战争，一再强调“战争都是政治的继续。对于这个真理，永远也不应该忘记”①。从这个角度来说，利德尔—哈特间接路线思想所涉及的领域不会仅仅限于军事领域。而且，其在20世纪50年代《间接路线战略》的再版序言中，明确指出：“间接路线的方法，还可以有更广泛的应用范围。在生活的所有一切领域之内，这种间接法可算是一条定律。”②

因此，可以说，间接路线既适用于军事领域，也适用于薄富尔间接战略所适用的政治、经济、意识形态等领域。从这个方面来说，间接路线可以成为一种包括政治、经济、军事等各个领域的大战略的指导；而如按照薄富尔的本意，间接战略则主要适用于政治、经济等非军事领域，特别是在核恐怖平衡下的非军事性斗争，其无法成为一种大战略的指导。由此看来，间接战略的涵义和适用范围要比间接路线狭窄；在一定程度上可以认为，间接路线包括了间接战略的内容，而薄富尔的间接战略则在一些方面丰富和深化了间接路线思想。

基于这种考虑，加上因为间接路线这个概念及其思想具有更广泛的影响，被更多的人所熟知和使用，在本书的讨论中，本书采用间接路线这个提法。当然，辨析、争论间接战略与间接路线在内涵、适用范围和影响等方面的不同，并不是本书的最终目的。虽采用间接路线这个概念，但本书认为薄富尔间接战略思想在本质上并不与间接路线思想冲突。事实上，间接战略可以被视为是间接路线于一定条件下（就薄富尔来说，这就是冷战的核威慑）在非军事领域的应用与拓展。因此，薄富尔的间接战略思想对于间接路线以及本书仍具有重要参考意义，甚至可以在有关恐怖主义的讨论中，把间接路线与间接战略所指的含义视为是相同的，是可以互用的。

那么，间接路线的精髓或核心原则是什么呢？本书认为，就是迂回。用利德尔—哈特的话来说，就是：“在战略上，最漫长的迂回道路，常常是达

---

① 巴兹尔·亨利·利德尔—哈特：《战略论：间接路线战略》，中国人民解放军军事科学院译，北京：战士出版社，1981年版，第494页。

② 巴兹尔·亨利·利德尔—哈特：《战略论：间接路线战略》，中国人民解放军军事科学院译，北京：战士出版社，1981年版，第5页。

到目的的最短途经。”[①] 用薄富尔的话来说，就是：“间接战略的特点即为决定行动自由范围的主要因素，是在这个冲突地区之外的行动，而不是在该地区之内的行动。这是其最大的特征，也使它具有间接的性质。”[②]

对于本书来说，这里的迂回并不只是指战场上的迂回机动或地理空间上的迂回，而更重要是指在面临任何威胁、对手或问题时的一种思想方法和精神态度。即不是把考虑应对的办法仅仅局限于针对威胁、对手或问题的最明显的那些方面，试图单纯依靠物质力量即刻就解决所面临的威胁、对手或问题；而是要冷静、仔细考虑威胁、对手或所面临问题的特征，避其锋芒，击其虚弱与不意之处，追求一种更高效、更长久的解决之道。

迂回，意味着要考虑在所面临的矛盾冲突之外寻找解决问题的可能。这种迂回，可能是问题领域上的迂回，比如面对军事威胁，可以通过政治、经济等手段来解决，而不是只局限于通过军事领域的直接对抗来解决；可以是方法上的迂回，比如面对对手，可以通过直接军事进攻使其让步，但也可以通过军事上的防御、消耗等使其退却；还可以是时间、过程上的迂回，比如，为达至某个目标，可以采取公开的大规模行动以期马上实现该目标，也可以通过蚕食等渐进、隐蔽方法获得；还可以是作用媒介上的迂回，比如，己方可以直接采取某些行动，以实现某个目标，但也可以通过包括同盟国、代理人甚至对手等第三方来实现，等等。所有这些方面，后者都属于一种迂回。

需要注意的是，间接路线强调迂回；但这不是对具体行动道路的教条规定。毫无疑问，即使最狂热的间接路线者也不会声称在任何情况下、在所有方面都要迂回。间接路线并不为应对威胁、对手或问题规定一条明确、具体的道路或解决方案，而是提供一种思考的方法与态度。事实上，正如薄富尔所言，战略本身就“并非一种单纯固定的教条，而是一种‘思想方法’”[③]。

---

① 巴兹尔·亨利·利德尔—哈特：《战略论：间接路线战略》，中国人民解放军军事科学院译，北京：战士出版社，1981年版，第12页。

② 薄富尔：《战略绪论》，钮先钟译，海拉尔市：内蒙古文化出版社，1997年版，第113页。

③ 薄富尔：《战略绪论》“导言”，钮先钟译，海拉尔市：内蒙古文化出版社，1997年版，第4页。

（二）恐怖主义威胁中“敌我”的位置

思考和选择反恐战略，首先需要对恐怖主义威胁特征与“敌我”位置有客观、准确的判断。

前面已经分析，恐怖主义作为一种战略的特征，即从反恐一方的立场来看，其事实上属于一种间接路线战略。其暴力直接针对的目标并不是其试图最终影响的对手，而往往是一些“无辜”的大众；其影响对手，并不是靠暴力对对手的直接强制，而是依靠其袭击和威胁所引发的大众、政府、国际社会等各种势力之间的复杂互动，通过这些复杂互动来影响对手的行为、实现自己目的。这些复杂互动，从大众的不满、恐慌从而对政府施压，到各个势力之间的不信任，再到政府权威的丧失与政府的不理智反应，等等，往往对于恐怖主义袭击是否能够达到目的及其最终带来的结果如何，有重要影响。如果说恐怖主义是一种间接路线，那么，这种战略是否也可为反恐一方所用，或有所启示呢？

毫无疑问，任何一种战略都不可能是永远或者说在任何条件下都是最为有效和恰当的。如果说恐怖主义是恐怖主义行为体面对“敌我”双方力量上的不对称性，“避敌所长、击其所短”的一种选择。那么，反恐一方明智的战略选择，也需要建立在对“敌我”双方在博弈中的位置和特点的分析之上。

因此，对于反恐，需要准确了解所面对的对手，同时还需要准确了解自己；知己知彼方可选择恰当的反恐战略。事实上，就恐怖主义行为体与反恐方即一国政府来说，他们在互动中所处的位置是截然不同的。这种位置上的对比不仅影响了恐怖主义分子的选择，而且影响着反恐一方的选择。

恐怖主义行为体与政府至少在以下多个方面处于截然不同的位置（见图表7—2）。在力量对比上，恐怖主义行为体力量小，政府相对而言，则要占有绝对优势。在行动特征上，恐怖主义行为体的行动是隐蔽的，而政府的行动则大多要公开，需要接受公众和国际社会的监督、评价。在活动范围上，虽然许多恐怖主义行为体在其诉求、行动范围，乃至袭击针对的目标上，都常局限于一定的地域内，但由于绝大部分恐怖主义行为体不依赖一定的地域作为其行动基地，也不需要保护该地域，或向该地域上的人群负责，因此，其活动范围是不固定的；而对于政府来说，其生存依赖于一定的地域，其力量来源这个地域，其权威也主要局限于这个地理空间内，并且要负责保卫该空间内的各种行为体利益，因此，政府行动在地理上是相对固定的。在合法性上，在当代，恐怖主义不仅被各国法律或国际法所禁止，而且，在道德上也不再被大多数人所接受，因此，恐怖主义是非法的，而恐怖主义行为体也拒绝接受绝大部分法律规范的约束；相反，政府一般占据了合法地位，但这也意味着政府的行为必需接受国内法律、国际法乃至大众舆论的约束与限制。在行动责任上，恐怖主义行为体只需要保证行动成功，而不需要顾忌任何其他因素，甚至连自己的生存都可以不顾；而政府则在反恐中，不仅需要打击恐怖主义行为体，还需要防范新的袭击，处理现有袭击，并且，还要兼顾政府在国内、国外的其他责任与义务。因此，对于恐怖主义行为体来说，怎样成功发动袭击可能是其唯一需要考虑的问题；但对于政府来说，恐怖主义威胁只不过是其需要处理的诸多问题中的一个。在双方在互动中可选择的选项上，对于恐怖主义行为体来说，恐怖主义暴力可能是其唯一可以利用的手段；而对于政府来说，其有多种手段来应对恐怖主义威胁，而暴力手段只不过是其中一种选项或手段。

图表 7—2　恐怖主义互动双方的位置

互动方 / 特征	恐怖主义行为体	反恐方（政府）
力量如何	小	大
是否公开行动	否	是
活动范围	不固定	相对固定
合法性	非法，无法	合法，守法
行动责任	不负责	负有多种责任
恐怖袭击在议程中的位置	唯一问题	一个问题
暴力在选项中的位置	唯一选项	一个选项

这些对比中，有些在一定条件下是有利于反恐方的，比如，力量大小、合法性方面的对比。但需要注意的是，这种有利对比同时可能也包含着某些

风险、限制。比如反恐方力量上占绝对优势，可能使反恐方在面对恐怖主义威胁的时候，过于轻视或过于暴躁，从而滥用资源，使行动变得暴虐，特别是有滥用暴力的危险。而且，其他方面的对比可能会削弱了这种力量对比上的优势给反恐方带来的好处，并增加其滥用力量优势的风险。比如，恐怖主义行动的秘密性和非固定性使反恐即使拥有强大资源与力量，往往也难以确定和精确打击目标。而在合法性上的对比，虽意味着反恐方可能占有更大的合法性，容易获得广泛支持，但是，这也往往意味着其行动要接受更多法律、道德等方面的限制；而如果政府像恐怖主义分子那样滥用暴力，那么，政府的合法性将遭到极大的破坏。而在责任上的不同，则意味着政府不可能像恐怖主义行为体那样，无所顾忌，把所有的资源、精力都投入到这种冲突中；政府还必需应对其他挑战，因此在议程上必需在反恐问题与其他问题之间保持恰当的平衡，合理的分配资源。而且这种在议程、责任上的不同还意味着，对于恐怖主义分子来说，成功实施袭击在很大程度上就可以说整个行动都取得了成功；但是对于政府来说，成功打击、甚至是消灭恐怖主义分子，远不等于反恐取得了成功。衡量反恐的成败必需综合考虑恐怖主义威胁降低的程度、反恐中资源的投入以及反恐所造成的消极后果等多方面因素。

（三）间接路线战略的启示

对于面对这样一种博弈局势的反恐方，间接路线对于其战略选择，会有怎样的启示呢?

间接路线在新近引起关注的重要原因，是美国小布什政府原有的反恐战略遭受到了严重挫折；这种挫折引起了美国政、军、学界等的普遍反思；而间接路线被认为是美国摆脱困境的一种重要途径。[①] 而且，包括恐怖主义在内的非传统战争（irregular war）被认为是美国现在以及未来一段时期内面

① Department of Defense（US），“Quadrennial Defense Review Report”，February 6，2006，〈http：//www.defense.gov/qdr/report/Report20060203.pdf〉；Shawn Brimley and Vikram Singh，“Stumbling into the Future? The Indirect Approach and American Strategy”，*Orbis*，Spring 2008，Vol. 52，No. 2，pp. 312－331；Serge Bertrand，“Fighting Islamist Terrorism：An Indirect Strategic Approach”，*Canadian Military Journal* Winter 2002－2003，pp. 15－20.

临的主要威胁形式，而非传统战争的一个重要特征，就是其具有间接路线特征，相应的，间接路线也被认为是应对这种威胁的重要途径。因此，简要回顾一下美国在“9·11”事件后反恐中的教训以及相关反思，有助于更好理解间接路线对于反恐的涵义。

“9·11”事件后美国最初的反恐战略在本质上，是一种直接战略，即对于以“基地”组织为核心的恐怖主义组织，采取以暴制暴的政策，把反恐视为美国与“基地”等恐怖主义组织之间的生死对决。而解决问题的方法，就是立即要对恐怖主义分子进行以牙还牙的报复，以武力直接消灭恐怖主义分子，并且，要不惜一切代价、不顾一切地击败恐怖主义。

在“9·11”袭击激起世界对美国普遍同情与对恐怖主义普遍谴责、国内要求严厉打击恐怖主义的呼声高涨，美国拥有绝对的物质、道义上优势的情况下，美国的这种做法看起来似乎是合理的，符合一般的战略经验。这个经验用薄富尔的话来说，即“假使我方的资源优于敌方，而我方的打击能力又是适当的，则战役应采取攻势，其目的则为寻求决定性的会战。这也就是使用直接路线的攻势战略；其目的为集中最大量的资源，以击毁敌人的主力。”①

但这种战略并没有达到预期目的，相反，给美国带来的挫折与困境却越来越明显。美国这种直接战略表面上看符合薄富尔所建议的第一条战略原则，即如果力量占优势，就可寻求与对手会战，集中最大资源，摧毁对手，但实际上违背了薄富尔在同一条原则中提到的限制条件，即“我方的打击能力要是适当的”才能发动直接攻击。并且，薄富尔还同时提出了另一条原则，即当“军事资源不适当，不足以获得理想中的结果，那么军事行动就只能扮演一种配角的任务；所采取的就应该是间接模式的总体战略，换言之，要想获得决定，则必须有赖于政治、经济和外交行动的适当配合”②。

美国反恐的直接战略，虽然符合己方与敌方在力量、合法性上占有利位置的状况，却忽视了这种有利位置本身所包含的限制与危险，忽视了敌我在

---

① 薄富尔：《战略绪论》，钮先钟译，海拉尔市：内蒙古文化出版社，1997年版，第66页。

② 薄富尔：《战略绪论》，钮先钟译，海拉尔市：内蒙古文化出版社，1997年版，第67页。

其他方面的对比，忽视了大规模武力打击的适当性。概括而言，美国反恐直接战略的失败可简要归结为以下原因：第一，目标上的绝对性与直接性。恐怖主义是一种手段或者说是一种战略，而不是某个具体的行为体；在一定条件下，任何行为体都可能选择这种手段。因此，美国将击败、消灭恐怖主义作为目标，把消灭"基地"组织与消灭恐怖主义威胁简单等同起来，试图一劳永逸地解决问题，实际上意味着设定了一个不可能完成的目标，这样的目标只能使自己走向歇斯底里。第二，武力打击作用的有限性与危险性。美国"9·11"事件后，匆忙宣布发动全球反恐战争，试图以暴制暴，迅速消除恐怖主义威胁，忽视了恐怖主义行为体的隐蔽性、非固定性等给武力打击的限制。实际上，武力维护国家安全中的传统功能与作用形式对于恐怖主义大多很难再有效发挥作用。最终，武力不仅不能消灭恐怖主义威胁，相反，由于武力特别是战争内在所具有的暴烈性，很容易带来某种程度的暴虐与消极后果。而这种暴虐与消极后果将逐渐增加反恐的代价与阻力、削弱反恐的合法性和民众支持，甚至会使恐怖主义威胁变得更加严重。最终，即使发动恐怖主义袭击的组织或人员被消灭了，但政府仍然可能失败，恐怖主义分子却实现了其目的。第三，政府在反恐时忽视了所承担的其他责任与所应接受的限制，比如，忽视了对相反法律规范的遵守、忽视了对人权的保护、忽视对于民生等问题的关注。而这一切，也使其反恐代价高昂，面临越来越大阻力而难以为继。

美国这种以军事打击作为核心，期望通过会战式的打击彻底消灭恐怖主义威胁，从而一劳永逸地永久解决问题的直接战略遭受挫败，并不是唯一的案例。在 20 世纪，许多国家在反恐中，最初选择的主要依靠武力打击来反恐的道路遭受过挫败或带来严重消极后果后，不得不做出政策调整。[①]

对于这些经验，本书并不想因此断言，这种以武力打击为核心的直接战略在任何情况下都是无效且有害的。但这些经验确实应该引起反思与警惕。特别是在反恐中，由于相对于恐怖主义行为体在力量上所占有的绝对优势，国家很容易鲁莽地选择直接战略，而忽视了其在与恐怖主义行为体博弈中，面临的限制和其他解决问题的选项。在这个意义上而言，这种直接战略确实

---

① Bard E. O'Neill, *Insurgency & Terrorism: Inside Modern Revolutionary Warfare*, Washington: Brassey's, Inc., 1990, pp. 128—129.

是一种危险的选择。

在美国原有反恐战略遭受挫败的情况下，间接路线开始受到推崇。美国2006年度的《四年防务评估报告》中明确提出："这场战争（指反恐战争）要求美国军事力量采取非常规路线和间接路线。"[①] 而在美军2007年发布的《非传统战争联合作战概念》中，不仅把间接路线视为是包括恐怖主义在内的非传统战争威胁的标志性特征，还视其为应对这种威胁的重要途径。而且，《非传统战争联合作战概念》还详细概括了间接路线在非传统战争中的涵义。其思想可以概括为：解决加剧人们痛苦和不满的经济、政治等因素，而不是强调用军事力量直接打击敌人的军事力量；军事力量有的时候也是必要的，但军事力量的直接运用不大可能产生决定性影响；利用跨部门机构或其他国家、集团来打击、影响敌人，而不是依靠美国部队单方面的直接军事行动；应结合运用常规和非常规手段，而不只是依靠常规军事力量，来打击敌人；使用心理战、公共关系等多种手段破坏敌人在国内和国际舞台上获得的支持，使其孤立于大众。[②] 此外，在"9·11"事件后被派遣到菲律宾帮助其打击阿布萨耶夫等恐怖主义势力的美军特种部队在总结其成就的时候，也强调间接路线是其有效开展反叛乱行动的重要经验，并详细介绍了其是如何在菲律宾依照间接路线开展行动以及所取得的成功。[③] 其间接路线内容与《非传统战争联合作战概念》中所阐述的大体一致。

毫无疑问，这些总结、探索具有重要意义。但是这些努力也不可避免有局限性。一个方面，目前这些讨论主要局限于美国军事部门内部；来自其它部门或领域的研究人员的讨论非常有限，除了拜瑞·戴斯克（Barry Desker)、塞吉·伯丹德（Serge Bertrand)、肖恩·伯瑞姆利（Shawn Brimley)

---

① Department of Defense (US), "Quadrennial Defense Review Report", February 6, 2006, 〈http://www.defense.gov/qdr/report/Report20060203.pdf〉.

② "Irregular Warfare (Iw) Joint Operating Concept (Joc)", ed. Department of Defense, September 11, 2007, 〈http://www.dtic.mil/futurejointwarfare/concepts/iw_jocl_0.pdf〉.

③ Gregory Wilson, "Anatomy of a Successful Coin Operation: OEF Philippines and the Indirect Approach", *Military Review*, 2006, Vol. 86, No. 6, pp. 2-12; David P. Fridovich and Fred T. Krawchuk, "Winning in the Pacific: The Special Operations Forces Indirect Approach", *JFQ: Joint Force Quarterly*, 2007, No. 44, pp. 24-27.

等几位研究者的几篇文章外，几乎未见有相关论述。① 这一点很有讽刺意味，正是美国军方热烈讨论、推崇一个强调军事部门不应该是行动的中心机构，强调武力应扮演次要角色和战争以外行动的重要性的战略路线。不过，虽美军一再强调应主要通过经济、政治、心理等手段而非武力，强调应通过与当地政府和盟友的协调、合作等多边方式而非单边的直接行动，来应对非传统战争威胁，其对间接路线的讨论仍不可避免带有部门之见；其主要关注于军事部门在其中的作用，而不是整个国家机构在其中的分工、合作；其难以从整体战略的角度考虑间接路线对于反恐的涵义。另一个方面，这些讨论局限于关注美国当下的境况与出路；因此，在其中，间接路线经常被等同于美国放弃单边主义，等同于依靠国外当地政府与盟友来打击敌人而不是由美国来直接打击敌人，或等同于更谨慎使用武力。这两个方面的局限，使间接路线对于反恐的意义难以得到全面的探索。本书认为需要从国家总体战略的角度而不仅仅是军事或外交角度来探索反恐的间接路线内涵。

间接路线强调智慧在解决问题中的作用，强调以迂回的方法更巧妙、更节约、更有效地解决问题，而不是单纯依靠力量优势以物质性手段强制、粗暴地解决问题。本书认为间接路线对于反恐来说，有多种涵义；本书将通过与反恐的直接战略的对比来阐述间接路线对于反恐的启示。

首先，精神上的“迂回”。反恐的直接战略与间接路线在精神气质上不同，面对恐怖主义的仇恨、冲动与暴虐，直接战略试图针锋相对，要求立刻对恐怖主义即刻狂风骤雨式的打击，其充满冲动、仇恨、复仇、十字军式道德冲动等情绪与心理。而间接路线则强调用敏锐、冷静、理智、稳健、务实、耐心等情绪与心理来应对恐怖主义分子的冲动、仇恨和暴虐。这种精神基础很重要。前文已经强调恐怖主义也是一种间接路线战略，其发挥作用在很大程度上不是靠暴力本身，而是靠恐惧，靠其所造成的心理冲击。事实上，在恐怖主义袭击所造成的恐惧、慌乱、愤怒、仇恨、不耐烦等情绪下，大众和政府都很容易采取不理智的反应，要求政府马上采取大规模打击报复

① Barry Desker and Kumar Ramakrishna，“Forging an Indirect Strategy in Southeast Asia”，*Washington Quarterly*，2002，Vol. 25，No. 2，pp. 161－176；Bertrand，“Fighting Islamist Terrorism：An Indirect Strategic Approach”；Brimley and Singh，“Stumbling into the Future? The Indirect Approach and American Strategy”．

的呼声往往非常高涨。在这种情况下，政府尤其容易在心理上进而在物质上失去“平衡”。因此，反恐首先需要政府在心智上保持“平衡”，越是恐怖主义分子急迫希望通过孤注一掷的袭击激起混乱、恐慌与不理智反应，反恐一方越是要保持冷静、稳健、理智，越是要现实而非情感地看待恐怖主义问题。因此，对于反恐来说，有的时候，对于恐怖主义袭击的“冷静”、“忍耐”等冷处理是必要的。①

其次，在问题界定上的迂回。间接路线与直接战略的不同，不仅仅体现在解决问题的方法上的不同，有的时候更重要的是体现在其看待问题的角度上的不同。因此，同一个现象或事件，间接路线与直接战略对其性质却可能会有完全不同的判断。直接战略往往关注于问题的最直接、最明显、最表面的那些方面，并把解决问题的出路也限定在这些方面。因此，在直接战略中，恐怖主义问题是在暴力冲突的范畴内进行界定的；恐怖主义问题被界定为恐怖主义分子与反恐一方之间的暴力对决，这种对决甚至被认为是敌我之间关系生死的终极较量。间接路线则试图跳出直接暴力冲突，从更高、更广的角度看待问题和寻求解决问题的方案；其不仅关心恐怖主义暴力是如何实施的及其特征，还关心为什么会发生这些袭击，如何缓解袭击所造成的破坏等。因此，本书认为，对于反恐方即政府来说，恐怖主义可以被界定为政府治理的某种缺失或失败（关于反恐与治理，在第八章反恐模式中将有更进一步的讨论）。这样界定恐怖主义问题是因为，恐怖主义暴力本身往往不构成对国家根本生存的实质威胁，而解决恐怖主义问题，需要采取标本兼治、应急与长期政策兼顾的多方面综合措施。将恐怖主义界定为一种治理问题，则有利于政府对恐怖主义的持续关注与投入和与对其他问题治理之间的协调，有利于采取更全面的措施更有效、更彻底且可持续地应对恐怖主义威胁。这种对问题的界定不同，将意味着反恐的直接战略与间接路线在目标、内容等诸多方面，都将是不同的。

第三，对问题界定的不同也直接导致两种战略路线在反恐战略目标上的差异。直接战略中，反恐追求的是在与恐怖主义分子的暴力对决中击败与消灭对手，赢得胜利，消灭恐怖主义，从而一劳永逸地彻底解决问题。而在间接路线中，反恐所追求的则是解决恐怖主义威胁问题，即防范、遏制、减弱

---

① John Mueller, “A False Sense Of Security?”, *Regulation*, Fall 2004, pp. 42—46.

恐怖主义威胁，控制和消除恐怖主义带来的不良后果，消除有利于滋长恐怖主义的环境。间接路线强调，对于恐怖主义没有能够一劳永逸地迅速、彻底解决问题的办法，恐怖主义威胁将长期存在。因此，反恐应该是一个包括多方面政策、多方努力的长期持续过程，在这个过程中，通过不断加强治理，有效遏制这种威胁。

第四，问题与目标上界定的差异，导致反恐的直接战略与间接路线在解决问题的途径上也存在着差异。在直接战略中，解决恐怖主义问题的根本途径在于消灭恐怖主义行为体，而在间接路线中，则采用迂回的办法，把解决恐怖主义威胁的根本途径放在加强与改善政府治理上。打击恐怖主义行为体可能是这种治理的一部分。但治理的内容要丰富得多，其中包括改善国内国际上存在的各种不公正，解决各种矛盾与冲突，加强政府机构的能力，为民众的安全需要提供服务，注意投入与产出的绩效考核，等等。而且，即使就打击恐怖主义行为体来说，治理中也不只是强调消灭恐怖主义分子，还强调对之进行分裂、孤立、转化的可能，强调防止更多的人加入恐怖主义组织。

第五，上述的差异则导致两种战略路线在内容和重心上的差别。直接战略的主体与重心在于对恐怖主义的暴力打击；而间接路线的主体与重心在于对恐怖主义威胁的综合治理。因此，直接路线的主要内容是确定恐怖主义行为体并消灭他们，其更关心武力确定目标并迅速作出打击的能力。而在间接路线中，则不仅包括对恐怖主义组织的打击，还包括对产生恐怖主义的政治、经济、思想等诸多方面环境的治理，比如解决导致人们持续、广泛不满的矛盾；对恐怖主义运作环境的治理，比如使恐怖主义分子难以隐藏，难以获得发动袭击必需的武器、材料、人员、技术，难以相互联络，等等；对恐怖主义袭击的治理，如加强政府应对恐怖主义的能力，其中包括提高情报收集、机构间合作、紧急事态管理等方面的能力。而且，既然恐怖主义分子主要是靠暴力袭击引发大众、政府、国际社会等之间的复杂互动而不是暴力本身来达到目的，因此，间接路线中的治理，还强调对大众、国外政府等相关方的沟通、协调、配合，通过对这种互动的管理，使恐怖主义袭击引发的不利互动转变为对己有利的互动。

最后，反恐直接战略意味军事、警察等暴力机构是应对恐怖主义威胁的核心机构，武力是核心的手段；既然这场较量被认为是关系到生死的终极对决，而这种对决在形式上就是战争。此外，为了赢得胜利，不惜一切代价、不择一切手段就可能被认为是恰当、必要的。而间接路线中，对恐怖主义问题的治理关系到整个政府、甚至关系到整个社会，因此强调多部门的参与、协调、合作，军事部门旨在必要的时候才介入，强调其他行为体如国际组织、其他国家、私营部门甚至是一般公众在对恐怖主义问题治理中的参与。在其中，政府灵活、协调地运用政治、经济、外交、司法等多种手段应对恐怖主义威胁；武力打击只在必要的时候才会被谨慎、有节制的使用。而且，在间接路线中，恐怖主义只不过是政府面临的诸多问题之一，因此，政府在恐怖主义治理上的政策、投入等必需与议程上的其他问题进行协调、平衡，政府在反恐中的行为，必须遵守相关法律规范。

总而言之，在世界各国面临持续的恐怖主义威胁的时候，利德尔—哈特的间接路线思想与薄富尔的间接战略思想可以为反恐提供有益的启示。间接路线要求以冷静、现实、睿智的态度，超越传统上把恐怖主义与反恐主要局限于暴力冲突范畴的做法，根据威胁特征与“敌我”不同位置，在更高层次和更广泛的领域探索有效反恐的途径。根据间接路线思想的启示，本书认为，恐怖主义问题可被视为是一种政府治理的失败或缺失，因此，反恐的根本途径在于加强对恐怖主义有关问题的治理。

三、战略对于反恐为什么很重要

在本章的最后部分，将要分析和强调反恐为什么需要一个冷静、明智的反恐战略，而这一点，很多时候在反恐中容易被忽视了。

首先，战略对于反恐很重要是因为存在着忽视恐怖主义威胁的倾向，而战略有助于保证反恐努力的稳定性与持续性。

正如前面章节分析所示的那样，从整体上，恐怖主义威胁造成的人员伤亡与财产损失，与传统国家安全威胁相比，仍然是有限的。而且，恐怖主义袭击活动，在时间和空间上的分布都是不连续和不平衡的，在袭击结果上也存在着很大的不确定性。一个国家可能长时间没有遭受恐怖主义袭击，也有可能虽然遭受恐怖主义袭击，但这些袭击的威胁都是非常小的。这些都容易让人们和政治家相信未来恐怖主义袭击也将是如此，从而忽视这种威胁，认为对恐怖主义无需关注。

这种对于恐怖主义威胁的轻视或忽视也可能来自于对于恐怖主义威胁长期的过度渲染和紧张而产生的疲倦，以及由此而产生的懈怠。在一场大规模袭击发生后，在媒体、公众和政府等的恐惧、紧张和慌乱中，往往对恐怖主义威胁有夸张的渲染和强调，这往往使人们认为，大规模的恐怖主义袭击马上就来了。但是，恐怖主义袭击可能并没有人们在恐慌中所想象和预期的那样大和那样快，这样，多次“狼来了”告警之后，人们对于这个告警可能也就不以为然或无视了。恐怖主义威胁可能逐渐被淡忘，而为防范恐怖主义采取的努力也逐渐松懈，直到下一次大规模袭击的发生。

而一个稳定、有效的战略，能够通过对恐怖主义威胁的更全面、更冷静的分析，对各项反恐努力做出长远的规划与安排；这有助于保证恐怖主义问题在各级政府或各个机构的工作议程有相对稳定的位置，使恐怖威胁得到持续的恰当的关注与资源投入。

其次，战略对于反恐的重要性还在于，反恐涉及非常多的领域、行为体和政策；有效的反恐有赖于反恐的各个机构与力量等多方的紧密配合与协调，有赖于多个领域多种政策与手段的紧密配合与协调。而战略恰恰可以通过提供一个清晰的目标、行动原则和方案等，促进这种配合与协调，指导各方面的反恐工作。

最后，战略对于反恐的重要性还在于，恐怖主义袭击往往容易制造恐惧、慌乱、愤怒、仇恨等极端状态，并激起人们强烈的情绪，从而使大众和决策者往往都容易做出过激的不理智反应。而战略往往有利于人们在面对这种局面的时候，保持冷静与理智，把反应建立在对客观现实的冷静分析与判断基础上。

因此，在对恐怖主义威胁冷静、理智分析与判断基础上而制订的一项相对稳定、长远、全面的行动指导原则，对于反恐来说，又尤为重要。①

下面将通过对美国对“9·11”袭击的应对来更详细地显示一个现实、明智的战略对于反恐的重要性，并尝试通过分析美国的应对，试图进一步发现一些对于制订反恐战略的有益启示。综合而言，美国对“9·11”袭击的

---

① Donald J. Reed, “Why Strategy Matters In The War ON Terror”, *Homeland Security Affairs*, October 2006, Vol. II, No. 3, pp. 1—24.

反应及之后的反恐（此处讨论的美国对于“9·11”事件的应对与反恐，主要限于小布什政府期间的美国政府行为），究竟是成功的还是失败的，有哪些经验、教训呢？无疑，这是一个有争议的话题，不同的人、机构往往有不同的看法。

美国小布什政府，当然会宣布他们的反应与反恐是及时、成功的，或者说，虽然其中可能有一些缺陷、瑕疵，但成就却是主要的。而且，他们会很乐意拿出许多证据来支持这个主张。比如，他们消灭了多少恐怖主义分子或组织，救助了多少受害者与受冲击的行业，没收或冻结了多少亿恐怖主义活动资金，制订通过了多少条法律，改组或新建了多少政府机构，出台了多少条政策、制度，培训了多少人员，购买了多少物资与装备，挫败了多少次恐怖主义袭击阴谋，推翻了阿、伊专制政权，等等。

即使所有这些证据都是真实的，那些认为美国对“9·11”恐怖袭击的反应、特别是其发动的反恐战争是成功的人，即使拿出再多的这样证据，却也掩盖不了一些基本的现实，即美国在杀死多少恐怖主义分子的同时，又杀死了多少无辜的平民，又让多少大兵在反恐战争中丧失性命。小布什政府可能会辩称，虽然代价高昂，但所有这些都是值得的，美国的努力已经大大降低了美国面临的恐怖主义威胁，保证了国家与人民的安全。但是，这个断言也经不起检验。从根本层面来说，他们没有抓到或消灭拉登，没有能够消灭“基地”组织，更不用说其宣称的“根除恐怖主义”了。事实上，他们在消灭许多恐怖主义分子的同时，却往往制造了更多的恐怖主义分子；他们的努力不仅仅没有消灭恐怖主义，相反，可能使更多个人或组织采取或支持恐怖主义行动，从而使威胁变得更为持久、复杂。美国在“9·11”事件后国内确实没有再发生严重的恐怖主义袭击，这可能可以归功于美国政府在“9·11”事件后的应对措施。但是，一个不容忽视的事实也让这个成就令人怀疑。即从历史上看，美国境内发生的恐怖主义袭击从数量上来说，一向相对较少，即使在2001年，美国国内发生的国际恐怖主义袭击也只有几起；而从严重性上看，除了“9·11”事件袭击以外，大多数美国境内的恐怖主义袭击所造成的伤亡与损失也都非常有限。因此，美国在“9·11”事件后国内发生的恐怖主义袭击很少，并不能被简单视为与美国“9·11”后的特别措施有关，也并不能表示美国境内面临的恐怖主义威胁降低了。事实上，“9·11”事件后美国人自身也并没有因为这些行动感到更安全；相反，公众陷入了越反越恐、政府投入越多越感到不安全的境地。①

而且，即使美国在“9·11”袭击后的反应确实取得了一些成就，但这些成就与美国所付出的代价相比，可能就微不足道了。从2001年至2009年，美国光花在所谓反恐战争中的钱就近万亿美元。② 而损失的还不仅仅是金钱、财物上的，还包括虐囚事件、黑狱事件、关塔那摩监狱、滥用武力等对美国在国际上形象与地位的破坏，以及国内社会自由、正常生活秩序所受到的限制与由此导致的社会价值观分裂与政治纷争。而所有这一切，还没有考虑所谓全球反恐战争，对其他国家和国际社会造成的损失与消极影响。

因此，整体上而言，美国对“9·11”事件的危机反应是失败的。那么，美国为什么失败呢？这种失败并非源自于反应的迟缓。

在“9·11”袭击发生后，美国各方机构的反应可以说相当迅速。不仅纽约市当局在袭击后很快展开了撤离、救援、秩序维持工作，联邦机构如FBI等也在第一时间进入现场展开相关调查；而上午九点四十五分的时候，航空管理机构就迅速要求境内空中所有飞机马上降落或转往他国机场。最高领导人的反应也是迅速的。正在视察一所小学的总统小布什很快得知消息并意识到这“明显是对我们国家的一次恐怖主义袭击”。袭击发生后，相应紧急程序也立刻启动，白宫、国会等进行了紧急疏散；而且，总统、副总统、国会领导人等被分散转移到不同地点，以防可能的“斩首”行动。但整个指挥控制体系仍在正常运转，例如，当时的国防部长拉姆斯菲尔德在与白宫、空军一号中的领导人召开了电话会议后，很快命令美国军队处于最高戒备状态。而到晚上八点，小布什就回到白宫对全国发表电视讲话，安抚民众，并誓言要将袭击者绳之以法。因此，如果根据危机应对的一般程序、原则来看，美国的应对如果不说是完美的，也至少可以说是“成功的事后危机处

---

① Frank P. Harvey, “The Homeland Security Dilemma: The Imaginations of Failure and the Escalating Costs of Perfecting Security”, *Canadian Journal of Political Science*, June 2007, Vol. 4, Iss. 02, pp. 283—316.

② Amy Belasco, “The Cost of Iraq, Afghanistan, and Other Global War on Terror Operations Since ‘9·11’”, CRS Report for Congress, May 15, 2009, 〈http://www.fas.org/sgp/crs/natsec/RL33110.pdf, september 15, 2009〉.

理”，可以被视为是对危机有效反应的典型案例。[①]

这种失败，也非因为美国的应对措施不全面。事实上，美国在袭击后，调动了各种各样力量，在各个领域，采取多种措施，减缓“9·11”袭击造成的破坏，打击恐怖主义，防范未来恐怖主义威胁。这些应对在领域上来看，覆盖政治、司法、军事、经济、思想、外交、社会等所有领域；从地域上来看，既包括国内的措施，也包括国际上的措施；从参与主体来看，既包括各级政府部门的参与，又包括利用各种盟友、国际组织等力量，还强调各种非政府组织、私营部门、社区乃至公民个人的参与；从层次上讲，其行动既包括在国际层面的强制、协调以及国家机构的大规模改组等这样的宏观政策，也包括对受害者、公众的心理安抚、疏导与对公民的反恐教育等这样的细节。美国对于“9·11”事件以及后来对于恐怖主义威胁的反应，在过程看也是完整的。其中不仅包括对事件发生当下的紧急反应、处置，还包括对袭击长远影响的考虑与安排；反应不仅局限于处理该事件，还包括全面加强处置各类恐怖主义袭击及其他紧急事件的能力。美国的反应不仅仅包括对“9·11”袭击的处理，而且强调对本次袭击的评估、检讨以从中汲取经验教训并加以改进。比如，成立“9·11”事件委员会调查袭击发生的起因以及各个政府机构在其中的失误；对政府机构进行大规模的改组，包括成立专门防范恐怖主义威胁的国土安全部与设立国家情报总监加强情报整合、分析能力；加速军事力量的转型，等等。

最后，这种失败也非源自于对于恐怖主义威胁的轻视或忽视。这一点毋庸多言，因为小布什一向以反恐、安全作为自己的政绩来博取民众支持；反恐在一定程度上，可以说被小布什政府视为一个核心任务。因此，对“9·11”袭击和此后恐怖主义威胁的应对得到了最高政治领导人的持续关注。

小布什政府在应对恐怖主义威胁上的上述失败，源自于其战略层次的缺陷与错误。[②] 虽然，从上述的战术或技术层面而言，美国的反应可能是成功的。美国2003年入侵伊拉克战争的行动及其后果就是这种失败的缩影：美

---

① 中国现代国际关系研究所危机管理与对策研究中心编著：《国际危机管理概论》，北京：时事出版社，2003年版，第192页。

② 有的学者认为自“9·11”袭击后到阿富汗战争这段时期内，美国的行动在大战略上是合理、成功的，见时殷弘：“论美国反恐怖主义战争——一项从大战略视角出发的回顾和评价”，《国际经济评论》，2001年第11—12期。

国虽然在战场上赢得了战斗，却输了战争。

美国的战略失误，并非是因为没有战略。相反，美国在“9·11”事件后制订了大量与反恐、危机管理相关的一系列战略文件，其中包括《国家安全战略》、《国土安全战略》、《国家反恐战略》、《关键性基础设施保护战略》、《全国紧急反应规划》，等等。事实上，制订各种中长期战略规划指导政府行为，是美国政治中的一大特色。

美国战略上的失败首先来自于其战略目标上的缺陷。“9·11”事件后，美国立刻向恐怖主义宣战，誓言要“根除恐怖主义”、“赢得反恐战争胜利”。[①] 美国政府在《国家安全战略》、《国家反恐战略》等这样的文件中，在阐述这些目标时，使用的语言也是明确、坚决的。因此，表面上看起来，美国的战略目标是明确的、清晰的，但是，如果仔细分析就可以发现，这个目标是不可实现的。这一点，因为美国没有给出具体标准以判定究竟怎样一种情况下可以称得上恐怖主义被根除了或反恐战争取得了胜利，而变得更加严重。

正如本书前面章节的分析一再显示和强调的那样，恐怖主义是一种斗争手段，可以被各种各样的行为体使用、服务于各种各样的目的。因此，普遍意义上而言，恐怖主义是不可能被根除的，而只能进行遏制、防范、缓解，即使消灭了基地组织与拉登，恐怖主义也仍将存在。从这个意义上讲，反恐战争是无法取胜的（小布什在2004年8月的一次采访中曾承认过这一点）。因此，美国发现在采取种种措施后恐怖主义威胁却仍然存在，从而陷入不得不再投入更多资源、采取更多措施的恶性循环中。

这种不现实性，也使表面上看起来清晰、明确的战略目标变得模糊不清，从而使美国不知道行动的边界与终点在哪里，何时结束。加之美国在冷战后由于单极优势而形成的绝对安全观和傲慢，这种不现实性不仅使其战略目标模糊不清，而且还没有节制地膨胀。因此，美国入侵阿富汗后，又入侵伊拉克，入侵伊拉克后，又梦想用所谓民主、自由改造整个中东。其打击针对的目标，既包括像“基地”组织与拉登这样的恐怖主义组织或个人，还包

---

① *National Strategy for Combating Terrorism 2003*，〈http：//georgewbush-whitehouse. archives. gov/news/releases/2003/02/counter _ terrorism/counter _ terrorism _ strategy. pdf，September 16，2009〉.

括所谓的恐怖主义国家，也包括所谓的极端主义意识形态、思想等。在全球发动“反恐战争”的情况下，敌人越来越多，战线也越来越长。

这种战略目标上的缺陷，使美国在“9·11”事件后的反恐实际上是沿着一条没有终点的轨道前进。这是一条使自己变得愈加歇斯底里的自我疯狂、自我挫败的道路；如果不改弦更张，其未来只能是无底的深渊。

在“9·11”袭击后，美国马上宣布这是对美国的战争行为，并宣布美国处于战争状态，发动所谓全球反恐战争。这是对事态性质的判断，是对基本反应方式与手段的选择。美国的战略失败还存在于这种对事态基本判断的失误，以及对实现目标的手段选择的失误。考虑到“9·11”袭击所造成的巨大伤亡、损失与心理震撼，美国在袭击发生后立刻宣布“9·11”袭击是战争行为，并向恐怖主义宣战，确实是一种可以理解的行为；或许，只有战争这个词才能表达美国民众心中当时的悲痛、愤怒、仇恨与同仇敌忾等情绪。但是，从战略上而言，这种判断与选择却不能说是冷静、明智的。

除了袭击造成的伤亡与损失严重性外，“9·11”袭击无论是从行动主体还是从行为特征方面来看，都很难说与传统战争形式有什么相似之处。不过，判定“9·11”袭击是向美国宣战、是一种战争行为更严重的后果，这种判断对美国在作出反应时可选择的选项产生了潜在限制；因为考虑到当时美国国内的舆论与政治形势，如果判断“9·11”恐怖袭击为战争行为，美国处于战争状态，那么，以战争来应对也就是自然的甚至是必然的选择了。① 小布什政府也决意要进行反恐战争；大概只有战争才能宣泄“9·11”袭击所激起的愤怒和必需进行报复、必需有所作为的冲动。因此，“9·11”袭击后美国反恐从根本上而言，属于一种战争为主导的模式。但是，这种判断与选择的尴尬是明显的。即所谓反恐战争一方是美国，那么，另一方是谁？毫无疑问，至少可以肯定恐怖主义并不是一种行为体，因此，其不可能是军事行动的对象。而恐怖主义组织与分子，大多隐藏起来，没有固定的基地与设施；而且他们通常也不会选择在战场上与对手展开较量。因此，美国

① 英国外交大臣米利班德对“反恐战争”的批判，参见“UK：‘War on terror’ phrase did harm”，〈http：//edition. cnn. com/2009/WORLD/europe/01/15/britain. war. on. terror/index. html〉，September 16，2009。关于把恐怖主义判定为战争的消极后果，还可见 Michael Howard，“What's in a Name?：How to Fight Terrorism”，*Foreign Affairs*，January/February 2002，pp. 8—13。

实际上在打一场自己想象的反恐战争。而且，中国古言“兵者，凶器也”，战争有内在的暴虐与危险性，作为手段拥有不可避免的局限性。而美国反恐战争的演变也再次验证了这一点，反恐战争落入越反越恐的境地。

美国的失败，还在于缺乏全局观念，没有能够平衡反恐与其他社会议程和目标并进行合理的资源配置。“9·11”袭击发生后，小布什政府马上把恐怖主义界定为国家的首要威胁；[①] 防范、应对恐怖主义威胁成为国家的首要、压倒性的任务。为了防止新的恐怖主义袭击，国家通过一系列法律加强政府的监控能力，对政府进行大规模改组，大幅度加强情报能力，投入大量资源研发、采购相关设备、技术，对外以反恐为核心重整全球战略与外交关系，如此等等。同样，对待恐怖主义的这种做法可能反映和满足了美国社会在“9·11”袭击后一段时间内存在的恐惧与对安全的歇斯底里心理，但却同样不能说是明智的。

这些投入当然有益于防范、应对恐怖主义威胁。但问题是，一个社会还有其他目标要实现。即使就威胁与挑战来说，对美国来说，也不仅仅只有恐怖主义威胁，其他的威胁与挑战可能更为严重，更需要优先关注、处理。因此，这些不同目标之间需要进行合理、现实的平衡，资源要在不同目标之间合理地分配。对防范恐怖主义威胁的歇斯底里的追求，却忽视其他目标与需要，甚至损害其他目标与需要，这样的努力是不可持续的。这样的努力不仅不能带来更多的安全，相反可能会损害安全，因为一个社会面临的威胁绝不仅仅来自于恐怖主义。而且，这种歇斯底里的反恐追求，还损害了安全与自由之间的合理平衡，使一个社会的基本价值观与秩序被忽视、破坏；即使这种追求最终能够使社会免遭恐怖主义袭击，但是这样的社会生活是否有意义、有价值，也是非常有疑问的。总而言之，忽视其他目标与需要，忽视社会的基本价值与理念，绝对的追求反恐与安全，不仅使美国的危机管理陷入自我挫败的境地，而且，其本身甚至变成了对社会的一种威胁，使社会陷入动荡不安，而社会面临的其他挑战或威胁也因此被忽视，从而使社会的长期发展与稳定处于危险之中。

最后，美国战略失误还在于其行动往往是基于道德和情绪上的狂热与冲

---

① *The National Security Strategy Of The United States Of America 2002*，〈http：//georgewbush-whitehouse.archives.gov/nsc/nss/2002/nss.pdf，September 16，2009〉.

动，而非基于对现实的冷静、理智、谨慎分析与判断基础之上；而这种狂热与冲动，因为美国权力的傲慢和海湾战争、科索沃战争胜利所带来的对武力的迷信与自大而显得更为严重。

这些狂热、冲动、傲慢在“9·11”袭击后小布什的语言中清晰地反映出来。例如，“重要的是所有国家都要清楚，反恐上无所作为将要付出代价，”“在反恐斗争中，你们要么与我们站到一起，要么成为我们的敌人，”“我们将抓住拉登，无论其是死是活，”“圣战（crusade）——反恐战争——片刻就将开始，”“我们要消灭世界上的邪恶之徒”，如此等等。

因此，美国“9·11”袭击后的反恐，很多不是基于对威胁与环境的现实判断，不是基于对自身实在利益的判断，也不是基于对目标与手段的冷静分析与选择，而是基于情绪、道德的冲动和权力的傲慢与盲目自信。这使其忽视行动中可能存在的限制与危险，滥用武力与权力；在行动中一意孤行，目标与行动的选择中失去了耐性与长远、周全的考虑，失去必要的自我节制，道德与情绪上的绝对性主导一切，并使行动难以根据现实作出灵活调整。

总而言之，美国“9·11”事件后反恐的经验显示了一个明智、冷静、现实、清晰的反恐战略的重要性。恐怖主义通常容易引起愤怒、恐惧、慌乱等极端情绪与道义伦理上的亢奋，从而使反恐一方的行为往往容易被这些极端的情绪与冲动所主导，而不是被基于对现实的冷静、客观分析之上。而反恐一方（即国家或政府）对于恐怖主义分子在力量对比等方面所具有的巨大优势，往往又加剧了这种危险，使反恐一方在反恐中，变得傲慢与鲁莽；使其在反恐中要么轻视对手，要么迷信力量对比上的优势，目标不切实际、行动莽撞，并滥用权力。而正如前面分析所显示的，反恐一方做出怎样的反应，恰恰在很大程度上决定了恐怖主义行为体是否能够实现其目的，以及恐怖主义将造成怎样影响。因此，一个冷静、理智的战略对于反恐而言，又具有特别的价值。在反恐中，一个情报方面的成功可能会挫败一起重大的恐怖袭击，一个制度与组织上的改进可能会大大提高反恐的效率，一个新技术装备的运用可能会帮助有效防范某种类型的恐怖袭击，等等。成功的反恐正是有赖于这些具体政策或战术方面的改进与成功；某些时候，在这些方面的一个小的纰漏，都可能会酿成大祸，使某项反恐行动失败或使原本可以阻止的一次重大恐怖袭击却最终发生。在这个程度上，可以说，细节决定反恐的成败。但如果说细节在更多时候，往往只决定这一个反恐行动的成败，那么，一个战略的质量，则决定了整个反恐行动的成败，而且，正如美国“9·11”事件后反恐所显示的那样，其影响往往不仅仅限于反恐领域。

一个战略的好坏成败，可能取决于非常多的因素，其中包括许多不确定性的因素；但是，传统上关于战略决策的智慧，对于制订反恐战略仍然是有用的。这其中包括，战略的目标必需是清晰、明确和可实现的；反恐战略必需与其他战略相互协调；实现战略的手段与方法必需是可获得的，且与目标相匹配；战略的目标与手段，长期而言，需要与社会的价值规范体系一致；战略是基于对于现实和利益的冷静、客观分析基础上的谨慎选择，而非出于道德、宗教上的狂热或某种情绪的冲动。

第八章

应对恐怖主义威胁：政策、力量与模式

一、应对恐怖主义威胁的政策与力量

事实上，由于不同的国家面临的恐怖主义威胁不同，有不同的历史、文化与政治现实，在反恐中所能够应用的资源也不同，不同的国家往往拥有不同的反恐政策。

一些国家确实曾对内实行过一些被人称为国家恐怖主义的极端暴力行为；还有一些国家曾纵容、支持或参与一些恐怖主义行为，这种纵容、支持或参与往往被作为国内或国际政治斗争的重要砝码而使用。比如，冷战中美苏双方都曾采取过这样的行动。事实上，美国在认为国际恐怖主义运动背后有苏联的阴谋主使，对苏联大加指责的同时，其也支持许多反政府等行为体——甚至包括如拉登等人——从事暴力活动以抵御所谓共产主义的扩张，而这些暴力中就包括恐怖主义。还比如，一些在阿以冲突中活跃的恐怖主义组织，就曾或多或少得到过周边阿拉伯国家的支持，这种支持一个方面可能是出于道义、文化、宗教、种族等方面的同情与认同，但同时也是这些阿拉伯国家对抗以色列的一种重要方式，还是这些阿拉伯国家之间在这个地区政治舞台上相互竞争乃至斗争的一种重要方式。此外，还比如，希腊对土耳其库尔德工人党暴力行动的态度与做法，曾往往也与其和土耳其之间在塞浦路斯等问题上的对抗有紧密关系；而阿富汗的塔利班，在与北部军阀的斗争中，也曾借助“基地”组织等的力量。

这种情况在20世纪60年代末新一波国际恐怖主义浪潮兴起之初尤为明显。因为在最初，对于国际恐怖主义认识尚存在着争议，特别是对当时有关巴勒斯坦人等争取民族解放中所使用的暴力的看法；而且，当时许多恐怖主义行为体打着革命、反帝、反殖等口号，被一些人视为是“自由战士”。这在一定程度上使一些国家或人们认为其中一些暴力是正义和应该得到支持的。

但随着恐怖主义暴力活动越来越严重，引起越来越多的关注，国际社会对于恐怖主义的看法也越来越趋于负面，相应的制裁措施也越来越多和越来越严厉，大部分国家已经不再支持恐怖主义。而自“9·11”袭击后，可以说几乎所有的国家都公开放弃对恐怖主义的支持；国际社会形成了反对一切形式恐怖主义的统一舆论与规范。虽然鉴于恐怖主义往往与各种形式的政治斗争有密切的联系，不排除仍然有些国家在未来可能秘密利用和支持恐怖主义活动；但是，在一定程度上，大部分国家也逐渐认识到，无论何种形式的恐怖主义，最终可能会给自己造成严重的威胁。

因此，就目前来说，世界各国在政策取向上，普遍是谴责、反对和打击恐怖主义。不过，虽然最终的方向都是反对和打击恐怖主义，但是，不同国家或一国在不同时期的做法，却可能存在很大的差别。比如，有些国家对于恐怖主义实行相对强硬的政策，拒绝与恐怖主义分子进行协商、谈判、让步，强调要进行坚决的打击，如美国自里根政府以来就大体上奉行了这个原则。而有些则对于自身有严重威胁与无严重威胁的恐怖主义分子采取区别对待的政策，比如法国在20世纪80年代一段时期就曾一方面严厉打击国内的恐怖主义行动，而另一方面对于在其境内活动的那些对己无严重威胁的国际恐怖主义分子保持相对超脱的态度，避免激怒恐怖主义分子或相关方面以免其对自己发动袭击。[①] 还有一些国家坚决反对和打击恐怖主义，但同时也不

---

① 中国现代国际关系研究所反恐怖研究中心编著：《国际恐怖主义与反恐怖主义》，北京：时事出版社，2001年版，第99—103页。

排除与恐怖主义分子或组织进行谈判，其中如西班牙对于巴斯克分离组织“艾塔”的政策，英国对于北爱共和军的政策，哥伦比亚、斯里兰卡等对于国内一些反政府武装力量的政策。此外，一些国家有时对于恐怖主义分子某些要求倾向予以满足以解决某种危机。如2004年一个伊拉克组织绑架了一名菲律宾司机，要求菲律宾从伊拉克撤军，最终，菲律宾满足其要求换取人质的释放。

如美国等这样奉行对恐怖主义绝不退让原则的国家，会反对和谴责对于恐怖主义分子要求作出退让的做法，担心这种退让可能会刺激更多的行为体采取恐怖主义这种手段，并促使恐怖主义分子预期政府会作出更多的让步。但事实上，在一些特定条件下，国家很难僵硬地实行绝不退让、不与恐怖主义分子接触、谈判的政策。比如，即使是一贯坚持对巴勒斯坦恐怖主义团体进行严厉报复打击的以色列，有时也会与这些团体进行谈判沟通，并通过满足其要求换取其被绑架士兵的释放等。实际上，美国也很难完全奉行这个原则。早在里根政府的时候，1983年美海军陆战队驻贝鲁特兵营被袭击后，美国选择正如袭击者所要求的那样，撤出了黎巴嫩；而所谓“伊朗门”事件中，美国也是试图通过向伊朗出售武器换取当时被一个与伊朗有一定联系的恐怖主义组织扣押的六名美国人质的释放。[①] 此外，美国也曾与北爱共和军、巴解组织等曾采用过恐怖主义手段的组织进行联系、沟通；有些组织甚至在与美国接触、沟通的同时，也并未完全放弃恐怖主义袭击；而阿富汗政府宣布寻求与塔利班的接触与谈判，至少也是获得美国默许的。因此，对于一些国家来说，除了打击报复、惩处与消灭恐怖主义分子或组织以外，并不排除与某些恐怖主义分子或组织等的沟通、谈判、妥协，特别是对那些发动恐怖主义袭击的行为体是相对稳定、较长期存在且获得一定人群支持的组织时，这种情况又尤为普遍。

这个事实需要反思。在当今反恐浪潮高涨、恐怖主义遭到一致的谴责与痛恨之际，反恐方往往在力量、道义、法律等诸多方面都占据着优势的情况下，消灭恐怖主义，消灭恐怖主义分子或组织往往被视作为当然的目标与反

---

① David C. Wills, *The First War on Terrorism: Counter-Terrorism Policy during the Reagan Administration*, New York: Rowman & Littlefield Publishers, Inc., 2003, pp xiii—xiv, 5—6.

恐方式，甚至是唯一的反恐目标与方式。但这种道德伦理、法律和力量方面的优势，往往也有使反恐一方的政策只是基于这种优势所产生的傲慢、自大以及强烈道德情感冲动、而非基于现实和冷静理智的危险；这种危险在暴力和对抗激起的仇恨、狂热中又尤为强烈。但现实往往更为复杂；教条的坚持不与任何恐怖主义分子或组织进行接触、沟通、谈判或妥协，往往会妨碍对其他更为有效方案的考虑和选择；而且，在现实中，固执强硬地坚持这种立场，既不明智，也无法实现。比如，在恐怖主义分子劫持有大批人质或其他可能造成大规模伤亡的情况下，政府是很难拒绝与恐怖主义分子进行沟通的，而且，断然拒绝也是很愚蠢的。

这种接触、沟通、谈判甚至妥协，确实可能会存在一些问题，如赋予恐怖主义分子某种程度的合法性，增加恐怖主义分子的地位与影响，刺激恐怖主义分子提出更多要求，刺激更多的潜在对手采用恐怖主义这种方式，等等。不过，这些缺陷即使无法彻底消除，但是其影响也是可以通过一些方法尽力降低的；政府通过一定的接触方式和策略，是可以把这种接触、沟通、谈判甚至妥协对于恐怖主义的刺激作用尽量降到最低，使其与接触、沟通、谈判、妥协等可能带来的收益相比，是完全可以接受的。比如，政府可以采取秘密、非正式的方式进行接触、沟通、谈判；或采用一边严厉打击恐怖主义行为、一边与恐怖主义行为体进行接触、沟通、谈判，从而避免造成这种接触、沟通、谈判是恐怖主义方式迫使政府让步的结果这种印象，等等。而且，这种接触、沟通、谈判与妥协可能不仅仅是在某种紧急状况如人质被劫持时的临时策略。

不应拒绝与恐怖主义分子或组织进行接触、沟通、谈判与妥协这种可能性，乃是基于以下原因。一个方面，那些恐怖主义分子或组织，往往同时还采取其他方式，恐怖主义甚至不是这些人或组织所采取斗争的主要方式。也就是说，那些被称为恐怖主义分子或组织的，往往还有其他重要身份，是其他博弈的重要行为体，而且，这些身份或博弈可能有更大影响。因此，如果仅仅因为这些人是恐怖主义分子或组织，就完全拒绝与其交往，那么，除了恐怖主义这个问题外，也会限制对于其他重要问题的解决。而且，需要注意的是，这些人或组织有时在一定人群中还是有一定代表性的。如巴勒斯坦一些所谓的恐怖主义组织，哥伦比亚革命武装力量，斯里兰卡的“泰米尔猛虎”组织，阿富汗的塔利班，爱尔兰共和军，等等，这些组织可能确实发动过恐怖主义袭击，但其同时还进行其他方式斗争，其中包括游击战、正规战争等；而且，这些行为体在这些方面的活动往往比其恐怖主义活动可能有更大的影响。为了解决这些武装冲突，很多时候，也需要与这些行为体接触、沟通、谈判与妥协。另一个方面，虽然恐怖主义不是战争，虽然确实有许多恐怖主义分子纯粹是为了仇恨和杀戮，但是对于很多恐怖主义，把“战争是政治的继续”这句话延伸用来描述这些行动也是合适的。即不是这些行为体的本性造成其选择恐怖主义，而是某种政治需要。那么，这意味着，在一定条件下，其也会放弃甚至是反对这种手段。而接触、沟通、谈判与妥协只是影响这些行为体的一种途径与方式；相反，如果完全拒绝与之接触，有可能会使这些组织变得更为激进，或者，使那些更激进的组织取代相对温和的组织。此外，有些采取恐怖主义行动的组织，可能有较大规模，而且，在某些人群中有一定的代表性，这也使国家或国际社会难以完全忽视这些组织或拒绝与这些组织进行接触。

因此，即使坚持坚定的反恐政策，也并不妨碍同时保持政策的灵活、务实性，不应使政策变成为了报复和消灭恐怖主义分子而打击、消灭恐怖主义分子。这种灵活性与务实性并不与坚决反对和打击恐怖主义的政策相冲突，相反，可能使这种反恐政策变得更加有效。

在这里需要注意，本文强调反恐中不应教条拒绝与某些恐怖主义行为体进行接触、沟通、谈判或妥协，并不是建议，反恐应该是建立于在这种接触、沟通、谈判或妥协的基础之上。相反，这种接触、沟通谈判与妥协是在一定条件下针对某些恐怖主义行为体的一个可能选项，而非必然选项，其使用具有很大的限制性。因此，这里的观点与第七章中有关观点并不冲突。而且，第七章强调应付传统国家安全威胁的方法，其中包括沟通、谈判等对于应对恐怖主义威胁难以适用，是针对恐怖主义威胁整体而言。这就像说，对于恐怖主义整体而言威慑是无效的，与确实有一些恐怖主义分子或组织因害怕遭到惩罚而放弃恐怖主义这种事实并不矛盾，否则，政府只要炫耀一下武力，就可以解决恐怖主义问题了。这里再次简要列出，对于恐怖主义整体而言，接触、沟通、谈判或妥协是无效的原因：（1）恐怖主义行为体是不确定、未知的；（2）不同恐怖主义行为体的目标与偏好也是极其不同、未知的；（3）恐怖主义行为体多样，有些恐怖主义分子所追求的目标确实是无法谈判的，或者其目的只是为了杀戮。

而在应对恐怖主义威胁所采取的具体政策、领域或手段等方面，虽然不同的国家所强调的重点可能有所差异，但是大体上仍然可以概括为如下部分。不过需要强调的是，因为反恐所涉及方面非常广泛，因此，不可能期望下面的概括涵盖了反恐的所有方面，这种概括只能给读者提供一个大概的参考。

1. 法律方面

通过立法或法律修订，把恐怖主义相关的行为规定为犯罪，并加大对于恐怖主义的处罚力度。针对恐怖主义，进行立法或法律修订，大概可以算作是应对恐怖主义最早采取的措施之一，也是最普遍的做法之一。

当然，不同的国家在具体做法上有差异。有的国家则专门制订针对恐怖主义的法律，创设恐怖主义罪。有的国家则没有这样的专门法律，有关恐怖主义的法律规定分散在多部相关法律中，有关恐怖主义行为也根据不同的情况，被归类在不同罪行中。

但就普遍趋势来说，世界各国都在不断完善相关法律规定，把恐怖主义规定为一种犯罪，且通常把其列为是一种严重犯罪行为，加大对其惩罚力度。相关立法还倾向于给予有关反恐机构更多的权力，比如延长警察无需法院判令可拘禁嫌犯的时间，给情报机构更多收集相关信息的权限等。其中，一些法律规定可能会影响个人的传统权利。比如一些国家立法规定散布极端思想、鼓动他人采取恐怖主义行动是违法行为，这与传统的言论自由存在着某种冲突。因此，这些立法以及其他反恐措施，往往激起怎样保持自由与安全之间平衡的激烈争论。

而在国际层面，不仅联合国方面加紧协调与促进有关国际反恐公约的谈判与订立，各个地区机构也进行类似的工作。总的来说，这些国际公约或地区条约建立在延续之前确立的原则基础之上——即把恐怖主义规定为一种犯罪，国家对其要么起诉，要么引渡，进一步拓宽和深化了国际反恐合作。

2. 组织与制度改革

随着恐怖主义在政治议程中位置的迅速上升，特别是在“9·11”袭击后，世界各国也都纷纷在制度与政府组织结构上进行调整，以图更好地应对。

同样，各国做法上也存在着差异。比如，美国“9·11”后为了应对恐怖主义威胁，就进行了大规模的政府重组，包括成立一个庞大的专门应对恐怖主义威胁的国土安全部，重组国家情报系统等。而有的国家则调整有限，只是加强现有相关机构的反恐能力，增设协调跨部门反恐的机构或委员会等。

不过，从总体上看，其普遍趋势是进行适当的组织与制度变革，增加各个政府部门机构的反恐能力，使各自的权责更明确、合作更畅达；在内阁内设立专门委员会或专员负责反恐事务，确保反恐得到来自政治最高层的持续关注与领导；反恐被纳入国家安全议程之中进行处理。

而在国际层面，联合国设立了包括反恐委员会、反恐执行局在内的反恐执行工作队，协调、组织联合国的有关反恐事务，监督、指导、协调有关国际机构以及成员国的反恐工作。而欧盟、上海合作组织、东盟等地区组织也都大多设立反恐机构，专门负责处理反恐方面的事务。

3. 外交方面

“9·11”事件后，反恐无疑成为外交领域中的一个热点问题；各国越来越意识到，在世界联系越来越紧密的今天，单单一国已经难以有效防范和应对恐怖主义威胁，因此各国积极利用外交合作加强对恐怖主义的防范和打击。这其中包括寻求双边与多边的国际反恐合作；推动对相关实施或支持恐怖主义的组织或国家进行制裁；支持、援助和加强有关国家与组织的反恐能力；推动对有关恐怖主义分子的认定、逮捕、引渡或审判；推动防扩散等与反恐相关工作的进行；推动有关国际冲突与热点问题的解决；大力开展民间外交等。

不过，在这个方面因为国家之间在实力与各自政治议程上的差异，也存在着很大的差别。比如美国能够在全球范围开展与反恐有关的行动，推动反恐按照自己的利益方向进行，而且，可以说反恐曾一度成为美国全球战略中的核心问题。而对于许多小国来说，其不可能具有这样的能力，当然很多时候，因为其没有全球利益干涉，也无必要。而且，对于很多国家来说，虽然反恐可能是一个重要的问题，但是，其在国家对内或对外议程中的重要性都是有限的，而不是把其置于最优先的位置。

此外，需要注意的是，许多国家在反恐外交中，不仅仅关注于反恐问题，而是积极利用反恐促进国家其他目标或利益的实现，而反恐反倒可能成为一个借口或次要问题了。

4. 加强危机应急能力建设

“9·11”袭击使许多国家认识到，恐怖主义袭击可能引起巨大损失与混乱。因此，“9·11”后，各国纷纷加强应对包括恐怖袭击在内的各种危机与紧急状态的能力，其中包括情报、通信、物资储备、人员训练、紧急反应力量建设，等等。这些措施有助于增强国家危机前防范与预警的能力，危机中的反应能力和抗击各种紧急事态冲击与破坏的能力，危机后的复原能力。

5. 加强对恐怖主义的打击

这其中包括加强对恐怖主义分子的追捕、起诉、侦查、审判、驱逐、引渡等；加强对有关恐怖主义以及资助或参与恐怖主义行动等的定罪工作；强化对于恐怖主义融资、通讯、旅行等的监管与截断；加强对涉入恐怖主义活动的个人、组织或国家的封锁、制裁等。

使用警察和司法力量来打击恐怖主义，并扩大这些机构的权力，这是大部分国家的通常做法。但对于一些国家，如美国、以色列等，对恐怖主义的直接军事打击也是其反恐政策中的重要内容。美国以反恐名义发动的阿富汗和伊拉克两场战争不说，其还通过无人机直接轰炸或发射巡航导弹等方式，对苏丹、阿富汗、巴基斯坦、也门等多国境内所谓的恐怖主义目标发动袭击。而以色列除了通过所谓定点清除行动，直接攻击和杀死了许多巴勒斯坦武装派别的骨干人物以外，还经常使用军事力量报复和打击这些武装派别。而在许多存在反政府武装活动的地区，国家使用军事力量的平叛行动，在一定程度上也可被视为是有利于打击恐怖主义的，因为这些反政府组织可能同时采取恐怖主义这种方式。比如，俄罗斯对车臣武装分子的军事打击。

当然，其中还包括一些国家采用非常规或秘密手段等来打击恐怖主义，其中有些甚至是非法的，如秘密逮捕、不经审判长期关押、酷刑询问、暗杀、秘密关押、非法引渡等。美国在“9·11”后就采用了许多这样的手段，引起了广泛的争议与批评。还比如，以色列就长期坚持对一些其认定的重要恐怖主义分子或敌人进行追杀的政策。2010年初，这种行动还曾引起轩然大波。当时，一名哈马斯高官在阿联酋被暗杀，此事被认为是由多名持澳大利亚等西方国家假护照的以色列特工干的，由此引发了以色列一场外交危机。

有时候，这些打击恐怖主义的措施往往会引起争议，即使那些公开、合法的行动，有的时候也会引起侵犯人权或自由等方面的争议。打击恐怖主义往往被担心会成为政府扩大权力、滥用权威的借口，而且，确实有一些政府乐意以反恐的名义镇压国内的反对派或强化专制统治。

6. 加强反恐情报工作

因为在恐怖主义袭击发生之前将其阻止，对于应对恐怖主义威胁来说，尤为重要，而"9·11"事件又强化了这一认识与教训。因此，加强有关恐怖主义的情报收集、分析、处理、传递和共享以及国际间的情报合作等，在"9·11"袭击后成为一种普遍做法。其中包括增加对情报方面的投入，确定专门负责反恐的情报机构或人员，进行机构的改革和重组，赋予情报机构在收集、处理各类情报时更多的权力，加强情报机构在收集、使用情报等方面的效率，等等。

7. 加强反恐特种警察或特种部队的建设

实际上，在20世纪新一波国际恐怖主义兴起后，很多国家都认识到常规警察力量或武装部队难以有效应付解救人质、反劫机等紧急情况，因此，许多国家纷纷建立起特种警察部队或特种部队。世界上很多有名的特种警察或特种部队都是在那个时候建立起来的。这些部队往往装备用于应对各种紧急情况的武器与装备，进行各种有针对性的特别训练。

"9·11"袭击后，比较新的变化是，军事力量和特种部队在反恐中的作用得到了更多的关注。这一个方面是因为"9·11"袭击所显示出来的破坏与杀伤，使许多国家认为，需要这种更强大的军事力量来应对恐怖主义威胁；另一个方面是因为"9·11"后美国全球反恐战争的影响，这种实践与看法无疑影响到其他国家的认知与实践。

8. 加强对重点设施与场合的保护

对于如机场、地铁、桥梁、油库、港口、电厂等重点设施的加固与保护日渐成为一种普遍做法。这些措施一个方面有助于减少这些设施的脆弱性；另一个方面，可以防止恐怖主义分子接近这些目标。事实上，如今人们已经习惯在机场、码头、车站等接受各种各样的检查，而如奥运会等重大场合的安保也日渐成为首要关注的问题。

9. 其他专项措施

这些专项措施，如在金融领域加强防洗钱工作，对恐怖主义分子资金进行冻结、没收，压缩恐怖主义分子募集、转移资金等的渠道；在互联网方面，加强对互联网的监控，防止恐怖主义分子利用发动所谓网络恐怖主义，防止和控制极端思想的传播，防止恐怖主义分子利用互联网招募成员，策划、指挥、组织恐怖袭击，防止传播制造大规模杀伤性武器等技术的扩散，收集相关情报等；加强对于有关炸药、有毒物品等的管理与控制；调整移民政策，加强边境人员和物资往来的控制；打击与恐怖主义相关的犯罪活动，如贩毒、有组织犯罪、伪造证件等；加强基层与社区等抵御恐怖主义的能力，等等。

10. 加强技术装备的研发和应用

“9·11”袭击后，强调利用新的技术与装备反恐，其中包括各种数据库及相关技术、各种情报收集、分析技术与装备、各种危险物品的扫描、侦测设备，等等。

事实上，新技术与新装备的使用大大增强了反恐能力，能够有力遏制恐怖主义分子的行动。比如，机场扫描仪等的应用，事实上大大降低了航空方面袭击的发生概率。在今天，反恐相关技术装备的研发与销售，已经成为一个充满巨大商机的行业。

11. 应对核生化大规模杀伤性恐怖主义威胁

虽然尚无恐怖主义分子获得和使用核武器的记录，而且，发生核恐怖袭击概率迄今而言仍然是非常低的，但使用或阴谋使用生物或化学物质进行恐怖袭击的记录则经常见诸于报端。不过就目前来看，这些袭击所使用的生物或化学物质或装备极少达到正规武器级别，其造成的实际伤亡与损失也大多有限。但是，鉴于这些武器造成大规模伤亡及其他严重后果的能力，在冷战后，防止这些武器的扩散和非国家行为体获得与使用这些武器就一直是世界许多国家，特别是西方国家在反恐中关注的优先问题，而“9·11”事件无疑强化了这种担忧。

为此，许多国家大力推动对于这些武器以及相关技术、物资的控制或销毁，特别是核武器方面的防扩散。而且，许多国家加强应对未来可能出现此类袭击的能力。比如设立专门应对核生化袭击的紧急处置队伍，加强如疫苗等相关物资与设备的储备，加强对此类袭击的侦测、预警能力等等。

12. 解决容易激发恐怖主义袭击的热点问题或各种矛盾

这既包括在国际层面的，如寻求解决如巴以冲突等问题的缓和或解决，增加那些因政府能力羸弱或各种社会纷争而容易产生恐怖主义或被恐怖主义分子利用的国家或地区恢复稳定与法制的能力；也包括国内层面的，如寻求因贫富分化、腐败、种族纷争等引起的冲突的解决方法，安抚不满的群体，等等。

当然，不同国家解决这些问题的思路并不一样，有的国家强调打压，有的国家则强调纾解。

二、反恐模式

虽然各国的反恐政策，在涉及的范围、内容等方面经常存在很多相似之处，但是，由于对于恐怖主义威胁性质判断的不同，对于反恐基本方法与手段选择的不同，再加上其他具体因素，各国或一国在不同时期的反恐思路与政策往往也存在差异。

为了更好地概括与区分这些不同的反恐做法，可以将之归类为不同的反恐模式。在此区分出三种反恐模式：司法（警察）模式、战争模式和治理模式。前面两种模式，即司法模式和战争模式，已经经常被学者提到。而治理模式则是本书尝试根据世界各国反恐实践变化趋势，以及本书前面章节对于恐怖主义威胁的分析，提出的一种新模式。这种模式不仅仅是对现实某些趋势的总结，也包含了本书作者对于怎样看待和应对恐怖主义的基本判断与建议。

所谓司法或警察模式，主要是把恐怖主义界定为一种犯罪。因此，反恐首先是防范和打击犯罪的问题；反恐的主要力量就是警察、司法机关等；反恐的主要形式就是逮捕、侦查和审判恐怖主义分子，将其绳之以法，其中重心是维持和恢复社会和法律秩序。

而所谓战争模式，主要是把恐怖主义界定为一种战争行为。因此，反恐首先被认为是消灭敌人、取得战争胜利的问题；反恐的主要力量就是国家军事力量；反恐的主要形式就是通过武力打击，削弱、消灭恐怖主义分子，其中重心是打击恐怖主义分子并取得战争胜利。

相对而言，"9·11"事件之前，司法模式是一种主导模式。虽然20世纪60年代末兴起的恐怖主义浪潮一度引起世界范围的震惊与关注，但总体而言，大部分国家在震惊消退后，大多采用警察与司法机构依据正常、合法的程序来应对恐怖主义问题，如通过修订相关法律，监视、抓捕、审判、关押恐怖主义分子，取缔和解散恐怖主义组织等。这些措施在一定程度上是有效的，事实上，在这样的打击下，当时许多恐怖主义分子落网，组织被打散，恐怖主义威胁也得到很大的遏制。当然，在那个时期，一些国家的反恐政策也曾接近于战争模式，比如以色列。而美国则对于国内、国际恐怖主义采用区别对待的做法。对于国内的恐怖主义，主要采用司法模式，联邦调查局等是应对恐怖主义的主要机构，特别是在20世纪80年代中期，国会通过相关立法，明确将恐怖主义定义为犯罪后，联邦调查局发挥了更重要的作用。[①] 而对于在外部的恐怖主义，则被视为国家安全问题。里根政府曾公开宣布恐怖主义是一种战争行为，在"9·11"之前，美国就曾以打击恐怖主义为名发动过多次武力打击。

而在"9·11"事件后，在美国小布什政府的全球反恐战争的影响与推

---

① David C. Wills, *The First War on Terrorism: Counter-Terrorism Policy during the Reagan Administration*, New York: Rowman & Littlefield Publishers, Inc., 2003, p. 7.

动下，战争模式一度似乎成了世界反恐的主导而又正确的模式。这种变化与“9·11”袭击的冲击有直接关系。“9·11”袭击使许多人认为：虽然恐怖主义是一个有很长历史的现象，但这个现象也正在发生新的变化；这种变化使传统上的那些应对方法不再有效或充分；“9·11”袭击显示，恐怖主义已经转化为某种战争；恐怖主义虽然可能仍然被视为是一种犯罪行为，但其不再是普通的犯罪，而是对国家安全与国际和平、稳定有重要影响的问题。“9·11”袭击后联合国安理会的更深介入及通过的相关决议，在一定程度上也增强了这种看法与趋势。“9·11”袭击后安理会通过的第1368和1373号决议，明确宣布恐怖主义对“国际和平与安全构成威胁”，甚至宣布被袭击国（美国）可因此根据“单独或集体自卫的固有权利”采取行动，而援引这种自卫权利无疑就意味着会采取战争行动。①

至少可以说，在冷战结束前，司法模式大体上是有效和足够的。如在西欧、美国，在司法机构的打击下，许多恐怖主义分子要么被抓入狱，要么自杀，要么放弃恐怖主义活动。到80年代，这些地区内的恐怖主义，特别是本土恐怖主义组织的活动，受到了有力的遏制，其影响已经大大降低。

无疑，司法与战争这两种模式在看待恐怖主义的角度以及应对恐怖主义的方法与力量等都是不同的。那么，这两种模式的效果如何呢？

对于司法模式，罗纳德·科瑞林思顿（Ronald Crelinsten）认为，该种反恐模式有去除恐怖主义行为合法性、让恐怖主义变成是不可接受手段的教育功能、通过惩罚进行威慑惩戒恐怖主义分子、感化改造恐怖主义分子、使恐怖行为体丧失行动能力等诸方面的优点。②

事实上，当恐怖主义造成的伤亡或损失及其带来的冲击相对有限的时候，对于一个国家特别是一个法治国家来说，以司法模式来应对其境内的恐怖主义，是一个很自然的选择。恐怖主义这种行为几乎肯定会被视为是一种违法犯罪行为。但是，就国际层面来讲，恐怖主义被视为是一种刑事犯罪，对于反恐来说，则是一个很大的进步。一个方面，在最初，因为恐怖主义往

① S/RES/1368（2001），2001年9月13日，“打击恐怖主义”；S/RES/1373（2001），2001年9月28日，“国际合作防止恐怖主义行为”。

② Ronald Crelinsten，*Counterterrorism*，*Cambridge*，UK：Polity Press，2009，pp. 56—58.

往与反帝、反殖民、争取民族解放等联系在一起或打着这方面的口号，因此，对于其涵义和合法性，不同国家或国家集团往往存在分歧与争议。另一个方面，恐怖主义往往是出于政治动机的，因此，恐怖主义分子往往以受到政治迫害为由为自己辩护和寻求庇护。而且，因为恐怖主义的这种政治性，使其很容易与各种政治斗争联系在一起，一些国家往往也根据自己利益采取不同的立场，利用恐怖主义或反恐来实现自己的其他目的。再加上政治犯不受引渡这个国际惯例的存在，恐怖主义分子往往以此为借口避免被引渡而轻易可以逃避惩罚。这些使国际合作反恐面临很大困难。而将恐怖主义视为是刑事犯罪，并确定“要么起诉要么审判”的原则，即国家对于其境内的恐怖主义分子要么按照本国法律对其起诉、审判，要么引渡到遭受其袭击的国家进行起诉审判，则大大统一了国际社会对于恐怖主义的立场，使恐怖主义失去了合法性，并促进了国家在反恐上的合作。“一切恐怖主义行为”“都是无可开脱的犯罪行为，而不论其动机为何，采取何种形式和表现，发生在何处，由谁干出”。[①] 对于恐怖主义分子或起诉或引渡，事实上成为联合国反恐公约和有关反恐决议中一再重申的立场与原则。各个地区的国际反恐合作中，也大都引用了这个立场与原则。

但是，恐怖主义威胁的增加，则使一些人开始认为司法模式存在不足。这种模式被认为不再能够有效应对新的恐怖主义威胁。“9·11”袭击则被认为强烈地显示和证明了这种模式的不足，有力地推动了此后反恐从司法模式向战争模式的倾斜。而且，传统上，由于国家安全事务通常被置于优先、紧急的地位，一般司法往往不涵盖国家安全领域的事务，而随着恐怖主义在国家安全议程中的上升，警察、检察机关与法院等机构，让位于传统上国家安全的核心手段武力，在某种程度上似乎也是顺理成章的事情了。

司法模式首先被认为是反应式的，即警察或司法机关，通常是在事件发生后才做出反应，而不是在事件发生前就积极寻求介入；人们也只有存在违法行为后，才能够被逮捕、起诉或审判等。[②] 如果说当恐怖主义威胁还是十分有限，事后反应还能勉强接受的话，这种模式还可以采用。那么，当恐怖

---

① S/RES/1269 (1999)，1999年10月19日，“消除国际恐怖主义”。

② Bard E. O'Neil, *Insurgency & Terrorism: Inside Modern Revolutionary Warfare*, Washington: Brassey's, Inc., 1990.

主义威胁十分严重，特别是在恐怖主义分子能够发动大规模杀伤性袭击的情况下，如果仅仅是在事后做出反应，则无疑为时已晚，是在“坐以待毙”。因此，对于恐怖主义威胁需要做出及时、强有力的反应，需要“先发制人”。一些人还认为，今天的恐怖主义组织已经非常强大，警察等力量已经难以应对，只有军事力量才可以进行有效打击。

司法模式被认为存在的问题还有，在正常的司法程序中，对于证据有严格的要求；而恐怖主义事件通常都是非常机密策划、组织的，比较难以获得相关证据。因此，很多恐怖主义分子虽然构成威胁，却可能因缺乏确实的证据无法被逮捕，或即使被逮捕，也难以被判刑。就曾出现过很多案例，即恐怖主义分子被捕后，却因缺乏有力的证据，不得不被释放；而这些人在释放后，很快又从事恐怖主义活动。而且在正常司法程序中，对于被告或嫌疑人的权利都有严格的保护，比如，嫌疑人有权利保持沉默，不应受到酷刑审问等；而恐怖主义分子则容易利用这些权利，阻止司法机构获得对己不利证据；而司法机构通过一些秘密手段或不合法手段获得的证据，在法庭上则可能无法使用，而它们可能恰恰掌握对公共安全或国家安全有重要影响的信息，如行动计划、组织成员名单等。

此外，司法模式被认为还存在其他缺陷。如：(1) 正常状况下，为了保障公民的权利，法律对于情报机构等的情报收集手段、范围、情报的共享、情报的使用等都有比较严格的限定，有很多这些限定被认为是不利于及早发现、挫败恐怖主义阴谋和打击恐怖主义分子的。(2) 司法模式程序复杂，过程冗长，往往持续时间非常漫长，而可能无法满足反恐中坚决打击和快速反应的需要。(3) 司法模式对于证据的要求，可能会不利于情报工作。比如，正常司法中对于证据可能要有清晰的来源说明、要有证人等，这些可能会造成情报泄露和危及线人的安全。(4) 有的时候，为了获得更重要的证据，可能需要与一些犯罪分子做一定的交易，包括对其不起诉等；或者暂时不对其进行抓捕与审判。而司法模式在应对这些问题时往往不会考虑这些，从而可能不利于更好地保护国家安全或应对恐怖威胁。[①] (5) 审判与关押恐怖主义分子都可能有很多麻烦。比如，恐怖主义分子可能利用审判，大肆宣传自己

---

① 保罗·R. 皮拉尔著，王淮海译：《恐怖主义与美国外交政策》，北京：中国友谊出版公司，2003 年版，第 86—101 页。

的主张，谴责其对手，甚至能够鼓动、策划恐怖主义袭击。而恐怖主义分子在牢狱中，也同样可能会通过发起各种斗争如绝食等，来吸引关注，宣传自己的主张，招募成员，甚至是组织策划外面的恐怖袭击活动。(6) 而对于在国外的恐怖主义分子，在获得证据、抓捕、审判等方面则更为困难，而且，在引渡上也通常存在着很多的困难。

而战争模式则被认为没有上述缺陷。如果恐怖主义被界定为战争，恐怖主义作为敌人，就可直接动用军事力量进行快速、及时和有力的打击，消灭恐怖主义分子及其设施。这也就没有司法模式中对于证据、程序等方面的要求与限制。而且，如果恐怖主义分子被界定为战争中的敌人，那么，普通的司法程序就不再适用，其也不再享有这些法律所赋予的保护，那么，就更便于对其进行关押、审问和快速判决。

此外，用战争反恐被认为还有的优势包括，可以震慑恐怖主义分子及向其提供帮助的行为体，可以向国际社会显示强烈的反恐决心与意志，有利于进行反恐动员和增加反恐一方的士气等。

当然，对于战争模式也有许多批判者，在前文中有关恐怖主义与战争关系等分析中，已经有所提及。随着“9·11”后小布什发动的全球反恐战争显示出越来越明显的消极后果后，批判的声音更强烈了。有关战争模式的缺陷，大体可以概括为以下几个方面：(1) 会导致暴力滥用，其带来的伤亡和其他消极后果甚至超过了恐怖主义本身。(2) 暴力的滥用往往制造更多的不公、混乱与冲突，可能刺激更多的恐怖袭击；如第五章的数据显示，“9·11”袭击之前，伊拉克与阿富汗发生的恐怖袭击都非常有限，而美国反恐战争的结果却是使这两个国家内发生的恐怖袭击占了世界的大半。(3) 政府容易以处于战争紧急状态为由，损害法治与人权，掩盖其他不当意图或行为。(4) 将恐怖主义分子视为是战士，或者认为他们进行的是战争，会增加恐怖主义分子及其行为的合法性，提升其地位和吸引力，并给反恐一方在关押、起诉和审判恐怖主义分子上制造障碍。(5) 即使对于打击恐怖主义来说，战争可能既不是必要的，也不是有效的手段。因为恐怖主义行为体往往是一些秘密的小团体，力量有限，在目标定位准确的情况下，警察、执法机关等往往就能够胜任；相反，因为恐怖主义分子及其设施或活动场所，往往就隐藏于社会中，军事力量虽然强大，却难以打击，而且，这些通常也不构成有价值的军事打击目标。(6) 本书作者还认为，使用武力、发动一场战争，相比较于逮捕或审判恐怖主义分子，其敏感性和影响往往要大得多，其中存在的不确定性也大得多。这也意味着即使战争是一种手段，那么，也是一个包含有巨大风险的手段，且不那么灵活。(7) 鉴于战争的敏感性和对于发动精确打击或远程打击等对于一国军事力量的要求，发动战争打击恐怖主义在很大程度上可以说大多只能是像美国或其支持的盟国如以色列和土耳其的奢侈品，而即使像俄罗斯这样的国家，对于要对格鲁吉亚境内的恐怖主义分子发动军事打击，却也大多只能说说而已。(8) 在国内发动所谓反恐战争，更多可能是沦为政府镇压和打击异己力量或实现自己专制统治的借口，而不是真正应对恐怖威胁。而且在国内用战争进行反恐，很多时候是无法想象的，就像即使美国知道在纽约、芝加哥等城市都潜藏着恐怖主义分子，且准备发动袭击，但是，因此去轰炸这些城市却无疑是荒谬的。大概只有在一些特定情况下，如采取恐怖主义手段的行为体占据了一些据点或地域，开展反政府的军事行动，即国内存在分裂、叛乱行动或者说处于内战状态，国家才可能在国内进行战争；而这个时候，已经很难说这种战争首先是反恐战争了，因为战争所要解决的核心问题可能不是恐怖主义问题，而恐怖主义对于反政府的行为体来说，也可能只是一种次要的斗争手段。(9) 由于恐怖主义威胁是长期存在的，是无法根除的。因此，反恐战争就像这种模式的支持者所逐渐认识和宣传的那样，反恐战争是一个长期的战争（long war）。事实上，如果追求所谓胜利或根除恐怖主义这类目标的话，这种战争可能不得不将无限期进行下去，而这无疑将对国家的正常社会、政治、法律等秩序产生巨大冲击，消耗大量的资源，其结果大概也只能自欺欺人地宣布反恐战争取得胜利，结束反恐行动或放松戒备。然而，恐怖主义威胁却依然存在，从而使自己可能遭受更严重的恐怖袭击。

对于反恐的司法与战争这两种模式，本书作者认为如果反恐只能在二者中择其一的话，那么，司法模式则在大多数时候是一个更佳的模式。虽然司法模式也存在着缺陷，但是相比较于战争模式的缺陷，司法模式缺陷的严重性要低许多，而其反恐的有效性也要高于战争模式。而战争模式支持者所宣称的该模式所具有摆脱法律等方面的束缚与监视，可以对恐怖主义发动大规模快速打击等，恰恰包含了使反恐行动本身成为一种巨大威胁的危险。

但无疑，我们不必一定要二者择其一。相反，我们恰恰需要摆脱这种二者择其一的思维定势，即要么认为恐怖主义并不构成国家安全威胁，因此并不需要特别关注，武力在反恐中没有任何作用，只把恐怖主义当作一般治安问题交给警察与司法机构处理就可以了；要么认为恐怖主义是对国家安全的严重威胁，是一种战争行动，因此，司法等不再有效，而必需不惜一切代价地予以应对，以牙还牙，用战争行动来打击恐怖主义。

本书认为，恐怖主义确实已经成为国家安全问题，但是，恐怖主义威胁不同于传统国家安全威胁，而是一种新的国家安全威胁。因此，应对恐怖主义，既不能仅将其当作一般的治安问题来处理，又不能把它等同于传统国家安全威胁，主要依靠战争来应对。

事实上，考察“9·11”事件后的世界各国反恐行为，仍然可以看到超越司法与战争这两种模式的某些变化趋势，虽然全球反恐战争的喧嚣往往吸引了过多的关注而使这些变化容易被人忽视。

这些趋势概括起来就是，重视恐怖主义威胁，恐怖主义威胁被纳入国家安全（国际安全）议程之中，而不再单单被视为一般的社会治安或司法问题；虽然并不排除用战争来打击恐怖主义，但同时强调恐怖主义不同于传统国家安全；综合运用包括司法、军事、经济、外交、技术、舆论宣传等各种力量与手段应对恐怖主义威胁；应对恐怖主义威胁，不仅包括对恐怖主义分子的打击，还包括解决如贫富分化、地区冲突等容易滋生恐怖主义的土壤问题，以及降低社会对于这类袭击的脆弱性和提高社会从此类袭击中复原的能力；把反恐与其他问题如打击有组织犯罪、应急管理等联系、协调起来。

因此，打击犯罪、恢复秩序或消灭敌人赢得战争，都已经远远不能涵盖今天反恐越来越丰富的内涵了。即使法律模式或战争模式自身没有缺陷，单凭这两种模式自身所包括的那些措施也是不够的，已难以有效应对今天的恐怖主义威胁了。

为此，本书尝试用“治理”一词来概括这些内容更为丰富的反恐实践，并以之命名为本书将尝试构建的不同于司法或战争这两种模式的新的反恐模式。

在今天，“治理”已在诸多学科中被广泛使用，成为一股普遍的潮流。在讨论、分析全球性问题、国际安全与和平、地区与国家的发展等的时候，“治理”这个概念及相关思想被越来越经常地提到。一个方面，“发展不再只是意味着经济增长，而是指通过合作、参与等实现整个社会以及人们行为与价值观的改变”，而暴力冲突、不稳定等就被视为关系到发展问题了。而另一个方面，“安全理念的变迁，又使不发展被视为一种安全威胁”。[①] 在这种“发展问题与安全问题日益交融（merge）”的情况下，“治理”在安全领域中的使用也就是自然的事情了。

因此，“安全治理”（security governance）这个概念与理念开始出现并逐渐流行起来。所谓安全治理，按照较早强调和较详细阐述这个概念的艾尔克·克拉曼（Elke Krahmann）的看法，其涵义是由组成这个概念的“安全”和“治理”所规定的。其中的“安全”是指广义的安全，其不仅包括国家安全，还包括社会安全、环境安全、人安全等；而“治理则是指一群公共和私人行为体，在不存在一个中央政治权威的情况下，得以制定和实施有约束力的政策与决策、协调其相互联系的需求和利益所凭借的结构与过程。”[②]

关于恐怖主义的讨论与分析中，“治理”这个词也并不陌生。事实上，所谓安全治理论者在强调该理念出现的背景或必要性时，都会提到以恐怖主义为代表的非国家行为体兴起与演变以及跨大西洋地区的反恐实践；而且，有关恐怖主义威胁的治理也被认为是安全治理的一个重要方面。[③]

一些专门研究恐怖主义的学者在谈到对恐怖主义的应对的时候，也用到

---

① Mark Duffield, Global Governance and the New Wars: The Merging of Development and Security, London: Zed Books, 2001, pp. 22—43.

② Elke Krahmann, “Conceptualizing Security Governance”, *Cooperation and Conflict*, 2003, Vol. 38, No. 1, pp. 5—26.

③ Krahmann, “Conceptualizing Security Governance.”; Elke Krahmann, “Security Governance and Networks: New Theoretical Perspectives in Transatlantic Security”, *Cambridge Review of International Affairs*, 2005, Vol. 18, No. 1, pp. 15—30; Heiner Hänggi, “Making Sense of Security Sector Governance”, in *Challenges of Security Sector Governance*, ed. Heiner Hänggi and Theodore H. Winkler (Geneva, Switzerland: Geneva Center for the Democratic Control of Armed Forces, 2003); Cornelius Friesendorf, “Pathologies of Security Governance: Efforts against Human Trafficking in Europe”, *Security Dialogue*, September 2007, Vol. 38, pp. 379—402; Monika Heupel, “Combining Hierarchical and Soft Modes of Governance: The UN Security Council's Approach to Terrorism and Weapons of Mass Destruction Proliferation after ‘9·11’”, *Cooperation and Conflict*, March 2008, Vol. 43, No. 1, pp. 7—29; Emil J. Kirchner, “The Challenge of European Union Security Governance”, *Journal of Common Market Studies*, Vol. 44, No. 5 (2006), pp. 947—968.

“治理”这个概念。[①] 在中国也是如此，比如李湛军、张家栋两位学者就分别在其专著标题中，都使用了“治理”一词。[②]

因此，本书这里使用“治理”这个概念来描述关于恐怖主义的应对，并非什么创新。不过，在迄今有关恐怖主义的“治理”分析中，往往只是使用了这个概念，却未详细谈论其中“治理”的涵义，以及“治理”与其他关于恐怖主义的应对的联系与区别。

在有关安全治理的讨论中，虽然比较详细阐述了安全治理的一般内涵与特征等，却很少分析这种理念对于应对恐怖主义的具体含义。而那些有提到治理的对恐怖主义的专门分析中，或虽有深入讨论的，却往往只涉及反恐的某个方面，比如对与恐怖主义有关的贫困、腐败等问题的治理。因此，在这些分析与讨论中，“治理”往往只是被当作反恐中针对某个地域、某个领域或某个问题的一种手段、方法或原则。

而在本书中，“治理”被作为审视与处理所有反恐事务的统领性视角与原则；而非只是适用于某个问题、领域或某个国家的众多政策或方法中的一个。而且，本书作者倾向于认为，“治理”的视角与原则不仅仅适用于应对恐怖主义威胁，而且，还可适用于其他安全威胁，可以成为适用于看待与处理所有国家安全事务的基本视角与原则。不过对于这一点，超出了本书讨论的范围，将不予论述。

此外，此处构建的反恐的治理模式，并不是简单概括总结世界各国的反恐政策与实践，以图正确反映或呈现客观的现实趋势与特征，也非只是概括总结其他学者的观点，虽然本书作者构建这种模式时，是基于对于现实的分析，或可能从某些现实做法或某些观点中得到启发或有所借鉴。本书在这里提出的治理模式，主要是反映作者对于恐怖主义这个问题的判断与对于解决问题思路的看法，是作者基于威胁的特征以及反恐的基本现实分析判断基础上，提出的一种反恐建议。作者认为虽然可能不存在着完美的反恐模式，但是治理模式相对而言，更能避免战争与司法模式存在的那些缺陷，当然，最

① Ronald Crelinsten, Counterterrorism, Cambridge, UK: Polity Press, 2009, pp. 247—250.

② 李湛军：《恐怖主义与国际治理》，北京：中国经济出版社，2006年版；张家栋：《全球化时代的恐怖主义及其治理》，上海：上海三联书店，2007年版。

终这种模式的合理性与价值，还留待现实检验与读者评价。

三、反恐的治理模式

首先，治理模式对于所要解决问题的界定，是不同于司法模式或战争模式的。这种对恐怖主义以及反恐问题的界定的不同，具有决定性影响，其直接决定三种反恐模式在内容、手段、领域以及其他方面的不同。

在司法模式中，所要应对的问题被界定为社会治安问题、法律秩序的破坏与恢复问题。恐怖主义被视为一种犯罪行为，是对社会治安与社会法律秩序的破坏；因此，反恐就是要打击犯罪，恢复社会治安与社会秩序，恢复法律的权威。战争模式中，问题首先被界定为某种敌人的存在以及敌人所实施的暴力行动——恐怖主义；因此，反恐首要问题是打败或消灭敌人，而相对于恐怖主义的安全状态就是不存在这种敌人，不发生恐怖主义暴力。

而在治理模式中，恐怖主义问题则被界定为治理特别是国家安全治理方面的低效、缺失或失败，以及由此导致的对于民众安全服务的缺失与低效，因此，反恐首先是加强和改善有关反恐的治理，以提供更为有效的安全服务。

相比较于三种治理模式，战争模式对于恐怖主义问题的界定最为简单和狭隘，恐怖主义问题的存在就是因为敌人的存在，因此，反恐的核心问题就是打败或消灭敌人。这种把恐怖主义问题视为是因为敌人或其暴力的存在，对于反恐来说意味着，当不存在这种敌人或暴力的时候，则是安全的，也就无采取措施的必要；而当敌人或恐怖暴力出现后，反恐首要任务就是对恐怖行动以暴易暴进行报复，惩罚、打败或消灭敌人。这种对于问题的界定的关键缺陷在于其与下面的基本事实相冲突，即恐怖主义分子是杀不完的，相反，暴虐的反恐甚至可能制造更多的恐怖分子；而且，当恐怖主义分子及其暴力出现，即使能够用暴力进行有力的回击和将恐怖主义分子绳之以法，也无法改变袭击已造成伤亡与损失这个事实。而且，战争模式仅仅看到恐怖主义分子与恐怖暴力本身，而不关心为什么有人会采取恐怖活动，以及这些暴力活动产生、运行和产生影响的环境与条件。这也使其在反恐中，主要关注对恐怖主义分子及其暴力活动的打击报复，而不关注在恐怖暴力发生前如何将其制止或从根本上使人们不愿选择采取恐怖主义行动，不关注反恐行动的长远影响以及对其他问题的影响。因此，战争模式在本质上，对反恐采取的是一种消极、被动、短视的做法，即仅当恐怖主义袭击出现后才反应，而且，反应也只局限于针对袭击与恐怖主义分子本身。

司法模式看待恐怖主义与反恐问题的视野比战争模式要宽阔一些。它不像战争模式那样，把恐怖主义问题仅简单地看作是因为某些坏蛋的存在，反恐就是要消灭这些坏蛋。其从如何维护整个社会、法律秩序的角度来看待恐怖主义与反恐。但是，司法模式也存在着缺陷，即其仍然是反应式的，犯罪行为发生、秩序被破坏后，才被认为存在问题，才会采取行动；而且，其行动往往仅仅限于将犯罪分子绳之以法，恢复原有的秩序。

而治理模式认为，恐怖主义以及其运行、影响，不能只归咎于某些有恶意的个人或组织以及其蓄意实施的暴力行动，恐怖主义的产生、运行与产生影响有广泛、更深刻的背景。而且，治理模式认为，在恐怖主义威胁日益增长的情况下，仅仅在袭击发生后或事态出现后才作出反应已经远远不够；反应仅仅针对恐怖袭击以及恐怖主义分子本身，已经远远不够；从某种角度上可以说，袭击发生后，抓获、杀死恐怖主义分子都可以说是无意义的。因此，治理模式强调反恐的核心在于塑造一种安全环境，而非是惩罚恐怖主义分子或仅仅满足于暂时没有发生恐怖主义暴力。在这种环境下，不仅有利于及时发现、防范、挫败恐怖主义袭击，而且当恐怖主义袭击后，能够及时作出反应，将其造成的损失尽量降到最低，并将责任者绳之以法。这种环境还有利于使恐怖主义失去存在的土壤，尽力使各种不满、矛盾与冲突能够得到及时、有效的解决，恐怖主义作为一种手段受到一致谴责与拒绝，恐怖主义也难以实施或即使袭击得逞了也难以造成重大伤亡与损失。在这种环境下，政府等机构防范与应对恐怖主义威胁的能力大大提高，国家、社会与人们以更小的代价享受和感受到更多安全。

从这些可以看出，治理模式是从比战争模式与司法模式广阔得多的角度来看待恐怖主义及反恐的，其反恐要比战争模式与司法模式的反恐更加“野心勃勃”，更积极主动，更有进攻性。因此，这里的治理，不仅包括对于恐怖主义袭击本身相关问题的治理，还包括对于恐怖主义产生、运作的环境的治理；不仅包括对于恐怖主义问题的治理，还包括对政府应对、处理这些问题能力的治理。

其次，治理模式对于恐怖主义与反恐的界定，意味着该模式下反恐的内涵是远远丰富于司法模式或战争模式的。反恐不再是仅仅将恐怖主义分子绳之以法，恢复社会与法律秩序，更不仅仅是打击、消灭恐怖主义分子。

反恐在治理模式中有更为丰富的内涵。治理模式中仍然包括对恐怖主义行为体的抓捕、审判，甚至包括对恐怖主义行为体的军事打击；但是，对恐怖主义分子的侦查、抓捕、审判或是打击、消灭，并不是目的本身，其并不构成反恐的核心。而且，打击恐怖主义分子只是众多治理手段与方法中的一种；采用何种手段与方法，如何使用这些手段与方法，以及各种手段与方法的优先性等，并不是以是否能够消灭恐怖主义分子为标准，而是以是否能够消减恐怖主义威胁，改善和加强对恐怖主义的治理为标准。治理模式中，反恐并不追求审判或杀死了多少个恐怖主义分子，其追求的是恐怖威胁的降低。而影响这种威胁的因素要远比审判或杀死恐怖主义分子广泛和复杂得多；在某些条件下，教条地追求对恐怖主义分子的审判与打击甚至可能会增加恐怖威胁或不利于整体国家利益；而且，如果只是以打击恐怖主义分子为核心，那么就可能忽视这些反恐行动本身有增加恐怖威胁的风险。因此，治理模式认为对于恐怖主义分子并不是只有打击、消灭一种可能，从降低恐怖威胁的长远和整体方面看，其他选择可能更合理。其中包括在一定条件下，与一些恐怖主义分子可以进行接触、沟通，对其进行转化，使之放弃恐怖主义手段、重新回归正常社会生活，或使一些恐怖主义组织放弃恐怖手段而采用合法的和平手段来表达诉求与参与政治生活。

治理模式下的反恐同样还强调以下工作的重要性：积极解决导致矛盾与冲突的问题，以及通过对于各种矛盾、冲突等的化解与和平解决，“消除有利于恐怖主义蔓延的条件”①；通过情报手段、关键重要目标防护等挫败潜在的恐怖主义袭击；通过对相关技术、装备、物资等的管理，对运输系统、通讯、网络、金融活动等的监视与检查，社会的宣传、教育，等等多种手段

---

① A/RES/60/288，《联合国全球反恐战略》。需要注意的是，治理模式在强调治理与恐怖主义相关的“根源”问题重要性的同时，承认和强调并不是所有的恐怖主义袭击都有深刻而普遍的社会原因；即使在一个政通人和、人们富足幸福的社会中，也可能会发生恐怖主义。而且，在现实中，即使对于那些与恐怖主义有关的社会根源，大多也只能是尽力控制、缓解、削弱和减少，却不可能做到绝对的完全根除。

与方法，创造一个不利于恐怖主义运作与实施，以及抑制其破坏性后果的环境；加强对潜在恐怖袭击的紧急应对与处置能力；加强社会等抗击恐怖主义袭击以及从恐怖袭击中复原的能力；提升政府及其他相关机构或力量打击或应对恐怖主义的能力，等等。需要注意的是，上述治理不仅包括国内治理，还包括通过外交与国际合作、国际组织等开展进行的国际治理；不仅包括政府对有关恐怖主义的治理，还包括对于政府应对恐怖主义的组织、制度、程序、手段与力量等的内部治理。

第三，治理模式中，反恐所使用的措施与手段、所涉及的领域也要比司法模式和军事模式丰富得多。虽然治理模式中，暴力等强制性措施仍然是必要的，但是，其优先性与重要性并不总是排在前列。治理模式认为“简单的对策不能构成一项有效的反恐怖主义政策。反恐怖主义政策必须有许多要素。”[①] 治理模式强调多种手段、措施的相互协调、配合作用的重要性。这些措施与手段不仅局限于军事、司法等领域，还涉及经济、社会、政治与外交、科技教育、文化宣传等众多领域。治理模式试图通过这些各个领域中的措施与手段的协调与配合，全面塑造一个使恐怖主义生存空间及其威胁被压缩到最低限度的环境，并且是通过一个更高效的方式实现这个目标。

第四，治理模式强调，反恐只是国家或政府面临的诸多需要解决的问题中的一个。因此，其在整个政府议程中的位置、资源的投入、政策等都必须考虑国家整体利益与战略；反恐必须与国家在其他问题上的工作议程相互协调、配合，纳入国家整个战略的统一考虑与统领下。事实上，反恐涉及多种手段、力量与领域，其他问题的治理也必然会影响到对于恐怖主义的治理。

从国家整体的利益、议程与战略等角度来处理恐怖主义问题，将不仅有助于寻求更丰富、更全面地应对恐怖主义的措施与方法；通过对恐怖主义问题的治理与对其他问题的治理的相互协调、配合，还能够更有效、更经济地应对恐怖主义。而且，只有从这种国家整体战略与利益的角度来考虑和开展反恐，才可以避免反恐行动损害国家在其他方面的利益与战略，反恐才是可持续的。

此外，治理模式强调正如在其他领域的治理一样，政府在反恐上必须注

---

① 保罗·R. 皮拉尔著，王淮海译：《恐怖主义与美国外交政策》，北京：中国友谊出版公司，2003 年版，第 31 页。

意投入和收益的平衡；遵守相关的法律；注意反恐行动与社会的基本价值规范保持一致，并注意反恐行动可能的潜在负面后果。

第五，治理模式的反恐思路也不同于司法模式与战争模式。在司法模式与战争模式中，恐怖主义这个问题的存在，在很大程度上首先被归结为是因为某些“麻烦制造者”——犯罪分子、敌人或其他“邪恶”的存在，因此，反恐的核心是要首先战胜、清除或解决这些麻烦制造者。这种更多是基于简单道德判断的思路忽视了恐怖主义是“历史中一个平常的和反复出现的主题”，拒绝承认问题的复杂性。[①] 而治理模式中，则承认恐怖主义的存在是复杂现实的一部分，而不单纯是“黑白”对抗问题。

治理模式把恐怖主义的产生视为多种因素造成的，而并不只是因为某些“坏人”的存在。因此，反恐并不能仅仅止步于处理这些“坏人”——恐怖主义分子，更重要的是对影响恐怖主义产生与运作的多种因素的处理。其思路就在于通过治理来塑造一种更不利于恐怖主义产生与运作的环境，并获得一种能够有效预防、挫败、抗击和处理恐怖袭击的能力。

第六，反恐的治理模式在目标上也是不同于司法模式与战争模式的。治理模式下，反恐追求的目标是降低恐怖主义威胁，提供高效、灵活、友好、细致的安全服务，满足国家和社会在反恐方面的安全需要。因此，治理模式中反恐不满足于只是消灭敌人，不满足于只是暂时免遭恐怖暴力威胁，也不满足于仅仅是恢复法律社会秩序和惩处恐怖主义分子。治理模式还强调通过治理，能够获得免遭恐怖威胁的“长治久安”，强调以高效的方式获得这种安全。而且，治理模式强调这种模式所带来的消极影响也是最低的，或者说这种服务是友好的。比如，在防范恐怖主义分子对于地铁、飞机等航空系统的攻击同时，尽量降低这些措施对于人们出行造成的不便，如大规模禁止个人流动、禁止言论传播、禁止集会等这样措施，虽可能（至少短期）有助于抑制恐怖主义威胁，但是，这种反恐措施无疑是不友好的。而灵活、细致则要求反恐并不仅是满足于国家生存不受到威胁，满足于政府可以免遭暴力的强制，反恐还需要充分关注利益相关方的利益、权利与诉求，尽量满足不同

---

① 亚当·罗伯茨：《“反恐战争”——从历史的角度看》，载于吉尔·安德雷阿尼、皮埃尔·哈斯内编，齐建华译：《为战争辩护——从人道主义到反恐怖主义》，北京：中央编译出版社，2008年版，第98页。

行为体在安全方面的需求。比如不仅包括保障人们的生命财产安全，还需要关注恐怖主义袭击对于人们心理的冲击，关注人们在相关事件中的知情权，等等。

第七，治理模式还强调多种或多层次行为体的参与、协调和配合。国家仍然是反恐的首要责任者，但是，其中参与的部门不再仅仅限于司法机构或军事部门等，而是强调整体国家机构的协作与配合。治理模式还强调企业、科研机构、各种非政府组织、宗教组织、社区、公民个人以及其他国家和国际组织在反恐中的作用。对恐怖主义的治理，是这些行为体共同参与、协作、合作等的结果。

第八，在时间维度上，治理模式还意味着，反恐不仅仅是对恐怖主义袭击等某种紧急事态的反应，不仅仅包括在这些状态下的一种短期做法。治理模式下，反恐涵盖恐怖主义袭击没有发生之时、恐怖主义袭击发生时以及袭击发生后等各个阶段，是一种全时段的连续努力；其既包括紧急事态下的某些特殊性的临时措施，也包括大量常态化的日常工作与措施；而且，对于反恐中各种政策的评估也不仅仅是看其短期的后果，还考虑其长远的潜在影响。

最后，在精神层面，治理模式的反恐也是不同的。

战争模式中，反恐是基于对恐怖主义分子的仇恨与敌视，基于必欲处之而后快的冲动，但这也就意味着，反恐更多强调是在恐怖主义分子或暴力出现后作出的反应。因此，从根本而言，其是消极的、反应式的，而且，这些反应往往轻视在消灭恐怖主义分子之后或恐怖暴力尚未发生时的事态，从这个角度看其又是短视、狭隘的。司法模式，相比较于战争模式，少了狂热与冲动，而具有更多理性，但是，其也主要关注事后的反应，因此，也是消极的。

而治理模式则把恐怖主义视为根源于不完美的现实本身，现实的这种不完美性是一种正常与客观的状态。不过，治理模式认为，这种不完美性及其负面影响是可以通过适当努力将其降低到最低限度的，而如果没有这些努力或应对不当，这种不完美性与其造成的危害却可能大大激化。因此，治理模式以理性务实的眼光看待恐怖主义与反恐，并不追求彻底根除恐怖主义这样的虚幻目标。

恐怖主义来源于现实，可能将反复出现。治理模式把反恐视为与推动恐怖主义威胁增加的因素和已有或潜在恐怖主义分子的一个持续竞争过程。因此，治理模式强调反恐是一个持续的连贯努力过程，并要求对于现实与威胁的变化保持时刻的警惕，灵活变动，积极创新，以在竞争中赢得最大限度的优势。因此，治理模式中，不是坐等恐怖袭击或恐怖分子出现后才作出反应，而且，其反应也不仅限于只针对这些暴力与行为体，而是采取更积极、更全面的做法，以应对恐怖主义威胁。

总而言之，治理模式是建立在对于影响恐怖主义以及其他国家安全问题因素的多样性与复杂性的认知与强调的基础之上的，是建立在对于统一、综合运用各种力量与方式处理这些安全问题的重要性的认知与强调的基础之上，建立在反恐的关键在于塑造一种不利于恐怖主义存在、运行的安全环境和应对这种威胁的能力，而不是在于对这种暴力的打击或这种暴力的暂时性缺失的这样一种认知与强调基础之上的。治理模式还是建立在相对开放的角度来看待恐怖主义的基础之上的，即承认恐怖主义不仅仅是国家安全问题，还可能同时属于国内社会治安方面的问题，属于民族之间关系的问题，等等，而反恐则涉及这诸多方面，是这诸多方面紧密协调与配合的一体化努力。

图表 8—1　三种反恐模式

反恐模式 / 特征	司法模式	战争模式	治理模式
问题界定	治安与犯罪	敌人与战争	治理缺失或不当
反恐思路	抓住与惩罚罪犯	赢得战争、消灭敌人	加强、改善治理
反恐宗旨	恢复法律与社会秩序	消灭敌人保卫国家安全	为不同行为体提供高效、细致的国家安全服务
反恐内容	抓捕、起诉、审判、惩罚恐怖主义分子和维护治安	威胁出现后，动员、结盟、使用武力，消灭敌人	对恐怖主义袭击发生前、发生时及发生后的全面治理

续表

特征 \ 反恐模式	司法模式	战争模式	治理模式
反恐措施	司法与治安方面的措施	军事以及相关的政治外交措施	根据需要，多种措施灵活的配合使用
反恐行为体	政府，主要是司法系统与警察系统	政府，主要是军事及国家安全或外交方面的机构	政府，多部门；个人、私营机构、非政府组织、国际组织和其他国家参与、协调、合作
反恐成效判断标准	抓获与审判恐怖主义分子数量，相关犯罪率的降低	消灭恐怖主义分子的数量，是否赢得战争	恐怖威胁降低，相关安全需求是否得到更好、更高效的满足
反恐时间分布	案件处理时期	战争进行时期	全时段持续进行
反恐精神	冲动与消极	理性与消极	理性与进取

至此，本书将倡导的反恐模式命名为治理模式的原因也显示出来，即其与当下尚在流行的一些治理思想有共同之处，且确实借鉴了当下治理理念中的一些精神。

什么是治理，虽然到今天其含义仍是相对模糊、宽泛的，存在着许多争论，但是，在这些争论中仍然存在着某种程度的共识。世界银行在 1991 年《管理发展：治理的维度》文件中提到，“对治理的一般性定义就是，政府的权威、控制、管理和权力的运用”。“治理，一般而言有三个不同的方面：(1) 政治体制的形式（议会制/总统制，军人体制/文官体制，威权体制/民主体制）；(2) 在管理一国经济和社会资源中权威的运用过程；(3) 政府设计、制订和执行政策的能力，以及一般而言，履行政府职能的能力。”[1] 而

---

① World Bank，“Managing Development：the Governance Dimension”，August 1991，〈http：//www-wds. worldbank. org/external/default/WDSContentServer/WDSP/IB/2006/03/07/000090341 _ 20060307104630/Rendered/PDF/34899. pdf〉.

在世界银行主持的世界治理指数（Worldwide Governance Indicators）项目中，“治理可以广义地被界定为一国中权威运用所依据的一系列传统与制度。这包括（1）选择、监督和更迭政府的过程；（2）政府有效制订和执行合理政策的能力；（3）尊重公民以及那些管治公民间经济、社会互动的制度”。世界治理指数项目还认为治理可以在六个维度上得到反映，即“参与和责任”、“政治稳定性与暴力/恐怖主义的缺失”、“政府的效率”、“管制的质量”、“法治”和“对腐败的控制”。①

而联合国开发计划署则认为，“治理可以被看作为在各个层面运用经济、社会和行政权威对一国事务的管理。其包括公民与团体表达其利益、行使其权利、履行其义务和协调其相互间分歧等所凭借的那些机制、过程和制度”。而“善治，除了其他特征，就是参与性的、透明的和负责任的治理。其也是有效和平等的。而且，其促进法治。善治还意味着政治、社会和经济方面的议程设置是基于社会广泛共识之上的，且在分配发展资源的决策时，那些最贫穷和最脆弱部分人的声音得到反映”。善治具有下述特征：“参与性”、“法治”、“透明”、“响应性”、“共识取向”、“平等性”、“有效性与效率”、“责任性”和“战略视野”。②

从上述有关治理及治理追求目标——善治——的阐述可以看出，治理可以看作是一个行为体在利益相关方的参与的基础上，对于其职能范围内的事务的管理实践。就公共治理来说，政府无疑是首要的行为体与责任者。而反恐只不过是政府众多管理实践中的一个部分，而且，政府其他部分的管理实践也关系到对于反恐方面的治理。

因此，将反恐视为一种治理，表明反对把反恐作为某种特殊事态与政府的整体治理割裂、对立起来，虽然治理模式承认反恐具有不同于其他问题治理的特殊性。治理模式试图把国家在反恐以及其他国家安全事务领域中的应对与政府其他治理活动联系、统一起来，把紧急时期的反应与平常状态下的反应联系、统一起来。

---

① 〈http：//info. worldbank. org/governance/wgi/faq. htm＃1〉.

② United Nations Development Programme，“Governance for Sustainable Human Development：A UNDP Policy Document”，January 1997，〈http：//mirror. undp. org/magnet/policy/〉.

此外，在强调多种行为体的参与和互动，强调多种手段与措施的综合运用，强调对于法律规范的尊重，强调对于政策或行动绩效的关注，反对过分倚重强制，强调对于相关利益方的响应，等等，无疑与当今公共治理理念中所强调的原则是一致的。

当然，反恐治理模式中，其也与流行的治理理念以及其在安全领域中的延伸——安全治理理念，存在着许多根本性的不同。

首先，现有的安全治理理论往往建立在割裂、对立传统与非传统安全领域的基础上，强调其中的非传统安全。而反恐的治理模式虽然承认传统安全与非传统安全之间存在着差异，应对方法与手段上也存在着差异，但是治理模式反对将非传统安全与传统安全完全割裂与对立起来，相反，强调国家需要统一考虑与应对非传统安全与传统安全问题。因此，反恐不应与国家应对包括传统战争在内的其他威胁的努力割裂与对立起来，相反，应该相互配合、相互融合，受统一的国家安全战略的指导。

其次，从“统治”（government）到“治理”，当下治理理念就是要淡化或消除暴力与强制的作用。但反恐治理模式并不羞于谈论强制与暴力在治理中的作用；相反，强调暴力、强制在反恐中仍然是非常重要的一种手段，虽然其反对反恐中单纯以暴制暴或过分强调暴力的作用。因此，反恐治理所涉及的领域并不仅仅是大多治理所关注的经济、社会领域，还包括政治、军事等领域。

最后，与当下治理原则中过分强调权力分散、强调各种行为体的平等协商、配合，强调权力的分散与多中心性相比，反恐的治理模式虽承认其他行为体参与国家安全事务的重要性，但认为国家仍是包括反恐在内的国家安全事务的主要责任人和中心行为体，即绝大多数安全治理思想中所反对的国家中心主义（state-centric），并认为层级与控制仍然是重要的。

因此，强调反恐的治理模式，强调暴力以外手段与领域在反恐中的重要性，强调国家以外行为体如个人、私营企业和非政府组织等参与的重要性以及对这些行为体需要的响应，并不与本书所持的相对狭义的国家安全观相矛盾。事实上，倡导治理模式并不必须用人的安全、社会安全、内部安全（internal security）等概念所体现的内容来替换以国家免遭暴力强制威胁的这样一种狭义国家安全内涵，虽然有的时候，在这些安全理念中，恐怖主义也被视为严重的威胁，其应对也与治理模式有某些共同之处。[①] 治理模式并不强调个人的安全是超越国家的安全，也并不强调经济、环境等领域对于国家安全的重要性是超越军事、政治领域的。

本书认为，治理模式只不过是在怎样使国家免遭暴力威胁这个问题上提供不同的界定与应对思路，而不在于其拓宽了国家安全的内涵。治理模式认为，即使是为实现使国家免遭暴力威胁或强制这种狭义的国家安全，国家的努力也必须超越政治与军事领域，其手段也必须不仅仅局限于外交与军事手段；相反，日益需要在多个领域，采用多种手段来实现。治理模式正是建立在这样一个对于国家安全的判断基础上的：即随着技术、社会等的发展，有越来越多的行为体、领域与因素影响到国家安全，因此，国家在追求国家安全时必须是建立在对这些行为体、领域与因素等的整体考虑之上。

不过，本书所提出的反恐治理模式虽是建立在狭义国家安全的基础上的，但反恐治理模式确实反对国家安全事务传统所拥有的地位，即国家安全事务往往成为一个对大众或其他行为体封闭的禁地；国家安全事务在整个国家议程中拥有无条件的绝对优先性；武力被置于中心甚至是某种神圣的地位；以不考虑其他行为体关切、不考虑成本与绩效以及对于在其他方面影响的粗放、粗暴的方式追求安全。

四、关于反恐的一般原则性建议

下面将根据前文对于恐怖主义的分析，提出反恐政策建议，其中大多数建议已包含于反恐治理模式中，下面只是又进一步地说明或拓展。当然，这些建议的提出，并不是建立在这样认识的基础上的，也不希望这些建议将导

---

① Council of the European Union, “Internal Security Strategy for the European Union: Internal Security Strategy for the European Union” (2010) (5842/2/10), ⟨http://register.consilium.europa.eu/pdf/en/10/st05/st05842 — re02.en10.pdf⟩; Euprопean Commission, “The EU Internal Security Strategy in Action: Five Steps Towards a More Secure Europe” (2010) (COM (2010) 673 final), ⟨http://ec.europa.eu/commission_2010—2014/malmstrom/archive/internal_security_strategy_in_action_en.pdf⟩.

致这样的认识，即存在着适用于所有状况、所有国家的应对恐怖主义威胁的标准战略与政策。相反，由于每个国家其所面临的恐怖主义威胁的不同、其所拥有的资源的不同等，必须根据其具体情况，选择与调整应对恐怖主义威胁的做法。因此，这里提出的建议，应被视为只不过是在反恐中需要注意的一般性原则罢了。

首先，不应把恐怖主义与反恐视为分别代表邪恶与正义的恐怖主义分子与反恐方之间像黑白那样绝对的割裂与对立；反恐不应被想象成为在追求这种善恶对决——甚至是终极对决——的胜利。

这种对于恐怖主义与反恐的黑白对立观念镜像，虽然简单清晰，但是，它是扭曲的，反映的并不是真实的现实世界。而且，这种观念镜像对于反恐来说，还包含了许多潜在的危险，如使反恐一方变得如恐怖主义行为体一样的狂热、偏执、不宽容和暴虐，从而使反恐者及其反恐行动本身都可能变成一种威胁——甚至是比恐怖主义更大的威胁，就像“9·11”袭击后小布什政府的行为所昭示的那样。

还比如，这种观念镜像会使反恐方认为，恐怖主义问题的产生仅仅是因为恐怖主义行为体这些“恶”的存在，因此，反恐只需要涤除“恶”就可以了；而且，这些“恶”被清除了以后，就可以一劳永逸解决问题了。这种认识导致把惩罚和消灭恐怖主义分子作为反恐的核心，从而忽视恐怖主义现象的复杂性，忽视了其他反恐选项的存在与重要性。这种认识还没有意识到，当恐怖主义袭击发生后，惩罚和消灭恐怖主义分子，并不能消除袭击所造成的伤亡与损失。因此，使恐怖主义袭击不发生与恐怖主义袭击后作出完美的反应相比是更为理想状况；这意味着，惩罚与消灭恐怖主义分子，如果不说是一种下下策的话，那么也至多只能是反恐非常有限的一部分内容。

这种观念镜像还会使反恐产生一种危险的幻觉，即恐怖主义不仅必须根除，还是可以完全根除的。

而本书关于反恐的第二个原则性建议就是，反恐不应追求所谓的最终胜利，或把根除恐怖主义作为反恐的目标。

在传统国家安全中，赢得战争胜利往往被当作国家与军事力量追求的根本目标，因为胜利往往与国家的生存等同起来。这种追求胜利的信念，在丘吉尔 1940 年 5 月 13 日面对德国威胁临危受命时于英国下院发表的演讲中，淋漓尽致地表现了出来。“你们问：我们的目的是什么？我可以用一个词来答复：胜利——不惜一切代价去争取胜利，无论多么恐怖也要去争取胜利；无论道路多么遥远和艰难，也要去争取胜利；因为没有胜利，就不能生存。”[①] 虽然有些战略家，可能批评这种看法，认为其实际上违背了战争应服务于政治目的的要求。不过，直到今天，这种胜利情节仍然普遍存在；胜利仍被武装力量作为首要的目标，武装力量认为在战场上的首要任务就是要获得胜利，只有获得胜利了，国家生存才能得到保障，国家才能实现自己的意志。

但是，在应对恐怖主义威胁时，把胜利作为追求的目标，将使国家为实现这个不可能实现的目标变得歇斯底里，从而自己打败自己。而且，认为恐怖主义是可以战胜的这个观念，很可能使国家在应对恐怖主义方面取得了某个成果后，就认为恐怖主义的威胁不再存在，而放松警惕。

在谈到社会科学的作用时，波普认为社会科学研究难以预测社会将是什么样的，但是可以确定社会将不可能怎样发展。[②] 那么，如果说有关恐怖主义研究能够肯定什么的话，那么其中之一就是，除非世界毁灭，否则不可能根除恐怖主义。国家可以消灭某个恐怖主义组织或某些恐怖主义分子，但是，国家不可能消灭所有的恐怖主义组织和恐怖主义分子；因为，一些恐怖主义组织或个人被消灭了，或停止了恐怖主义袭击，而另一些人或组织又可能会成为恐怖主义行为体。即使恐怖主义威胁是一种恶，那么，其也是产生于现实社会本身，因此可以说，只有现代社会或人类本身不存在了，才能期望恐怖主义不存在。

因此，反恐“不是打击某一个单独的主要敌人的战争”，[③] 不是进行能够一劳永逸解决问题的“会战”；不能预期在一段时期行动后，将彻底根除恐怖主义或消灭所有恐怖主义分子。相反，反恐是需要持续、耐心的关注与努力，这其中包括各种长期的细致工作。恐怖主义在一定程度上，是一种消耗战策略，是通过不断的袭击给对方造成伤亡与损失从而最终消磨其意志来

---

① 温斯顿·丘吉尔，吴万沈等译：《第二次世界大战回忆录（第六卷）：最光辉的时刻》，海口：南方出版社，2003年版，第28页。

② 卡尔·波普尔，傅季重等译：《猜想与反驳》的第十六章“社会科学中的预测和预言”，上海：上海译文出版社，1986年版。

③ 保罗·R. 皮拉尔著，王淮海译：《恐怖主义与美国外交政策》，北京：中国友谊出版公司，2003年版，第58页。

达到其目的的。因此，在反恐中，冷静、耐心与毅力是很重要的品质。反恐中的目标也应该是有限、现实的，应把尽量控制与减少恐怖主义发生及其造成的损失，而不是彻底消灭恐怖主义或绝对防止一切袭击作为现实政策目标。

对于恐怖主义威胁，国家不大可能挫败每一次的袭击，因此，国家不应该追求绝对的安全；必须考虑投入与收益的平衡。人类永远无法生活在绝对安全、绝对完美的状态，对于有些苦难，必须被当作生活本身的一部分而被接受。因此在一定程度上，国家在面对恐怖主义威胁时，需要保持一颗平常的心态，同时也需要教育、疏导大众，避免大众不必要的恐慌；对恐怖主义袭击过分的担心与紧张，以至于处于一种歇斯底里的状态，并不能减少恐怖主义威胁，也不会增加自己的安全感。因此，学会怎样在恐怖主义威胁下生活，怎样与恐怖主义共存，对于反恐来说，也是一个重要的问题。

第三，恐怖主义需要纳入国家安全议程内。这种纳入将有助于反恐工作得到最高政治领导层的持续关注、控制，这对于保证反恐工作的持续性以及反恐所需要的各方的合作、配合很重要。

但需要注意的是，把恐怖主义威胁作为国家安全威胁，绝不意味着恐怖主义威胁必然将取代传统国家安全威胁，而成为首要的威胁。恐怖主义成为一种国家安全威胁，意味着国家面临的威胁更加复杂，而不是原有威胁的消失。

将恐怖主义纳入国家安全议程，也不意味着只能用传统国家安全的相关理念、方法、机构和力量等来应对国家安全威胁。这种新变化意味着需要更新传统的国家安全理念、方法、机构和力量，探索新的应对方法。

第四，反恐必须与国家安全议程中的其他需要，以及与国家的整个政治议程中的其他需要，进行协调与平衡。

恐怖主义是一个国家安全威胁，反恐很重要，但无疑恐怖主义不是唯一的国家安全威胁，更不是国家需要处理的唯一问题。事实上，虽然在某个特定时期或特定状况下，恐怖主义可能在国家安全议程乃至整个国家政治议程中，都是需要优先处理的首要问题，但是，就普遍和长期情况来看，反恐不可能永远占有这种优先位置。一个把反恐永远置于议程首要位置的政策既不明智也难以长久，且从投入与产出上看，可能也是非常低效的。

因此，需要把反恐与议程上的其他问题，根据现实情况的变化，适时调整其优先性，兼顾各种问题，恰当分配投入资源，并注意各个议程之间的兼容与配合。反恐必须被纳入国家总体战略与政府整体工作之中，从国家整体利益和社会整体利益的角度建议去考虑和处理。

第五，反恐中，战略层次的思考与规划很重要（关于这一点在第七章中已经有讨论，在此不再赘述）。

第六，反恐的目标与手段，需要与国际法的基本原则相一致，与社会的基本价值体系相符合，与一国的实力相一致，特别是从长期的角度而言，更应是如此。一个与这些原则相冲突的反恐，不仅可能难以长久，而且，其本身都可能是非常危险的，其威胁甚至可能超过其所要反对的恐怖主义威胁本身。

那些宣称“如果要安全，就必须付出自由”的说法，至少是误解了这两者的关系。恐怖主义问题可能确实带来安全与自由间关系某种程度上的紧张，但是，二者并不是完全分裂与对立的，人们并不是只能在二者中择其一。安全与自由之间可以保持适当的平衡，彼此共存甚至是相互促进。

事实上，一方面增加警察、情报机构乃至军事部门等在应对和打击恐怖主义方面的权限，一方面加强对于这些机构的监督与控制，是可以在增加政府应对恐怖主义威胁能力的同时，有效保障法治与人权的。自由与安全的界限与内涵并不是固定不变的，其需要不断变动；这种变动可以做到向既增加国家安全又能够防止权力滥用、增进社会安全与保障人权等积极方向前进。

第七，反恐中不存在能够一招制敌的办法，也不存在能够永久解决问题的终极方案；反恐需要在多个领域展开，使用多种力量与方法，甚至是采取多种政策。

恐怖主义不是一种铁板一块的威胁，而是分散的；恐怖主义这个概念下涵盖的目的、行为体、行动特征、后果等诸多方面都可能存在着很大差异的现象。因此，反恐也需要灵活采取多种力量、方法与政策。

比如，从流程上看，反恐应该至少涵盖预防、防护、打击、紧急反应和恢复、改进这五个阶段，虽然在某个时期或某种条件下，其中一个阶段可能应具有更高的优先性。预防是指通过消除产生恐怖主义的因素与条件、加强情报收集与预警等，从而争取在恐怖主义袭击发生前就将之挫败，或使那些不满的行为体根本不会采用恐怖主义这个手段；防护，主要是指加强对目标的加固与保护，从而使恐怖主义袭击难以接近这些目标，或者使这些目标难以被袭击摧毁；打击，主要是对那些恐怖主义行为体在袭击之前、之后及袭击进行中，进行精确打击，其中包括逮捕、审判、直接武力打击和消灭等；紧急反应，主要指对袭击发生后紧急状况的处理；恢复与改进，指使被袭击的对象、社会等从袭击造成的损失与冲击中恢复过来，很多时候，这不仅只是指恢复原貌，而且，还强调比袭击前状态的改进。

从这些政策涉及的领域、手段与方法等来看，反恐将既包括司法、军事等强制性手段，也包括如金融监管、移民与边境管理、交通运输、公共卫生、宣传教育、公共外交等方面的非强制性手段；既涉及外交、政治、军事等这方面的宏观战略，也包括如社区管理、危险品管理等非常具体、非常细节性的政策。

因此，反恐应该是一项综合性的长期治理工程，其依赖于各个政策、各个手段、各个领域的协调配合和共同作用。希望单纯靠某些手段就可以解决问题，或者希望短期就可解决问题，都是不现实的。

第八，存在不同的恐怖主义，且恐怖主义是不断演变的。因此，反恐也需要根据不同的恐怖主义灵活运用不同的政策，需要根据恐怖主义演变，适时调整政策。

虽然本节强调一个稳定、统一的反恐战略的重要性，但必须认识到存在不同的恐怖主义，至少那些名目繁多的恐怖主义分类就反映了这一点。而对于不同的恐怖主义就可能需要不同的政策。

比如，对于本书前面所说的孤立型恐怖主义，打击甚至消灭恐怖主义行为体，就可能带来很好的效果，能够有力遏制、消减其威胁，而且，由此产生的消极后果也可能是非常有限的。而对于规模型恐怖主义，虽然直接打击恐怖主义行为体，仍然可能是必要和有一定效果的，但是，其还必需关注产生这些恐怖主义的结构性因素或条件。因此，针对这些结构性因素或条件的措施就是非常重要的，而且，对于这些恐怖主义行为体，有时可能还需要进行接触、沟通，注意其所代表的群体的诉求。因此，如果说对于孤立型恐怖主义，仅仅“治标”就可以的话，那么，对于规模型恐怖主义，则不仅要“治标”，还必须“治本”。

还比如，对于那些主要是基于报复、仇恨、宗教狂热或其他极端心理而主要追求大规模伤亡的恐怖主义行为体的政策，无疑也应不同于对那些追求世俗政治目标、把恐怖主义作为一种斗争工具而不是把大规模伤亡作为目的本身的恐怖主义行为体的政策；对于那些有较大实力、组织严密的恐怖主义行为体的政策，与针对那些规模非常小、组织松散的恐怖主义行为体的政策，也应有区别。此外，反恐中的优先事项，也应该根据各种恐怖主义威胁的大小、变化以及各国的具体现实条件，灵活调整。

最后，鉴于恐怖主义所具有的巨大不确定性，反恐在精神层面上，对于现实应该有冷静、理智的判断，同时需要敏锐察觉现实的变化趋势，灵活调整应对；对于未来恐怖主义的演变，有想象力、预见性；切忌自满、墨守成规，而应锐意进取，积极分析变化的现实，积极探索新的反恐手段与方式。

第九章

恐怖主义威胁与中国应对

恐怖主义，无论是对于中国政府还是对于中国的学者来说，都是相对新的一个概念。在2001年之前，极少有政府文件使用“恐怖主义”这个概念，而严格的学术研究著作中也极少。而2001年后，恐怖主义迅速成为一个热门概念，频繁出现于媒体、政府文件和研究著作中，恐怖主义已成为政府关注和处理的一个重要议题，也是一个热门的研究问题。冷战结束后的十年，大体上是中国面临遭受恐怖袭击的高峰时期，期间，在新疆发生的暴力活动很多属于恐怖主义行为，但这时政府大多是在反革命、极端势力、黑恶势力、分裂势力、民族分裂、破坏活动、敌对势力等传统话语下讨论与处理这些现象。事实上，到2001年，新疆的恐怖主义活动与威胁在打击与整治下，已经大大降低了。

因此，在一定程度上可以说，中国对于恐怖主义的认知是从外部学习的结果。其中，“9·11”袭击可能具有非常重要的影响，对于中国的反恐来说，同样可以说是一个里程碑性的事件。不过，需要注意的是，中国对于恐怖主义的认知和应对，其开始是早于“9·11”事件的。事实上，冷战后，安全观念的变革，特别是对于非传统安全的关注，在“9·11”事件之前已经获得了中国的热烈回应，逐渐影响到中国对于国家安全的认知与政策。另一个方面，在现实层面上，冷战结束后，极端伊斯兰思想及相关暴力活动在阿富汗等中亚地区的扩张，开始引起中国越来越多的担忧，特别是塔利班在20世纪90年代中后期逐步控制阿富汗的大部分地区后，这种担忧变得更为强烈。

苏联败走阿富汗及其随后的崩溃解体，一方面给中亚地区留下了权力真空；另一方面，许多极端伊斯兰势力也在反苏中得到锻炼和不断发展壮大，而且苏联的解体大大激励和鼓舞了这些人，使他们相信，通过暴力斗争可以实现其目标，甚至可以赶走、击溃像苏联这样的庞大的帝国。再加上其他一些因素的影响，在20世纪八九十年代，这些极端思想与暴力活动在中亚地区迅速蔓延。而中国也因民族和地缘因素的关系，迅速受到影响。境外的这些极端思想与组织开始传入或影响到新疆地区，有关势力也加大了对于新疆地区分裂分子的支持。[①] 一些境内的不满或极端分子，也试图到境外学习暴力斗争的经验，进行相关培训，或参加境外的暴力活动。[②] 这也是为什么美国攻占阿富汗的时候，会抓获许多来自中国新疆地区的极端分子。

正是这些因素使恐怖主义在中国政府议程中的位置，在“9·11”事件之前就迅速上升。这里至少有三个例子能够证明这一点。第一个例子是2000年，官方智库中国现代国际关系研究所（现改名为中国现代国际关系研究院）设立了反恐怖研究中心。第二个例子是，2001年6月中国与哈萨克斯坦、吉尔吉斯斯坦、俄罗斯联邦、塔吉克斯坦、乌兹别克斯坦等五国签署了《打击恐怖主义、分裂主义和极端主义上海公约》。第三个例子是，2001年时任国务院总理朱镕基在3月5日第九届全国人民代表大会第四次会议上所作的《政府工作报告》中，首次提到了恐怖主义这个概念。

“9·11”袭击及其后全球反恐战争，中国面临的恐怖主义威胁，特别是如奥运会这样的重要活动或场合所面临的潜在恐怖主义威胁，使恐怖主义问题在中国政府议程中的位置迅速上升，中国反恐工作全面展开。

一、中国面临的恐怖主义威胁

有关中国境内发生的恐怖主义事件，或针对中国目标实施的恐怖主义袭

---

① 潘志平、王鸣野、石岚：《“东突”的历史与现状》，北京：民族出版社，2008年版，第157—174页。

② Martin I Wayne, *China's War on Terrorism: Counter-insurgency, politics, and internal security*, New York: Routledge, 2008, pp. 5—31.

击，中国官方机构并无公开的系统统计。有关恐怖主义袭击的部分数据散见于中央或地区政府的文件或宣传报道中。

而第七章所使用的全球恐怖主义数据库（GTD）、兰德公司恐怖主义数据库和美国反恐中心数据库（NCTC）这三方统计中，都可以提取到关于中国的恐怖主义袭击的数据。虽然这些统计可能存在着某些缺陷，但至少提供了有关中国境内或针对中国的恐怖主义活动的一些定量化信息。

结合这三个方面的统计（见图表9—1、图表9—2和图表9—3），[①] 以及中国有关恐怖主义威胁状况的报道等来看，中国迄今所遭受的恐怖主义威胁是相对有限的，无论是在袭击数量上还是袭击所造成的伤亡来说，皆是如此。

图表9—1　中国境内恐怖主义袭击情况（兰德公司）

年份	袭击数量	受伤	死亡
1976	1	0	2
1991	1	0	0
1993	1	0	1
1996	1	0	0
1997	2	82	12
1998	1	0	50
1999	4	51	5
2001	6	6	2
2002	1	0	0
2004	2	6	3
2005	2	4	0

① 三个数据的来源与更新日期与第五章的相同。兰德公司和全球恐怖主义数据库（GTD）有关中国境内恐怖主义袭击的数据中，不包括澳门、香港和台湾，这三者被单独统计；而美国反恐中心的统计中，有关中国境内恐怖主义袭击的数据则包括澳门和香港，台湾被分出单独统计。全球恐怖主义数据库中，包括1993年数据。此外，如果一个年份中，没有袭击，则在文中的图表中不显示该年份。

续表

年份	袭击数量	受伤	死亡
2008	6	23	25
汇总	**28**	**172**	**100**

图表 9—2 中国境内恐怖主义袭击情况（GTD）

年份	袭击数量	受伤	死亡
1989	3	12	20
1990	1	10	2
1991	1	0	0
1992	5	20	9
1993	21	21	7
1994	13	96	18
1995	7	98	2
1996	62	106	23
1997	18	259	57
1998	3	154	51
1999	2	50	5
2000	1	0	1
2001	13	65	25
2002	1	0	0
2003	2	9	0
2004	2	5	4
2005	2	33	13
2006	1	1	1
2007	0	0	0

续表

年份	袭击数量	受伤	死亡
2008	20	133	23
汇总	**178**	**1072**	**261**

图表 9—3　中国境内恐怖主义袭击情况（NCTC）

年份	袭击次数	受伤	死亡	人质
2004	6	60	16	1
2005	8	11	2	1
2006	3	41	19	0
2007	3	4	1	0
2008	11	107	30	0
2009	4	1	1	0
2010	1	15	6	0
总数	**36**	**239**	**75**	**2**

目前，中国面临的或在未来可能面临的恐怖主义威胁，大体上可以分为如下几类（这里只是试图更清晰展示中国面临的恐怖威胁，并不遵守严格分类标准）。

第一，以民族分裂为诉求的恐怖主义威胁。国内民族分裂主义的恐怖主义威胁，是中国迄今面临的最主要的恐怖主义威胁，特别是有关谋求分裂新疆的恐怖活动。需要注意的是，这些恐怖主义活动，往往与抗议示威、暴乱、破坏、游击活动等混合在一起。这些恐怖主义活动，既有单个人或几个人的孤立行动，也有可能是一个较大组织或集团严密策划、实施的。这些组织或集团可能有清晰的分工，比如，有的负责政治、宣传等活动，而有的只负责暴力活动等。这种分工可以有利于其更好地逃避国际社会的反恐压力，宣传自己的主张和赢取同情与支持，以及和对手讨价还价。

而在民族分裂恐怖主义威胁中，就目前公开的资料来看，又以谋求将新疆地区分裂出去的“东突”运动威胁最为严重。“据不完全统计，自 1990 年至2001年，境内外‘东突’恐怖势力在中国新疆境内制造了至少200余起恐怖暴力事件，造成各民族群众、基层干部、宗教人士等162人丧生，440多人受伤。”[①] 其袭击方式主要为：爆炸、暴力袭击、纵火、暗杀、投毒等。[②] 2003年12月，中国公安部发布了中国认定的“东突”组织与恐怖主义分子名单，其中四个恐怖主义组织，分别是“东突厥斯坦伊斯兰运动”、“东突厥斯坦解放组织”、“世界维吾尔青年代表大会”、“东突厥斯坦新闻信息中心”。[③] “东突”势力一般采取境内外活动相配合的方式，并且，与中亚地区许多恐怖主义、极端主义与分裂主义三股势力有联系。[④]

此外，鉴于西藏地区与不稳定的南亚地区接壤，以及国内外一些试图谋求将西藏分裂出去的势力的存在，一些人也认为这些境内外的西藏分裂势力也可能采取恐怖主义袭击活动。虽然有关西藏分裂势力从事恐怖活动的报道相对较少，但2003年时任西藏自治区党委书记郭金龙的发言，在一定程度上证实了这些威胁的存在。[⑤] 有学者强调西藏分裂运动中“藏青会”等激进势力可能会采取恐怖主义活动。[⑥] 也有媒体曾报道，西藏分裂运动中有些人物曾威胁要采取恐怖主义等暴力手段。不过，就目前来看，仍极少见有西藏分裂运动发动的恐怖主义袭击的报道。

在“9·11”事件后，迫于国际上的反恐压力以及国际社会对恐怖主义的打击，“东突”势力等的恐怖主义活动有所收敛。但是从长期看，鉴于中亚地区的不稳定局面以及恐怖主义、极端主义以及分裂主义三股势力在这个

---

① 中华人民共和国国务院新闻办公室：《“东突”恐怖势力难脱罪责》（2002年1月21日），2007年3月6日，〈http://www.china.org.cn/chinese/2002/Jan/99530.htm〉。

② 中华人民共和国国务院新闻办公室：《“东突”恐怖势力难脱罪责》（2002年1月21日），2007年3月6日，〈http://www.china.org.cn/chinese/2002/Jan/99530.htm〉。

③ 中国公安部公布11名“东突”恐怖分子名单（2003年12月15日），2007年3月6日，〈http://www.china.com.cn/chinese/PI-c/461374.htm〉。

④ 中华人民共和国国务院新闻办公室：《“东突”恐怖势力难脱罪责》。

⑤ 益西加措：“‘喜马拉雅03’反恐怖联合演练在拉举行”，2007年5月27日，〈http://www.chinatibetnews.com/GB/channel4/31/200311/15/17943.html〉。

⑥ 冯锁柱、李玉梅：“我国反恐怖活动的对策研究”，《北京人民警察学院学报》，2004年1月，第1期。

地区的长期活动与存在，以及国内一些民族分裂势力的长期存在，中国面临这三股势力的威胁也将是长期的。这类恐怖主义在一定程度上构成了中国面临的规模型恐怖主义威胁，在一定形势下，这种威胁可能会激化。

第二，反社会性恐怖主义威胁。这类恐怖主义活动主要包括，一些个人或组织因为某种仇恨、不满等极端目的而实施的恐怖主义活动。如2001年3月16日靳如超在河北省石家庄市实施的爆炸，此次爆炸袭击共造成108人死亡，68人受伤，有关此类事件的报道有日渐增多的趋势。

就目前来看，此类袭击主要是一些个人，而非团体或组织，且这些袭击的目标也往往不具有清晰的政治动机，因此，这类恐怖主义大体属于孤立型。随着中国经济的快速发展与社会快速转型，社会的价值规范剧烈变动，在未来一段时间，这种威胁可能会有所增长。在这个过程中，因官员腐败、滥用职权所引发的矛盾与不满增加，或各种利益冲突的加剧，以及经济两极分化等，也可能会刺激一些个人采取如恐怖主义等极端暴力活动，来表达自己的主张与不满。从这个意义上看，虽然有些恐怖主义袭击虽然是只有一个人策划、实施，但其也有比较广泛的社会背景，其性质也有从孤立型分类向规模型分类发展的趋势。

第三，境外恐怖主义势力向境内渗透的威胁。就目前来看，除了新疆地区民族分裂势力与境外恐怖主义组织相勾结这种情况外，有关此类威胁的报道并不多见，在一定程度上，这也反映了中国目前面临此类威胁尚不严重。但是，随着中国的发展与对外联系的日益增多，而且，考虑到西欧等一些国家在这方面的经历，有理由预期，此类威胁将增加。

境外恐怖主义势力向境内渗透，可能表现为与中国国内的一些恐怖主义势力的结合和合作。事实上，民族分裂主义的一些活动已经证明了这一点，比如，“东突”恐怖势力的活动已经表现出这种趋势，一些国际恐怖主义势力开始向新疆地区传播各种极端思想与分裂理念，提供行动指导、资金、训练、人员等方面的帮助；与此同时，它们还吸收国内的一些极端分子参加国际恐怖活动。

这种渗透，还可能表现为这些恐怖主义组织寻求在中国募集资金、招募人员、组织、策划行动，等等。这种渗透最终可能导致这些恐怖主义势力在中国发动袭击；这种袭击可能是针对中国目标，也可能是针对在中国的外国目标。

第四，中国目标在境外受到的恐怖主义威胁。随着中国对外联系的增多，越来越多的个人、企业、各种机构等到国外旅游、学习、工作和投资等，中国目标在境外遭到恐怖主义袭击的威胁也越来越大。事实上，在全球恐怖主义数据库的统计中，针对中国目标的恐怖主义袭击有 208 次，共造成 459 人死亡、1160 人受伤（不包括 1993 年数据）；而中国境内不包括 1993 年数据的恐怖袭击则是 157 次，造成 254 人死亡和 1051 人受伤。从这个对比中，大致可以看出，中国目标境外遭受的恐怖主义威胁，构成了中国面临的恐怖主义威胁的很大一个部分。美国反恐中心的统计中，这个比重甚至更高。在其统计中，中国目标遭到恐怖袭击的次数总共有 86 次，共造成 132 人死亡和 302 人受伤，还有 62 名人质；而中国境内发生的恐怖主义袭击为 36 次，75 人死亡、239 人受伤，另有 2 名人质。

这几年，在南亚、中亚、非洲、中东等地区相继发生了一些针对中国目标的恐怖主义袭击活动，引起了广泛的关注。当然，有些袭击可能并不是蓄意针对中国的，有的时候，中国目标遭到袭击往往只是因为其外国人身份或被波及到的。但无论怎样，随着中国的发展与国际化深入，这类威胁可能出现继续增长的势头。

第五，一些重大活动、项目或设施受到的恐怖主义威胁。同样，随着中国与世界的联系越来越多、越来越紧密，在中国举行的像奥运会、世博会等这样的重大活动或项目也越来越多。这些活动或项目往往是全世界关注的焦点，因此，很多恐怖主义势力会希望利用这种机会进行袭击以实现其目的。因此，在这些活动或项目举办、实行期间，中国可能会遭受比较严峻的恐怖主义威胁。

此外，随着中国的发展，一些容易遭受袭击的设施与目标也迅速增加，如桥梁、水坝、各种高层建筑、电站、化工厂、地铁，等等；这些设施往往关系到国计民生，或者一旦遭到摧毁，可能会造成重大的人员伤亡与损失。

总而言之，从过去的经历来看，中国面临不同的恐怖主义威胁，但中国遭受的恐怖主义威胁并不严重。因此，中国对恐怖主义威胁的判断与美国等存在着差异。中国将其界定为非传统安全问题，视其为对国家安全的威胁，但并不将恐怖主义界定为国家面临的主要或关键安全威胁。这应该说是对中国面临的恐怖主义威胁的比较客观与恰当的判断。

但是，随着中国社会的发展，随着中国越来越深地融入到全球化的进程中，中国遭受的恐怖主义威胁可能会越来越严重。这类恐怖主义威胁也将越来越多地具有全球型特征。因此，中国在应对恐怖主义威胁的时候，不仅仅需要考虑过去经历与当下的现状，而且还要考虑未来的趋势，要做到未雨绸缪。

二、中国的反恐政策与实践

在国际反恐的大趋势以及自身面临的恐怖主义威胁的双重作用下，中国的反恐在“9·11”之后迅速发展。不过至少在形式上，中国政府并没有公开制订、宣布一个国家安全战略或反恐战略，其有关恐怖主义的原则性判断与主张散见于各种政府文件，或有关官员的讲话中。[①]

例如，十六大报告中提到，“传统安全威胁和非传统安全威胁的因素相互交织，恐怖主义危害上升”，“我们主张反对一切形式的恐怖主义。要加强国际合作，标本兼治，防范和打击恐怖活动，努力消除产生恐怖主义的根源”。十七大报告中提到，“中国致力于和平解决国际争端和热点问题，推动国际和地区安全合作，反对一切形式的恐怖主义”。《2007年政府工作报告》提到，“加强人民武装警察部队全面建设，完成好执勤、处置突发事件、反恐斗争和维护稳定任务”。《2004年中国的国防》白皮书指出，“传统和非传统安全问题交织，非传统安全威胁日益严重。一些地区热点趋于缓和，区域安全合作逐步深入，国际反恐斗争取得进展，信息、能源、金融、环境安全领域的国际合作增强，打击跨国犯罪、防止严重传染性疾病蔓延和进行减灾

---

① 有关官员讲话如：时任外交部副部长王毅2002年2月2日在慕尼黑国际安全政策会议上的讲话：“新挑战、新观念——国际反恐斗争和中国的政策”，〈http://www.chinanews.com/2002-02-06/26/160642.html〉；2004年5月11日解放军副总参谋长熊光楷在“国际反恐形势与反恐合作”研讨会上的演讲，见新闻报道《熊光楷：中国在反恐问题上的立场已趋系统完整》，〈http://www.southcn.com/news/china/zgkx/200405111115.htm〉；2005年8月公安部反恐局副局长赵永琛在第22届世界法律大会“国际恐怖主义”上的发言，见新闻报道《恐怖主义新特征中国同样面临恐怖主义威胁》，〈http://www.cctv.com/news/china/20050830/100001.shtml〉。

救灾的国际努力不断强化。但天下仍不太平……国际恐怖势力活动频繁。产生恐怖主义的根源难以从根本上消除，反对恐怖主义将是国际社会的一项长期艰巨的任务”。《2002年中国的国防》也指出，“恐怖主义、跨国犯罪、环境恶化、毒品等非传统安全问题日趋突出，尤其是恐怖主义已对国际和地区安全构成现实威胁”。国务院新闻办公室2002年1月发布的《“东突”恐怖势力难脱罪责》认为，“恐怖主义是当今世界一大公害，对国际社会的和平、安全与秩序构成了巨大威胁”。2005年政府白皮书《中国的和平发展道路》中认为，“坚持和睦互信，实现共同安全。各国应该携起手来，共同应对全球安全威胁。摒弃冷战思维，建立以互信、互利、平等、协作为核心的新安全观，通过公平、有效的集体安全机制，共同防止冲突和战争，通过合作尽可能消除或降低恐怖主义活动、金融风险、自然灾害等非传统安全问题的威胁，维护世界和平、安全与稳定……应加强国际反恐合作，坚持标本兼治，重在消除根源，坚决打击恐怖主义”。

这些中国在各种场合公开阐述的反恐立场与原则可以概括为：第一，中国认为恐怖主义是危害全人类的活动，威胁到国际和平与安全；中国也遭受恐怖主义的危害。因此，中国反对一切形式的恐怖主义。而且，像许多国家那样，中国将恐怖主义纳入国家安全议程之中，视为是对国家安全的一种威胁。第二，中国认为反恐应标本兼治，既要对恐怖主义势力进行打击，又要解决产生恐怖主义产生的根源问题；中国还强调反恐的长期性与艰巨性。第三，中国坚持通过国际合作来打击恐怖主义；反对在打击恐怖主义问题上采取双重标准；反对以反恐为借口威胁他国；反恐行动应遵守国际法与联合国宪章相关规定，重视对人权的保护；坚持联合国在世界反恐合作中的中心地位。第四，中国强调采取多种手段来应对恐怖主义威胁；与美国等对反恐中武力作用的强调相反，中国更弱化武力在反恐中的作用，反对过度使用武力。中国认为“应运用政治、经济、外交、军事、法律等综合手段应对恐怖主义，而不单纯依靠武力”。第五，反对将恐怖主义和特定的宗教或民族相联系。

而就具体的反恐政策与实践而言，首先，中国完善了打击恐怖主义的法律工具。在“9·11”袭击之前，中国有关恐怖主义犯罪的法律规定很少、很模糊，通常把其纳入社会治安范畴之内，且惩罚相对较轻。“9·11”事件发生后不久，全国人大常委会即于2001年12月通过了《中华人民共和国刑法修正案（三)》，为加强对恐怖主义的打击提供法律依据，其中进一步明确了对恐怖活动的罪行，并加大了惩罚。中国还在制订、通过的其他一些法律中，也加强了对恐怖主义相关行动打击的立法。比如，在2006年通过的《反洗钱法》中，加强了对恐怖主义非法融资、洗钱等活动的打击力度；而在2007年8月通过的《突发事件应对法》中，规范了中国对各种突发事件的应对与管理，从而也有助于提高应对恐怖主义威胁的能力。2005年曾有报道，中国《反恐怖法》正在酝酿制订之中，不过，迄今仍未对外公布。

而在国际层面，中国积极加入联合国的国际反恐条约体系，迄今已经加入或批准联合国13个反恐公约中的12个，相关情况见图表9—4。

图表9—4 中国加入或批准联合国反恐公约情况

联合国反恐公约	加入或批准时间	
《关于在航空器上实施的犯罪和某些其他行为的公约》(1963)	√	1978
《关于制止非法劫持航空器的公约》(1970)	√	1980
《关于制止危害民用航空安全的非法行为的公约》(1971)	√	1980
《关于防止和惩处侵害应受国际保护人员包括外交代表的罪行的公约》(1973)	√	1987
《反对劫持人质国际公约》(1979)	√	1992
《核材料实物保护公约》(1980)	√	1988
《制止危害航海安全的非法行为公约》(1988)	√	1991
《制止危害大陆架固定平台安全的非法行为议定书》(1988)	√	1991
《制止在国际民用航空机场进行非法暴力行为的议定书》(1988)	√	1998
《关于在可塑炸药中添加识别剂以便侦测公约》(1991)	×	—
《制止恐怖主义爆炸国际公约》(1997)	√	2001
《制止向恐怖主义提供资助国际公约》(2000)	√	2006
《制止核恐怖主义行为国际公约》(2005)	√	2010

此外，中国还签署和批准了多个双边或多边反恐公约，如2001年签署《打击恐怖主义、分裂主义和极端主义上海公约》。双边条约则主要是参照该条约，与上海合作组织的成员或与中国西部恐怖威胁密切相关的国家签署的

《关于打击恐怖主义、分裂主义和极端主义的合作协定》（见图表9—5）。

图表9—5 中国签署的打击恐怖主义双边协定情况

国 家	签署时间
中国与吉尔吉斯坦	2002年12月
中国与哈萨克斯坦	2002年12月
中国与乌兹别克斯坦	2003年9月
中国与塔吉克斯坦	2003年9月
中国与土库曼斯坦	2006年4月
中国与巴基斯坦	2006年8月
中国与俄罗斯	2010年12月

其次，在外交方面，中国参加各种国际反恐合作。中国强调恐怖主义等非传统安全威胁是世界各国面临的共同威胁；只有世界各国相互合作，才能有效地应对恐怖主义威胁。除了联合国框架下的反恐合作、上海合作组织框架下的反恐合作外，中国还就反恐与东盟、欧盟等多边机制进行积极交流与合作，与美国、俄罗斯等许多国家也都有很多具体的反恐合作。这些合作涉及情报、金融、司法、军事等多个方面。中国还积极参与和推动国际军控与防扩散等的努力，以应对恐怖主义可能获得、使用这些武器的危险。[①] 这些合作不仅有助于应对和处理中国所面临的恐怖主义威胁，也有助于中国改善双边关系，提升中国作为一个负责任大国的形象。

第三，此外也对政府机构等进行调整，并加强应对恐怖主义威胁的力量建设，以更好应对恐怖主义的威胁。

受“9·11”事件冲击，中国在2002年初在公安部下面就新设立了反恐局。国务院也设立了由公安部、总参、外交部、安全部等部门参加的国家反恐怖协调小组，统筹指挥和领导全国反恐工作和对恐怖袭击的应对，组长通

① 中华人民共和国国务院新闻办公室：《中国的防扩散政策和措施》（2003），2007年3月6日，〈http://www.scio.gov.cn/zfbps/gfbps/2003/200601/t86511.htm〉；《中国的军控、裁军与防扩散努力》（2005），2007年3月6日，〈http://www.scio.gov.cn/zfbps/gfbps/2005/200601/t86554.htm〉。

常由公安部部长兼任。大体上，从省到县一级的政府机构，也都参照中央的设置，设立相应的反恐怖机构。此外，2004 年外交部也设立了海外安全事务司，以加强对中国海外目标的保护，应对恐怖主义等威胁。

力量建设方面，中国加大了解放军、武警、公安、甚至民兵等力量的打击恐怖主义、处理各种危机与突发事件的能力建设。这包括在武警与警察中组建专门的反恐部队，加快购进先进反恐器材的装备，加强相关人员的训练，等等。对于使用大规模杀伤性武器的恐怖主义威胁，人民解放军“防化兵初步建立与联合作战相适应的核化生防护体系，快速实行核化生防护、核化生应急救援和反核化生恐怖能力明显增强”。[①] 在地方层面上，国家也明确要求县级以上政府建立应急指挥机构，加紧应对恐怖主义袭击等紧急与危机事态的应对与管理力量建设，加强相关人员的培训以及相关器材的配备等，地方的武警与警察部队也都建立了专门的反恐中队。

在应对反恐怖主义威胁的能力建设方面，在“9·11”事件之后，特别是 2003 年“非典”之后，中国各级政府特别是各个大中型城市都加紧制定了应对各种情况的紧急预案。并且，国家与地方以及各个部门都举行了针对各种预想情况的反恐演练，以增强处置各类恐怖袭击的能力；这些演习既有部门专项性的，也有全国综合性的，既有国内的，也有国际合作的。

第四，在多个领域采取多种专项措施与工作，以防范和应对恐怖主义威胁。如，加强对枪支、爆炸物等各类危险品和放射性材料的管理与控制；加强出入境等物品与人员的管理；加强对邪教组织、黑社会势力的打击；加强对恐怖主义在金融领域活动的监控与打击；加强对港口、码头、机场、地铁等重要设施与目标等的防护；加强对奥运会等重大活动与场合的安保工作；开展打击违法犯罪和整治社会治安运动，等等。

第五，重视与加强与新疆、西藏等地区的民族分裂运动相关的反恐工作。这些工作的意义，被认为不仅限于恐怖主义问题本身，还关系到整个国家的统一与稳定问题。因此，其往往获得来自中央最高层的关注；往往中央对形势进行分析评判后，统一作出战略部署。这些战略部署往往是在国家层面全面展开，然后各部门和各地分工合作贯彻实施，当然新疆、西藏等可能

① 中华人民共和国国务院新闻办公室：《2006 年中国的国防》，2007 年 3 月 6 日，〈http：//www.scio.gov.cn/zfbps/ndhf/2006/200612/t104618.htm〉。

是其中最关键的地区。这些措施往往是多方面的。其中包括加强对敌对分子的监视和打击力度；通过与周边国家的合作，切断境内外分裂势力的联系，压缩这些势力的活动空间；强化警察、武警乃至军队在这些地区打击和应对此类威胁的能力；加强对社会的管理与控制，通过严打、专项整治等，打击相关违法犯罪活动；通过宣传教育、强化基层组织应对恐怖主义能力等措施，压缩恐怖主义存在和运作的空间；通过发展新疆、西藏地区经济、解决各种社会矛盾等以谋求其长治久安，等等。

三、关于中国反恐的评论与建议

对于中国而言，应对恐怖主义威胁，在很大程度上是一个新的问题。在一定程度上可以说，虽然20世纪90年代是新疆地区分裂主义恐怖活动猖獗的时期，但只是在“9·11”袭击之后，中国才强烈意识到恐怖主义威胁的严重性，并加强对恐怖主义威胁的应对工作。就迄今反恐政策与实践来看，可以说，中国的反恐实践反映了中国面临的恐怖主义威胁现实，反映了中国的国情，具有中国特色。

首先，中国对恐怖主义威胁的判断是相对冷静、理智的。中国对恐怖主义的反应，反映了中国在过去遭受的恐怖主义威胁的经验，也反映了中国对未来恐怖主义威胁的判断。中国意识到恐怖主义等非传统安全威胁可能越来越严重，成为国家安全面临的新的威胁，国家面临的安全形势与挑战更为多样、复杂，但中国没有像美国等西方国家那样，把恐怖主义判定为国家安全面临的最紧迫、最关键、甚至是最主要的威胁。对于中国而言，首要的威胁仍然是传统国家安全威胁。毫无疑问，这种判断是务实、恰当的。

其次，在这种判断的指导下，中国对于恐怖主义这种新的国家安全威胁的反应也是谨慎、适度和务实的。中国认识到这种威胁的出现与可能的危害，但并没有像美国等西方国家那样，急切地将恐怖主义界定为战争，并把战争作为打击恐怖主义的主要方式。特别是在国际关系中，中国认为应该谨慎使用武力打击恐怖主义，而更应该通过国家之间的合作；应对恐怖主义应该标本兼治，把应对恐怖主义威胁与解决各种国际冲突与矛盾结合起来。

而且，中国在国内对恐怖主义的反应也是适度的。中国认识到国家可能面临的恐怖主义威胁，以及在应对恐怖主义威胁等方面存在的不足，因此，积极采取各种措施来改变这种状况，加强对恐怖主义的防范与打击，但并不过分渲染恐怖主义威胁，避免了因对恐怖主义威胁的过分宣扬而导致社会的不安与动荡，造成人人自危的局面。而且，中国应对恐怖主义威胁，并不是不顾一切地投入各种资源，而是根据可能面临的威胁以及自身的力量，合理分配投入反恐与投入其他问题上的资源。

第三，中国对恐怖主义的应对是灵活的。正如前文所说的，传统上应对恐怖主义威胁的两种模式即司法模式与战争模式存在着不足。中国对恐怖主义的应对，不是在这两种模式中二者择其一，而是把这两种模式结合起来。

中国在公安部下设立反恐局，同时，又把反恐列为武警的主要职能之一。这表明中国一方面把恐怖主义当作是某种违法犯罪问题，赋予司法机关与执法力量在反恐中非常重要的角色，但同时，又认为恐怖主义并不仅仅是普通的违法犯罪问题，其威胁要比普通刑事犯罪中的暴力要严重，可能会造成整个社会的动荡不安，危及国家利益，甚至会危及国家的稳定与统一，应对这些恐怖主义威胁的任务，单单靠公安部门是难以胜任的，因此，还需要暴力装备更强大的武警等力量参与。中国的做法还清楚表明，中国重视军队在反恐中的多种作用。比如，2007 年 8 月全国人大常委会通过的《突发事件应对法》规定，“中国人民解放军、中国人民武装警察部队和民兵组织依照本法和其他有关法律、行政法规、军事法规的规定以及国务院、中央军事委员会的命令，参加突发事件的应急救援和处置工作（第十五条）”。这表明，中国人民解放军在救灾、紧急状况处置等非作战行动方面发挥着重要的作用。中国人民解放军多次参与国际反恐怖救援演习等，也表明中国人民解放军正在重视这些非战争行动的作用。人民解放军参加上海合作组织下的“和平使命”与中巴“友谊—2004”等一系列反恐军事演习则再次明确表明，中国会在必要的时候使用军事手段打击恐怖主义势力，中国会根据不同的恐怖主义威胁，灵活采取不同手段加以应对。

第四，中国的反恐措施符合中国国情，具有中国特色。比如，中国在应对恐怖主义威胁时，不仅仅强调依靠政府机构、执法机关以及武装力量等，而且强调依靠群众，强调群策群防，要打一场应对恐怖主义的“人民战争”。还比如，中国对于反恐通常采取内紧外松的做法。这种做法一个方面意味着国家可以采取各种各样的反恐措施，加大反恐力度；另一个方面，又避免国家对反恐的重视，引起民众没有必要的恐慌。这种内紧外松的做法，还有利于缓解各种可能导致恐怖主义的情势，避免过分的招摇而招致各种恐怖主义势力的袭击。中国的反恐，还注意把反恐工作与应对其他问题的工作结合起来，注重各种现有资源的有效利用。在国际反恐方面，在保护中国在境外的公民与财物等方面，中国更强调通过谈判、国际合作，强调与境外的当地国政府的协商与合作；而不是强调对抗与干预，不是强调武力打击与强迫。这些做法，反映了中国的国情，反映出中国的行为方式特色，都取得了不错的效果。

而且，中国在应对恐怖主义威胁中强调预防为主，而不是打击为主。《突发事件应对法》明确规定“突发事件应对工作实行预防为主、预防与应急相结合的原则（第五条）”。国家反恐怖工作协调小组组长周永康在2007年6月第三次全国反恐怖工作会议上强调，“要坚持情报先导、预防为主、应急为重、安全至上的原则，着力加强反恐怖情报工作”。[①]

第五，中国通常对于恐怖主义强调标本兼治，采取多种手段综合治理。这一点在新疆反恐工作中，得到很好的体现。一个方面，对于新疆的分裂运动以及其中涉及的恐怖主义事件，中国强调坚持“严打方针不动摇，坚决治标”，将“三股势力”列为第一位的严打对象，坚持“主动出击，露头就打，先发制敌”方针，加强对于三股势力的防范和打击。但另一个方面，也强调要“准确把握、宽严相济”；通过派驻工作队进驻基层、整饬干部队伍等措施，使恐怖主义难以在社会中扎根。同时，力图推动、实现新疆社会经济等的全面发展，解决人民关心的问题和较尖锐的社会或民族矛盾。

这种“标本兼治”原则，在2009年的“7·5”事件后中国对新疆的政策再次得到证明和反映。“7·5”暴力事件无疑是一个挑战。对此，一个方面，通过抓捕、审判暴力分子，增派警察、武警等，中国强力恢复新疆的秩序与稳定；另一个方面，全面检讨和重新部署新疆工作，特别是在2010年5月召开的高规格的新疆工作会议，全面加快了新疆的发展工作，凸显了“治本”的路径。

最后，中国把反恐与对内、对外的整体利益与战略结合起来。比如，对

---

① 〈http://news3.xinhuanet.com/politics/2007-06/19/content_6264159.htm〉.

内方面，由于恐怖威胁仍然相对有限，虽然反恐在政府议程中的位置又迅速升高，但是相对而言仍然是有限的，并没有影响到国家发展战略与道路，相反，其被置于从属国家发展战略和为此服务的位置。而对外方面，中国反恐方面的政策与实践，不仅仅是建立在应对恐怖威胁本身需要的基础上，更主要是建立在国家整体对外战略与整体国家利益需要基础之上。事实上，国外有关中国反恐的非常有限的研究文献中，大多是关注、强调中国如何利用反恐来实现加强与美国等双边关系、加强对中亚地区的影响、提升中国国际地位与形象等。[①] 虽然这些观点多少“有以小人之心度君子之腹”的味道，但中国反恐确实是以整个国家战略与利益需要来界定反恐，而不是以反恐来界定整个国家战略与利益。

因此，从总体上来看，中国现有的反恐做法是恰当、合适的，并且取得了比较大的成效。成功镇压上个世纪 90 年代的分裂暴力活动，新疆、西藏保持相对的稳定，以及北京奥运会、上海世博会的成功举办等，都显示了中国反恐的成就。

而对于中国反恐的建议，在很大程度上，作者的许多思想已经蕴含于第八章治理模式中，中国的反恐实践与治理模式有许多一致之处。这些建议大概可以概括为：

第一，中国迄今反恐中所显示出来的良好经验与原则，仍然需要继续总结贯彻。实际上，很多时候，中国并不缺乏好的政策方针与战略，而是缺乏很好的贯彻执行。

这些经验与原则包括：对威胁冷静务实地判断，既不夸大，不过分紧张，也不轻视与大意；强调标本兼治，采取多种措施进行综合治理；依靠民众进行反恐的“人民战争”；坚持内紧外松；慎用军事力量；重视反恐的国

---

① Malik J. Mohan, “Dragon on Terrorism: Assessing China’s Tactical Gains and Strategic Losses after 11 September”, *Contemporary Southeast Asia: A Journal of International & Strategic Affairs*, 2002, Vol. 24, No. 2, pp. 252－293; Bates Gill and Melissa Murphy, “China’s Evolving Approach to Counterterrorism”, *Harvard Asia Quarterly*, 2005, Vol. 9, No. 1/2, pp. 21－32; R. Ong, “China and the Us War on Terror,” *Korean Journal of Defense Analysis*, 2006, Vol. 18, No. 2, pp. 95 － 116; Paul J. Smith, “China’s Economic and Political Rise: Implications for Global Terrorism and Us-China Cooperation”, *Studies in Conflict & Terrorism*, 2007, Vol. 32, No. 7, pp. 627－645.

际合作；在反恐上灵活、务实，量力而行；重视预防，重视对威胁作出及早的有力处置，等等。

但是不能期望这些经验与原则能够彻底或永久地解决问题。正如前文所言，对于恐怖主义没有能够一招制敌或彻底永久解决问题的终极方法，即使再完美的政策也难以保证其能够避免每一次恐怖袭击。因此，虽对于恐怖主义威胁需要保持警惕，积极评估威胁等的变化，灵活作出调整，善于从每次袭击中总结教训，但也不应因为一次恐怖主义袭击就简单否定之前政策有效性，而盲目作出调整。相反，保持整个反恐工作的连续性与稳定性，对于反恐有重要作用。这些好的经验与原则应该得到灵活坚持与贯彻，应从更长时期与更全面的角度来评估这些经验与原则的价值。

第二，就目前来看，中国很多时候反恐的成功，如在新疆和奥运会安保的成功，归功于最高政治领导人的重视与关注，归功于大规模的社会、资源动员。这些工作首先被作为非常紧要的政治任务，因此，这些工作成为各级政府或官员一个时期的工作核心，这个方面的成败成为衡量其工作的首要标准。在这种压力下，各级政府通过行政力量、各种群众组织、行业协会等进行广泛动员，反恐就如同某种社会运动或政治运动，一段时期内成为各方关注的焦点，吸引大量的资源投入，而在这个时期内，政府的其他工作往往被排放到了一边。

这种源于中国政治现实的运动模式反恐，有一些优点，如有助于短时间内进行大规模的社会动员与政治动员，短时间内进行大规模的资源投入，有力保证中央的意志得到贯彻，有利于打反恐“人民战争”。

但是，其也存在着许多缺点。这种运动模式可能会造成大量的资源过度的投入与浪费，造成对其他重要工作的干扰，对社会、法制正常运作秩序也可能会造成影响。而且，其成功也更多依赖于来自中央最高层的强有力意志与领导。一旦失去这种强有力意志与领导，相关工作也可能就不会得到重视，甚至被彻底抛弃到一边，特别是对于地方政府和那些反恐非其中心工作的政府部门而言，更是如此。而且，运动模式所需要的大规模社会、政治动员与资源投入本身也意味着是不大可能持续长久。

这使反恐很可能像一阵风一样。但恐怖主义威胁无疑并不是如一阵风那样的存在，而是持续存在的；而且，即使恐怖威胁像阵风那样，也很难准确预知其将何时再出现。因此，如果说这种运动模式的反恐可以很好应对如奥运会安保等这样短期或特定场合的反恐需要，那么，其却难以很好满足全国长期的反恐需要。

因此，中国需要采取措施，以保证反恐得到各个政府部门和各级政府持续、适当的关注与重视，保证各个政府部门与各级政府的反恐工作能够有效协调与配合。公安部下面设立反恐局，国务院下设立反恐怖协调小组等这些组织机构的变革，可以视作是向这个方向转移的一个举措。但鉴于反恐怖协调小组是一个临时性的机构，而且，常设机构只有公安部下设立的反恐局。这种设置对于保证反恐工作得到持续关注与重视以及各个政府部门在反恐上持续、高效地协调与合作，可能仍然显得不够。

虽然像美国那样设立一个庞大的国土安全部专门负责反恐的做法，对于中国而言，不一定是可行和明智的。但是，从立法、制度到政府组织机构及人事等方面，从中央到地方，仍有许多工作可以做。

在这个方面，可以把加强政府反恐的机构与能力建设与加强政府应对各类危机与紧急事态的机构与能力建设结合起来。这一个方面有利于推动反恐工作，另一个方面也有利于资源的节约。

第三，重视科技的投入，重视政府与企业和科技界的互动与合作。科学技术已经成为今天反恐的一个重要利器。世界上许多国家在反恐中，都积极利用科学技术，并取得很好的效果。而中国在这个方面仍存在不足，特别是在地方与政府部门的反恐工作中，新的技术与装备发挥的作用仍然有限，其应用仍然没有达到应有的水平。因此，政府应该积极与企业和科技界开展合作，向他们提出反恐需求，积极利用其新开发的装备与技术。这种合作的作用将是多方面的，一个方面，将有助于提高政府的反恐能力，另一个方面，也有助于促进相关产业的发展。在今天与反恐相关的技术与装备研发与销售，已经成为一个非常重要的经济产业。

第四，提高对于遭受大规模杀伤性恐怖袭击或一系列严重恐怖袭击的心理预期与准备。这并不意味着，中国将马上发生这种袭击，而是因为，一方面，这些袭击一旦发生会造成严重的伤亡与冲击，另一方面，中国尚未发生这种袭击，这种袭击可能会更容易使社会陷入混乱，并使国家和社会作出过激反应。这种心理预期与准备，将有助于国家和社会对这种袭击作出更理智与冷静的反应，并作出有效的应对使其造成的损失降到最低。

第五，重视情报工作，重视防范。在恐怖主义袭击发生之前就将其挫败，对于反恐来说无疑是至关重要的，也是反恐的一种最佳状况。在某种程度上可以说，恐怖一旦发生，无论怎样应对，对于反恐来说都意味着一种失败。而要能够在袭击发生前就将其挫败，拥有有关袭击的准确情报就是必需的；而且，从袭击后对恐怖主义分子的打击等方面来看，情报也是至关重要的。

情报对于反恐的重要性已经被广为承认，不过，对有关恐怖主义情报的收集、分析也是存在着很大难度的。而且，情报工作往往是一个长期的无声工作，其作用与成就往往不容易那么显而易见。比如，如果依靠情报挫败了某次袭击，那么，公众等既可能不会知晓这种袭击威胁，也不会了解情报在其中的作用；事实上很多时候，这类消息也不会被报道。相反，如果恐怖袭击发生后，政府的有关工作却容易被广泛关注与报道。正是因为如此，政府机构与官员可能容易忽视或没有足够的动力去关注对于恐怖主义的防范和情报工作。而就目前来看，我国有关反恐情报工作，在手段、技术与装备、分析应用和机构设置等方面都处于初期发展阶段。[①] 对于这个方面必须有足够的重视；而且，一定要注意各个部门收集到的情报在法律容许的框架下的共享，避免各自为政。

第六，注意反恐与其他政策的区分与配合。恐怖主义作为一种暴力活动，有可能伴生于其他形式的暴力活动，如暴乱、游击战等，而且在暴力的目的、暴力主体等方面，这些形式的暴力也有密切联系。但是，这些形式暴力又是相互独立的，且有不同的特征。因此，需要不同的政策进行有针对性的应对。与新疆等民族分裂相关的暴力活动，很可能就是多种形式暴力的混合，因此，在应对的时候，既需要注意这些不同形式暴力之间的联系，又要注意其区分。

此外，需要进一步做好反恐与其他议程的相互协调与配合。比如，反恐需要与民族政策、地区发展政策、社会治安治理等相互协调、配合；对外，需要与国家的外交战略、对外投资和援助等相互配合。

第七，反恐中，重视与政府机构之外的行为体的参与和配合，积极发挥这些行为体的作用，探索新的反恐路径与方式。这些行为体包括企业、大学

---

① 彭知辉：《近十年公安情报研究综述》，《现代情报》，2006 年第 5 期，第 153—156 页。

等研究机构、非政府组织、自愿者乃至普通公民个人。需要注意，这种参与和配合不应该只是在某种特殊需要下的一种短期做法，相反，应该寻求建立长期参与和配合机制。

这些行为体的参与和合作可以更高效地应对恐怖主义威胁。比如私人保安公司可能更了解企业、重要设施、人物等保护的要求，从而能够更灵活、更有效率地提供防护服务，成本却可能更低。或者在政府的指导下，企业本身就可以针对自身的状况采取多种措施来防范和应对恐怖。还比如，在反恐技术设备的研制与开发上，私人企业的参与可能可以提供更好的反恐技术与准备选择；而在建立数据的分析与处理、监视、相关反恐方案的设计、有关物资的储备等等诸多方面，这些非政府部门的行为体都可以大有作为。而且，对于一些反恐任务，如对在国外的本国企业或重要人员的保护，国家机构——特别是暴力机构——的政治上的敏感性可能使其难以介入，或者说这种介入可能引发很多的问题；而这个时候，由私人机构来提供保护则可能因不具有这种敏感性而成为一个更好的选择。比如，如果为了保护本国在国外的目标，国家向目标所在地派遣军事力量，可能引发别国对该国扩张的担忧，或招致干涉内政的批评，还可能引发当地人的敌视，而如果由私人安保公司提供保护，则可能可以避免这些麻烦。

第八，继续加强对有关重要基础设施的保护、加强对危险品的管理与控制等专项工作，建立相应的长效、稳定的工作机制。

最后，在反恐行动中，确保对法律规范与各个行为体合法权利的尊重。这对于中国而言，具有更重要的意义。

附　录

附录1：兰德公司数据

1.1　恐怖主义袭击（兰德公司）

年份	袭击数量	死亡	受伤	伤亡	袭击致亡率	袭击伤亡率	死亡大于10袭击数量	死亡大于10袭击造成的死亡	死亡大于10袭击造成的伤亡	死亡大于10袭击的比率	受伤大于50袭击数量	受伤大于50袭击造成的死亡	受伤大于50袭击造成的伤亡	受伤大于50袭击的比率
1968	98	28	169	197	0.285714	2.010204	1	12	64	0.010204	2	13	136	0.020408

续表

年份	袭击数量	死亡	受伤	伤亡	袭击致亡率	袭击伤亡率	死亡大于10袭击数量	死亡大于10袭击造成的死亡	死亡大于10袭击造成的伤亡	死亡大于10袭击的比率	受伤大于50袭击数量	受伤大于50袭击造成的死亡	受伤大于50袭击造成的伤亡	受伤大于50袭击的比率
1969	102	8	84	92	0.078431	0.901961	0	0	0	0	0	0	0	0
1970	179	101	142	243	0.564246	1.357542	2	66	102	0.011173	0	0	0	0
1971	154	66	91	157	0.428571	1.019481	2	48	48	0.012987	0	0	0	0
1972	198	97	153	250	0.489899	1.262626	3	62	138	0.015152	1	25	101	0.005051
1973	153	68	145	213	0.444444	1.392157	1	32	50	0.006536	1	5	58	0.006536
1974	231	184	303	487	0.796537	2.108225	4	148	267	0.017316	2	32	162	0.008658
1975	210	87	367	454	0.414286	2.161905	3	35	194	0.014286	2	24	171	0.009524
1976	327	341	704	1045	1.042813	3.195719	4	220	528	0.012232	2	48	407	0.006116
1977	233	170	296	466	0.729614	2	2	111	187	0.008584	1	11	87	0.004292
1978	222	138	375	513	0.621622	2.310811	2	55	127	0.009009	1	43	115	0.004505
1979	243	252	1055	1307	1.037037	5.378601	1	158	718	0.004115	1	158	718	0.004115
1980	236	162	317	479	0.686441	2.029661	3	90	177	0.012712	1	15	100	0.004237
1981	301	320	1138	1458	1.063123	4.843854	5	252	935	0.016611	6	243	1051	0.019934

续表

年份	袭击数量	死亡	受伤	伤亡	袭击致亡率	袭击伤亡率	死亡大于10袭击数量	死亡大于10袭击造成的死亡	死亡大于10袭击造成的伤亡	死亡大于10袭击的比率	受伤大于50袭击数量	受伤大于50袭击造成的死亡	受伤大于50袭击造成的伤亡	受伤大于50袭击的比率
1982	358	111	737	848	0.310056	2.368715	1	14	36	0.002793	3	12	328	0.00838
1983	285	601	838	1439	2.108772	5.049123	8	500	925	0.02807	5	334	759	0.017544
1984	327	183	532	715	0.559633	2.186544	3	72	243	0.009174	2	41	193	0.006116
1985	435	716	1103	1819	1.645977	4.181609	9	572	1000	0.02069	4	107	573	0.009195
1986	377	351	1236	1587	0.931034	4.209549	6	205	517	0.015915	6	89	698	0.015915
1987	361	375	1165	1540	1.038781	4.265928	5	239	684	0.01385	3	107	569	0.00831
1988	369	702	1832	2534	1.902439	6.867209	8	497	1742	0.02168	2	111	1309	0.00542
1989	359	347	468	815	0.966574	2.270195	4	223	370	0.011142	1	12	132	0.002786
1990	286	122	320	442	0.426573	1.545455	3	35	89	0.01049	0	0	0	0
1991	420	192	236	428	0.457143	1.019048	3	63	79	0.007143	0	0	0	0
1992	272	145	556	701	0.533088	2.577206	2	43	293	0.007353	2	37	387	0.007353
1993	272	471	2677	3148	1.731618	11.57353	1	317	1517	0.003676	2	323	2565	0.007353
1994	310	435	1082	1517	1.403226	4.893548	9	256	928	0.029032	4	173	782	0.012903
1995	268	462	6507	6969	1.723881	26.00373	6	289	6011	0.022388	9	292	6365	0.033582

续表

年份	袭击数量	死亡	受伤	伤亡	袭击致亡率	袭击伤亡率	死亡大于10袭击数量	死亡大于10袭击造成的死亡	死亡大于10袭击造成的伤亡	死亡大于10袭击的比率	受伤大于50袭击数量	受伤大于50袭击造成的死亡	受伤大于50袭击造成的伤亡	受伤大于50袭击的比率
1996	238	571	3068	3639	2.39916	15.28992	12	399	2753	0.05042	8	148	2597	0.033613
1997	184	259	944	1203	1.407609	6.538043	4	121	513	0.021739	5	63	705	0.027174
1998	1286	2172	8202	10374	1.688958	8.066874	37	1464	7554	0.028771	10	437	6334	0.007776
1999	1171	864	2534	3398	0.737831	2.901793	14	448	1382	0.011956	9	259	1460	0.007686
2000	1151	783	2570	3353	0.680278	2.913119	16	281	915	0.013901	8	103	693	0.00695
2001	1732	4571	6403	10974	2.639145	6.336028	29	3695	6951	0.016744	17	3327	7195	0.009815
2002	2648	2763	7349	10112	1.043429	3.818731	38	1159	4192	0.01435	24	739	3996	0.009063
2003	1899	2349	6200	8549	1.236967	4.501843	48	1206	4515	0.025276	26	710	3895	0.013691
2004	2647	5066	10860	15926	1.913865	6.016623	87	3083	8521	0.032867	39	1889	7343	0.014734
2005	4995	8194	15262	23456	1.64044	4.695896	143	3329	8817	0.028629	54	1550	6574	0.010811
2006	6660	12071	20991	33062	1.812462	4.964264	193	4498	11315	0.028979	45	1828	6639	0.006757
2007	4526	10232	20963	31195	2.260716	6.892399	149	4538	13608	0.032921	54	2647	10356	0.011931
2008	2846	5909	14434	20343	2.076247	7.147927	101	2827	8976	0.035488	54	1741	7329	0.018974
2009	560	1197	1957	3154	2.1375	5.632143	22	451	1197	0.039286	8	171	853	0.014286

续表

年份	袭击数量	死亡	受伤	伤亡	袭击致亡率	袭击伤亡率	死亡大于10袭击数量	死亡大于10袭击造成的死亡	死亡大于10袭击造成的伤亡	死亡大于10袭击的比率	受伤大于50袭击数量	受伤大于50袭击造成的死亡	受伤大于50袭击造成的伤亡	受伤大于50袭击的比率
所有年份	40129	64236	146365	210601	1.600738	5.2481	994	32113	99178	0.02477	424	17867	83735	0.010566

1.2 恐怖袭击方式（不包括袭击方式未知与无数据的）（兰德公司）

年份	纵火			武装攻击			刺杀			爆炸			劫持人质			劫持交通工具			绑架			非常规袭击		
	袭击数量	袭击造成的死亡	袭击造成的伤亡	袭击数量	袭击造成的死亡	袭击造成的伤亡	袭击数量	袭击造成的死亡	袭击造成的伤亡	袭击数量	袭击造成的死亡	袭击造成的伤亡	袭击数量	袭击造成的死亡	袭击造成的伤亡	袭击数量	袭击造成的死亡	袭击造成的伤亡	袭击数量	袭击造成的死亡	袭击造成的伤亡	袭击数量	袭击造成的死亡	袭击造成的伤亡
1968	0	0	0	7	7	12	4	5	5	80	15	179	0	0	0	6	0	0	1	1	1	0	0	0
1969	3	0	0	8	1	9	3	0	2	77	6	75	0	0	0	9	1	6	2	0	0	0	0	0
1970	4	0	0	17	6	10	8	9	25	103	80	197	2	1	1	19	0	2	26	5	8	0	0	0
1971	1	0	0	10	3	3	4	3	5	117	33	106	1	0	0	7	1	17	8	1	1	0	0	0

续表

年份	纵火			武装攻击			刺杀			爆炸			劫持人质			劫持交通工具			绑架			非常规袭击		
	袭击数量	袭击造成的死亡	袭击造成的伤亡	袭击数量	袭击造成的死亡	袭击造成的伤亡	袭击数量	袭击造成的死亡	袭击造成的伤亡	袭击数量	袭击造成的死亡	袭击造成的伤亡	袭击数量	袭击造成的死亡	袭击造成的伤亡	袭击数量	袭击造成的死亡	袭击造成的伤亡	袭击数量	袭击造成的死亡	袭击造成的伤亡	袭击数量	袭击造成的死亡	袭击造成的伤亡
1972	2	0	0	10	32	112	55	6	10	108	36	90	3	11	11	14	8	23	4	4	4	0	0	0
1973	3	0	0	16	10	63	14	14	15	93	40	114	9	2	18	6	1	2	10	1	1	0	0	0
1974	5	0	0	25	47	156	7	5	7	165	115	273	10	13	45	7	1	2	12	3	4	0	0	0
1975	2	0	0	16	21	53	12	16	20	137	36	281	11	11	86	2	2	9	30	1	5	0	0	0
1976	8	0	0	42	28	58	32	25	43	214	232	812	3	8	48	8	38	74	19	10	10	0	0	0
1977	10	0	0	20	14	19	21	20	32	150	27	302	4	2	3	13	101	101	15	6	9	0	0	0
1978	2	0	0	40	86	177	19	18	24	129	31	286	11	2	14	1	0	3	15	1	4	5	0	5
1979	3	0	0	37	27	46	26	32	58	143	22	458	13	163	736	7	0	0	13	8	9	0	0	0
1980	4	0	0	26	12	41	39	35	46	134	62	317	13	48	61	6	1	8	14	4	6	0	0	0
1981	6	0	0	33	14	51	35	20	37	192	279	1341	7	1	10	11	1	13	17	5	6	0	0	0
1982	20	2	5	36	9	208	33	30	42	230	60	577	6	0	5	8	1	1	25	9	10	0	0	0
1983	2	2	2	27	11	18	27	21	38	198	559	1367	1	2	4	5	0	0	24	6	10	0	0	0
1984	7	0	0	24	19	40	46	37	52	200	120	612	1	0	0	9	2	5	37	5	5	0	0	0
1985	22	30	44	52	62	84	45	37	65	243	508	1520	3	4	5	11	62	88	59	13	13	0	0	0

续表

年份	纵火			武装攻击			刺杀			爆炸			劫持人质			劫持交通工具			绑架			非常规袭击		
	袭击数量	袭击造成的死亡	袭击造成的伤亡	袭击数量	袭击造成的死亡	袭击造成的伤亡	袭击数量	袭击造成的死亡	袭击造成的伤亡	袭击数量	袭击造成的死亡	袭击造成的伤亡	袭击数量	袭击造成的死亡	袭击造成的伤亡	袭击数量	袭击造成的死亡	袭击造成的伤亡	袭击数量	袭击造成的死亡	袭击造成的伤亡	袭击数量	袭击造成的死亡	袭击造成的伤亡
1986	12	0	0	45	56	124	20	16	21	246	188	1191	3	0	0	4	88	248	46	3	3	0	0	0
1987	12	0	0	50	50	97	27	25	34	215	289	1390	7	1	4	3	1	2	44	8	12	0	0	0
1988	5	0	0	34	33	107	36	24	38	246	629	2372	10	6	6	4	8	9	32	2	2	1	0	0
1989	13	0	5	51	48	102	23	25	30	229	267	670	5	0	0	6	0	0	30	7	8	1	0	0
1990	13	2	3	43	39	123	25	38	43	181	38	268	2	0	0	3	0	0	18	5	5	0	0	0
1991	20	1	20	77	63	121	22	33	37	268	50	195	4	0	0	6	5	5	20	4	7	0	0	0
1992	17	3	4	75	67	147	13	16	20	136	57	527	2	0	0	4	0	0	25	2	3	0	0	0
1993	6	4	7	95	84	195	10	10	12	108	361	2910	7	0	6	7	3	9	39	9	9	0	0	0
1994	1	0	0	94	161	508	18	15	16	138	228	931	3	7	7	4	3	23	52	21	32	0	0	0
1995	11	6	35	54	103	5164	17	18	25	145	315	1722	4	0	0	0	0	0	35	20	23	0	0	0
1996	10	27	105	44	77	133	13	16	22	108	280	3153	6	17	17	6	127	176	51	27	33	0	0	0
1997	3	10	10	32	127	206	5	4	8	90	105	957	3	0	9	2	1	1	47	12	12	1	0	0
1998	56	2	5	124	771	976	154	261	331	825	1083	8898	11	7	8	10	2	6	91	34	51	3	4	64
1999	103	1	5	86	133	299	63	100	120	828	583	2908	10	1	1	3	1	1	58	30	31	3	0	0

续表

年份	纵火			武装攻击			刺杀			爆炸			劫持人质			劫持交通工具			绑架			非常规袭击		
	袭击数量	袭击造成的死亡	袭击造成的伤亡	袭击数量	袭击造成的死亡	袭击造成的伤亡	袭击数量	袭击造成的死亡	袭击造成的伤亡	袭击数量	袭击造成的死亡	袭击造成的伤亡	袭击数量	袭击造成的死亡	袭击造成的伤亡	袭击数量	袭击造成的死亡	袭击造成的伤亡	袭击数量	袭击造成的死亡	袭击造成的伤亡	袭击数量	袭击造成的死亡	袭击造成的伤亡
2000	78	1	6	171	55	169	124	213	259	669	490	2892	6	10	11	2	0	0	74	11	12	0	0	0
2001	86	1	15	294	424	933	173	228	298	1028	760	3987	5	5	5	4	3	4	69	50	57	20	2999	5359
2002	98	4	19	447	532	1463	504	656	851	1322	1205	6556	9	172	824	6	0	0	174	125	127	6	1	4
2003	71	7	10	278	227	510	373	591	842	1025	1388	6963	0	0	0	3	20	20	95	70	70	14	0	12
2004	88	256	343	615	1377	2343	61	65	91	1613	2865	11839	4	346	1088	2	0	0	185	103	123	1	0	0
2005	120	19	57	1552	2580	4374	162	187	282	2690	4807	18019	5	57	69	0	0	0	316	346	381	0	0	0
2006	141	4	14	2624	5030	7481	90	152	416	3347	6229	24378	5	6	10	1	0	0	358	487	544	1	0	0
2007	108	0	4	1554	2263	3558	252	309	504	2247	7270	25980	3	0	12	4	0	1	239	207	227	9	43	627
2008	42	16	45	828	1304	2958	189	289	649	1679	4244	16572	4	4	13	0	0	0	68	31	52	1	0	0
所有年份	1218	398	763	9713	16013	33251	2804	3624	5475	22096	35992	154185	216	907	3137	233	482	859	2497	1697	1930	66	3047	6071

1.3 宣布承担责任（claimed）恐怖袭击的比例（兰德公司）

年份	比例	年份	比例	年份	比例	年份	比例	年份		比例		年份	比例
1968	0. 122449	1974	0. 363636	1980	0. 487288	1986	0. 328912	1992	0. 128676	1998	0. 135303	2004	0. 194938
1969	0. 284314	1975	0. 3	1981	0. 468439	1987	0. 260388	1993	0. 121324	1999	0. 131512	2005	0. 162362
1970	0. 212291	1976	0. 302752	1982	0. 391061	1988	0. 208672	1994	0. 225806	2000	0. 129453	2006	0. 110511
1971	0. 116883	1977	0. 317597	1983	0. 350877	1989	0. 200557	1995	0. 208955	2001	0. 11836	2007	0. 062307
1972	0. 409091	1978	0. 382883	1984	0. 388379	1990	0. 199301	1996	0. 168067	2002	0. 087236	2008	0. 203443
1973	0. 235294	1979	0. 415638	1985	0. 406897	1991	0. 197619	1997	0. 141304	2003	0. 135861		

1.4　自杀式恐怖袭击（兰德公司）

年份	自杀式袭击数量	自杀式袭击造成的死亡	自杀式袭击造成的伤亡	自杀式袭击的比率
1968	0	0	0	0
1969	0	0	0	0
1970	0	0	0	0
1971	0	0	0	0
1972	0	0	0	0
1973	0	0	0	0
1974	0	0	0	0
1975	0	0	0	0
1976	0	0	0	0
1977	0	0	0	0
1978	0	0	0	0
1979	0	0	0	0
1980	0	0	0	0
1981	1	61	161	0.003322
1982	0	0	0	0
1983	7	410	660	0.024561
1984	1	0	0	0.003058
1985	13	48	159	0.029885
1986	2	27	159	0.005305
1987	0	0	0	0
1988	2	8	8	0.00542
1989	3	4	15	0.008357

续表

年份	自杀式袭击数量	自杀式袭击造成的死亡	自杀式袭击造成的伤亡	自杀式袭击的比率
1990	1	1	4	0.003497
1991	1	13	13	0.002381
1992	0	0	0	0
1993	0	0	0	0
1994	6	167	535	0.019355
1995	7	57	260	0.026119
1996	5	62	341	0.021008
1997	1	7	207	0.005435
1998	9	299	5699	0.006998
1999	15	31	113	0.01281
2000	10	72	288	0.008688
2001	46	3175	6449	0.026559
2002	66	617	2552	0.024924
2003	75	717	2964	0.039494
2004	111	1730	6129	0.041934
2005	337	3055	9515	0.067467
2006	261	2005	6377	0.039189
2007	328	3680	12131	0.07247
2008	274	2303	7894	0.096275

1.5 地区恐怖袭击情况（兰德公司）

年份	非洲			中亚与东亚			东欧			南亚			东南亚与大洋洲			西欧			中东/波斯湾			拉美			北美		
	袭击数量	袭击死亡数量	袭击伤亡数量	袭击数量	袭击死亡数量	袭击伤亡数量	袭击数量	袭击死亡数量	袭击伤亡数量	袭击数量	袭击死亡数量	袭击伤亡数量	袭击数量	袭击死亡数量	袭击伤亡数量	袭击数量	袭击死亡数量	袭击伤亡数量	袭击数量	袭击死亡数量	袭击伤亡数量	袭击数量	袭击死亡数量	袭击伤亡数量	袭击数量	袭击死亡数量	袭击伤亡数量
1968	0	0	0	0	0	0	0	0	0	0	0	0	0	0	0	14	4	5	14	21	186	31	3	6	39	0	0
1969	5	0	0	3	0	0	1	0	0	3	0	2	7	1	1	29	2	32	10	4	53	40	1	4	4	0	0
1970	4	1	1	3	0	4	0	0	0	3	4	15	9	3	6	36	49	62	40	32	133	65	11	17	19	1	5
1971	4	25	25	2	26	42	1	0	0	8	1	3	12	3	18	26	3	15	35	6	44	40	2	2	26	0	8
1972	10	6	22	0	0	0	0	0	0	1	0	0	7	1	1	73	51	78	49	34	135	37	4	5	21	1	9
1973	6	3	6	2	0	0	0	0	0	2	0	0	2	0	0	67	54	148	14	3	19	46	5	35	14	3	5
1974	10	15	43	6	2	18	0	0	0	3	0	2	4	3	3	62	5	23	35	149	362	96	9	32	15	1	4
1975	15	4	36	2	0	2	0	0	0	2	0	1	6	1	4	58	19	82	49	45	223	33	5	12	45	13	94
1976	19	28	151	1	2	2	0	0	0	6	0	0	7	10	38	123	37	104	48	154	595	82	103	137	41	7	18
1977	21	27	116	1	0	0	3	0	0	4	0	1	7	101	105	83	14	22	49	11	177	39	15	40	26	2	5
1978	15	29	30	2	0	0	2	0	0	5	4	9	9	4	12	75	20	82	55	68	360	39	12	16	20	1	4
1979	10	5	28	1	0	0	0	0	0	8	10	14	2	0	0	77	19	144	87	199	1055	34	16	24	24	3	42
1980	8	51	136	0	0	0	2	0	3	0	0	0	6	2	29	97	38	155	45	18	74	48	48	67	30	5	15
1981	6	3	6	0	0	0	2	0	3	3	1	1	4	2	6	134	22	349	58	274	1054	68	16	34	26	2	5
1982	21	11	16	3	1	5	2	1	1	12	5	10	5	1	20	192	32	339	41	39	393	49	15	32	33	6	32

续表

年份	非洲			中亚与东亚			东欧			南亚			东南亚与大洋洲			西欧			中东/波斯湾			拉美			北美		
	袭击数量	袭击死亡数量	袭击伤亡数量	袭击数量	袭击死亡数量	袭击伤亡数量	袭击数量	袭击死亡数量	袭击伤亡数量	袭击数量	袭击死亡数量	袭击伤亡数量	袭击数量	袭击死亡数量	袭击伤亡数量	袭击数量	袭击死亡数量	袭击伤亡数量	袭击数量	袭击死亡数量	袭击伤亡数量	袭击数量	袭击死亡数量	袭击伤亡数量	袭击数量	袭击死亡数量	袭击伤亡数量
1983	20	10	11	9	1	6	2	2	4	12	4	10	5	21	69	101	25	189	64	526	1109	56	8	34	16	4	7
1984	48	28	68	2	0	0	1	1	1	8	36	68	3	2	18	135	53	244	60	49	228	62	10	55	8	4	33
1985	30	26	35	2	2	6	3	2	2	8	2	2	6	32	32	155	114	765	152	183	605	74	25	41	5	330	331
1986	23	19	41	5	5	24	1	1	1	18	66	301	9	1	7	107	27	549	103	207	554	107	25	88	4	0	22
1987	28	43	134	0	0	0	0	0	0	31	141	908	22	120	135	91	17	127	95	45	157	88	8	77	6	1	2
1988	23	35	118	20	0	26	1	0	0	48	251	1579	19	12	21	85	310	532	78	69	142	91	25	114	4	0	2
1989	20	183	186	7	0	1	2	0	5	25	61	147	15	8	17	83	14	42	65	50	274	133	31	141	9	0	2
1990	21	19	56	6	0	0	7	0	0	7	29	64	45	17	25	61	8	48	46	22	164	91	24	82	2	3	3
1991	13	6	9	6	1	1	10	2	14	27	38	79	10	7	52	126	18	54	102	69	127	122	49	90	4	2	2
1992	33	35	171	2	0	0	7	2	15	5	17	18	13	3	10	70	12	70	59	33	89	81	43	327	2	0	1
1993	57	56	202	7	2	2	12	3	6	8	327	1527	18	15	52	55	13	42	65	35	151	47	10	111	3	10	1055
1994	85	126	234	0	0	0	21	17	79	8	1	1	14	14	34	51	7	56	73	146	736	55	122	372	3	2	5
1995	48	83	135	6	23	5033	12	2	32	17	67	262	4	2	3	118	21	250	40	88	573	22	8	13	1	168	668
1996	39	197	322	7	5	5	13	11	29	22	161	1735	13	5	12	58	23	303	44	142	1076	40	26	45	2	1	112

续表

年份	非洲			中亚与东亚			东欧			南亚			东南亚与大洋洲			西欧			中东/波斯湾			拉美			北美		
	袭击数量	袭击死亡数量	袭击伤亡数量	袭击数量	袭击死亡数量	袭击伤亡数量	袭击数量	袭击死亡数量	袭击伤亡数量	袭击数量	袭击死亡数量	袭击伤亡数量	袭击数量	袭击死亡数量	袭击伤亡数量	袭击数量	袭击死亡数量	袭击伤亡数量	袭击数量	袭击死亡数量	袭击伤亡数量	袭击数量	袭击死亡数量	袭击伤亡数量	袭击数量	袭击死亡数量	袭击伤亡数量
1997	16	89	149	9	19	103	22	12	15	14	32	201	14	41	181	26	9	20	27	45	500	40	10	17	16	2	17
1998	107	1002	6873	32	74	169	311	134	395	119	538	1457	35	56	424	284	54	205	205	171	584	183	141	261	10	2	6
1999	53	93	465	10	21	200	86	350	1125	84	181	856	31	26	130	433	6	60	352	117	451	114	67	94	8	3	17
2000	28	37	176	10	5	38	28	65	299	94	286	1327	75	98	701	372	32	186	310	62	252	225	198	374	9	0	0
2001	27	289	528	27	26	54	104	70	329	177	423	1565	140	179	727	549	31	243	509	259	1545	163	307	613	36	2987	5370
2002	29	129	312	12	3	6	215	375	1611	808	995	3110	124	379	1412	341	15	120	626	564	2478	477	300	1057	16	3	6
2003	30	112	163	13	21	22	125	266	955	607	802	2125	34	74	471	375	7	121	498	882	4034	199	185	658	18	0	0
2004	36	390	814	15	26	69	169	536	1770	460	801	3520	223	278	861	273	194	847	1356	2694	7659	107	147	386	8	0	0
2005	42	187	561	8	1	17	168	82	250	871	989	3577	438	263	1409	258	56	358	3048	6473	16911	148	143	373	14	0	0
2006	65	105	375	3	0	0	142	61	173	1198	1876	5775	404	270	969	152	6	41	4540	9603	25417	152	149	306	4	1	6
2007	163	343	1031	3	1	1	109	74	233	728	1409	3253	806	657	2055	104	1	13	2545	7695	24395	63	51	213	4	0	0
2008	239	456	1128	10	27	60	58	74	335	686	2490	7989	441	303	1310	93	4	79	1240	2488	9182	71	60	239	3	0	0
总数	1477	4306	14913	257	294	5916	1642	2143	7685	6150	12048	41514	3048	3015	11380	5702	1446	7204	16931	33774	104256	3758	2437	6644	598	3568	7913

1.6 恐怖袭击的国家分布（以2009年之前袭击数量由高到低排序前50位）（兰德公司）

国家或地区	2009年之前（不含2009）			2001年之前（不含）		
	次数	死亡	伤亡	次数	死亡	伤亡
伊拉克	10763	28971	82561	78	149	583
约旦河西岸/加沙	2038	560	2182	241	100	632
泰国	2008	1441	4812	32	133	187
哥伦比亚	1866	1590	4230	740	406	757
阿富汗	1734	3440	7434	46	98	170
以色列	1647	1484	9044	496	727	4369
西班牙	1409	294	1796	769	69	565
土耳其	1273	588	2988	797	369	1253
巴基斯坦	1258	2716	10861	277	773	4172
法国	1213	185	1557	695	173	1469
克什米尔	1103	1606	4731	38	241	408
印度	1048	2847	10396	149	707	2923
北爱尔兰	709	72	293	176	58	176
黎巴嫩	676	1302	3494	598	1250	3183
希腊	671	149	665	447	148	656
俄罗斯	622	1500	5516	162	444	1399
菲律宾	592	765	3325	214	155	891
美国	561	3230	7523	463	239	2141
尼泊尔	493	212	837	5	1	8
联邦德国	460	93	790	459	93	790
意大利	431	86	511	304	83	439
秘鲁	366	210	600	341	144	479
索马里	352	560	1315	60	56	153
斯里兰卡	344	1031	4999	89	465	2968
阿尔及利亚	319	1302	3192	173	856	1909

续表

国家或地区	2009 年之前（不含 2009）			2001 年之前（不含）		
	次数	死亡	伤亡	次数	死亡	伤亡
车臣	281	409	1218	16	35	93
阿根廷	267	175	691	248	174	688
智利	247	2	44	222	2	42
印度尼西亚	243	472	1976	55	40	270
英国	188	367	783	155	310	489
委内瑞拉	162	48	120	85	19	29
孟加拉	155	231	2439	13	18	248
伊朗	148	103	518	89	53	183
也门	136	138	466	93	60	217
埃及	133	331	1187	118	194	568
科索沃	131	51	178	74	33	81
萨尔瓦多	118	65	133	116	65	133
比利时	117	19	205	105	19	205
波黑	114	18	57	74	17	47
危地马拉	110	94	131	106	88	119
格鲁吉亚	99	79	295	34	31	125
约旦	87	93	238	74	19	51
埃塞俄比亚	85	215	586	60	188	333
日本	85	19	5126	63	19	5125
瑞士	84	53	119	78	53	119
墨西哥	81	20	47	64	9	32
玻利维亚	79	10	51	57	4	19
厄瓜多尔	77	27	77	43	23	61
法国	76	27	73	69	25	71
安哥拉	73	358	574	67	101	146

1.7　恐怖主义组织（以2009年之前袭击数量由高到低排序前50位，不包括前面“Unknown”和“Other”两类）（兰德公司）

行为体	2009年之前			2001之前		
	袭击次数	造成的死亡	造成的伤亡	袭击次数	造成的死亡	造成的伤亡
Unknown	26002	35279	109082	5221	3001	11144
Other	2038	3371	11655	1876	3078	10829
Taliban	837	2280	4489	6	11	13
Revolutionary Armed Forces of Colombia (FARC)	616	654	1889	157	80	163
Hamas (Islamic Resistance Movement)	576	589	3469	42	188	1305
Basque Fatherland and Freedom (ETA)	418	64	657	259	36	305
Communist Party of Nepal-Maoists (CPN-M)	403	174	555	3	0	0
National Liberation Army of Colombia (ELN)	285	127	340	208	90	171
Liberation tigers of Tamil Eelam (LTTE)	241	727	3639	56	478	2869
Palestine Islamic Jihad (PIJ)	235	189	1180	13	35	180
Communist Party of India-Maoists	235	385	844	0	0	0
al-Fatah	222	424	1791	86	145	548
Tanzim Qaidat al-Jihad fi Bilad al-Rafidayn	212	1887	5650	0	0	0
Anti-Castro Cubans	211	87	136	211	87	136
Al Qaeda	198	4330	14920	4	248	5424
Hizballah	175	819	2291	170	818	2285

续表

行为体	2009 年之前			2001 之前		
	袭击次数	造成的死亡	造成的伤亡	袭击次数	造成的死亡	造成的伤亡
Corsican National Liberation Front (FLNC)	155	1	28	55	0	6
Shining Path (SL)	141	141	410	131	104	329
Islamic State of Iraq	135	605	1753	0	0	0
New People's Army (NPA)	122	118	193	44	34	68
Popular Front for the Liberation of Palestine (PFLP)	119	163	809	75	134	637
Al-Aqsa Martyrs Brigade	108	15	18	0	0	0
Tupac Amaru Revolutionary Movement (MRTA)	106	20	41	105	20	41
Kurdish Workers Party (PKK)	103	44	335	77	30	233
United Liberation Front of Assam (ULFA)	98	85	471	2	9	26
Black September	92	30	162	92	30	162
Mujahideen Council	84	361	1027	0	0	0
Abu Nidal Organization (ANO)	82	210	864	82	210	864
Provisional Irish Republican Army (PIRA)	81	28	168	79	28	167
Armenian Secret Army for the Liberation of Armenia	79	46	315	79	46	315
United Self Defense Forces of Colombia (AUC)	76	245	257	28	93	94
Hamas	76	5	36	0	0	0
People's War Group (PWG)	76	112	234	2	3	3
Ansar al-Sunnah	72	495	1424	0	0	0

续表

行为体	2009年之前			2001之前		
	袭击次数	造成的死亡	造成的伤亡	袭击次数	造成的死亡	造成的伤亡
Jewish Defense League (JDL)	72	5	42	72	5	42
al-Mahdi Army	70	64	355	0	0	0
Amal	69	67	132	69	67	132
Abu Sayyaf Group (ASG)	67	207	725	27	16	150
Popular Resistance Committees	67	2	14	0	0	0
Armed Islamic Group (GIA)	64	506	765	62	506	735
Earth Liberation Front (ELF)	62	0	0	11	0	0
Palestine Liberation Organization (PLO)	62	39	627	62	39	627
Mujahideen Youth Movement	54	87	162	0	0	0
MILF	53	47	130	0	0	0
ULFA	52	118	838	6	10	30
Islamic Jihad	51	0	7	0	0	0
Manuel Rodriguez Patriotic Front (FPMR)	51	1	16	51	1	16
Baloch Liberation Army	51	19	74	0	0	0
Dev Sol	50	5	19	50	5	19
ETA	47	4	69	0	0	0
FARC	46	46	207	0	0	0
November 17 Revolutionary Organization (N17RO)	46	9	49	45	9	48

注：因恐怖行为体数量众多，国内对这些行为体常无统一翻译名称，因此，在此直接保持统计来源中的名称而不作翻译，以便读者查询。附录2中全球恐怖主义数据库(GTD)有关恐怖行为体袭击情况的表格中，也基于相同原因做同样的处理。

附录2：全球恐怖主义数据库（GTD）数据

2.1　恐怖主义袭击情况（GTD）

年份	袭击数量	死亡	伤亡	平均死亡	平均伤亡
1970	659	170	361	0.257967	0.5478
1971	475	175	259	0.368421	0.545263
1972	494	567	795	1.147773	1.609312
1973	477	370	870	0.775681	1.823899
1974	580	563	1559	0.97069	2.687931
1975	738	587	1202	0.795393	1.628726
1976	926	674	1430	0.727862	1.544276
1977	1320	450	968	0.340909	0.733333
1978	1535	1386	2930	0.902932	1.908795
1979	2663	2087	4589	0.783703	1.723244
1980	2663	4425	7977	1.66166	2.995494
1981	2588	4808	8069	1.857805	3.117852
1982	2544	5287	8593	2.078223	3.377752
1983	2875	10161	24060	3.534261	8.368696
1984	3496	10458	15790	2.991419	4.51659
1985	2916	7084	12270	2.429355	4.207819
1986	2859	5326	13592	1.862889	4.75411
1987	3193	6712	12687	2.102098	3.973379

续表

年份	袭击数量	死亡	伤亡	平均死亡	平均伤亡
1988	3709	7127	13972	1.921542	3.767053
1989	4317	8121	13619	1.881167	3.154737
1990	3881	6995	13053	1.802371	3.363308
1991	4671	8442	16021	1.807322	3.429887
1992	5120	9718	19681	1.898047	3.843945
1993	4954	10162	22338	2.051272	4.509084
1994	3462	8100	15671	2.339688	4.526574
1995	3072	6042	20201	1.966797	6.575846
1996	3052	6832	17387	2.238532	5.69692
1997	3191	10589	19694	3.318395	6.171733
1998	902	4727	12741.6	5.240576	14.12594
1999	1328	3304.6	8303.4	2.488404	6.25256
2000	1379	3221	7980	2.335751	5.786802
2001	1403	6303	11263	4.492516	8.027798
2002	995	3256	9008	3.272362	9.053266
2003	1181	3121.99	9423.97	2.643514	7.979653
2004	1060	5520	16944	5.207547	15.98491
2005	1806	6006.89	18184.77	3.326074	10.06909
2006	2504	8987.99	23919.99	3.589453	9.552712
2007	3008	12620	33596	4.195479	11.16888
2008	4668	8753	26253	1.875107	5.624036
所有年份	92664	209239.5	467255.7	2.258045	5.042473

2.2　严重恐怖袭击情况（GTD）（不含1993年）

年份	造成死亡大于10人的恐怖袭击				造成受伤大于50人的恐怖袭击			
	袭击数量	死亡人数	伤亡人数	占年度恐怖袭击的比率	袭击数量	死亡人数	伤亡人数	占年度恐怖袭击的比率
1970	2	83	83	0.003035	0	0	0	0
1971	2	40	40	0.004211	0	0	0	0
1972	4	151	229	0.008097	1	28	106	0.002024
1973	2	61	111	0.004193	2	6	304	0.004193
1974	11	263	869	0.018966	5	81	679	0.008621
1975	8	216	390	0.01084	4	48	337	0.00542
1976	6	170	239	0.006479	1	10	295	0.00108
1977	3	124	136	0.002273	0	0	0	0
1978	13	746	999	0.008469	4	81	367	0.002606
1979	20	551	713	0.00751	5	39	352	0.001878
1980	87	2295	3409	0.03267	14	289	1551	0.005257
1981	110	2848	3938	0.042504	9	212	1218	0.003478
1982	121	3373	4731	0.047563	12	187	1703	0.004717
1983	228	7923	9569	0.079304	12	345	11672	0.004174
1984	240	8107	10015	0.06865	10	349	2122	0.00286
1985	160	4775	7102	0.05487	21	717	2701	0.007202
1986	104	2829	4632	0.036376	28	427	5001	0.009794
1987	137	3843	5749	0.042906	20	923	3088	0.006264
1988	155	3225	4593	0.04179	16	222	1511	0.004314

续表

年份	造成死亡大于10人的恐怖袭击				造成受伤大于50人的恐怖袭击			
	袭击数量	死亡人数	伤亡人数	占年度恐怖袭击的比率	袭击数量	死亡人数	伤亡人数	占年度恐怖袭击的比率
1989	168	3820	5054	0.038916	7	228	911	0.001621
1990	147	3417	4942	0.037877	13	224	1461	0.00335
1991	154	4269	5600	0.032969	15	145	1501	0.003211
1992	179	4688	6720	0.034961	23	369	3312	0.004492
1994	132	4964	6693	0.038128	20	523	3232	0.005777
1995	117	3093	11035	0.038086	28	509	9823	0.009115
1996	126	3812	7354	0.041284	30	732	5381	0.00983
1997	221	6526	8960	0.069257	38	1176	4626	0.011908
1998	97	3631	9304	0.107539	13	451	5808	0.014412
1999	78	1928	3504	0.058735	13	447	1944	0.009789
2000	75	1752	3011	0.054387	11	176	1110	0.007977
2001	75	4721	5866	0.053457	15	444	1830	0.010691
2002	68	1951	3970	0.068342	20	563	2429	0.020101
2003	67	1617.99	4397.31	0.056732	29	825	3660.98	0.024555
2004	111	3775	10411	0.104717	45	2277	9117	0.042453
2005	145	3315.8899	8117.78	0.080288	49	1269.99	6302.99	0.027132
2006	210	5448.99	12698.99	0.083866	52	1967	7344	0.020767
2007	274	7831	18388	0.09109	77	3302	11960	0.025598
2008	164	4154	10308	0.035133	54	1619	6677	0.011568

续表

年份	造成死亡大于10人的恐怖袭击				造成受伤大于50人的恐怖袭击			
	袭击数量	死亡人数	伤亡人数	占年度恐怖袭击的比率	袭击数量	死亡人数	伤亡人数	占年度恐怖袭击的比率
所有年份	4021	116337.87	203881.1	0.045844	716	21210.99	121437	0.008163

2.3 宣布承担责任的恐怖袭击的比例（GTD）

年份	比例
1998	0.116408
1999	0.123494
2000	0.122553
2001	0.153956
2002	0.19799
2003	0.186283
2004	0.170755
2005	0.187154
2006	0.109824
2007	0.095745
2008	0.122965

2.4 恐怖主义袭击方式（不含 1993 年）（GTD）

年份	刺杀			武装攻击			爆炸			劫持交通工具			劫持人质			绑架			攻击基础设施			非武装攻击			未知		
	次数	死亡	伤亡	次数	死亡	伤亡	次数	死亡	伤亡	次数	死亡	伤亡	次数	死亡	伤亡	次数	死亡	伤亡	次数	死亡	伤亡	次数	死亡	伤亡	次数	死亡	伤亡
1970	22	15	19	61	36	56	333	95	218	11	1	2	3	0	0	38	10	13	182	9	42	3	0	5	6	4	6
1971	71	74	90	45	14	28	241	79	105	6	0	0	0	0	0	20	2	3	89	2	29	0	0	0	3	4	4
1972	193	208	213	63	58	68	186	282	476	12	5	12	2	0	0	16	12	12	21	1	13	0	0	0	1	1	1
1973	164	171	179	68	43	71	150	73	479	8	34	35	6	38	90	43	11	14	37	0	1	0	0	0	1	0	1
1974	158	161	177	48	35	59	282	310	1247	3	1	3	5	35	36	37	14	17	44	0	8	1	0	0	2	7	12
1975	181	210	224	79	200	247	370	132	637	1	0	1	11	35	81	27	8	8	66	0	2	0	0	0	3	2	2
1976	206	233	260	127	160	189	416	222	830	4	27	55	6	16	55	45	8	9	116	6	30	2	1	1	4	1	1
1977	147	140	215	255	135	224	633	31	348	7	107	118	10	1	4	67	22	24	185	2	18	0	0	0	16	12	17
1978	263	240	326	240	321	536	651	257	1306	0	0	0	42	51	150	97	20	23	182	442	520	10	10	12	50	45	57
1979	527	506	674	472	729	1340	1056	582	2211	9	0	0	75	20	34	146	81	103	199	44	71	8	4	8	171	121	148
1980	619	714	971	582	2586	3118	991	826	3495	14	0	0	49	9	16	140	110	122	170	66	108	2	5	5	96	109	142
1981	406	465	643	722	3144	3774	1069	972	3316	18	9	20	28	7	10	122	51	58	160	40	99	6	1	5	57	119	144
1982	362	601	771	674	3666	3988	1124	784	3471	8	2	6	47	25	61	104	31	35	151	25	52	3	2	2	71	151	207
1983	361	482	576	876	7799	18667	1243	1591	4433	8	0	2	21	0	1	124	25	31	147	20	33	3	0	0	92	244	317
1984	443	598	776	852	6837	8166	1771	1723	4211	21	28	46	25	201	408	78	95	159	165	85	106	9	0	780	132	891	1138
1985	316	405	533	671	4197	5069	1477	1915	5805	15	83	110	55	20	39	116	30	44	138	90	189	6	5	9	122	339	472
1986	370	460	573	604	2223	3064	1511	1271	6001	4	100	266	27	2	4	94	146	169	138	312	439	7	3	35	104	809	3041
1987	498	700	854	804	3620	4877	1476	1884	5715	2	1	1	26	6	6	107	68	104	116	15	21	3	19	161	161	399	948
1988	821	1255	1483	922	3954	5530	1649	1710	6584	8	10	23	16	1	1	109	79	93	146	28	36	5	4	31	33	86	191
1989	980	1400	1810	1128	4821	6355	1791	1734	5230	13	3	6	18	21	33	130	101	103	234	16	46	7	1	3	16	24	33
1990	877	1178	1389	876	4336	6560	1726	1003	4310	8	10	10	17	0	0	169	395	409	188	10	45	7	26	201	13	37	129

续表

年份	刺杀			武装攻击			爆炸			劫持交通工具			劫持人质			绑架			攻击基础设施			非武装攻击			未知		
	次数	死亡	伤亡	次数	死亡	伤亡	次数	死亡	伤亡	次数	死亡	伤亡	次数	死亡	伤亡	次数	死亡	伤亡	次数	死亡	伤亡	次数	死亡	伤亡	次数	死亡	伤亡
1991	730	992	1326	1286	5817	9279	1977	1435	4925	25	5	10	16	11	13	221	115	133	345	39	160	10	1	14	61	27	161
1992	1113	1568	2171	1351	6158	10423	1735	1612	6167	24	3	4	22	6	26	146	47	53	493	116	302	42	5	46	194	203	489
1994	774	1013	2139	861	4938	7228	1147	1266	4697	36	18	41	25	60	68	191	116	142	198	32	110	60	55	276	170	602	970
1995	729	852	1101	772	2301	9810	784	1670	6834	30	11	26	6	236	252	141	83	125	300	36	313	97	17	53	213	836	1687
1996	483	794	1133	652	2502	4384	1211	1617	8616	23	5	5	14	24	24	154	84	107	210	16	27	22	32	137	283	1758	2954
1997	421	697	899	835	6028	8263	1114	1449	7083	15	0	4	3	4	4	299	125	159	138	48	215	21	8	28	345	2230	3039
1998	19	28	40	276	2254	2975	442	1403	8264.6	1	0	0	0	0	0	40	38	54	81	390	569	20	469	538	23	145	301
1999	52	67	180	381	1811	3137	593	1026.6	4319.4	4	1	1	9	6	6	96	45	80	124	83	278	38	174	204	31	91	98
2000	80	142	250	412	1467	2690	655	986	4108	5	0	0	2	0	0	67	44	58	99	162	198	31	198	415	28	222	261
2001	78	80	150	477	2095	3425	531	613	3519	13	2998	3002	4	18	59	80	57	77	187	210	730	23	228	290	10	4	11
2002	60	99	167	278	1346	2193	521	1437	6106	3	5	8	5	131	137	32	21	25	73	35	134	14	172	176	9	10	62
2003	83	137	283	331	1255	2084	562	1381.99	6000.99	2	0	0	2	6	14	35	29	34	123	261	862.9799	19	51	71	24	1	74
2004	88	125	232	254	2008	3634	560	2818	11808	2	90	90	2	22	48	66	51	65	59	206	725	25	200	342	4	0	0
2005	205	309	676	462	1735	3008	960	3731.89	14060.77	2	12	13	80	55	62	14	12	12	53	40	206	28	111	146	2	1	1
2006	121	224	306	784	3077	5481	1222	5328.66	17530.66	1	2	7	13	6	9	147	137	161	182	123.33	258.33	34	90	167	0	0	0
2007	128	177	344	868	3624	6128	1639	8121	25617	7	1	1	10	26	74	168	240	505	159	288	678	29	143	249	0	0	0
2008	216	348	931	1195	2785	4959	2521	5137	19630	16	19	21	4	51	51	357	255	320	336	48	197	13	76	79	10	34	65
所有年份	13365	17868	25084	21644	100115	161087	38320	58509.14	219714.4	389	3591	3949	706	1150	1876	4083	2818	3663	6034	3346.33	7871.31	608	2111	4489	2561	9569	17184

2.5　自杀式袭击数据（不含1993年）（GTD）

年份	自杀袭击数量	死亡	伤亡	比率
1970	0	0	0	0
1971	0	0	0	0
1972	0	0	0	0
1973	0	0	0	0
1974	0	0	0	0
1975	0	0	0	0
1976	0	0	0	0
1977	0	0	0	0
1978	0	0	0	0
1979	0	0	0	0
1980	0	0	0	0
1981	1	41	141	0.000386
1982	0	0	0	0
1983	5	348	468	0.001739
1984	2	23	96	0.000572
1985	15	163	466	0.005144
1986	3	6	16	0.001049
1987	2	12	113	0.000626
1988	1	7	17	0.00027

续表

年份	自杀袭击数量	死亡	伤亡	比率
1989	2	2	5	0.000463
1990	1	6	8	0.000258
1991	1	60	110	0.000214
1992	2	25	265	0.000391
1994	11	247	918	0.003177
1995	18	252	907	0.005859
1996	15	235	1789	0.004915
1997	9	65	642	0.00282
1998	25	216	678	0.027716
1999	29	92	417	0.021837
2000	36	254	834	0.026106
2001	52	3243	4130	0.037063
2002	77	683	2514	0.077387
2003	84	957.99	3547.97	0.071126
2004	113	1256.5	4438.5	0.106604
2005	212	2282	7611.99	0.117386
2006	172	1739	5003	0.06869
2007	359	4456.5	13277.5	0.119348
2008	191	1842	5415	0.040917

2.6 恐怖主义袭击地区分布（不含 1993 年）（GTD）

年份	北美			中美洲与加勒比			南美			东亚			东南亚			南亚			中亚			西欧			中欧			中东与北非			撒哈拉以南非洲			俄及新独立国家			澳洲与大洋洲		
	次数	死亡	伤亡	次数	死亡	伤亡	次数	死亡	伤亡	次数	死亡	伤亡	次数	死亡	伤亡	次数	死亡	伤亡	次数	死亡	伤亡	次数	死亡	伤亡	次数	死亡	伤亡	次数	死亡	伤亡	次数	死亡	伤亡	次数	死亡	伤亡	次数	死亡	伤亡
1970	462	31	189	25	5	6	65	11	15	2	0	0	10	41	54	1	1	1	0	0	0	61	78	88	0	0	0	29	2	7	3	1	1	0	0	0	1	0	0
1971	241	19	76	15	3	3	24	6	6	1	25	25	6	2	12	0	0	0	0	0	0	129	112	118	0	0	0	55	7	18	2	1	1	0	0	0	1	0	0
1972	66	11	53	7	0	0	20	6	7	0	0	0	10	84	85	1	0	0	0	0	0	353	430	525	0	0	0	35	35	124	0	0	0	0	0	0	2	1	1
1973	63	46	79	10	0	0	83	16	35	2	0	0	2	0	8	1	0	1	0	0	0	288	294	705	1	1	8	22	8	27	4	5	7	0	0	0	1	0	0
1974	92	18	68	30	0	7	81	21	50	4	1	8	3	5	5	2	0	2	0	0	0	317	433	1165	1	0	0	42	81	249	7	4	5	0	0	0	1	0	0
1975	152	54	205	17	38	51	55	130	146	12	0	2	7	1	46	2	1	1	0	0	0	436	296	491	0	0	0	45	38	131	12	29	129	0	0	0	0	0	0
1976	126	32	79	47	84	102	91	134	240	2	2	3	12	47	120	4	1	4	0	0	0	579	324	444	0	0	0	55	45	433	10	5	5	0	0	0	0	0	0
1977	142	17	48	32	36	49	119	47	89	4	0	0	8	102	174	2	0	1	0	0	0	771	187	388	1	1	8	212	43	158	29	17	53	0	0	0	0	0	0
1978	95	11	43	230	168	311	222	93	144	35	4	57	44	158	377	2	5	7	0	0	0	728	210	544	0	0	0	130	619	1199	46	112	233	1	4	4	2	2	11
1979	60	19	67	628	526	725	236	183	260	16	5	7	86	260	560	35	93	156	0	0	0	1015	299	984	1	0	5	460	368	1321	124	334	495	0	0	0	2	0	9
1980	60	18	38	1083	2976	3443	319	206	329	1	0	2	87	244	963	12	40	151	0	0	0	597	414	1214	1	0	2	438	445	1454	58	80	376	0	0	0	7	2	5
1981	56	7	25	1166	3152	3858	383	402	478	4	0	25	50	203	616	25	37	61	0	0	0	485	177	761	4	0	5	315	697	2063	97	132	176	0	0	0	3	1	1
1982	66	9	33	1015	3631	3995	638	670	856	3	1	4	43	143	413	21	74	189	0	0	0	402	178	636	2	2	2	292	511	2264	60	68	198	0	0	0	2	0	3
1983	42	7	14	862	6190	7171	950	2394	12777	13	3	8	22	122	202	63	75	327	0	0	0	480	162	662	1	2	6	336	724	1729	106	482	1164	0	0	0	0	0	0
1984	61	16	805	683	5157	6049	1492	2975	3959	15	0	11	46	264	392	243	682	1320	0	0	0	541	168	768	3	3	4	276	151	912	126	1031	1558	0	0	0	10	11	12
1985	35	334	346	786	2726	3291	1040	1700	2352	10	2	9	128	447	881	161	716	1209	0	0	0	467	260	1281	1	2	2	140	690	2257	141	207	631	0	0	0	7	0	11
1986	30	1	34	414	1008	1520	1185	1364	1886	12	8	39	102	342	756	272	1167	3829	0	0	0	454	175	1212	0	0	0	200	461	2991	185	798	1300	0	0	0	5	2	25
1987	23	1	2	573	1209	1785	1265	1442	2160	10	1	4	164	519	1004	350	2116	4676	0	0	0	409	189	647	0	0	0	212	584	1118	183	645	1284	0	0	0	4	6	7
1988	17	2	2	502	740	1241	1041	2024	2806	24	0	26	241	660	1167	794	2134	4671	0	0	0	489	434	1009	0	0	0	250	369	1191	339	742	1826	0	0	0	12	22	33
1989	31	3	17	510	452	1193	1385	2339	3234	18	22	35	203	606	1085	926	2893	4930	0	0	0	439	118	351	8	0	0	470	465	1003	291	1202	1698	7	6	33	29	15	40

续表

年份	北美			中美洲与加勒比			南美			东亚			东南亚			南亚			中亚			西欧			中欧			中东与北非			撒哈拉以南非洲			俄及新独立国家			澳洲与大洋洲		
	次数	死亡	伤亡	次数	死亡	伤亡	次数	死亡	伤亡	次数	死亡	伤亡	次数	死亡	伤亡	次数	死亡	伤亡	次数	死亡	伤亡	次数	死亡	伤亡	次数	死亡	伤亡	次数	死亡	伤亡	次数	死亡	伤亡	次数	死亡	伤亡	次数	死亡	伤亡
1990	29	7	12	322	406	863	1077	1861	2931	99	4	140	348	562	1010	595	2525	4588	0	0	0	383	121	411	19	1	22	505	778	1450	450	660	1443	36	58	159	18	12	24
1991	26	15	15	735	714	1821	1322	2254	3150	29	8	39	205	573	1002	674	2529	5407	0	0	0	684	203	676	48	245	293	621	507	1399	272	1347	2130	44	36	72	11	11	17
1992	64	9	13	217	112	276	1208	1528	3045	74	27	77	279	673	1441	547	2418	4899	23	22	827	766	182	1020	64	75	208	1207	1886	3384	572	2443	3991	81	333	476	18	10	24
1994	98	95	139	181	184	363	373	417	912	35	35	653	150	389	761	381	985	2972	31	48	111	578	103	468	29	10	17	1058	2068	4052	434	3633	4822	100	113	347	14	20	54
1995	87	233	995	168	81	185	256	654	1226	37	16	6342	168	312	622	1048	2095	4718	34	77	100	335	68	389	24	13	38	594	1019	3225	238	1306	2097	65	162	241	18	6	23
1996	107	100	434	120	91	229	517	725	1307	89	32	193	194	270	781	736	1933	7341	27	50	84	463	41	427	102	30	112	384	964	3052	215	2431	3100	79	142	290	19	23	37
1997	135	231	297	119	74	209	776	1317	2074	40	58	331	160	335	1025	483	1556	4293	42	45	89	351	46	141	164	70	253	544	4570	7180	278	2186	3567	91	101	212	8	0	23
1998	44	7	20	5	0	1	108	600	791	10	51	221	32	54	191	135	1244	2716.6	11	29	32	140	53	336	75	60	106	202	957	2047	89	1591	6031	45	81	247	6	0	2
1999	30	22	65	6	3	5	127	256	506	4	5	55	106	134	457	214	869	2298	15	21.59999	162.3999	235	12	233	74	42	268	303	637	1427	139	893	1679	71	408	1146	4	2	2
2000	16	0	39	3	1	1	115	253	411	14	1	17	225	379	1331	267	1038	2859	10	14	94	205	32	142	63	24	106	191	334	764	145	806	1298	123	339	918	2	0	0
2001	34	3001	3025	1	0	0	138	243	480	17	27	110	147	236	709	292	1026	2601	3	1	2	178	32	510	94	55	151	251	545	1546	119	930	1466	125	207	663	4	0	0
2002	29	3	8	2	0	1	105	258	746	3	0	0	89	356	1192	261	1085	2911	1	2	2	94	8	98	18	4	8	224	761	2635	83	342	579	84	436	827	2	1	1
2003	22	2	3	8	5	11	110	185	742	6	192	410	145	351	1103	350	780	2361	1	1	1	120	5	135	22	9	18	243	855.99	2976.97	70	417	568	80	318	1094	4	1	1
2004	7	0	3	5	38	82	42	89	307	4	4	11	95	281	832	343	1584	4125	5	36	67	57	195	2072	2	1	6	420	2378	7291	35	321	482	45	593	1666	0	0	0
2005	11	2	2	3	1	15	49	146	252	3	13	47	204	265.99	1111.99	495	1267.99	3883.99	5	1	1	98	58	915	12	1	3	797	3716.9	10696.79	59	370.01	709	70	164	548	0	0	0
2006	14	9	43	5	7	8	51	112	218	2	1	3	275	271	858	798	2675	7469	3	1	3	98	4	35	13	2	17	1052	4871.99	13803.99	130	969	1329	61	65	133	2	0	0
2007	14	25	31	4	2	4	47	82	245	0	0	0	365	403	1448	845	3514	8749	2	1	2	67	78	159	10	2	5	1288	7064	20279	310	1394	2478	55	55	196	1	0	0
2008	69	26	156	0	0	0	151	117	368	26	23	203	477	379	1400	1691	3418	9561	1	2	4	182	15	109	40	6	53	1448	3373	11769	364	1281	2157	211	113	473	8	0	0
所有年份	2756	4443	7523	10539	29820	38874	17266	27260	51540	680	571	9117	4938	10473.99	26194.99	13072	42576.99	105288.6	214	351.6	1581.4	14474	6194	22269	897	661	1726	15346	43628.88	119626.7	5825	29215.01	51066	1474	3734	9745	228	148	366

2.7 恐怖袭击的国家分布（以2009年之前袭击数量由高到低排序前50位，含1993年数据）(GTD)

国家或地区	2009年之前			2001年前		
	次数	死亡	伤亡	次数	死亡	伤亡
哥伦比亚	7136	13381	21954	6531	12270	18867
秘鲁	6375	13147	27475	6360	13077	27301
萨尔瓦多	5363	12528	17649	5363	12528	17649
印度	5048	15614.99	40747.59	3420	11205	26264.6
伊拉克	4186	20470.89	59789.77	186	695	2032
北爱尔兰	3971	2919	5816	3826	2907	5652
西班牙	3232	1284	6101	2975	1055	3611
巴基斯坦	3164	7250	21164	1955	3586	10713
土耳其	3100	5865	10178	2893	5634	9033
菲律宾	2931	6963	15951	2302	5773	12429
斯里兰卡	2522	15343	28589	2206	13783	24645
智利	2374	236	985	2357	236	984
南非	2347	3623	8798	2341	3622	8796
美国	2292	3470	7012	2135	458	3956
危地马拉	2115	5177	6377	2106	5168	6363
黎巴嫩	2061	3304	11794	1942	3085	10860
尼加拉瓜	2040	11411	13370	2040	11411	13370
阿尔及利亚	1988	9329	16515	1732	7998	13809
以色列	1729	1614	9593	1242	852	5357
阿富汗	1562	4335	9641	156	507	1374
意大利	1524	419	1745	1480	416	1679
约旦河西岸与加沙	1427	1110	3548	968	589	1885
科西嘉	1381	44	159	1259	44	123
泰国	1207	1227	4400	296	415	1314
法国	1194	228	1826	1139	224	1784

续表

国家或地区	2009 年之前			2001 年前		
	次数	死亡	伤亡	次数	死亡	伤亡
俄罗斯	1130	3317	9308	474	1397	3924
希腊	923	350	1039	788	287	953
阿根廷	806	494	1265	802	494	1265
德国	752	70	739	732	70	705
孟加拉	741	967	8619	639	797	7135
大不列颠	668	556	3672	615	498	2651
伊朗	636	1378	4888	591	1264	4310
埃及	614	1028	2358	603	879	1829
索马里	603	1423	3421	249	489	1272
西德	541	95	859	541	95	859
安哥拉	513	3220	5284	474	2491	4148
尼泊尔	472	1878	3454	65	169	447
印度尼西亚	470	935	2988	280	477	1315
柬埔寨	462	814	2071	458	812	2065
墨西哥	454	704	1314	422	649	1109
日本	428	47	7020	418	47	7020
布隆迪	353	4218	5967	268	3887	5404
玻利维亚	333	44	202	327	44	202
乌干达	327	2728	3697	232	2030	2672
尼日利亚	311	1012	1651	105	481	937
委内瑞拉	305	203	343	285	201	328
洪都拉斯	300	257	495	299	229	453
巴西	277	309	499	270	289	468
海地	267	361	693	254	346	644
缅甸	261	1073.99	2317.99	213	1011	1977

2.8 恐怖主义组织（以2009年之前袭击数量由高到低排序前50位，不含1993年数据）（GTD）

行为体	2009年之前					2001年之前		
	袭击数量	袭击造成的死亡	袭击造成的伤亡	袭击的死亡率	袭击的伤亡率	袭击数量	袭击造成的死亡	袭击造成的伤亡
Shining Path (SL)	4513	11647	24632	2. 580767	5. 45801	4502	11589	24519
Farabundo Marti National Liberation Front (FMLN)	3357	8508	12628	2. 534406	3. 761692	3357	8508	12628
Irish Republican Army (IRA)	2671	1829	5615	0. 684762	2. 102209	2661	1827	5370
Basque Fatherland and Freedom (ETA)	1991	819	3127	0. 411351	1. 570568	1827	783	2646
Revolutionary Armed Forces of Colombia (FARC)	1668	4835	7739	2. 898681	4. 639688	1299	4035	5444
National Liberation Army of Colombia (ELN)	1258	1449	2471	1. 151828	1. 964229	1173	1390	2252
Liberation Tigers of Tamil Eelam (LTTE)	1253	9534	18297	7. 608939	14. 60255	1023	8355	15457
Kurdistan Workers' Party (PKK)	1173	3558	5555	3. 033248	4. 73572	1073	3425	4881
New People's Army (NPA)	1168	3330	5304	2. 851027	4. 541096	991	3074	4881
Palestinians	1108	511	2164	0. 461191	1. 953069	1108	511	2164

续表

行为体	2009 年之前					2001 年之前		
	袭击数量	袭击造成的死亡	袭击造成的伤亡	袭击的死亡率	袭击的伤亡率	袭击数量	袭击造成的死亡	袭击造成的伤亡
Taliban	977	2867	5321	2. 934493	5. 446264	4	0	0
Nicaraguan Democratic Force (FDN)	900	7268	8123	8. 075556	9. 025556	900	7268	8123
Manuel Rodriguez Patriotic Front (FPMR)	830	93	397	0. 112048	0. 478313	830	93	397
Sikh Extremists	714	2811	4958	3. 936975	6. 943978	714	2811	4958
African National Congress (South Africa)	606	624	2252	1. 029703	3. 716172	606	624	2252
Corsican National Liberation Front (FLNC)	569	13	116	0. 022847	0. 203866	513	12	88
Tupac Amaru Revolutionary Movement (MRTA)	557	560	1111	1. 005386	1. 994614	557	560	1111
M-19 (Movement of April 19)	554	1323	1825	2. 388087	3. 294224	554	1323	1825
Other	537	1746	4156	3. 251397	7. 739292	181	682	1478
People's Liberation Front (JVP)	434	891	1945	2. 052995	4. 481567	434	891	1945
National Union for the Total Independence of Angola (UNITA)	421	2562	4332	6. 085511	10. 28979	386	1922	3311

续表

行为体	2009 年之前					2001 年之前		
	袭击数量	袭击造成的死亡	袭击造成的伤亡	袭击的死亡率	袭击的伤亡率	袭击数量	袭击造成的死亡	袭击造成的伤亡
Narco-Terrorists	368	492	1303	1. 336957	3. 540761	368	492	1303
Chechens	356	1980	5374	5. 561798	15. 09551	120	750	1754
Death Squad	324	780	883	2. 407407	2. 725309	324	780	883
Protestant Extremists	318	343	439	1. 078616	1. 380503	318	343	439
Movement of the Revolutionary Left (MIR) (Chile)	306	45	131	0. 147059	0. 428105	306	45	131
Hizballah	293	837	2366	2. 856655	8. 075085	263	743	2140
Hamas (Islamic Resistance Movement)	275	721	3409	2. 621818	12. 39636	88	203	1022
Muslim Militants	275	619	1559	2. 250909	5. 669091	275	619	1559
Moro Islamic Liberation Front (MILF)	269	697	2003	2. 591078	7. 446097	116	299	910
Ulster Volunteer Force (UVF)	260	365	393	1. 403846	1. 511538	258	364	392
al-Gama'at al-Islamiyya (IG)	259	492	839	1. 899614	3. 239382	259	492	839
Individual	258	567	2345	2. 197674	9. 089147	165	297	1846

续表

行为体	2009 年之前				2001 年之前			
	袭击数量	袭击造成的死亡	袭击造成的伤亡	袭击的死亡率	袭击的伤亡率	袭击数量	袭击造成的死亡	袭击造成的伤亡
Popular Liberation Army (EPL)	255	506	650	1. 984314	2. 54902	251	498	536
Dev Sol	253	126	257	0. 498024	1. 01581	253	126	257
Ulster Freedom Fighters (UFF)	252	200	264	0. 793651	1. 047619	244	200	261
Nicaraguan Resistance	231	588	916	2. 545455	3. 965368	231	588	916
Neo-Nazi Group	227	44	455	0. 193833	2. 004405	223	44	453
Red Brigades	219	66	197	0. 30137	0. 899543	218	65	196
Tamils	219	1596	2825	7. 287671	12. 89954	219	1596	2825
Islamic Jihad (Ideological Grouping)	217	554	1838	2. 552995	8. 470046	83	363	949
Maoists	213	825	1432	3. 873239	6. 723005	17	75	146
First of October Antifascist Resistance Group (GRAPO)	210	86	173	0. 409524	0. 82381	210	86	173
Sandinista National Liberation Front (FSLN)	209	241	368	1. 15311	1. 760766	209	241	368
United Liberation Front of Assam (ULFA)	207	514	2167	2. 483092	10. 4686	59	196	399

续表

行为体	2009 年之前					2001 年之前		
	袭击数量	袭击造成的死亡	袭击造成的伤亡	袭击的死亡率	袭击的伤亡率	袭击数量	袭击造成的死亡	袭击造成的伤亡
Simon Bolivar Guerrilla Coordinating Board (CGSB)	206	391	510	1. 898058	2. 475728	204	391	506
Mozambique National Resistance Movement (MNR)	199	2443	3455	12. 27638	17. 36181	199	2443	3455
Armenian Secret Army for the Liberation of Armenia	188	62	440	0. 329787	2. 340426	188	62	440
Moro National Liberation Front (MNLF)	182	621	1479	3. 412088	8. 126374	179	566	1368
Anti-Abortion Group	180	0	3	0	0. 016667	180	0	3

附录3：美国反恐中心（NCTC）数据

3.1 恐怖主义袭击情况（NCTC）

年份	袭击数量	死亡	伤亡	受害者总数（伤亡+人质）
2004	3253	7476	24785	31068
2005	10845	13898	38687	73370
2006	14371	20455	58759	74559
2007	14433	22737	66875	71856
2008	11726	15734	49828	54568
2009	10984	15324	47989	58721
2010	8694	10126	34031	38390
总数	74306	105750	320954	402532

3.2 严重恐怖袭击情况（NCTC）

年份	造成死亡>10人的恐怖袭击				造成受伤>50人的恐怖袭击			
	袭击数量	死亡人数	伤亡人数	占年度恐怖袭击的比率	袭击数量	死亡人数	伤亡人数	占年度恐怖袭击的比率
2004	122	4378	12502	0.037504	55	2150	10372	0.016907
2005	181	4298	10714	0.01669	61	1813	8025	0.005625
2006	254	6168	15933	0.017674	79	2518	10867	0.005497
2007	288	8291	22042	0.019954	101	4352	15823	0.006998
2008	206	6091	16770	0.017568	90	2744	12839	0.007675
2009	202	6136	17988	0.01839	93	2947	14248	0.008467
2010	126	3531	11563	0.014493	75	2337	10652	0.008627
所有年份	1379	38893	107512	0.018558	554	18861	82826	0.007456

3.3 恐怖袭击方式（NCTC）

年份	2004				2005				2006				2007				2008				2009				2010			
袭击类型	数量	死亡	受伤	人质	数量	死亡	受伤	人质	数量	死亡	受伤	人质	数量	死亡	受伤	人质	数量	死亡	受伤	人质	数量	死亡	受伤	人质	数量	死亡	受伤	人质
武装攻击	1521	3974	5809	337	5534	7361	8134	549	7838	12159	14845	2479	7943	11472	14470	1287	5973	7664	10948	917	4844	6748	9559	1450	3634	4418	6698	566
爆炸	1436	3859	12889	162	3284	6103	17210	94	4366	8579	24948	291	4538	11341	30218	74	4134	7430	23319	160	4052	7056	23542	525	3221	5212	16761	81
绑架	203	178	16	5773	1472	872	185	33824	1724	1127	508	13551	1459	1061	458	4205	1135	778	425	3833	1044	1376	603	6448	930	617	725	3855
纵火	121	492	164	5	511	298	492	114	633	459	471	618	623	710	689	484	513	814	1526	517	640	1328	419	942	482	346	313	437
自杀式袭击	102	1548	4272	156	386	3175	7504	0	342	2680	6531	0	520	5306	12876	0	406	3296	8501	0	299	3177	10485	66	204	2133	6311	5
暴力攻击	87	459	248	90	396	545	657	100	508	740	893	1371	535	624	1103	299	430	1213	1288	317	479	1484	1153	775	338	411	1053	497
刺杀	47	63	16	3	9	39	134	4	5	13	7	1	5	113	153	0	3	5	5	0	4	6	3	0	1	2	0	0
失败攻击	17	91	468	0	61	206	388	13	131	700	2146	7	102	381	967	4	101	232	926	8	108	262	1805	50	91	388	1126	7
未知	16	72	9	201	390	627	227	142	306	462	209	55	228	337	60	49	248	369	114	115	712	1344	676	457	691	702	707	521
偷窃	9	73	17	15	124	180	170	123	172	212	251	1905	193	486	324	530	159	577	237	933	206	773	466	996	132	234	494	719
设障/劫持人质	8	361	752	169	119	94	74	1262	183	285	120	1289	167	255	342	924	120	398	408	876	113	160	337	5330	85	146	240	430
劫持交通工具	5	90	5	70	10	1	0	33	12	19	8	1292	19	10	5	186	47	224	323	518	40	3	18	2119	28	2	3	85
其他	3	1	0	0	49	59	24	14	131	196	238	257	90	113	47	27	19	15	92	4	13	11	21	14	19	193	326	9
CBRN攻击	2	0	9	0	4	0	0	0	4	0	17	0	12	142	788	0	1	0	261	0	0	0	0	0	0	0	0	0
欺诈	1	0	8	0	0	0	0	0	0	0	0	0	8	3	6	0	1	1	0	0	3	2	15	0	3	0	1	0
威胁	1	0	0	0	27	7	15	498	81	33	133	1493	84	72	70	55	41	204	1046	59	34	76	49	36	13	11	16	99
破坏	1	0	0	0	14	3	9	150	22	1	28	0	28	1	32	3	3	0	0	0	16	4	19	56	13	0	3	2
加总	3580	11261	24682	6981	12390	19570	35223	36920	16458	27665	51353	24609	16554	32427	62608	8127	13334	23220	49419	8257	12607	23810	49170	19264	9885	14815	34777	7313

3.4 恐怖袭击地区分布（NCTC）

年份	非洲				中南美				东亚—太平洋				欧亚				欧洲				中东与波斯湾				北美与加勒比				南亚			
	袭击数量	死亡	伤亡	伤亡加人质	袭击数量	死亡	伤亡	伤亡加人质	袭击数量	死亡	伤亡	伤亡加人质	袭击数量	死亡	伤亡	伤亡加人质	袭击数量	死亡	伤亡	伤亡加人质	袭击数量	死亡	伤亡	伤亡加人质	袭击数量	死亡	伤亡	伤亡加人质	袭击数量	死亡	伤亡	伤亡加人质
2004	89	1134	1601	1921	96	142	477	524	273	418	1359	1371	208	856	2458	2616	317	234	2334	2334	1172	3100	10360	10598	7	4	10	10	1091	1588	6186	11694
2005	325	1007	1311	2058	834	835	1765	2539	1002	754	2499	2562	268	240	942	976	447	126	1341	1345	4021	7927	21336	21814	20	1	28	28	3928	3008	8965	42048
2006	501	1519	2735	3753	795	568	1234	1601	1029	848	2083	2315	228	138	411	419	383	86	627	634	7630	13530	39170	41040	8	2	12	12	3797	3764	12487	24785
2007	905	2307	5511	6506	452	389	949	1143	1430	1120	2847	3351	274	153	463	474	309	66	427	439	7463	13979	44187	46092	3	0	1	1	3597	4723	12490	13850
2008	769	3122	7315	8292	348	346	796	1010	977	756	2324	2604	475	231	831	860	266	61	536	550	4538	5388	20932	21676	3	0	4	4	4350	5830	17090	19572
2009	931	3726	7711	10531	439	362	1135	1358	822	679	1846	1994	464	343	1269	1270	246	20	148	151	3220	3913	18053	18933	9	16	61	61	4853	6265	17766	24423
2010	658	1553	4857	6744	237	192	515	663	560	368	1447	1631	306	270	1175	1175	185	32	151	160	2545	2922	13013	13893	7	0	0	0	4196	4789	12873	14124
所有年份	4178	14368	31541	39805	3201	2834	6871	8838	6093	4943	14405	15828	2223	2231	7549	7790	2153	625	5564	5613	30589	50759	167051	174046	57	23	116	116	25812	29967	87857	150496

3.5 恐怖袭击的国家分布（袭击数量由高到低排序前50位）(NCTC)

国家或地区	袭击数量	死亡	受伤	人质	受害者总数
伊拉克	24821	48805	107248	4459	160512
阿富汗	8594	11435	16569	2505	30509
巴基斯坦	6634	8918	18872	5286	33076
印度	5780	6713	13656	4975	25344
泰国	4116	3003	5433	74	8510
尼泊尔	3789	1256	3652	48779	53687
以色列	3383	234	3579	6	3819
哥伦比亚	2855	2609	3782	1687	8078
俄罗斯	2020	2132	4779	211	7122
索马里	1825	4509	9138	1862	15509
菲律宾	1544	1536	2328	1300	5164
加沙	1163	236	1554	2249	4039
斯里兰卡	734	1472	3450	1076	5998
约旦河西岸	628	91	386	35	512
刚果民主共和国	500	3359	1188	3054	7601
希腊	462	9	55	0	64
土耳其	449	305	1558	27	1890
阿尔及利亚	440	812	1524	79	2415
苏丹	352	2387	1051	982	4420
西班牙	341	202	2137	0	2339
尼日利亚	331	397	336	699	1432
法国	307	7	46	18	71
孟加拉	265	173	1670	18	1861
也门	257	312	499	128	939
印度尼西亚	206	174	803	41	1018
英国	186	60	973	4	1037

续表

国家或地区	袭击数量	死亡	受伤	人质	受害者总数
黎巴嫩	150	391	844	12	1247
缅甸	144	146	614	1	761
布隆迪	130	384	488	21	893
格鲁吉亚	121	37	141	26	204
塞尔维亚—黑山（前称）	101	15	38	0	53
伊朗	96	366	1280	62	1708
肯尼亚	95	184	270	86	540
乌干达	83	611	451	128	1190
智力	74	0	19	53	72
委内瑞拉	64	36	25	21	82
中非共和国	50	154	76	688	918
塞尔维亚	48	4	19	0	23
埃塞俄比亚	47	305	447	24	776
波黑	43	2	24	0	26
乍得	43	886	1334	258	2478
意大利	43	2	15	0	17
秘鲁	41	88	111	167	366
洪都拉斯	38	23	11	8	42
塞内加尔	37	34	106	52	192
中国	36	75	239	2	316
沙特阿拉伯	36	64	232	0	296
尼日尔	32	87	82	146	315
科特迪瓦	29	79	165	3	247
埃及	29	161	483	44	688

附录4：美国国务院的国际恐怖主义数据

4.1　国际恐怖主义袭击情况（美国国务院）

年份	袭击数量	死亡	伤亡	死亡率	伤亡率
1968	142	35	243	0.246479	1.711268
1969	214	64	266	0.299065	1.242991
1970	391	131	343	0.335038	0.877238
1971	324	36	263	0.111111	0.811728
1972	648	157	570	0.242284	0.87963
1973	564	127	678	0.225177	1.202128
1974	528	344	1444	0.651515	2.734848
1975	475	276	1024	0.581053	2.155789
1976	599	415	1335	0.692821	2.228715
1977	562	261	722	0.464413	1.284698
1978	850	442	1132	0.52	1.331765
1979	657	738	1402	1.123288	2.133942
1980	760	642	1720	0.844737	2.263158
1981	709	173	997	0.244006	1.406206
1982	794	140	954	0.176322	1.201511
1983	500	652	1925	1.304	3.85
1984	597	312	1312	0.522613	2.197655
1985	782	825	2042	1.054987	2.611253
1986	774	576	2284	0.744186	2.950904
1987	832	633	2905	0.760817	3.491587
1988	856	658	1789	0.768692	2.089953
1989	528	390	787	0.738636	1.49053

续表

年份	袭击数量	死亡	伤亡	死亡率	伤亡率
1990	455	193	868	0.424176	1.907692
1991	557	87	320	0.156194	0.574506
1992	361	93	729	0.257618	2.019391
1993	427	109	1502	0.255269	3.517564
1994	321	314	977	0.978193	3.043614
1995	440	165	6456	0.375	14.67273
1996	296	311	2963	1.050676	10.01014
1997	304	221	914	0.726974	3.006579
1998	273	741	6693	2.714286	24.51648
1999	392	233	939	0.594388	2.395408
1900	423	405	1196	0.957447	2.827423
2001	346	3572	4652	10.3237	13.44509
2002	199	725	2738	3.643216	13.75879
2003	208	625	4271	3.004808	20.53365
所有年份	18088	15821	61355	0.874668	3.392028

4.2　国际恐怖主义袭击地区分布（美国国务院）

年份	非洲		亚洲		欧亚地区		拉丁美洲		中东		北美		西欧	
	次数	伤亡	次数	伤亡	次数	伤亡	次数	伤亡	次数	伤亡	次数	伤亡	次数	伤亡
1998	21	5379	49	635	14	12	111	195	31	68	0	0	48	405
1999	53	185	72	690	35	8	122	10	26	31	2	0	85	16
2000	55	102	98	904	31	103	192	20	20	78	0	0	30	5
2001	33	150	68	651	3	0	201	7	29	513	4	4465	17	20
2002	6	67	101	1283	8	613	46	54	35	1047	0	0	9	6
2003	6	14	80	1427	2	0	20	79	67	1823	0	0	33	928

注：地区数据来源：《全球恐怖主义模式2003》的2004年6月修订版统计数据

参考文献

一、中文著作

1. 巴兹尔·亨利·利德尔—哈特：《战略论：间接路线战略》，中国人民解放军军事科学院译，北京：战士出版社，1981 年版。

2. 查尔斯·蒂利：《集体暴力的政治》，谢岳译，上海：上海世纪出版社，2006 年版。

3. 查尔斯·蒂利：《资本、强制和欧洲国家》，魏洪钟译，上海：上海人民出版社，2007 年版。

4. 丹尼尔·贝尔：《资本主义文化矛盾》，赵一凡等译，北京：三联书店，1989 年版。

5. 道格·麦克亚当、西德尼·塔罗、查尔斯·蒂利：《斗争的动力》，李义中、屈平译，南京：译林出版社，2006 年版。

6. 范明强：《社会学视野中的恐怖主义》，北京：解放军出版社，2005 年版。

7. 弗·哈利迪：《革命与世界政治》，张帆译，北京：世界知识出版社，2006 年版。

8. 弗兰西斯·福山：《历史的终结》，《历史的终结》翻译组译，呼和浩特：远方出版社，1998 年版。

9. 古斯塔夫·勒庞：《革命心理学》，佟德志、刘训练译，长春：吉林人民出版社，2004 年版。

10. 汉斯·波塞尔：《科学：什么是科学》，李文潮译，上海：上海三联书店，2002 年版。

11. 汉斯·摩根索：《国际纵横策论》，卢明华等译，上海：上海译文出版社，1995年版。

12. 何秉松：《恐怖主义·邪教·黑社会》，北京：群众出版社，2001年版。

13. 胡联合：《当代世界恐怖主义与对策》，北京：东方出版社，2001年版。

14. 卡尔·波普尔：《猜想与反驳》，傅季重等译，上海：上海译文出版社，1986年版。

15. 科林斯：《大战略》，纽先钟译，台北：黎明文化事业公司印行，1975年版。

16. 克劳塞维茨：《战争论》（第一、二卷），中国人民解放军军事科学院译，北京：商务印书馆，1995年版。

17. 克雷格·斯奈德编：《当代安全与战略》，徐纬地等译，长春：吉林人民出版社，2001年版。

18. 拉尔夫·达仁道夫：《现代社会冲突——自由政治随感》，林荣远译，北京：中国社会科学出版社，2000年版。

19. 李湛军：《恐怖主义与国际治理》，北京：中国经济出版社，2006年版。

20. 理查德·福肯瑞斯、罗伯特·纽曼、布拉德利·泰勒：《美国的致命弱点》，许嘉等译，上海：上海人民出版社，2005年版。

21. 理查德·戈特：《拉丁美洲游击战运动》，复旦大学历史系拉丁美洲研究室译，上海：上海人民出版社，1975年版。

22. 刘学成：《和平学》，南京：南京出版社，2006年版。

23. 吕亚力：《政治学方法论》（第七版），台北：三民书局，1994年版。

24. 罗伯特·K. 默顿：《社会理论和社会结构》，唐少杰、齐心等译，南京：译林出版社，2006年版。

25. 骆沙舟：《现代西方政治思潮评析》，厦门：厦门大学出版社，1996年版。

26. 马克斯·韦伯：《社会科学方法论》，韩水法、莫茜译，北京：中央编译出版社，1999年版。

27. 门洪华：《和平的纬度：联合国集体安全机制研究》，上海：上海人民出版社，2002年版。

28. 潘志平、王鸣野、石岚：《“东突”的历史与现状》，北京：民族出版社，2008年版。

29. 乔良、王湘穗：《超限战：对全球化时代战争与战法的想定》，北京：解放军文艺出版社，1999年版。

30. 塞缪尔·P. 亨廷顿：《变动社会的政治秩序》，张岱云等译，上海：上海译文出版社，1989年版。

31. 塞缪尔·P. 亨廷顿：《文明的冲突与世界秩序的重建》，周琪等译，北京：新华出版社，1998年版。

32. 苏珊·L. 卡拉瑟斯：《西方传媒与战争》，张毓强等译，北京：新华出版社，2002年版。

33. 唐士其：《西方政治思想史》，北京：北京大学出版社，2002年版。

34. 特伦斯·霍普金斯、伊曼纽尔·沃勒斯坦等著：《转型时代》，吴英译，北京：高等教育出版社，2003年版。

35. 提莫·邓恩、密切尔·考克斯、肯·布斯主编：《八十年危机：1919—1999年的国际关系》，周丕启译，北京：新华出版社，2003年版。

36. 王逸舟主编：《恐怖主义溯源》，北京：社会科学文献出版社，2002年版。

37. 威廉·H. 布兰察德：《革命道德：关于革命者的精神分析》，戴长征译，北京：中央编译出版社，2004年版。

38. 马克斯·韦伯：《新教伦理与资本主义精神》，陈维纲、于晓译，北京：三联书店，1987年版。

39. 温斯顿·丘吉尔：《第二次世界大战回忆录（第六卷）：最光辉的时刻》，吴万沈等译，海口：南方出版社，2003年版。

40. 乌尔里希·贝克：《风险社会》，何傅闻译，南京：译林出版社，2004年版。

41. 西达·斯考切波：《国家与社会革命》，何俊志、王学东译，上海：上海人民出版社，2007年版。

42. 西摩·马丁·李普塞特：《一致与冲突》，张华青等译，上海：上海人民出版社，1995年版。

43. 亚列山大·温特：《国际政治的社会理论》，秦亚青译，上海：上海人民出版社，2000年版。

44. 伊恩·莱塞等：《反新恐怖主义》，程克雄译，北京：新华出版社，2002年版。

45. 约翰·米尔斯海默：《大国政治的悲剧》，王义桅、唐小松译，上海：上海人民出版社，2003年版。

46. 约瑟夫·A. 凯米莱里、吉米·福尔克：《主权的终结——日趋缩小和碎片化的世界政治》，李东燕译，杭州：浙江人民出版社，2001年版。

47. 张家栋：《全球化时代的恐怖主义及其治理》，上海：上海三联书店，2007年版。

48. 中国现代国际关系研究所反恐怖研究中心编著：《国际恐怖主义与反恐怖主义》，北京：时事出版社，2001年版。

49. 中国现代国际关系研究所危机管理与对策研究中心编著：《国际危机管理概论》，北京：时事出版社，2003年版。

二、英文著作

Allison, Graham, and Philip Zelikow, *Essence of Decision: Explaining the Cuban Missile Crisis*, 2nd edition, New York: Longman, 1999.

Beck, Ulrich, *What is Globalization*, translated by Patrick Camiller, Malden, MA: Polity Press, 2000.

Crelinsten, Ronald, *Counterterrorism*, Cambridge, UK: Polity Press, 2009.

Crenshaw, Martha, and John Pimlott eds., *International Encyclopedia of Terrorism*, London: Fitzroy Dearborn Publishers, 1997.

Crenshaw, Martha, *Revolutionary Terrorism: The FLN in Algeria, 1954—1962*, California: Hoover Institution Press, 1978.

Davis, Joyce M., *Martyrs: Innocence, Vengeance, and Despair in the Middle East*, New York: Palgrave Macmillan, 2003.

Dershowitz, Alan M., *Why Terrorism Works*, New Haven: Yale University Press, 2002, pp. 24—29.

Duffield, Mark, *Global Governance and the New Wars: the Merging of Development and Security*, London: Zed Books, 2001.

Dyer, Gwynne, *War: The Lethal Custom*, revised edition, New York: Carroll & Grat Publishers, 2004.

Egendorf, Laura K., *Terrorism: Opposing Viewpoints*, San Diego: Greenhaven Press, Inc., 2000.

Eriksson, Johan ed., *Threat Politics: New Perspectives on Security, Risk and Crisis Management*, Adershot: Ashgate Publishing Company, 2001.

Ghosh, Tushar K., et al. eds., *Science and Technology of Terrorism and Counterterrorism*, New York: Marcel Dekker, Inc., 2002.

Gilbert, Paul, *New Terror, New Wars*, Edinburgh: Edinburgh University Press Ltd., 2003.

Gurr, Ted Robert, *Why Men Rebel*, Princeton: Princeton University, 1970.

Hadawi, Sami, *Crime and No Punishment: Zionist Israel Terrorism*, Beirut: Palestine Research Center, 1972.

Hoge, Jr., James F., and Gideon Rose eds., *How Did This Happen*, New York: Public Affairs, 2001.

Kegley, Jr., Charles W. ed., *International Terrorism*, New York: St. Martin's Press, Inc., 1990.

Kegley, Jr., Charles W. ed., *The New Global Terrorism: Characteristics, Causes, Controls*, Upper Saddle River, New Jersey: Prentice Hall, 2003.

Kohlmann, Evan, *Al-Qaida's Jihad in Europe: The Afghan-Bosnian Network*, New York: Berg, 2004.

Laqueur, Walter, *The Age of Terrorism*, Boston: Little, Brown and Company, 1987.

Lifton, Robert Jay, *Destroying the World to Save It: Aum Shinrikyo, Apocalyptic Violence, and the New Global Terrorism*, New York: Metropolitan Books, 1999.

Mackinlay, John, *Globalisation and Insurgency*, New York: Oxford University Press, Inc., 2002.

Mandel, Robert, *Deadly Transfers and the Global Playground*, London: Praeger Publishers, 1999.

Mueller, John, *Retreat From Doomsday: The Obsolescence of Major War*, New York: Basic Books, 1989.

Netanyahu, Benjamin, *Fighting Terrorism: How Democracies can Defeat Domestic and International Terrorists*, New York: Farrar Straus Giroux, 1995.

O'Neil, Bard E., *Insurgency & Terrorism: Inside Modern Revolutionary Warfare*, Washington: Brassey's, Inc., 1990.

Rapoport, David C. ed., *Inside Terrorist Organizations*, London: Frank Cass Publishers, 2001.

Reich, Walter ed., *Origins of Terrorism*, New York: Cambridge University Press, 1990.

Reuter, Christoph, *My Life is A Weapon: A Modern History of Suicide Bombing*, translated by Helena Ragg-Kirkby, Princeton: Princeton University Press, 2004.

Rubenstein, Richard E., *Alchemists of Revolution: Terrorism in the modern Word*, New York: Basic Books, Inc., Publishers, 1987.

Sagan, Scott D., and Kenneth N. Waltz, *The Spread of Nuclear Weapons: A Debate*, New York: W. W. Norton & Company, 1995.

Sagan, Scott D., *The Limits of Safety: Organizations, Accidents, and Nuclear Weapons*, New Jersey: Princeton University Press, 1993.

Schelling, Thomas C., *The Strategy of Conflict*, Cambridge: Harvard University, 1960.

Schmid, Alex P., and Albert J. Jongman, *Political Terrorism: a New Guide to Actors, Authors, Concepts, Data Bases, Theories and Literature*, 2nd edition, New York: Transaction Publishers, 1988.

Singer, J. David, and Melvin Small, *The Wages of War, 1816—1965: A Statistical Handbook*, New York: John Wiley, 1972.

Small, Melvin, and J. David Singer, *Resort to Arms: International and Civil Wars, 1816—1980*, Beverly Hills, California.: Sage Publications,

1982.

Snow, Donald M., *Distant Thunder: Patterns of Conflict in the Developing World*, New York: M. E. Sharpe, 1997.

Stern, Jessica, *The Ultimate Terrorists*, Cambridge: Harvard University Press, 1999.

Stewart, Pamela J., and Andrew Strathern, *Violence: Theory and Ethnography*, New York: Continuum, 2002.

Taylor, Max., and John Horgan, *The Future Of Terrorism*, London: Frank Cass Publishers, 2001.

The International Institute for Strategic Studies, *2002/3 Strategic Survey*, London: Oxford University Press, 2003.

Van Creveld, Martin, *The Transformation of War*, New York: The Free Press, 1991.

Waltz, Kenneth N., *Theory of International Politics*, New York: Random House, 1979.

Wayne, Martin I., *China's War on Terrorism: Counter-insurgency, politics, and internal security*, New York: Routledge, 2008.

Weimann, Gabriel, and Conrad Winn, *The Theater of Terror: Mass Media and International Terrorism*, New York: Longman, 1994.

Wills, David C., *The First War on Terrorism: Counter-Terrorism Policy during the Reagan Administration*, New York: Rowman & Littlefield Publishers, Inc., 2003.

Wolfers, Arnold, *Discord and Collaboration: Essays on International Politics*, Baltimore: Johns Hopkins Press, 1962, pp. 147—166.

Zagare, Frank C., and D. Marc Kilgour, *Perfect Deterrence*, New York: Cambridge University Press, 2000.

三、文件

1. 中国

历年中国国务院政府工作报告

《中国的国防》(2008、2006、2004、2002)

《中国的军控、裁军与防扩散努力》(2005)

中华人民共和国国务院新闻办公室:《“东突”恐怖势力难脱罪责》(2002年1月21日)

中华人民共和国国务院新闻办公室:《中国的防扩散政策和措施》(2003)

中国的军备控制与裁军(1995年11月)

中国共产党第十六次全国代表大会报告(2002)

中国共产党第十七次全国代表大会报告(2007)

2. 国际

国际人道主义法日内瓦四公约(1949年8月)和两个附加议定书(1977年6月):

改善战地武装部队伤者病者境遇之日内瓦公约(第一公约)

改善海上武装部队伤者病者及遇船难者境遇之日内瓦公约(第二公约)

关于战俘待遇之日内瓦公约(第三公约)

关于战时保护平民之日内瓦公约(第四公约)

内瓦四公约关于保护国际性武装冲突受难者的附加议定书(第一议定书)

日内瓦四公约关于保护非国际性武装冲突受难者的附加议定书(第二议定书)

联合国十三个国际反恐公约:

《关于在航空器上实施的犯罪和某些其他行为的公约》(1963)

《关于制止非法劫持航空器的公约》(1970)

《关于制止危害民用航空安全的非法行为的公约》(1971)

《关于防止和惩处侵害应受国际保护人员包括外交代表的罪行的公约》(1973)

《反对劫持人质国际公约》(1979)

《核材料实物保护公约》(1980)

《制止危害航海安全的非法行为公约》(1988)

《制止危害大陆架固定平台安全的非法行为议定书》(1988)

《制止在国际民用航空机场进行非法暴力行为的议定书》(1988)

《关于在可塑炸药中添加识别剂以便侦测公约》(1991)

《制止恐怖主义爆炸国际公约》(1997)

《制止向恐怖主义提供资助国际公约》(2000)

《制止核恐怖主义行为国际公约》(2005)

A/RES/2734 (XXV),“加强国际安全宣言”(1970)

A/RES/3034,“防止危害或杀害无辜生命或损害基本自由的国际恐怖主义的措施和由于困苦、挫折、怨忿和失望,以至有人不惜牺牲人命在内,以求实现彻底改革的恐怖主义和暴力行为的根本原因的研究”(1972)

A/RES/3314 (XXIX),“侵略定义”(1974)

A/RES/42/159,“防止危害或杀害无辜生命或损害基本自由的国际恐怖主义的措施和由于困苦、挫折、怨忿和失望,以至有人不惜牺牲人命在内,以求实现彻底改革的恐怖主义和暴力行为的根本原因的研究”(1987)

A/RES/44/34,《反对招募、使用、资助和训练雇佣军国际公约》(1989)

S/RES/1269,“消除国际恐怖主义”(1999)

A/RES/60/288,《联合国全球反恐战略》(2006)

S/RES/1368,“打击恐怖主义”(2001)

S/RES/1373,“国际合作防止恐怖主义行为”(2001)

S/RES/1377,“全球努力打击恐怖主义的宣言”(2001)

A/59/565,联合国威胁、挑战和改革问题高级别小组的报告:《一个更安全的世界:我们的共同责任》(2004)

A/59/2005,《大自由:实现人人共享的发展、安全与人权》(2005)

《国际刑事法院罗马规约》(1998)

World Bank,“Managing Development: The Governance Dimension”(August 1991)

United Nations Development Programme,“Governance for Sustainable Human Development: A UNDP Policy Document”(January 1997)

European Union,“Council Framework Decision: On Combating Terrorism 13 June 2002”(2002/475/JHA)

European Union,“European Security Strategy: A Secure Europe In A Better World”(December 2003)

European Union,“Internal Security Strategy for the European Union: Internal Security Strategy for the European Union”(2010)(5842/2/10)

European Union,“The EU Internal Security Strategy in Action: Five

Steps Towards A More Secure Europe"（2010）（COM（2010）673 final）

3. 美国

Global Trends 2025：A Transformed World（November 2008）

Irregular Warfare（Iw）Joint Operating Concept（Joc）（2007）

Joint Chiefs of Staff，Joint Operations（JP3—0）（February 2008）

Joint Chiefs of Staff，National Military Strategic Plan for the War on Terrorism（2006）

Joint Operations（JP 3—0）（2008）

National Military Strategy of the United States of America（2004）（Unclassified Version）

National Security Strategy 2002

National Security Strategy 2010

National Strategy for Homeland Security 2002

National Strategy for Combating Terrorism 2003

NCTC Report on Incidents of Terrorism（2006、2007）

Patterns of International Terrorism 1980

Patterns of Global Terrorism（1981—2003）

Quadrennial Defense Review Report 2006

The "9·11" Commission Report（2007）

4. 其他国家

A Strong Britain in an Age of Uncertainty：The National Security Strategy（2010）（United Kingdom）

Background Briefing Papers to the Terrorism Bill Paper One：The Threat（2005）（United Kingdom）

The United Kingdom's Strategy for Countering International Terrorism（2009）（United Kingdom）

United Kingdom：The Strategic Defence Review：A New Chapter（2002）（United Kingdom）

Securing an Open Society：Canada's National Security Policy（2004）（Canada）

后记

在今天，恐怖主义几乎每天都充斥在各种媒体的报道中。而仅仅在十几年前，恐怖主义对于大多数国人来说，还是一个相对陌生的概念，国内有关恐怖主义的学术研究也可以说几乎是一片空白。

“9·11”事件改变了这一切。对于我而言，这也同样适用。就在两架飞机撞向美国世贸中心双塔的时候，我恰好打开收音机，听到了关于此次袭击的第一时间的报道。还记得，当第一架飞机撞到大楼的时候，广播中还说这是一次事故，而当第二架飞机也撞上大楼时，广播员已经意识到这是袭击了。可能是因为这个机缘，我也开始关注恐怖主义问题。而此时，国内有关恐怖主义的研究刚刚开始起步。

稍微深些地涉入这个研究话题，才发现或许进入这个领域并不是一个好的选择。难以获得有关恐怖主义的第一手资料，缺乏系统的统计数据；既有的相关研究所涉及的领域与问题也非常分散，关于恐怖主义不存在一个完整、系统的条理化知识与研究体系。这使研究对于自己来说，变得很难深入和系统化。自己往往面对一堆袭击案例、零散的资料或评论性观点不知所措，觉得很难有什么研究发现。后来发现，西方比较早从事恐怖主义研究的学者也面临类似的折磨；而且，在“9·11”袭击之前，相关恐怖主义研究往往被认为是难登大雅之堂的。事实上，即使“9·11”袭击后，有关恐怖主义的研究一夜爆热，相关研究仍然面临着上述这些挑战。

因自己不够努力与聪慧，对于恐怖主义这个话题能窥见的真知灼见可能是非常有限的；从“9·11”事件起，这近十年来大部分的研究心得，都包含在这本书中了。本书从国家安全角度对恐怖主义与反恐进行分析，希望能够提供一种相对抽象、系统的分析，而不是讲述恐怖主义与反恐中的一个个精彩故事。书的内容概由作者自负；内容则留待读者评价与批评指正。

书稿完成了，自己感到一些轻松；我也希望能有更多时间享受刚满周岁女儿茜茜带来的快乐。同时我也知道，单凭一个人，这本书是不会完成的。

我想在此向我的妻子黄建珍女士和我的父母与岳父母表示感谢；他们长期以来默默地支持着我。

我还需要感谢我读博士时的导师王杰。她在学习、工作与生活各个方面关心、帮助我，这些关心与帮助远远超乎了一个老师的责任。在我毕业后，她的这种关心与帮助仍然一直继续着。

我还想向厦门大学公共事务学院和教育部人文社科项目、厦门大学“中央高校基本科研业务费专项资金”表示感谢。前者是我工作单位，为我提供了宽松、自由的研究环境；后两者为本书研究的进行与出版提供了资金支持。

此外，在我学习、工作期间，许多老师、同学与同事也都给予了很多的关心、帮助与支持，在此无法一一列出其名字，只想说一声谢谢。

王伟光

2011 年 6 月

图书在版编目（CIP）数据

恐怖主义·国家安全与反恐战略/王伟光著.—北京：时事出版社，2011.6
ISBN 978-7-80232-450-3

Ⅰ.①恐… Ⅱ.①王… Ⅲ.①恐怖主义—研究②反恐怖活动—研究—中国
Ⅳ.①D815.5②D669.8

中国版本图书馆CIP数据核字（2011）第121725号

出版发行：时事出版社
地　　址：北京市海淀区万寿寺甲2号
邮　　编：100081
发行热线：（010）88547590　88547591
读者服务部：（010）88547595
传　　真：（010）68418647
电子邮箱：shishichubanshe@sina.com
网　　址：www.shshishe.com
印　　刷：北京昌平百善印刷厂

开本：787×1092　1/16　印张：28　字数：460千字
2011年7月第1版　2011年7月第1次印刷
定价：70.00元
（如有印装质量问题，请与本社发行部联系调换）